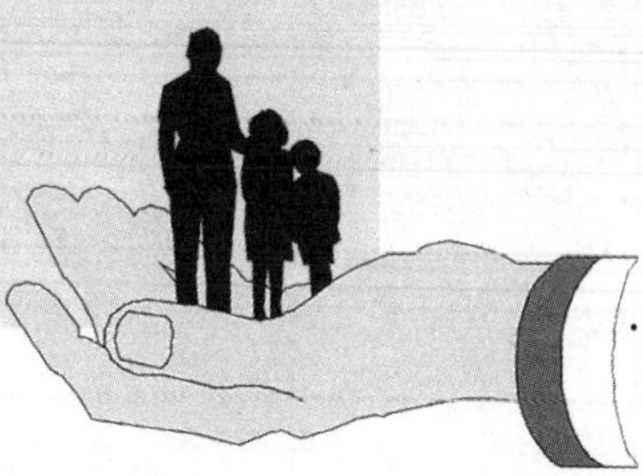

说　明

本书是2000年8月出版的《比较财政管理学》(修订本)的第二次修订本。

第一次修订本出版后，长期在本校和外校教学中得到使用。为适应教学和工作参考的需要，重新组织力量对修订本作了第二次修订。修订内容着重在两个方面，一是尽可能补充一些新的资料，解决原来的版本中某些内容过时的问题；二是对某些不够严谨的章节作了调整，主要是第一、第二章的合并，以避免内容上的重复，同时使之更加充实。

参加本书修订的有(按章节顺序排列)：姜维壮(导论)，李俊生(第一章)，石刚、姜维壮(第二章)，张劲涛(第三章)，杨志清、何杨(第四章)，黄桦、刘呈呈(第五章)，黄桦、王文静(第六章)，黄桦(第七章)，傅志华(第八章)，张玉(第九章)，李新华(第十章)，刘修文(第十一章)。全书仍由姜维壮担任主编和总纂。

21世纪以来，国内外财政管理领域改革变化的内容很多，也有许多争论的问题。这为比较研究工作增加了难度。限于作者的水平，书中疏漏差错之处在所难免，敬请读者指正。

编　者

2011年12月于中央财经大学

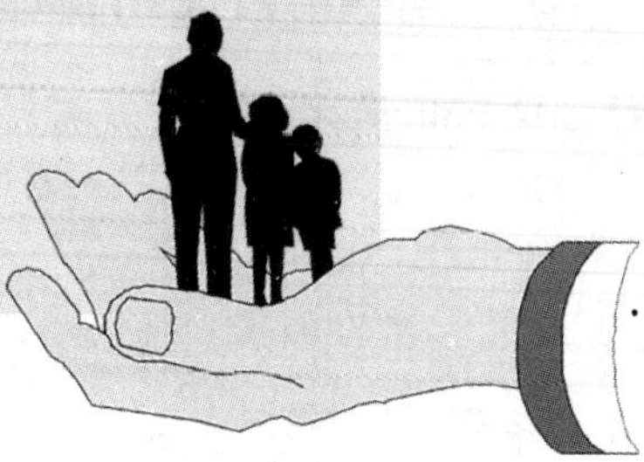

目　录

第三篇 财政支出管理

第四篇 财政综合管理与监督

导 论

一、指导思想

关于编写这本书和开设这门课程的指导思想，在初版的前言中曾作了如下的说明：“《比较财政管理学》是根据教学、科研要贯彻‘三个面向’的指导方针编写的。”在导论中再次强调：“改革开放的方针，给科研、教学工作提出了‘三个面向’的任务和努力方向。对财政教学和科研工作者来说，坚持这一努力方向有十分重要的现实意义。”

上述说明和强调表明，力争全面正确地理解和运用邓小平同志提出的教育要贯彻“三个面向”方针，既是编写这本教材的理论和政策依据，也是这门课程教学的指导思想。

1992 年教材第一版出版以来，邓小平理论在我国各项工作中的指导地位，得到党和国家更高、更明确的肯定，特别是在 1997 年 9 月召开的党的第十五次全国代表大会的报告中，明确提出：大会的主题是高举邓小平理论伟大旗帜，把建设有中国特色社会主义事业全面推向 21 世纪。又强调指出：旗帜问题至关重要。旗帜就是方向，旗帜就是形象。并把高举邓小平理论的伟大旗帜确定为这次大会的灵魂。明确提出：坚持邓小平理论，实践中继续丰富和创造性地发展这个理论，是党中央领导集体和全党同志的庄严历史责任。在这次大会上进行了部分修改通过的《中国共产党章程》的总纲中，也明确规定，中国共产党以马克思列宁主义、毛泽东思想、邓小平理论作为自己的行动指南。指出：邓小平理论是马克思列宁主义的基本原理同当代中国实践和时代特征相结合的产物，是毛泽东思想在新的历史条件下的继承和发展，是马克思主义在中国发展的现阶段，是当代中国的马克思主义，是中国共产党集体智慧的结晶，引导着我国社会主义现代化事业不断前进。

根据这些新的重要决定精神，在本书的学习和教学实践中，有必要力求从不同的角度加深对贯彻“三个面向”方针的完整正确的理解。

首先是从理论指导和政策运用的角度，全面深入地学习和理解这一方针。重点是：理解提出这一方针的历史背景及其在建设有中国特色社会主义理论体系中和社会实践中的重要意义。这一方针是邓小平同志 1983 年 10 月 10 日为景山学校校庆的题词，全文是：“教育要面向现代化、面向世界、面向未来。”①如果从邓小平理论体系的角度去学习思考，可以看出，这一方针是邓小平理论体系在指导教学和科研实践中的具体运用，包括较深远丰富的内涵，其本身也有一个丰富发展的过程。这可以从以下几个方面去思考和加深理解：

（1）从邓小平同志倡导的“解放思想，实事求是”这一思想路线去思考理解，可以看出这一方针正是这一路线在一定的历史背景下对指导教学和科研工作的具体运用。

---

① 《邓小平文选》（第三卷），人民出版社 1993 年版，第 35 页。

(2) 从经济建设方针政策领域去思考理解,可以看出这一方针是改革开放经济建设方针政策的有机构成部分和在教育科研领域的具体化,其中包括关于运用国外的先进技术、管理经验做法和资金等的一系列重要论述。

(3) 从这一方针的丰富和完善过程方面去思考理解,可以看出在小平同志的多次重要讲话中,对这一方针的思想内容作了进一步系统的概括强调和具体说明,主要的如:关于面向世界,小平同志多次指出"面向"不能"照搬"。如 1986 年 9 月在论述"关于政治体制改革问题"时,强调指出:"在改革中,不能照搬西方的,不能搞自由化。过去我们那种领导体制也有一定好处,决定问题快。如果过分强调互相制约的体制,可能也有问题。"① 同年 12 月在论述"旗帜鲜明地反对资产阶级自由化"问题时,再次指出:"我们讲民主,不能搬用资产阶级的民主,不能搞三权鼎立那一套。我们常批评美国当权者,说他们实际上有三个政府。当然,美国资产阶级对外用这一手来对付其他国家,但对内自己也打架,造成麻烦。这种办法我们不能采用。"②在 1989 年 12 月论述"中美关系终归要好起来才行"时,再次强调:"我多次讲过,美国的制度中国不能搬,美国制度究竟好不好,美国人自己说,我们不干预。"③在 1992 年的南方讲话中,对这一方针的思想内容作了进一步较系统完整的概括,先后指示:"总之,社会主义要赢得与资本主义相比较的优势,就必须大胆解放和借鉴人类社会创造的一切文明成果,吸收和借鉴当今世界各国包括资本主义发达国家一切反映现代社会化生产规律的先进经营方式、管理方法。"④

(4) 从国际经验教训的研究总结方面去思考理解,可以体会到其深远的国际历史实践意义。在国际实践历史上,有的国家在一定时期曾执行重视发展教育的政策,但投入大量资金培养出的学生,由于不是以面向社会需要为目标,造成毕业就失业的后果,成为促使社会不安定甚至国家领导人下台的一个重要因素。而许多经济发展取得较好成效的国家,都重视教育和执行教育为社会需要服务的方针。也有的国家执行盲目排外的教育方针和迷信照搬外国制度政策的教育科研方针,给国家建设带来十分有害的消极后果。

从上述这些方面学习、思考"三个面向"方针的指导意义,可以看出:在财政教学、科研和实际管理工作中,坚持立足于我国社会主义现代化建设的实际,以马克思主义及其现代化为指导,有目的地去积极研究、分析和选择,有批判地吸收借鉴外国,包括发达资本主义国家的财政管理制度、方法和实践中可为我用的经验教训,应是一项十分重要的策略任务。这是编写与修订本书的主要动机和指导思想,也是组织本课程教学的指导思想和努力方向。

二、用以指导财政教学与科研工作的可行性和重要性

从财政的性质及其管理运用中体现出的一些共性与特性相互关系的角度学习"三个面向"方针,可能更有利于从财政管理角度加深对其可行性和重要现实意义的具体理解与自觉运用。

① 《邓小平文选》(第三卷),人民出版社 1993 年版,第 178 页。
② 同上书,第 195 页。
③ 同上书,第 351 页。
④ 同上书,第 373 页。

在本书初版的导论中曾这样说道："对财政教学和科研工作来说，坚持这一努力方向有十分重要的现实意义。这主要是由于国家财政作为一个历史久远的经济和政治范畴，其发展过程经历了所有的国家制度，而现代财政的某些重要范畴，则是在现代各国的历史实践中，在市场经济和计划经济的条件下，经历过纷繁多样的变化发展形成的。"这可以从财政一般和财政特殊的关系以及现代财政某些范畴产生发展的历史背景和社会条件等方面去理解。财政作为"历史久远的经济政治范畴"，说的是财政一般；而现代财政某些重要范畴的形成和发展，说的是财政特殊。但这些特殊中又体现着许多的共性，即现代不同社会、不同国家财政的不同阶级和社会属性中所包含的许多共性，其中反映着现代社会化生产的一般规律和现代化管理通行的方法、制度与经验教训。这些内容体现在现代财政管理的许多重要范畴中。

以国家预算为例。国家预算作为现代财政的一个重要范畴和财政管理的一种基本形式，是与商品经济发展紧密关联的产物。国家预算在 14、15 世纪首先出现于商品经济较发达的英国，随着资本主义商品经济的发展和阶级力量的变化，成为新兴资产阶级与专政的封建贵族之间争夺控制财权的主要工具。此后随着市场经济的发展和管理手段的现代化以及管理经验的积累，预算的管理制度、方法手段、内容结构等都不断变革完善。现代一些市场经济发达国家通过预算收入政策贯彻、支出结构调整、效率目标强化，在优化资源配置、调节收入分配、稳定与促进经济和社会发展、保证国家各项职能实现、维护资本主义社会制度和资产阶级利益等方面，发挥着举足轻重的作用。

现代税制也是现代各国财政管理中另一个兼有特性与共性的重要范畴。现代税制是古老的直接税适应商品经济的发展，经历了长期的演变过程而形成的，其中有许多反映市场经济客观规律的运用和实践经验的内容，集中体现在一系列赋税原则中。主要有 18 世纪中期提出的斯密赋税四原则，19 世纪下半期提出的瓦格纳税收征管四项九条原则，以及当代西方一些国家概括提出的税收征管公平与效率两大基本原则。这些原则被不同程度地运用于税收征管活动的各个方面，体现出对市场经济条件下税收征管活动的普遍性参考借鉴价值。

国家信用也是具有这种属性的现代财政的一个重要范畴，集中体现在其产生和发展变化与商品经济的紧密依存关系上。作为一个财政范畴，早在公元前四五世纪已在罗马、希腊等国产生，而作为一种国家信用制度，则是首先出现在 14、15 世纪地中海沿岸的热那亚、威尼斯等一些商品经济和资本主义制度萌芽和较发达的城市地区。随着资本主义商品经济的发展、15 世纪末 16 世纪初的地理大发现(1493 年哥伦布发现美洲，1519 年麦哲伦发现印度)，以及殖民地和海上贸易的迅速发展，一些商品经济较发达的国家，如西班牙、葡萄牙、荷兰、英国、法国等，为了支持争夺殖民地的战争和发展海上贸易，以及满足发展市场经济所必需的社会基础设施建设的需要，在财政支出急速增长的条件下，国家信用规模不断扩大。马克思曾把国债制度称为现代工商业的产物，指出它在保证国家不断膨胀和财政支出需要的同时，也成为资本主义"原始积累的最强有力的手段之一"。其力量的强大表现在"它象挥动魔杖一样，使不生产的货币具有了生殖力，这样就使它转化为资本，而又用不着承担投资于工业，甚至投资于高利贷所不可避免的劳苦和风险”①。在当代一些市场经济发达国家，近几个世纪特别是进入20世纪以来，国家信用规模急剧膨胀，已发展为各国用以筹集财政资金和贯彻国家宏观调控政策的主要财政范畴。发展中国家的内外债规模更是迅速增长。国债规模的膨胀，特别是外债规模的膨胀和结构上的失衡以及管理运用上的失误，成为形成近年金融危机的一个重要因素。对国债的合理规模、科学结构以及有效管理运用的研究，是当代各国普遍重视的一个重要课题。

三、现代财政管理的重要性和交流借鉴的可行性

上述一些重要的现代财政范畴在管理运用中所形成的特种原则、制度、目标、政策措施等内容，综合地体现在许多国家现代财政管理的一系列活动中，使现代财政管理表现出较强的积极能动作用和相互之间交流借鉴的必要性及可行性。

本书以“比较财政管理学”命名，旨在强调管理在财政工作中的特殊地位。在初版的导言中曾作了如下说明：“从广义的角度看，财政活动的各个方面却贯穿着财政管理的内容。因此，财政管理对财政工作发展有全面的决定性意义。”

从财政工作的实践过程看，财政管理在财政工作中的这种重要的决定性作用，主要表现在两个方面：一是财政管理作为人类在财政工作中的一系列有目的的活动，集中体现着人的主观能动作用；二是通过这种有目的的能动作用，根据对社会具体条件和规律的认识，制定和贯彻执行国家的方针政策，处理国家与经济及社会之间的矛盾关系，在市场经济条件下主要是处理国家与市场之间的关系，使国家上层建筑的积极作用得以发挥。在这方面，从历史发展过程看，西方发达国家在通过财政处理国家与市场经济相互关系的实践中所采取的理论政策的具体措施，大致经历过以下几个发展阶段：① 从18世纪中期至19世纪上半期实行所谓“自由自然制度”；② 自19世纪中期至20世纪20年代，提倡实行有一定限度的所谓“社会政策”和国家干预政策；③ 20世纪30年代至第二次世界大战前实行国家全面干预经济的政策；④ 第二次世界大战以来在几个市场经济发达国家宣传推行所谓“混合经济”、“社会市场经济”、“福利资本主义”等制度。在宣传和实施这些理论政策与管理制度的实践过程中，西方国家逐渐形成一系列较具现代化特征的方法、原则、制度，对实行市场经济国家的财政管理有普遍的参考借鉴意义。主要体现在以下几方面：在理财观念上，重视宏观调控和效率优先；在管理原则上，从人治为主向法制为主转变；在管理方式上，从单一型管理环节向综合型多环节结构管理方式发展；在管理方法上，由经验方法为主向科学计量方法转变；在财政收支关系处理上，从一般性强调量入为出和预算无条件收支平衡为主向量出为入和综合平衡，促进国民经济和社会事业协调发展为主要目标转变；在组织收入和资金分配使用管理上，从以保证国家机器的存在与活动的需要为主向保证市场的正常运行和调节经济关系为主的方向转变；在管理体制上，从高度分散和集中统一向体系化、调控化、规范化、民主化、法制化的方向发展；在监督管理上，从以行政监督为主向以国家民主法治监督机制化为主的方向发展。对比研究西方国家财政管理的这些现代化特征，对改革完善我国社会主义市场经济体制下的财政工作无疑有重要的现实意义。

---

① 《马克思恩格斯全集》(第23卷)，人民出版社1972年版，第823页。

四、对“三个面向”方针完整的理解和科学具体的运用

“三个面向”方针作为一个整体性的战略指导思想，如果把“面向现代化”理解为贯彻执行这一方针的立足点和出发点，把“面向世界”理解为贯彻这一方针的方法，“面向未来”则应是贯彻这一方针的长远目标。这样的理解，在财政管理工作的比较研究中，最重要的一点应是认真坚持实事求是的思想路线和外为中用的基本原则，力避比较研究中的盲目性和片面性。这样才能保持清醒的头脑，分清理论上和思想政治上的是非。在积极研究和学习、借鉴世界各国可为我用的经验做法的同时，努力避免一些腐朽思想和消极因素的影响，以利于促进我国财政管理工作沿着正确的方向向前发展。这就要求我们在肯定和参考借鉴西方发达国家财政管理中一些现代化特征的同时，不应忽视其中包含的资本主义私有制社会所特有的理论、政策的阶级实质，以及由这些实质性因素所决定和表现在实践中的种种矛盾现象以及局限性与虚伪性。以财政管理方法、制度的运用为例，不仅表现出公平、利益等原则在理论与实践之间的巨大差距，而且从长期的历史实践过程观察，西方发达国家财政管理工作的完善和运用，在一定时期和一定程度上，虽然促进了某些国家资本主义市场经济和社会的发展，但长期困扰资本主义社会的一些主要“弊端”却始终未能得到解决，甚至出现不断加剧的趋向。如经济发展的低速波动问题，收入分配上的差距和两极分化现象，长期困扰西方国家的高失业率问题等，都表现出不断加剧的趋势。至于近些年一再爆发的几乎席卷资本主义世界的金融危机，以及不断泛滥的凶杀、吸毒、道德败坏等长期困扰一些发达资本主义主要国家的精神文明领域的问题，更不是依靠财政管理现代化所能解决的。

五、全书的结构体系

根据上述认识在修订本中安排了四篇十一章的内容。

第一篇，财政管理体制。把财政管理体制的比较研究仍然放在全书的起步和具有概括性的位置上，这是由财政管理体制的性质及其在财政管理工作中的特殊地位决定的。首先，财政管理体制是财政管理的基本制度，其基本作用主要体现在以下一些方面：① 通过财政管理体制确定和调整财政管理各环节、各机构、各地区、各部门之间的责、权、利关系，这对各方面财政工作积极性的调动和发挥，对部门、地区职责任务的完成，从而对财政职能作用的充分正确运用和经济及社会事业的发展，起着综合性制约和决定性作用。② 这表明，财政管理体制作为国家财政管理的基本制度，即国家上层建筑的重要组成部分，是国家用以处理上层建筑与经济基础之间、生产力与生产关系之间这些社会基本矛盾以及其他一些社会矛盾的重要手段。根据现代财政管理体制的主要结构体系和内容，在这一篇安排了中央与地方政府之间的财政关系比较研究和国家与国有企业之间的财务关系比较研究，构成书中的第一、第二章。对当今世界一些主要国家结合我国 20 世纪 90 年代以来财税体制的深化改革进行对比研究，力求通过研究体现出一定的现实意义。

第二篇，财政收入管理。财政收入是财政分配关系中的基础环节，组织收入是财政管理工作中的基础部分，也是财政管理体制的一个基本内容，其中体现较强的政策性和较多的经验教训，特别是税收、国债等这类重要的收入形式，受到现代国家的普遍高度重视。

这是由财政收入及其管理在财政分配和管理工作中的基础性地位决定的。因此,对财政收入的比较研究就构成书中一个具有基础性的部分,包括税制结构比较研究、21世纪以来各国税制改革比较研究、国家信用制度比较研究三个部分,构成书中的第三、第四、第五章。这是当代各国组织财政收入最基本的形式和内容,也是财政收入管理几个最基本的范畴。

第三篇,财政支出管理。财政支出是财政分配关系中的一个重要的后续环节。支出管理不仅是收入管理的延续,在合理有效地分配使用财政收入、贯彻执行国家分配政策、支持和调整经济及社会事业发展等方面,支出管理比收入管理具有更直接灵敏的特征,在现代财政工作实践中,适应国家在市场经济中调控职能的强化,财政支出管理受到越来越普遍的重视。一些重要的支出项目,如公共工程支出、社会保障福利支出,以及政府转移支付支出等,被一些资产阶级经济学者誉为资本主义社会的"内在稳定因素"和"安全阀",在长期的财政支出管理实践中总结提炼出一套提高支出效率的经费分配管理原则,作为决定经费分配使用的质量、范围、支出办法应遵循的基本准则,被运用于财政支出管理的各个方面,主要有:政治性原则,用以规定经费支出的范围,一般只允许对下列事项使用经费,即私人或私人团体绝对办不到的、不应该办的、不想办的;财政性原则,其中又分为经济原则和收支均衡原则,前者强调以节约为宗旨,后者对经费使用力求限于经常性收入范围内;国民经济原则,坚持财政支出应促进国民经济的协调发展;社会性原则,坚持经费使用的平等普遍原则,给社会各方面提供均等的利益。这些原则一般体现在财政支出结构的安排、支出效果的评价等的管理实践中,形成本篇比较研究的两个部分,即财政支出结构与管理比较研究和财政支出效果评价比较研究,构成书的第六、第七章。

第四篇,财政综合管理与监督。这是书中具有鲜明特色的一个部分,也是现代管理中处于核心地位的一个部分。实行财政综合管理是现代市场经济对国家和财政提出的客观要求,也是当代财政管理的一种基本形式和重要特征,具有十分丰富的内容。在第一次修订本中,根据国内外形势的变化和改进管理工作的要求,以国家宏观财政政策比较研究取代了初版中的综合财政计划管理比较研究。目的是从更广泛的范围和更现实、更综合的角度,探讨研究这一问题。综合财政管理,从整个国家职能实现的角度和政策运用的范围着眼,可以看出,它的活动范围不仅体现在国家宏观财政政策的目标、手段、类型等方面,也体现于国家预算管理制度、社会保障制度、监督财政制度等重要的财政管理领域。根据对现实的这种认识和我国财政管理工作改革的需要,在本篇修订版中安排了四章,即发达国家宏观财政政策比较研究、国家预算管理制度比较研究、社会保障制度比较研究、监督财政制度比较研究。分别构成书的第八、第九、第十、第十一章。希望这一篇的内容对建立和完善我国宏观财政体系、完善财政管理的民主法治监督机制,能具有较可行的参考价值。

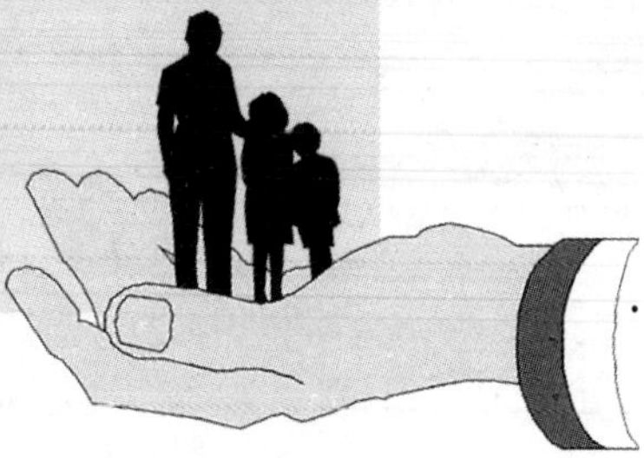

第一篇

财政管理体制

第一章 中央与地方之间财政关系比较研究

我国人口众多，幅员辽阔，因此，政府间财政关系涉及的政府层级比较多，既涉及中央政府与地方政府之间（在我国，省及省以下级别的政府统称为地方政府）的财政关系，也涉及省与市（地）、县、乡（镇）等地方政府之间的财政关系，以及市与县、县与乡之间的财政关系。政府间财政关系的内容主要包括政府间事权的划分、政府间财权的配置以及事权、财权权限争议的处理，包括政府间财政转移支付制度等方面的内容。本章主要通过比较的方式介绍有关国家中央与地方政府之间的财政关系的基本状态和基本发展趋势，以及可供参考借鉴的经验教训。

大约从20世纪80年代开始，世界上许多国家掀起了改革和调整政府间财政关系，尤其是改革中央与地方政府之间财政关系的热潮，其核心内容是进一步实施政府间的财政分权。我国从1994年1月1日开始实施的分税制财政体制，把我国从80年代开始的财政体制改革推上了一个新的高度，标志着我国的经济体制改革已经朝着市场经济的目标模式迈出了一大步，标志着我国的财政体制进入了规范化和法制化的轨道，从而为我国经济在国际化浪潮中的竞争实力不断增强奠定了初步的财政体制基础。

我国起始于80年代并且在90年代初期迈出的财政体制改革的关键性的一步，就是由80年代初期开始实施的各种包干制财政体制变革为90年代初期的分税制财政体制。这种体制上的变革，与同期世界上许多国家兴起的财政体制改革浪潮之间绝不只是时间上的巧合，而是人类社会发展与文明进步的一个重要组成部分。2010年8月16日，由于日本内阁公布日本第二季度国内生产总值为1.288万亿美元，而同期中国国内生产总值为1.337万亿美元的消息引发了关于“中国的国内生产总值是否超越日本而成为世界第二大经济体”的争论[①]，其结论尽管有待于进一步观察，但是，从总量上看，中国经济已经成为世界经济稳定与增长的主要力量这一点已经是不争的事实。这表明，随着我国经济的不断高速发展，我国经济与世界经济的联系越来越密切，我国经济实际上已经成为全球化经济的一个重要的组成部分；相应地，与我国的这种经济体制和经济实力相适应的财政体制的构建也已经成为国际上政府间以及一个国家内部政府间财政体制的一个重要的组成部分，在这个体制的某些环节上甚至必须与国际惯例相接轨（例如关税制度以及其他涉及跨国经济联系的财政、税收制度）。从这个意义上说，我国的财政体制改革实际上已经成为世界各个国家财政体制改革浪潮的一个重要组成部分。因此，在我国的财政体制改革过程中，参考借鉴其他有关国家在财政体制改革过程中的成功经验，研究它们的失败教训，对于推进我国的财政体制改革具有特别重要的现实意义和理论意义。

---

① “专家谈我国GDP世界第二：统计方法存在失真”，《光明日报》，2010年8月21日。

本章主要介绍自20世纪80年代以来一些国家（主要是以经济合作与发展组织（OECD）成员组织国为代表的西方市场经济发达国家和部分发展中国家）在中央与地方政府之间财政关系方面的改革情况，并与我国的有关情况进行分析、比较。

第一节　中央与地方政府之间财政支出责任[①]的划分

政府间财政支出责任的划分是在政府间划分税种并建立政府间财政转移制度的基础。长期以来，在许多市场经济发达国家中，政府间财政支出责任的划分状态是比较稳定的，基本上延续了西方国家“传统”的政府间财政支出责任划分框架。这种“传统”的财政支出责任划分的基本框架是：人力资源和财政资源由中央政府集中控制，地方政府特别是地方的基层政府主要负责提供公共服务。[②] 实际上，这种对财政支出进行管理的框架是在第二次世界大战以后才逐步形成的。在第二次世界大战结束后的数十年里，许多西方国家的中央政府逐渐放松了对支出的控制，它们通常把支出项目固定在若干个类型上，从而赋予了支出管理部门或机构在资源使用上一定的自主权，也有一些国家通过某些改革措施，例如通过计划—规划—预算系统（Planning-Programming-Budgeting，简称 PPB 系统）对整个预算系统进行自上而下的改革，以便把预算的编制过程变成预算政策的制定过程。但是实践证明，这种改革并未取得成功。[③] 相对而言，许多国家进行的旨在改善公共部门的管理、重新调整中央政府和地方政府之间的财政关系的改革则取得了一定的成效。特别需要指出的是，自80年代以来，在OECD国家当中，政府之间财政关系调整与变化的一个重要趋势是：将政府的财政收入与支出的权力向下级政府特别是向地方的基层政府倾斜，即实施财政分权（Fiscal Decentralization）。

一、划分财政支出责任的传统依据——单一制和联邦制

政府间财政支出责任划分的实质是在特定的行政与政治体制框架内处理政府之间在财政体制上的集中与分散的关系问题。在理论上，许多西方国家主要是以“单一制政府体制”（以下简称单一制）或者“联邦制政府体制”（以下简称联邦制）这种传统的政府体制类型划分为依据来划分政府间财政支出责任。

1. 单一制

单一制是一种国家结构形式，指若干不具有独立主权的一般行政区域或者自治区域组成的单一主权国家的结构形式，是联邦制的对称。依据国家统治集团的统治需要，并且按照一定的原则，单一制国家把国家划分为各个行政区域，或者称为地方行政区域。各个

---

① 我国学术界和实际业务工作者除了习惯使用“政府财政支出责任”这个术语之外，经常使用的另一个业务术语就是“政府的事权”；与之相对应，就有了“政府间事权的划分”和“政府间支出责任的划分”等业务术语。实际上，“政府间财政支出责任的划分”和“政府间事权的划分”这两个术语之间是有区别的：前者强调的是政府财政支出责任的划分，后者强调的是政府行政责任的划分；政府之间的事权划分是政府之间财权划分的基本依据，而政府之间的财权划分则是政府之间事权划分的经济保障。在一定期间内，政府间事权的划分与财权的划分可能会不一致，因此就有了对政府间财政转移支付的需求，就需要有政府间财政转移支付制度来保障政府间财权与事权在配置上的实现。

② OECD：MODEN BUGETING，1997：11.

③ OECD：MODEN BUGETING，1997：12.

地方行政区域不具有任何主权特征，不是独立的政治实体，不具有独立的外交权。只有中央权力机关才能代表国家主权成为国际法的主体。因此，从宪法和其他有关法律的角度看，各个地方政府的权力源于中央的授权，而不是地方固有的权力；相应地，地方的自主权或者自治权也是由国家中央权力机关通过宪法授予的，各个地方当局没有单独退出其所在主权国家的权力。

由于单一制国家只有一部统一的宪法和统一的法律体系，因此其立法、行政和司法系统也是统一的，公民也有统一的国籍身份。但是在实践中，单一制国家的权力集中程度不尽相同，因此也可以依据中央集权的程度，把单一制国家进一步分为中央集权型国家和非中央集权型国家。一般认为，中世纪的欧洲国家和古代中国均属于集权型单一制国家，在这些国家中，地方政府的权力受到中央政府的严格控制；而现代单一制的国家则多为非中央集权型国家，中央政府掌管军事、外交等全国统一性政务，而地方当局则享有比较大的行政自主权。①

目前世界上许多国家的政体均采用单一制，例如中国、英国、法国、日本、韩国、意大利等国。

2. 联邦制

由两个或者两个以上的政治实体（共和国、州或者邦）结合而成的一种国家结构形式或者政体称为联邦制。从历史渊源看，组成联邦制国家的各个成员单位通常是先于联邦国家实体存在的，联邦成员国在联邦国家成立之前就是独立享有主权的政治实体；加入联邦后虽然不再享有完全独立的主权，但是在联邦宪法规定的范围内，联邦成员的主权仍然受到法律保护，联邦成员有自己的宪法和法律。在组成联邦制国家时，联邦成员单位把各自的部分权力让渡给了联邦政府，同时又保留了部分管理内部事务的权力。②

在联邦制国家中，联邦宪法一般都明确界定联邦政府统一行使的权力和各个联邦成员国政府所保留的权力，同时，联邦成员又有自己独立的立法、行政和司法机构，这些机构一般与联邦的最高司法、行政和立法机构之间不存在隶属关系。联邦的主权由联邦和各个成员单位分享，联邦政府对外代表国家主权，但是各个联邦成员也在联邦宪法允许的范围内行使自己的主权，例如，各个联邦成员在联邦宪法允许的范围内，享有一定的外交独立性，可以与其他外交主体签订某些协议，有些联邦成员甚至也可以参加国际组织，等等。联邦国家的这些法律特征表明，在联邦制的国家体制下，政府之间的行政权力和财政权力是比较分散的，联邦成员以及成员内部各级地方政府均在一定程度上有自己的财政权力，有些国家的联邦成员还拥有本地区的税收立法权，或者是税基、税率的选择权，同时，联邦成员及其下属地方政府也负有相当大的财政支出责任。

目前世界上主要有美国、德国、澳大利亚、巴西等国属于联邦制国家组织形式。

---

① 孙关宏：《政治学概论》，复旦大学出版社 2003 年版，第 118—119 页。

② 同上书，第 119—120 页。

二、两种不同体制下政府财政支出责任划分的异同及其变化[①]

(一)单一制体制下政府事权及其支出责任划分情况

首先考察日本的情况。

日本政府主要是由三个层级构成的[②],第一个层级是中央政府;第二个层级相当于我国的省级政府,由47个相当于我国省级的政府都、道、府、县构成,具体包括东京都(都)、大阪府、京都府(两府)、北海道(道)和43个县;第三个层级是市、町、村,属于日本基层的政权层次。目前日本大约有2 399个市町村,其中包括739个市、1 320个镇和340个村。[③]唯一的例外是,目前日本只有北海道仍然设置相当于我国地区级的区域层级政府机构作为北海道政府(道厅)的派出机构,这些机构在2010年4月1日之前称为“支厅”,之后则统称为“综合振兴局”或者“振兴局”。[④] 2010年4月之前,按照“旧条例”规定的各个支厅的管辖范围,北海道下辖14个支厅,支厅负责管理180个市町村。[⑤] 从这个意义上说,在北海道,市町村属于第四个行政层级(参见表1-1)。

表1-1　日本北海道行政区划

序号	名称	首府	区域内最大城市	人口数*	城市数
11	網走支庁	網走市	北見	324 719	19
7	日高支庁	浦河郡	新ひだか町	81 403	7
5	檜山支庁	江差町	瀬棚町	46 999	7
6	胆振支庁	室蘭市	苫小牧市	426 627	11
1	石狩支庁	札幌市	札幌市	2 310 001	8
8	上川支庁	旭川市	旭川市	535 456	22
13	釧路支庁	釧路市	釧路市	261 883	8
14	根室支庁**	根室市	根室市	84 035	5
4	渡島支庁	函館市	函館市	449 371	11
9	留萌支庁	留萌市	留萌市	61 488	9
3	後志支庁	倶知安町	小樽市	250 065	20
2	空知支庁	岩見沢市	岩見沢市	365 563	25
10	宗谷支庁	稚内市	稚内市	75 665	9
12	十勝支庁	帯広市	帯広市	354 147	19

注:* 人口数截至2008年3月。

** 日本北方四岛属于根室支庁,因目前由俄罗斯占领,故这里未统计在内。

① 鉴于资料和篇幅上的限制,在本章我们仅就几个国家的有关情况进行分析和比较,所以得出的结论也许并不十分准确。不过,由于我们所选取的国家有一定的代表性,所以大体上可以反映两种不同体制下各个有关国家政府财政支出责任划分的共同性及其变化情况。

② 作者特别感谢中央财经大学研究生部副主任、教授周卫中博士,周博士为作者提供了有关日本北海道政府架构方面的资料。

③ Ichiro Aoki, Decentralization and Intergovernmental Finance in Japan, PRI Discussion Paper Series(No. 08A04), Jun 2008。

④ 参见《北海道総合振興局及び振興局の設置に関する条例》,平成二十年六月三十日条例第七十八号,改正平成二十一年三月三十一日条例第五十二号,改正平成二十一年九月十八日条例第八十二号。

⑤ 釧路支庁が道東総合振興局に、道の支庁改革条例成立(Kushiro Sub Prefecture will be Dōtō General Development Bureau, the Ordinance for the Sub Prefecture Reformation is Passed), by *Kushiro Shinbun*, June 29, 2008。

从2010年4月1日起，北海道在原支厅的基础上，改设“综合振兴局”或者“振兴局”。综合振兴局或者振兴局作为道政府的综合派出机构，在执行道政府职能的同时，还发挥了作为市町村的居民参与“道政”的窗口的作用。关于日本北海道综合振兴局或者振兴局的主要功能参见表1-2。综合振兴局和振兴局在政府职能方面存在一定的差异。

表1-2　日本北海道综合振兴局(振兴局)的主要政府职能

区域政策部	• 局整体的联络调整，厅舍(办公楼)的维护管理；道政咨询 • 道费的收支 • 护照，私立学校，宗教法人 • 职员的工资、健康管理 • 汽车使用税、不动产取得税、柴油交易税等道税的征收、纳税 • 所管辖地区的地区振兴规划以及综合调整 • 针对市町村、公共团体的行政、财政指导 • 对土地交易、开发行为的限制 • 统计调查、宣传与防灾 • 文化振兴、生活水平的稳定与提高，青少年、男女平等政策的实施，促进交通安全对策和阿伊努民族政策的推进 • 环境保护，废弃物对策，自然保护
保健环境部	• 医疗、保健、福利的咨询，餐饮店的营业许可 • 社会福利，生活救助 • 针对带有特殊健康问题的儿童和家庭的指导与救助
产业振兴部	• 矿业、商业、服务业、旅游业的振兴 • 就业对策，增进劳动者福利 • 高压油气田的取缔，砂土采掘的管理 • 农业技术的普及、农用技术对策，农业经营基础的强化 • 农业、畜牧业的振兴，奶农、畜产、食品安全的推进 • 农用地、农业设施安全，农田防灾事业，农业农村基础设施事业，农村道路的管理与完善 • 森林种植支援，防护林管理，林道的开设与改良，造林治山事业，森林防火、绿化 • 水产业振兴，渔场管理，渔港与渔港海岸管理，水产品检疫，渔船与观光渔船的注册许可 • 城市规划、城市建设、建筑、公营住宅、建筑企业、宅基地交易企业相关事务 • 为了使个人或市町村所有的山林建设得更美好而提供信息，支持技术普及 • 北海道所有或管理的道有林的维护、管理，以及森林的整备
建设管理部	• 道路、河流、海岸等公共设施的维护、管理、修缮 • 灾后重建

资料来源：日本《北海道総合振興局及び振興局の設置に関する条例》，平成二十年六月三十日条例第七十八号，改正平成二十一年三月三十一日条例第五十二号，改正平成二十一年九月十八日条例第八十二号。

日本在第二次世界大战前实行的是典型的中央集权型单一制国家组成结构体制，在这种体制下，大多数行政事务由中央负责，只有部分行政事务委托给地方政府，从而形成了中央负责主要的行政事务同时有部分行政事务由中央和地方共同负责的格局。第二次世界大战结束后，在美国占领当局的直接影响下，日本实行地方自治制度，重新构建了政府体制以及相应的事权和财权划分制度，各个都道府县分别独立行使自己的行政职能。特别是2003年日本政府启动了旨在减少中央政府对地方政府的财政补助，同时增加中央政府对地方政府的税收转移支付的“三位一体”的财政分权改革方案，进一步强化了地方政府的职能。目前日本的中央和地方事权划分情况大体如下①：

中央——负责国防、外交、司法、养老与医疗保障；

都道府县——警察（治安）、防灾救灾管理，高中教育（10—12 年级），社会福利与健康服务，地方基础设施建设与管理，促进产业水平提升等；

市町村——小学与初中教育，消防与救护，水务管理等。

在日本，政府财政支出责任与其事权的划分大体上是一致的，但是在某些支出项目资金的安排上，中央政府实际上是通过政府间的财政转移支付等手段分摊了一部分地方政府的财政支出责任。

首先看日本中央政府财政支出责任的划分情况。2010 年日本中央政府一般预算账户支出接近 92 万亿日元②，其中，用于日本中央政府本级一般性预算支出的为 53.4542 万亿日元，占一般预算账户支出总额的 57.9%；用于国债（中央政府的债务）还本付息支出的费用为 20.6491 万亿日元，占一般预算账户支出总额的 22.4%，其中，用于归还本金的费用为 10.8404 万亿日元，占一般预算账户支出总额的 11.7%，用于支出国债利息的费用为 9.8087 万亿日元，占一般预算账户支出总额的 10.6%；用于补充预算调节基金的费用为 7 182 亿日元，占一般预算账户支出总额的 0.8%。以上三大类项目支出主要是用于中央政府本级的预算支出，三者合计占一般预算账户支出总额的 81%，其余 18.9% 即 17.4777 万亿日元则被用于地方交付税补助金（Local Allocation Tax Grants）支出，实际上相当于中央政府用于对地方的一般性转移支付，属于由地方政府支配的财政资金（见表 1-3）。

表 1-3　日本中央政府一般预算账户支出结构　　2010 财政年度

<table>
<tr><td colspan="2">一般预算</td><td>57.9%</td><td>地方交付税补助金支出</td><td>18.9%</td><td>补充预算调节金</td><td>0.8%</td><td colspan="2">国债支出</td><td>22.4%</td></tr>
<tr><td rowspan="5">其中</td><td>社会保障支出</td><td>29.5%</td><td rowspan="5"></td><td rowspan="5"></td><td rowspan="5"></td><td rowspan="5"></td><td rowspan="5">支出</td><td rowspan="3">利息支出</td><td rowspan="3">10.6%</td></tr>
<tr><td>公共工程支出</td><td>6.3%</td></tr>
<tr><td>教育与科技支出</td><td>6.1%</td></tr>
<tr><td>国防支出</td><td>5.2%</td><td rowspan="2">归还本金</td><td rowspan="2">11.7%</td></tr>
<tr><td>其他支出</td><td>10.9%</td></tr>
</table>

资料来源：（日本）FY2010 Budger（Supplementary Data），日本政府财务省官方网站 www. mof. go. jp/english/budget/pamphletjpffs2010s。

需要指出的是，近年来由于全球金融危机的影响，日本中央政府还强化了对经济的干预，特别是增加了旨在促进公平和民生方面的财政支出，以便减轻全球金融危机对日本经济社会的影响。在表 1-4 中，日本中央政府一般性支出中，用于“其他”支出类别的开支占一般预算账户支出总额的 10.9%，其比重是很高的，在这个支出类别中，除了杂费（Miscellaneous）支出以外（总额为 51 968 亿日元，占一般预算账户支出总额的 5.6%），其他比

---

① 资料来源：Kenji Ikeda（Director，CLAIR Sydney），Local Government in Japan，An Introduction；Council of Local Authorities for International Relations（CLAIR），Sydney，2010 年 10 月。

② 参见 FY2010 Budget（Supplementary Data），日本政府财务省官方网站 www. mof. go. jp/english/budget/ pamphletipffs2010s。

较大的支出项目还有用于食品方面的支出(占一般预算账户支出总额的1.3%)、应对经济危机和振兴地方经济的支出(占一般预算账户支出总额的1.1%)、能源支出(占一般预算账户支出总额的0.9%)等(参见表1-4)。

表1-4 日本中央政府其他支出项目的内容与结构 2010财政年度

支出项目	金额(10亿日元)	占一般预算账户比重(%)
食品	1 159.9	1.3
能源	842.0	0.9
前军队退休人员年金	714.4	0.8
经济援助	584.2	0.6
中小企业提升计划	191.1	0.2
杂费	5 196.8	5.6
应对经济危机和振兴地方经济	1 000.0	1.1
应急资金	350.0	0.4

资料来源:(日本)FY2010 Budger(Supplementary Data),日本政府财务省官方网站 www.mof.go.jp/english/budget/pamphletjpffs2010s。

其次考察另一个单一制国家,即位于欧洲意大利半岛的意大利的情况。

意大利位于中欧南部的意大利半岛,全称是意大利共和国(Italian Republic),面积为30余万平方公里,6 000万人口,其人口规模在欧洲排在第6位,在世界上排在第23位。

意大利政府分为四个级次,依次为:中央政府、20个大区政府(Region)、110个省政府和8 100个社区政府(市或者乡镇)(参见表1-5)。

表1-5 意大利行政区划

大区名称	大区辖省(个)	面积(千米^2)	人口(人)
阿布鲁祖(Abruzzo)	4	10 794	1 324 000
奥斯塔河谷(Aosta Valley)*	0	3 263	126 000
阿蒲利亚(Apulia)	6	19 362	4 076 000
巴斯礼卡它(Basilicata)	2	9 992	591 000
卡拉巴利亚(Calabria)	5	15 080	2 007 000
坎帕尼亚(Campania)	5	13 595	5 811 000
艾米丽亚-罗马那(Emilia-Romagna)	9	22 124	4 276 000
辅鲁丽-威泥吉雅瑰丽亚(Friuli-Venezia Giulia)*	4	7 855	1 222 000
拉兹奥(Lazio)	5	17 207	5 561 000
利古里亚(Liguria)	4	5 421	1 610 000
龙巴迪(Lombardy)	12	23 861	9 642 000
马克(Marche)	5	9 694	1 553 000
莫里斯(Molise)	2	4 438	320 000

（续表）

大区名称	大区辖省（个）	面积（千米^2）	人口（人）
徘德莫（Piedmont）	8	25 399	4 401 000
撒迪尼亚（Sardinia）*	8	24 090	1 666 000
西西里（Sicily）*	9	25 708	5 030 000
图斯坎尼（Tuscany）	10	22 997	3 677 000
特提诺-奥特阿迪葛（Trentino-Alto Adige）*	2	13 607	1 007 000
乌布利亚（Umbria）	2	8 456	884 000
威尼托（Veneto）	7	18 391	4 832 000

注：* 为意大利自治区。

资料来源：italia. gov. it/state-local authorities relation，2010。

如表 1-5 所示，意大利在中央政府之下分为 20 个大区，最初这 20 个大区政府是中央政府管理地方事务的区域行政机构，依据《意大利宪法》第 123 条的规定，意大利大区政府有权确定本地区政府的组成规则、政府的职能等事务。意大利的大区一级政权进一步分为两种不同的类型：一般性质的大区（15 个），自治区（5 个）。其中，15 个一般性大区按照 2001 年《意大利宪法》改革后的规定，拥有本地区的立法和行政权力，特别是依据第 117 条的规定，大区级政府拥有除国家法律列举的中央政府管辖的事务以外的对其他事务的绝对立法权，但是这些地区的财政权力依然很小，依据有关法律的规定，这 15 个大区只能拥有全部税收收入的 20%。而其余 5 个大区则作为自治区，除了行政立法权力以外，在财政方面则拥有比较大的权力。依据《意大利宪法》第 166 条的规定，这些大区拥有对全部税收收入的 60% 至 100% 的支配权，但是与此同时，除了西西里地区以外，这些大区政府必须自行负担本区域内的医疗保障、教育和大部分公共工程的费用。除了大区以外，意大利各个省及其以下各个政府的职能分工如下：

省级政府主管修筑和养护省级公路、公共工程、地方河湖港口、防洪工程、其他水利工程，建设和管理省级精神病院，参与各项公共服务事业，如医疗卫生、公共教育、城建公用事业、救济和慈善事业等。

市（镇）政府的职责可分为义务性的和选择性的。前者包括：主管地方警察、医疗卫生、自来水和下水道、公墓、公共照明、城市环境卫生、博览会和集市、公共福利和慈善事业、道路、公共广场、公园等。后者主要包括公共交通运输、成立各种服务性市政企业等。

意大利各级政府依据上述的事权与职能的划分，确定了其政府间财政收入与支出划分的基本格局。从总体上看，意大利中央政府组织了近 50% 的全国财政收入，但是其支出的大头则主要是地方政府；此外，社会保障支出也是意大利政府财政支出外的一个重要公共支出项目。与 OECD 国家总体指标相比，意大利的这种政府间财政收支划分格局的特征也是十分明显的（参见图 1-1）。

如果不是篇幅上的限制，我们在这里还可以分析其他一些实行单一制政体国家的政府间事权以及财政支出责任的划分情况。[1] 从我们目前所掌握的资料来看，那些实施单

---

① 有关 OECD 国家政府间财政关系的详细资料可参见 Blochliger，H. *et al.*（2010），“Sub-central Governments and the Economic Crisis：Impact and Policy Responses”，OECD Economic Department Working Papers，No. 752，OECD Publishing。

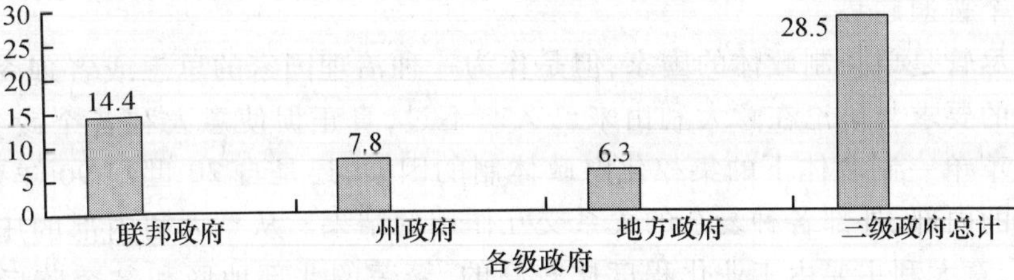

图 1-1　意大利以及 OECD 国家政府间财政收入与支出划分格局

资料来源：OECD Government at a Glance 2009, Country Note: ITALY。

一制政体的国家在政府间事权和财政支出责任的划分方面，其基本的特征为：

第一，中央政府对某些社会事务和经济事务的管理范围一般比较广，程度也比较深。但是由于各个国家的历史、文化等方面的情况不同，经济和社会的传统不同，其中央政府对经济和社会事务的管理与干预的范围及程度也不尽相同。

法国中央政府除了负责社会安全、国防、外交等社会与政治事务之外，还负责提供社会福利补贴，通过补贴引导社会投资，甚至直接进行经济投资（例如在航空和铁路等领域的投资等），通过这些措施支持各个相关地区的经济发展。而意大利政府，特别是中央政府在经济与社会生活中所扮演的角色则更加重要。与 OECD 国家平均指标相比较，意大利政府用于一般公共服务支出占财政支出的比例高于 OECD 国家的同类指标，相对而言，其用于教育方面的支出比例则低于 OECD 国家的同类指标。在意大利，地方政府主要负责卫生与经济事务的支出，而教育支出所占的比例则很小。如同大多数 OECD 国家一样，意大利的环境保护、住房和社区市容管理、娱乐、文化和宗教事务等方面的支出责任主要是由地方政府承担的，而中央政府财政支出的最大比例则是用于一般的公共服务支出，其中包括对政府债务的还本付息支出。这与日本的情况是类似的。此外，意大利中央政府还负责教育、国防和公共安全方面的财政支出（参见表 1-6）。

表 1-6　按照政府职能划分的意大利政府财政支出结构（2006）　（单位：%）

政府职能	意大利中央政府支出	意大利地方政府支出	意大利政府支出合计	OECD 国家政府支出	欧盟 19 国政府支出
一般公共服务	30.8	14.6	17.5	13.8	13.9
国防	4.8	0.0	2.7	3.4	3.0
公共秩序与安全	5.9	1.5	3.8	3.8	3.7
经济事务	15.9	14.3	11.7	10.6	10.1
环境保护	0.4	4.7	1.6	1.7	1.5
住房与市容	0.7	4.5	1.5	2.0	1.9
健康	10.4	44.5	14.1	15.1	14.1
文化娱乐与宗教	1.4	3.1	1.7	2.6	2.5
教育	13.4	8.3	9.0	12.9	11.6
社会保障	16.3	4.4	36.4	34.2	37.7

资料来源：OECD Government at a Glance 2009, Country Note: ITALY。

第二，由政治上的联邦主义导致财政上的政府间财政分权是 OECD 组织中单一制政体国家的一个普遍趋势。

意大利尽管是单一制政体的国家，但是作为一种治理国家的思想或者理念，要求实施联邦制政体的要求与争论在意大利由来已久。不过，真正促使意大利各个政党以及其政府思考和改革单一制政体下的集权化财政体制的因素，还是自 20 世纪 90 年代以来意大利政府面临的内部、外部各种复杂的关系交互作用的结果。从意大利内部的压力来看：从地理上来看，意大利主要由工业化程度比较高的、繁荣的北部地区和贫穷落后的、以农业为主的南部地区以及撒迪尼亚岛和西西里岛构成。由于历史和地理等方面因素的影响[①]，意大利南部和北部在经济发展水平方面的差异比较大，从总体上看（参见表 1-7），意大利北部地区（包括西北部、东北部和中部）人均 GDP 水平均超过欧盟其他成员国的平均水平，而南部地区（包括因苏拉地区的两个岛屿）的人均 GDP 水平还不到欧盟成员国平均水平的 70%。在意大利北部地区的人看来，每年意大利北部地区通过意大利政府的集权化财政体制，有大量财政资源被转移给南部贫穷地区，因此来自于北部地区的各个政党强烈要求实施旨在分权化的财政体制改革，以便减少本地区财政资源的外流。从外部压力来看，在欧洲兴起的由自上而下的集权体制向自下而上的分权体制过渡的运动毫无例外地冲击了意大利的政治与财政体制。特别是在欧洲统一市场的建设过程中，竞争迫使各个成员国的政府将更多的注意力放在增强欧盟统一市场内部地区间的竞争力的建设上。由此产生的所谓“新地区主义”（New Regionism）的结果是使意大利北部富裕地区采取脱离其南部贫穷同胞的政策，在财政体制上极力倡导和推行财政分权，强调地区的财政自主权和自给能力。[②] 意大利的地区发展政策及其财政体制走向越来越受制于欧盟的区域发展政策和制度，后者要求各个成员国必须实行透明的、负责任的财政体制与政策，这在很大程度上促使意大利的财政体制朝着分权的方向发展。[③]

表 1-7　意大利国内区域 GDP 排序及其与欧盟其他国家的比较（2007）

排序	地区	人均欧元	相当于欧盟平均值的百分比（%）
1	意大利西北部地区	31 400	125.9
2	意大利东北部地区	30 900	124.1
3	意大利中部地区*	28 700	115.2
4	意大利因苏拉地区（Insular Italy）**	17 200	69.1
5	意大利南部地区	17 100	68.6

注：* 意大利中部地区主要指意大利首都罗马，从地理位置上看，应当属于意大利北部地区范围。** 意大利因苏拉地区是意大利人对意大利的两个最大的岛屿西西里和萨迪尼阿的习惯称谓。由于其历史、文化、语言以及距离大陆比较远的原因，这两个岛屿目前都具有自治区的地位。此外，按照非官方的划分方法，这两个岛屿都属于意大利的南部地区。

资料来源：Regional GDP per inhabitant in 2007, Eurostat Newsrelease, 18 February, 2010。

---

① 关于意大利南北划分的原因问题，意大利学者还有专门的研究，参见 Sara Jane Micali, Italy: The Case for Division, Pell Scholars and Senior Theses, Salve Regina University, sarajane. micali@ salve. edu, 2-1-2009。

② Keating, Michael and Wilson, Alex(2009), Renegociating the State of Autonomies: Status Reformand Multi-level Politics in Spain, European Politics 32(3), 536—558.

③ Bull, Martin and Baudner, Joerg(2004), Europeanization and Italian Policy for the Mezzogiorno, *Journal of European Public Policy*, 11:6, 1058—1076.

日本也是一个实施单一制政体的国家，第二次世界大战结束后到20世纪90年代，单一制政体下的集权型财政体制一直是支撑日本经济与社会发展的重要因素；但是自20世纪90年代后期开始，要求政治分权和财政分权的呼声越来越高。1999年，日本国会通过了一揽子促进分权制的法案；2003年，日本时任首相小泉纯一郎内阁启动了“三位一体”财政改革方案，该方案的核心主要是通过三个基本要素的财政分权，实现日本全国政府间财政关系的分权化改革，这三个基本要素是：① 地方让与税拨款；② 中央政府对地方政府的财政补贴；③ 地方税。通过减少中央政府对地方政府的财政补贴和把更多的税收资源从中央转移给地方等手段，实现财政分权目标。[①] 从日本以及其他OECD国家来看，之所以从20世纪90年代末期以来实施旨在财政分权的改革不是偶然的。从日本的实践来看，日本中央政府和地方政府之间的财政关系十分密切，从中央到地方的各级政府同时面临着一个严峻的财政形势，即日本已经开始步入老龄化社会，相应地，日本政府用于支付社会保障开支的费用越来越庞大——这是日本政府面临的巨大的财政挑战之一；另一个巨大的财政挑战是，在这种严峻的财政形势下，日本的中央政府是否还有能力持续地为地方政府提供财政支持以确保弥补地方政府的财政收支缺口，也十分令人怀疑。日本中央和地方政府必须重新审视各自的预算，必须提出相应的策略以便提高政府的效率——这是日本各级政府面临的共同性的问题。[②]

（二）联邦制体制下政府事权及其支出责任划分情况

在实行联邦制政体的国家中，美国的政府间财政体制是比较有代表性的。因此，这里主要介绍美国的财政体制。

美国实行联邦、州与地方三级政府的体制。其中，各级政府财政相对独立，各自根据美国联邦宪法划定政府事权和财政支出责任。

美国联邦政府的事权范围主要包括：国防、外交事务，州际高速公路建设与维护，公共福利、邮政服务、自然资源保护，联邦警察、联邦监狱等涉及全国的公共安全事务，退伍军人福利事务，社会保障与医疗保障，联邦政府职员退休福利，事业救济，等等。此外，保持经济的稳定与增长、维持和促进社会发展、保持社会稳定等也都属于联邦政府的职能范围。关于美国联邦政府的事权以及相应的财政支出责任划分是比较清楚的（参见图1-2）。

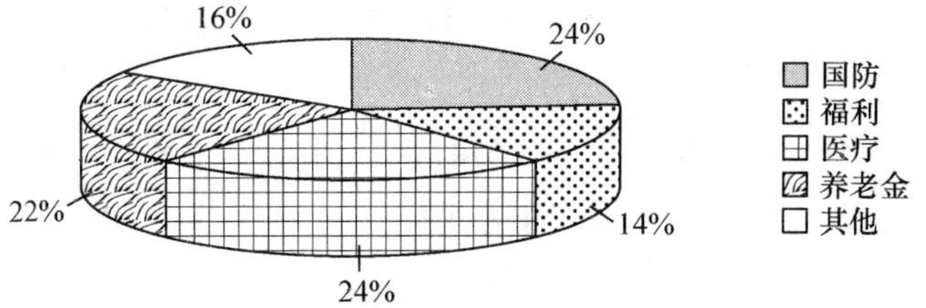

图1-2　美国联邦政府财政支出结构（2010）

资料来源：www.usgovernmentspending.com。

---

① Ichiro Aoki (Visiting Scholar Policy Research Institute, Ministry of Finance), Decentralization and Intergovernmental Finance in Japan, PRI Discussion Paper Series (No. 08A-04).

② Ibid.

美国州政府的事权范围主要限于向居住在本州范围之内的居民提供公共物品与公共服务。主要内容包括:提供本州辖区范围内的基础设施和社会服务,包括教育、高速公路、公共福利、自然资源管理、州警察、州监狱、州内区域的排水系统、退伍军人福利、政府职员退休福利和事业救济等事务;负责州范围之内的收入调节;其他有关本州范围内的经济与社会发展事务等(参见图 1-3)。

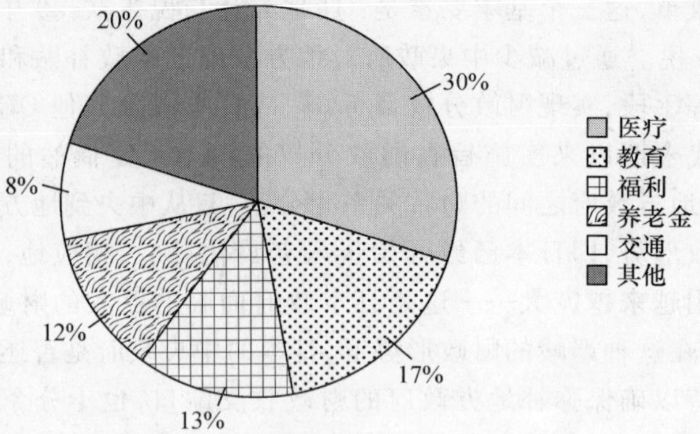

图 1-3 美国州政府财政支出结构(2010)

资料来源:www. usgovernmentspending. com。

地方政府作为美国的基层政府,其事权范围比较广泛,但是,这些事权所惠及的范围一般也只限于本地方辖区范围内,主要内容包括:教育、高速公路、公共福利、自然资源管理与保护、地方警察、地方监狱、城市或者社区的排水系统、消防服务、地方政府职员退休福利、事业救济等主要涉及地方辖区范围内的公共事务(参见图 1-4)。

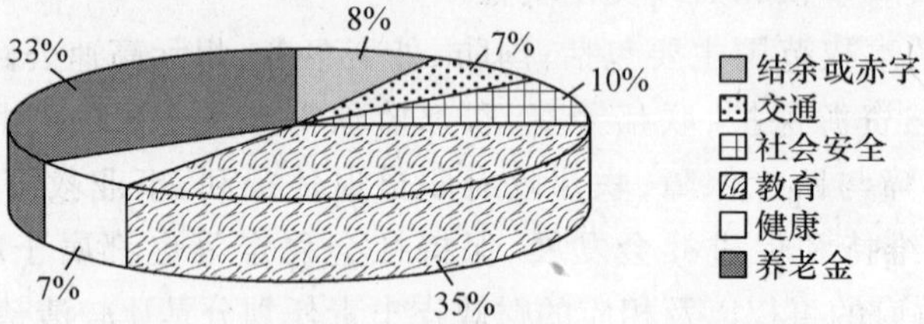

图 1-4 美国地方政府财政支出结构(2010)

资料来源:www. usgovernmentspending. com。

美国政府间财政关系的突出特点是:联邦、州和地方政府各自在美国联邦宪法规定的框架内相对独立地行使其职能,同时,在事权划分和财力分配上又是相互交叉、彼此各有侧重。

首先是职能的交叉。美国三级政府的事权安排在许多方面都是交叉的,例如在教育、高速公路、公共福利、自然资源管理与保护、警察、监狱、政府职员退休福利以及失业救济等领域,联邦政府、州政府和地方政府均有权依据法律规定的范围进行管理。

其次,联邦政府在外交、国防、邮政服务以及全国性的社会保障与医疗保险等领域有独享的权利,而诸如消防等领域则由地方政府管理。

读者可以从图 1-2、图 1-3 和图 1-4 关于美国联邦、州和地方政府的财政支出结构图中明显看出美国各级政府在事权划分方面的特点。

(1) 美国对联邦政府事权安排的突出特点是所有归属联邦政府所统辖的事务均具有全国性,或者是必须由联邦政府集中管理的事务。例如,联邦政府除了全权负责国防、邮政服务和全国性的社会保障项目以外,退伍军人的福利也主要由美国联邦政府负责,州政府只安排很小比例的资金用于退伍军人的福利,而地方政府在这个项目上则没有任何支出责任。此外,联邦政府在自然资源管理与保护方面也承担重要的支出责任。

(2) 州一级政府作为美国政府体系中的中间层次的行政组织,在美国各级政府事权安排和财政支出责任的划分上扮演着重要的角色。这里以美国得克萨斯州为例(参见表1-8),该州2010财政年度按照职能划分,其主要的财政支出项目是教育(占35.8%)和健康与人力资源服务(占40.1%),其他按照比例排序依次主要为交通(占6.6%)、公共安全与监狱(占5.2%)以及州本级的行政、立法和执法机构的费用(相当于一般管理费用,占4%),等等。

表1-8　美国得克萨斯州政府按照职能划分的预算支出结构　　2010财政年度

政府职能	支出额(美元)	占支出比例(%)
行政、立法、执法机构支出	3 617 875 578	4.0
其中:州行政机构支出	3 211 531 452	3.6
州立法机构支出	131 134 280	0.1
州执法机构支出	275 209 846	0.3
教育	32 417 865 207	35.8
失业救济	3 342 199 847	3.7
健康与人力资源服务	36 300 566 652	40.1
公共安全与监狱	4 704 097 676	5.2
交通	5 972 091 701	6.6
自然资源开发与保护	1 813 346 873	2.0
监管机构	332 560 491	0.4
支付彩票奖金*	486 716 618	0.5
支付债务利息	880 981 008	1.0
资本性支出	565 841 518	0.6

注:总支出=90 434 143 170美元

总支出比2009年增加2.1%

* 支付彩票奖金中不包括彩票销售商所支付的费用。

支出百分比相加不一定等于100%。

资料来源:Window on the State Government,Texas Controller of Public Accounts, 2011。

(3) 地方政府主要负责地方辖区范围内的公共事务及其财政支出的安排。例如,地方消防的费用100%是由地方政府本级预算负责安排的,地方的警察经费和大部分的义务教育经费也都是由地方政府本级预算安排的。这一点与日本和意大利的财政体制形成了比较明显的差别。

第二节 中央与地方财政收入划分的基本原则

在2011财政年度，美国联邦、州和地方政府财政收入占美国GDP的比重为28.5%，接近美国全国GDP的1/3。其中，联邦政府财政收入占14.4%，州政府财政收入占7.8%，地方政府占6.3%，即州和地方政府合计占14.1%（参见图1-5），与联邦政府财政收入占GDP的比重大体相当。美国联邦政府与州和地方政府间财政收入的这个划分比例在联邦制政体的国家中比较有代表性。这表明，政府间在财政收入的分配方面是有一定的规律可循的，即在政府间财政收入划分的处理实践上通常表现为划分政府间财政收入所应当遵循的原则。

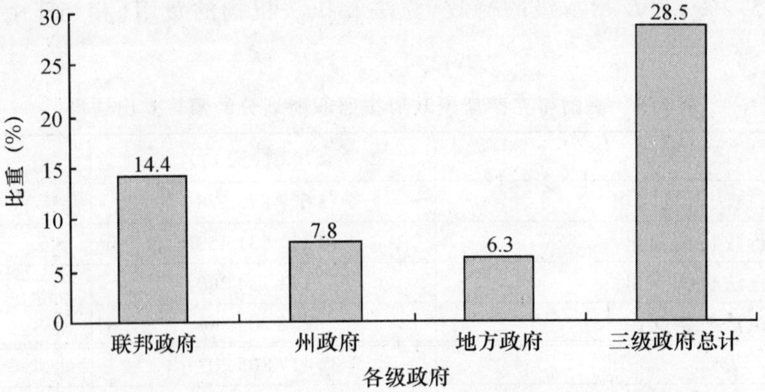

图1-5 美国政府财政收入占国内生产总值的比重（2011财政年度）

资料来源：U. S. Government Printing Office, Combined Statement of Receipts, Outlays, and Balances of the United States Government FY2010 Annual US Treasury Report on Spending and Revenue, 2011。

通常所说的财政收入，一般包括税收收入和非税收入两部分。一般说来，在现代市场经济条件下，政府的财政收入主要来自于税收收入。我们仍然以美国为例，在2011财政年度中，美国政府（含联邦、州和地方政府在内）财政收入中税收收入占全部财政收入的81.9%（不含债务收入）。相应地，非税收入所占的比重一般都比较小，各个国家都比较注重税收收入在政府间的划分问题，在体制设计上，也都将税收收入的划分作为重点。

本节重点讨论中央与地方政府间的税收收入划分原则问题（参见图1-6）。

目前世界上大多数国家都采取按照税种划分政府间财政收入的方式，也有些国家采取"税率分享"或者"包含共享税的划分税种"等方式来划分政府间的税收收入。我国在采取按照税种划分政府间财政收入的同时，还采纳了"包含共享税的划分税种"的税收收入分配方式，即将政府开征的所有税种依据各个税种的特点将其分别划入中央税、地方税和中央与地方共享税，从而实现了按照税种在政府间划分税收收入的目的。体现出的原则有：

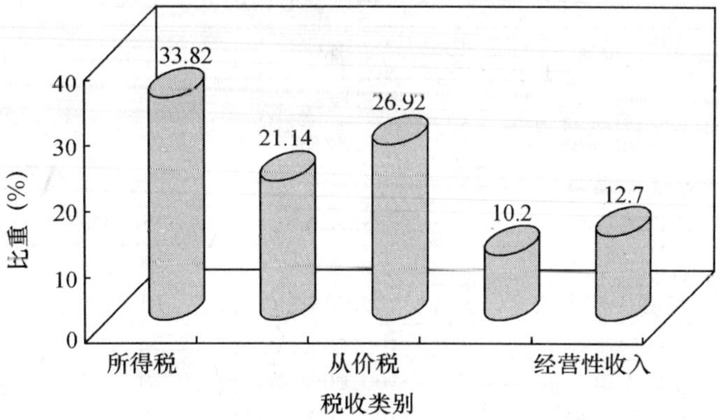

图 1-6 美国政府财政收入结构(2011 财政年度)

资料来源:U. S. Government Printing Office, Combined Statement of Receipts, Outlays, and Balances of the United States Government FY2010 Annual US Treasury Report on Spending and Revenue, 2011。

一、再分配原则

"再分配原则"在税种划分中的指导意义在于:以各个税种对社会收入再分配的影响程度为依据在中央与地方政府之间划分税种。由于税收再分配效应实际上会通过对纳税人负担的调整而影响劳动力资源和非劳动资源在不同的区域间流动,进而对市场经济产生某种程度的"扭曲"影响,因此许多国家都把那些具有比较强的社会收入再分配效应的税种划分给中央政府,作为中央税(联邦税)或者国家税。例如,累进的个人所得税就具有比较强的收入再分配效应,因此许多国家都把个人所得税作为中央政府的税收收入,划归中央政府征收和管理。

需要指出的是,以收入再分配效应强弱作为划分税种的依据,更多的是理论上的思考,因为在实践上,有些国家可能会基于本国的历史、文化和税收征收习惯等多种因素来考虑和确定政府间税种和税收收入的划分问题。

我们仍然以美国为例,美国官方习惯上把税收按照课税对象的特点分为所得税、社会保障税和从价税三大类税收,其中:所得税包括个人所得税和公司所得税;社会保障税则根据税收收入的使用方向不同进一步分为老年与遗属保险税(old Age Survivors Insurance)、残障人保险税(Disability Insurance)、医疗保险税(Hospital Insurance)、失业保险税(Unemployment Insurance)、雇员退休保险税(Employee Retirement Insurance)和铁路员工退休保险税(Railroad Retirement Insurance)等分类别、分行业的社会保障税;而从价税则进一步分为营业税(Excise Taxes)、销售税(Sales Taxes)、财产税(Property Taxes)、交通税(费)(Transportation)、证照税(费)(License)以及其他税或者费。以上三大类税,差不多联邦、州和地方都开征,尽管各个不同的税种在联邦、州或者地方政府税收收入中所占的地位(比例)有所不同(参见表 1-9)。

表 1-9　美国三大税种在政府间的分配情况　　2010/2011 财政年度

	税种	联邦	州	地方
所得税				
	所得税合计	79.38%	18.76%	1.87%
其中：	个人所得税	78.86%	19.4%	1.87%
	公司所得税	82.5%	15.63%	2.5%
社会保障税				
	社会保障税合计	88.72%	10.61%	1.00%
其中：	老年遗属保险税	100.00%	0	0
	残障人保险税	100.00%	0	0
	医疗保险税	100.00%	0	0
	失业保险税	45.95%	52.70%	0
	雇员退休保险税	9.68%	80.65%	12.90%
	铁路退休保险税	100.00%	0	0
从价税				
	从价税合计	11.46%	36.59%	51.95%
其中：	营业税	39.13%	54.35%	8.70%
	销售税	0	77.64%	22.78%
	财产税	0	2.99%	9.70%
	交通税(费)	45.07%	53.52%	2.82%
	证照税(费)	0	65.63%	34.37%
	其他税(费)	0	24.44%	75.56%

资料来源：U. S. Government Printing Office, Combined Statement of Receipts, Outlays, and Balances of the United States Government FY 2010, Annual US Treasury Report on Spending and Revenue, 2011。

二、效率原则

在政府之间划分税收收入或者税种本身也需要遵循效率原则。各个国家的有关管理人员和学者通常从两个不同的角度来理解效率原则。

一个角度是关于税权和税收收入划分对市场行为的影响问题。在政府之间进行的税权和税收收入的划分应当尽可能减少税收扭曲的现象。许多国家的立法者和学者认为，为了尽可能减少由于税种在政府间划分不当对市场造成的扭曲，认为在全国范围内实行高度统一的公司所得税和增值税是合理的。在欧盟的一些成员国中，一些地方政府在全国性的增值税的基础上按照不同的税率征收附加税，作为地方的“增值税”；二是地方政府为了确保本地区的“增值税”能够足额征收，甚至多收，往往采取控制地区边界、严格控制盘查贸易往来的方式，其结果，客观上是为地区间的贸易往来设置了障碍。反过来，这些措施又影响了地方增值税额增收。欧盟国家长期以来一直试图解决这个问题，但是收效甚微。①

另一个角度就是关于税权和税收收入划分对市场资源配置的影响问题，即要充分考

① 参见 Roy Bahl, Principles of Federalism as Applied to Socialist Countries, Macroeconomic Management and Fiscal Decentralization, Edited by Dulce Afzal and Jayanta Roy, The World Bank EDI Seminar Series, 1996。

虑市场资源的配置效率问题，政府间税权和税收收入的划分应当尽可能地减少对市场资源配置的干扰，要有利于市场资源的优化配置。

税权和税收收入的划分应当遵循资源有效配置的原则，这是许多市场经济发达国家在处理政府间税权与税收收入分配关系中具有的共识。但是，与此同时，还必须认识到，政府间税权和税收收入划分问题首先是政治问题，是不同区域之间、实质上也是不同利益集团之间的经济利益在政治上的博弈过程，因此这个过程的结果难以达到理论上的目标。例如，在市场经济十分发达的国家加拿大和美国，仍然把公司税划分给州或者省（加拿大联邦政府的下一级政府是省一级政府），从而在一定程度上导致了资源配置效率方面的损失。以公司税为例，在把公司税划分给州或者省一级政府的情况下，由于各个省或者州的税率、税基不同，就可能会导致企业税收负担上的差异，从而不恰当地影响了企业对经营地点的选择；此外，当一个企业实施跨地区经营时，如果地方政府征收公司税，还需要解决由此带来的一系列税收征管方面的问题，例如，企业跨地区的税负转嫁问题、税源地的确认问题，等等。这些通常会导致企业与税务管理部门的矛盾，实质上就是导致了市场上资源配置的扭曲，即企业在进行资源配置时，不仅仅需要考虑市场的需求，而且还要考虑由于政府课税所导致的税收成本问题。因此，尽管目前像美国和加拿大这样的市场经济发达国家采取了由联邦（中央）、州（省）和地方共同征收公司税（包括公司所得税、营业税甚至销售税）的先例（参见表1-7），世界银行还是建议发展中国家或者向市场经济过渡的"转轨国家"不要把公司税交给地方为好。

第三节　政府间的财政转移支付制度：模式与规范化

目前世界上大多数国家的地方政府（包括省以及省以下的地方政府，下同）均无法用本级政府组织的财政收入抵补其财政支出，由此便在各级地方政府年度财政收支中形成了规模不等的财政缺口，即财政赤字。形成这种局面的原因是多种多样的，一方面，有些原因是具有主观性质的，例如中央或者联邦政府希望能够以此形成中央或者联邦对地方政府的财政控制机制，以便中央政府能够有效实现宏观经济与社会调控；另一方面，在许多国家，地方政府财政收支缺口更多的是由客观原因造成的，比如，基于经济效率或者公平方面的原因（例如把公司税交给中央政府可能更符合效率原则），地方政府无法组织足够的财政收入来满足自身的财政需要，因而造成了许多地方政府在财政需求与财政能力上的不平衡。政府间的财政转移支付制度就是各个国家政府为了解决这个供求不平衡现象而采取的一种制度化手段。

本节将就以下两个问题对各国政府间的财政转移支付制度进行比较分析：

一、政府间财政转移支付制度的规范化

政府间的财政转移支付活动是相机行事还是依据规则行事？这是各个国家的政府在进行政府间财政转移支付活动中首先需要解决好的问题。

从理论上说，政府间财政转移支付制度应当是规范化的制度。但是在实践过程中，尤其是那些正在向市场经济转轨的国家（以下简称"转轨国家"）和发展中国家，由于中央政

府过分强调其宏观的经济目标，过分强调中央政府对经济的宏观调控作用，因而在不同程度上忽略了对政府间财政转移支付制度的规范化管理。20世纪90年代以来，迫于经济发展的压力，特别是受经济全球化发展趋势的影响，许多转轨国家和发展中国家开始认识到规范政府间财政转移支付制度对本国经济和社会发展的重要意义，开始重视研究发达市场经济国家在这方面的成功管理经验。我国从1994年开始尝试建立规范化的政府间财政转移支付制度，迄今已经走过了近二十年的历程，在制度建设方面已经取得了长足的进步。但是，在建立规范化的、符合我国国情的政府间财政转移支付制度方面，我国仍然有很长的一段路要走。因此，有选择地借鉴发达国家的成功经验对我国建设和完善政府间财政转移支付制度仍然有重要的理论意义和实践意义。

从有关国家的经验来看，对政府间财政转移支付制度的规范化管理主要体现在以下几个方面：

(一) 依法规范政府间的财政转移支付制度

实施政府间财政转移支付的基本目标是使各个接受转移支付的地方政府能够为本地居民提供大体上与全国其他地区水平相当的公共服务，即所谓的均等化公共服务。但是，如何才能做到提供均等化的公共服务，其重要的前提条件之一就是这种转移支付活动必须依法行事，必须有法律保障。因此，那些市场经济发达国家一般都比较重视对政府间财政转移支付活动实行法律规范。

德国主要通过《基本法》以及其他相关的法律法规来规范政府间的财政转移支付活动。[①]《基本法》是联邦德国的宪法。1949年，联邦德国成立后，国家通过《基本法》对联邦各级政府的事权、财权以及联邦与州和地方政府之间的经济、政治关系都作出了明确的规定，这些规定实际上也是对政府间财政转移支付制度的基本的法律规定，因为上述各种权力和利益及其相互关系也是政府间财政转移支付制度的基本构成要素。例如，《基本法》固定了"公民生存条件的一致性"，规定联邦德国的公民无论生活在联邦德国的什么地方，其所享有的公共服务都应当是基本相同的，从而为联邦德国实行政府间较规范的财政转移支付制度提供了基本的法律要求；对于各级政府的事权，《基本法》规定："为了普遍的利益必须统一处理的事务"由联邦政府负责，其他事务原则上由各个州和地方各级政府负责；关于各级政府的财权，《基本法》也都作了明确的规定。联邦德国实行联邦、州和地方三级政府体制，《基本法》规定，将联邦的全部税收，按照征税的政府机构级次，相应地划分为联邦税、州税和地方税。特别需要指出的是，由于《基本法》属于国家宪法，所有有关事项一旦由《基本法》予以规定，对其进行调整的余地就非常小了。按照联邦德国的法律体系，由于各级政府的税收和税权的分配是通过《基本法》确定的，因此联邦法律只能作出很小的、宪法允许范围内的调整。联邦财政政策与措施的重大变革必须通过《基本法》的修正案来进行。但是根据联邦德国的有关法律规定，《基本法》的修正案必须得到上下两院2/3以上议员的同意才能通过。所以，在联邦德国，政府间财政转移支付制度的稳定性相当强，《基本法》确保了这项制度的顺利实施。

---

① 宋槿篱，谭金可：《外国经验对我国财政转移支付立法的借鉴与启示》，《财经理论与实践》，2008年3月。

日本属于单一制政体的国家，但是在对政府间财政转移支付制度的建设与规范方面，日本依法规范、依法管理的做法也值得研究和借鉴。日本早在1941年就开始着手建立政府间的财政转移支付制度，但是作为一项比较完善的制度，则始于20世纪50年代。20世纪50年代初期，日本按照美国占领当局的指令，除了扩大地方税的范围以外，还对中央政府的财政转移支付实施"义务制"①，并且通过法律予以规范。因此，以法律规范政府间的财政转移支付活动也是日本政府间财政转移支付制度的一个突出的特点。例如，日本的地方交付税以《地方交付税法》为依据筹集和分配资金；国库支出金的各类转移支付也以相关的法律为依据来安排，这些法律包括《义务教育法》、《土地改良法》等。此外，日本在其《宪法》、《地方自治法》、《财政法》和《地方财政法》等相关法律中，对中央与地方政府的事权、财权、政府间的财政关系、政府间财政转移支付的具体方式方法等都作了详细的规定，使政府之间在实施财政转移支付活动中有法可依。例如，在实施政府间财政转移支付的过程中，中央财政依法提供资金并对其分配进行监督，地方政府同样可以依法对中央财政提出分配转移支付资金的要求，而上级政府如果任意减少资金总额或者任意增减各个地方政府的分配额度都是违法的。法制化保证了日本的政府间财政转移支付制度的规范化和透明化，保证了制度执行过程中的公平性，避免了制度执行中的随意性。

（二）运用因素法实施财政转移支付

因素法虽然只是实行政府间财政转移支付的一种技术手段，但是它对于政府间财政转移支付制度建设却具有十分重要的意义。因为政府间财政转移支付制度的实施尽管有法律作为保障，但是实施的实际效果如何还要取决于手段的科学性与应用实效。因此许多国家都十分注重在政府间进行财政转移支付过程中的方法选择问题。

因素法是基数法的对称，是指依据决定某个地区或者区域内财政资金需求和财政收入能力的因素来确定地区财政收支规模及其分配比例或者补助规模的方法。

具体采用哪些因素来确定各级政府的财政需求和财政能力，通常因国别或者地区的实际情况而异，因需要测定的具体项目而异。但是，从一些发达国家的经验来看，在测定地区财政需求时，人口因素、土地因素和经济发展水平因素等一般是需要重点考虑的因素。比较日本和澳大利亚的做法我们可以比较清楚地看到这一点。

日本在测定都道府县的财政需求时主要考虑的就是上述三个因素。如表1-10所示，按照一般的做法，日本用标准财政支出表示都道府县的财政需求状况。为了计算各个项目标准财政支出额的"合理水平"，日本主要是用人口、土地面积和纪念馆的发展水平（体现在"平均单位费用"和"调整"因素上）等因素进行测算。

---

① "义务"的对称是"权利"。20世纪50年代初期，美国占领军为了在日本实行民主制度，打破日本军国主义的社会经济体制，决定在日本实行现代财政体制。美国人认为，日本军国主义的根源在于其以皇权为核心的中央集权和社会管制严格的政治结构，因此，认为通过民主改革和地方分权可以铲除日本的军国主义根源。美国人在日本推行的"现代财政制度"，其重要措施包括：扩大地方税的范围，把中央对地方的财政转移支付由20世纪50年代以前的那种中央集权制，改变成中央政府的"义务"。相应地，从地方政府的角度来看，财政转移支付由原来的接受中央政府的"施舍"，变成了地方政府的权利，从而客观上限制了中央政府对转移支付所附加的条件，限制了中央政府通过资金的转移支付来管制地方政府的做法，从而使日本的政府间财政转移支付变成了以平衡各个地方政府的财力、保证各级地方政府履行其职能、提供良好的公共服务为目的。参见 Massimo Di Domenico（Bocconi University）and Alberto Zanardi（University of Bologna and Econpubblica—Bocconi University），Comparing Intergovernmental Fiscal Relations in Japan and Italy：Assessment and Suggestions，Prometeia Group Bologna，Italy，January 2004。

表 1-10　日本测定标准财政支出额的方法——示意表　　适用范围：都道府县

项目	经费类别	测定单位	因素（平均单位费用，日元）	适用调整的种类						
				类别	规模	密度	水平	寒冷	人口剧增	数值锐减
警察费	正常	警察数	7 046 000/人		0	0	0	0		
道路桥梁费	正常	道路面积	208 000/千平方米	0		0	0	0		
小学费	正常	教职员数	3 450 000/人				0	0		
农业行	正常	农户数	60 600/户		0	0	0	0		
政费	投资	耕地面积	55 300/公顷				0			

资料来源：财政部“财政制度国际比较课题组”，《日本财政制度》，中国财经出版社 1988 年版，第 121—122 页表 7-3。

澳大利亚政府在确定标准财政支出指标时，主要也是运用了人口、土地等因素。[①] 澳大利亚联邦拨款委员会实际上也是将影响地区财政支出额的因素分成三种类型，并且还把这三种类型称作“不可控因素”。这三种类型的因素包括：

人口因素。人口因素又进一步分为：人口的规模；人口的结构，例如性别构成和年龄构成等，主要是考虑到某些年龄、种族或者社会团体会在某些特殊的公共服务方面提出特殊的要求；人口居住的位置，一般认为，在人口比较分散的农村和人口比较集中的城市的公共服务的供给费用是不同的。

土地因素。在不同的地理环境下，公共服务的供给服务水平是不同的。

经济发展水平因素。区域间的经济发展水平不同，公共服务的供给费用也会有所不同，区域范围内的人民对公共服务的需求水平也会不同。

二、均等化的转移支付模式

如前所述，政府间财政转移支付的基本目的就是实现地区之间居民享受公共服务水平的均等化。因此，我们也可以将现代政府间的财政转移支付称作“均等化财政转移支付”。但是就具体采用什么样的方式进行政府间财政转移支付而言，各个国家所采用的模式并不完全相同。迄今为止，就我们所掌握的资料来看，大体上可以把世界各个国家政府所采取的财政转移支付模式分成三个类别。比较而言，这三种模式各有利弊。

（一）财政收入能力均等化模式——加拿大模式

加拿大财政收入均等化模式主要用于联邦与省之间的财政转移支付。[②] 加拿大财政收入能力均等化模式的计算公式为：

某地区应得到的转移支付额 = 该地区人口数 ×（全国地方税税基总和 / 全国人口数 − 该地区税基 / 该地区人口数）× 标准税率

在上述公式中，标准税率是加拿大 10 个省的总税收收入除以 10 个省的总税基得出的平均税率。运用这个公式计算的结果显然是为了对人均税基水平低于某一标准的省给

① 关于澳大利亚在其转移支付制度中运用因素法问题，可以参见吕晨飞：《澳大利亚均等化转移支付制度研究》，北京大学出版社 2010 年版。

② 参见张玉亮：《国外政府公共服务均等化实践及其对我国的启示》，《当代经济管理》，2010 年第 10 期。

予补贴。但是,在这里还需要指出的是,运用这个公式并不意味着真正实现了"彻底"的均等化。例如,当计算出的结果为正数时,被计算的省会得到相应的财政转移支付拨款;但是当计算出来的结果是负数时,被计算的省并不支付相应的款项给联邦政府或者给其他贫困省份。与此同时,由于该公式采用了"人均税基"对税收收入进行比较,就剔除了"税收努力"因素,因此,即使某个省故意减少税收努力程度,联邦政府也不会增加对这个省的财政转移支付额。该公式暗含的另一个假设前提是:所有省的人均财政需求都是相等的,因此在安排财政转移支付时不必对此予以考虑。

总之,从我国需要借鉴其经验的角度来看,加拿大式的均等化财政转移支付模式有优点,同时也有明显的不足之处。

其优点在于:运用该公式计算政府财政转移支付额比较简单,因为该公式所需要的测量工作量比较小,所需要的信息也不复杂,容易获得;同时,由于该公式是采用全国平均税基计算各个省的税收收入,从而在一定程度上避免了个别地区故意不努力征税而向联邦政府争取财政资源的现象发生。

该模式的缺点主要表现在:该公式由于忽视了地区间人均财政需求水平上的差异,实际上也是忽视了地区间经济发展水平的差异,因而难以在像我国这样的幅员辽阔、地区间经济社会发展水平差异很大的国家运用。比如说,如果在我国这样的地区间公共服务供给成本差异很大、地区间对公共服务需求差异也很大的国家按照这种模式进行政府间财政转移支付的话,就难以达到公共服务均等化的效果,甚至还有可能加大地区间在享受公共服务的水平乃至经济发展水平上的差距。

(二)按照人口数确定支付额的转移支付模式——德国模式

德国模式的基本特点是按照全国人均转移支付额和各个地区的人口数来确定对各个地区的财政转移支付额。其计算公式为:

某地区应当得到的转移支付额 = 该地区人口数 ×(全国财政转移支付总额/全国人口数)

实际上,这个公式是德国联邦对州政府转移增值税模式进行一般化处理后得到的公式。英格兰的商业财产税的返还大体上也是采用类似的公式进行计算的。

在联邦德国,按照《财政均衡法》的规定,需要联邦政府将增值税的一定比例按照各个州的人口规模对各个州给予节能型转移支付,其基本做法是:将需要转移给各个州的增值税总额除以各个州的居民人口总数,得出全国统一的人均增值税收入分配份额,然后用具体州的居民数乘以人均增值税分配份额。其计算公式分别为:

全国人均增值税的分配份额 = 需要转移给各个州的增值税总额/各个州人口之和

某州应当得到的增值税转移支付额 = 该州的居民数 × 全国人均增值税分配份额

该模式突出的优点是计算所需要的数据资料很少,具有简便易行的特点;但是它的缺点也是十分突出的,按照该模式,由于对各个地区的转移支付额的计算基本上是以各个地区的人口数为依据的,所以实施的结果是很难达到"均等化"的效果的。实际上,联邦德国也不是完全依靠这个模式实施其转移支付政策的。在联邦德国,政府间的财政转移支付是一个非常负责的系统,联邦和州政府需要通过联邦对州的转移支付、州与州之间的横向转移支付、联邦对州的补充拨款、专门用于援助东部德国的"德国统一基金"拨款和"共同任务拨款”等一系列的转移支付活动才能完成均等化的财政转移支付任务。[①]

（三）收支均衡模式——许多国家采用的模式

收支均衡模式是同时考虑财政能力和其所需求的区域间均等化，通过测算各个地区的标准收入和标准支出，来确定对各个地区的财政转移支付额度。其计算公式为：

某地区应当得到的转移支付额＝该地区标准财政支出－该地区财政标准收入

按照这个模式，中央政府对各个地方政府的财政转移支付额应当能弥补各个地方政府标准财政支出需求与标准财政收入能力之间的缺口，以保证在合理的税率下各个地区能够提供合理额均等化的公共服务。

由于收支均衡模式比较好地兼顾了公平与效率，减少了地方政府不是因财政行为对拨款机制造成的扭曲，从而有利于达到均等化转移支付目标，因此，诸如日本、韩国、澳大利亚和英国等许多国家均采用了这个收支均衡模式实施它们的政府间财政转移支付。我国目前基本上也是采用了这个模式。

诚然，收支均衡模式也不是十全十美的，该模式的实施需要大量的数据支持，需要做大量的、比较复杂的基础工作，例如，需要分税种按照标准的税基和标准的税率测定各个地区的标准财政收入；需要根据影响财政支出成本的客观因素分项测算各个地区的标准财政支出；需要根据已经测算出来的标准财政收入和标准财政支出差额来确定对各个地区的均等化转移支付额，等等。

① 参见蒙丽珍：《转移支付分析比较及选择》，东北财经大学出版社 1996 年版，第 107—118 页。

第二章　国有企业财务管理体制比较研究

作为企业管理的一个重要分支,企业财务管理指的是组织企业财务活动、处理财务关系的一项经济管理工作。企业财务活动是指以现金收支为主的企业资金收支活动的总称,主要包括由企业筹资、投资、经营和分配所引起的财务活动。相应地,企业筹资管理、企业投资管理、企业营运资金管理、企业利润及其分配的管理就构成了企业财务管理的基本内容。企业财务关系是指企业在组织财务活动过程中与各有关方面发生的经济关系,一般可以概括为七个方面:

(1) 企业同其所有者之间的关系,这主要指企业的所有者向企业投入资金、企业向其所有者支付投资报酬所形成的经济关系;

(2) 企业同其债权人之间的关系,这主要是指企业向债权人借入资金,并按借款合同的约定按时支付利息和归还本金所形成的经济关系;

(3) 企业同其被投资单位的财务关系,这种关系体现所有权性质的投资与受资的关系,主要是指企业将其闲置资金以购买股票或直接投资的形式向其他企业投资所形成的经济关系,诸如应按约定履行出资义务、参与被投资单位的利润分配;

(4) 企业同其债务人的财务关系,这主要是指企业将其资金以购买债券、提供借款或商业信用等形式出借给其他单位所形成的经济关系,诸如企业将资金借出后要求其债务人按约定的条件支付利息和归还本金等债权与债务关系;

(5) 企业内部各单位的财务关系,这主要是指企业在实行内部经济核算制的条件下,企业供、产、销各部门以及各生产单位之间由于相互提供产品和劳务并要进行计价结算,而在企业内部各单位之间形成的资金结算及经济利益关系;

(6) 企业同职工之间的财务关系,这主要是指企业向职工支付劳动报酬的过程中所形成的经济关系;

(7) 企业与作为社会管理者的政府之间的财务关系,这主要是指企业要按税法的规定依法纳税、按照有关规定和政策从政府得到财政补贴等而与政府形成的财务关系。

简要地说,企业财务管理体制指的是规定企业财务关系的制度,涉及财务责任、财务权限、财务利益等方面。进一步考察,可以将企业财务管理体制区分为两个层次:投资者对企业的财务管理体制,企业内部的财务管理体制。本章论及的国有企业财务管理体制,仅指国有企业的投资者——国家对国有企业的财务管理体制,即对国家与国有企业之间在国有企业的财务责任、财务权限、财务利益等方面的相互关系予以规范、调整的基本制度安排。

在当代,不仅各国之间对国有企业概念的界定并不相同,甚至存在较大差异,而且各国设立国有企业的社会经济背景、政策目的以及国有企业的具体类型、目标定位等也是各式各样。鉴于企业财务管理属于企业管理的重要内容,而企业财务管理体制也受制于企业管理体制,本章首先就以西方国家为主的国有企业管理体制进行简要归纳和分析,在此基础上对中外国有企业财务管理体制进行分析比较。实际上,相关理论研究和实践表明,企业财务管理体制作为企业管理体制的一个有机组成部分,其所确立和遵循的许多原则、制度受制于甚至在某种程度上取决于企业管理体制。因此,对包括西方国家在内的国有企业管理体制进行归纳和分析,对于国有企业财务管理体制的比较研究有更现实的借鉴参考意义。

第一节　外国国有企业财务管理体制的概况与特征

一、外国国有企业的建立及其更替变化与管理

(一) 经济发达国家国有企业的建立和管理

从上述分析和说明中可知,一国国有企业财务体制的建立和改革,归根到底都是为一定社会的经济、政治目标服务的。西方国家国有企业的建立及其财务体制的设立和改革,都体现着为资产阶级利益服务的基本特征。

1. 法国的计划合同方式

法国法律规定国家独资经营的企业和参股与控股 30%—99% 的混合公司都是国有企业。1990 年由国家直接控制的大型公营企业共 58 家,国家控股的大型混合股份公司共 50 家;包括由这些企业派生的子公司在内的国有企业共 2 268 家,在全国企业中其数量占 24%,固定资产投资额占 25%,职工占 7.2%,工业产值占 18%,利润占 25%。

垄断性公营企业侧重于控制国防工业和经济命脉(如能源、交通运输、邮政、通信、航空和金融等),并积极发展公益事业(如供水、供电、环卫和市政等社会服务性的部门),优先满足社会目标,较少体现利润目标。由于这类企业经济效益偏低,政府财政负担过重,西欧各国在尽量减少垄断性公营企业的数量。法国政府自 1993 年以来重新调整产业结构,对 58 家公营企业集团中的 21 家(如罗纳-普朗克化学公司、雷诺汽车公司等)实行私有化,将其转化成混合股份公司,但仍然保留电力、煤气、煤炭、航空、邮政及电讯等领域的公营企业。1997 年对国有铁路运输实施了部分私有化和重组。

竞争性领域中的国有企业主要是国家参股或控股的混合公司。这类企业自主经营,按照市场法则参加公平竞争,政府不干预企业管理。法国国有混合股份公司的行业分布仍然较宽,较多地分布在高新技术、制造业、石化、矿业等领域,在一定程度上体现了政府的产业政策导向,有的已发展成为跨国公司。

国有企业产权集中分级所有,国有资产经营责任明确。西欧国有企业产权的清晰程度来源于国家对国有资产明确的分级所有,并与该国的财政体制相一致。具体地说,国有资产的隶属关系与该国的预算体制直接挂钩。

法国的财政体制分为中央、省、市镇三级结构。依照法国的《预算法》和《财政法》,其预算体系与公共行政机构相适应,按照中央公共行政机构、地方公共行政机构和社会保险机构三种类别,分为中央(或国家)预算、地方预算(包括省和市镇预算)和国家社会预算(单列,其收支由专门的社会保险机构负责管理)。法国的中央预算由一般预算、附属预

算和国库特别账户构成。一般预算是中央预算的主体部分，其收入主要来自税收，其他为固有企业利润分红（上缴经济财政部的国库司）和国外收入等。凡涉及中央一级国有企业的投资计划、资本变动、股权安排、重大发行债券和股票的计划，都要报其财产隶属关系所在的经济财政部决策，重大问题还要由内阁会议决定。附属预算是专为政府经营的拥有财务自主权的非法人机构设立的法国特有的一种预算形式，中央一级公益服务性公营企业直属经济财政部的预算司。既要满足这些自给事业的财政需要，使其脱离政府部门和机关，实行经济独立核算，又不和一般预算完全断绝关系，以保证行政管理部门和立法机关能依靠一般预算来行使相当的控制。政府要求附属预算做到自行平衡，如有盈余便列入一般预算，如出现赤字则由一般预算给予补贴。

法国把国有企业分成三类：第一类是非法人的公用事业和从事工商活动、具有行政性质的公共事业机构，包括邮电局、国家印刷厂、存款银行以及与地方政府相联系的供水、住宅等管理机构，它们大多是从中央和地方政府行政机构中分离出来的。第二类是工商性质的公共事业机构和公营企业，具有法人地位，如法兰西银行、煤矿、森林、电力、化工等支柱行业的企业。实际上，上述公益性和垄断性公营企业，都以公法作为法律基础。政府采取直接管理和间接管理相结合的方式，对其财务上的控制十分严格。在投资方面，政府通过设在经济财政部的“经济与社会发展基金组织”确定每年的投资额度，控制企业的借债规模。政府有权决定企业的投资计划、投资方向和提供资金的方式，包括发放贷款、提供补助金等，并通过优惠利率引导企业投资。对于垄断性公营企业的投资，一是控制项目，即划分项目投资额的管理权限，如对国营铁路公司规定投资额在1 000万法郎以上的项目均要由经济财政部审批；二是控制投资收益率，如果企业投资的预期收益率大大高于资本利率，政府往往予以鼓励，如果低于或接近资本利率，政府的审查就特别严格；三是控制资金来源，垄断性企业投资的资金来源通常由国家拨款、企业发行债券和企业自有资金组成，政府规定企业的自有资金与投资总额的比例为20%—30%。第三类是在竞争性行业的国有混合股份公司，按股份法即私法经营，政府管理一般仅限于对企业主要领导人的任命和对资产的流入与流出实行监督。

西欧各国对国有企业管理采用市场调节和计划调节这两种手段，其方式和程度有所不同。法国使用两种手段相结合的双重调节机制，从1982年起对国有企业实行了法国特有的计划合同制，借以用间接管理取代直接行政管理，目的是通过政府对国有企业的指导与监督，确保国有企业的发展战略方针与国家总体目标协调一致。

政府与垄断性国有企业签订3—5年的计划合同，内容有三个方面：① 企业的发展目标必须落实政府的政策目标；② 企业具体的发展计划，包括发展战略、投资计划、财务计划，以及在研究与开发、外贸平衡、维持就业、加强培训、支持中小企业等方面应承担的义务；③ 政府作为国家股东对企业应该承担的财政支持和提供的预算资金。对于公用事业和一些垄断性企业（如铁路运输、邮电通信）的政策性亏损，政府要按计划合同规定的数额予以补贴，超亏部分由企业用自有资金弥补或向银行贷款，政府不承担还款的责任。其合同程序：一是准备阶段，由企业提出发展计划；二是谈判和签署阶段，由工业研究部、经济财政部、国家计划总署、其他行业主管部的代表同企业代表一起分析和预测企业经营的外部条件及其变化，如经济增长、通货膨胀、市场前景、货币汇率等，协商双方的义务，把企业的发展目标和计划同国家的发展目标和计划衔接起来，双方代表正式签约；三是实施阶段，合同期内由国家计划总署每年对计划合同的实施情况进行分析，向有关主管部门提出总结报告。

政府与竞争性国有企业签订2—5年的目标合同，只规定发展战略目标，很少列数字指标。企业在投资上有较大自主权，价格、工资均由企业自行决定。目标合同不具法律效力，政府对违约的企业只能采取撤销企业主要领导人职务的办法。

法国对国有企业管理采用的计划合同方式的具体内容是：

法国政府通过与国有企业签订计划合同，明确国家与国有企业的责权利关系，以实现计划管理。国家与国有企业关系的基本原则是：

(1) 保证国有企业财政收支平衡；

(2) 国有企业以企业身份开展自己的业务；

(3) 贯彻执行政府经济政策；

(4) 企业为承担社会义务付出的代价，国家应依法给予补偿。

计划合同的内容主要是确定企业管理模式的中长期发展规划，包括生产经营目标，以及企业承担盈利、投资、就业、技术开发、企业收益目标、服务质量等具体指标，此外还包括国家在财政投资、补贴和外部环境等方面对企业承担的义务。

计划合同签订的步骤为：

(1) 企业提出自己可行的发展计划，内容包括发展战略、投资计划、财务计划、应承担的义务以及对政府的要求；

(2) 政府派有关部门代表与企业进行签订合同的谈判，与企业代表一起分析企业经营的环境和条件以及变化趋势，协商国家与企业各自的义务和权利；

(3) 企业计划和发展目标与国家的发展计划和目标进行协调及衔接。

合同期限一般为3—5年。在20世纪90年代，与政府签订计划合同的国有企业管理模式大约占全国国有企业总数的一半左右。

法国政府对国有企业的监督是通过事前和事后两个方面实现的。事前监督是指由财政经济和预算部部长向国有企业派出监督员，监督企业的经营管理活动，参与企业重大决策。监督员对企业的重大决策可行使否决权，重要决定要由他们签署后才能报财政经济和预算部部长审批。事后监督是指财政经济和预算部派出代表负责监督国有企业的财务情况。财务稽查员的任务是督促企业遵守各项财务规章制度，检查企业管理模式账目是否合乎规定。国家设有账目法庭检查企业账目和管理质量。对查出的财务问题，有权责令有关人员纠正或赔偿，甚至追究法律责任。

2. 日本的国有民营化方式

日本政府早在80年代中期就开始对国有企业管理模式(制度)进行改革。目标是提高经营效率，主要措施是逐步下放国有企业的经营自主权，减少政府对其经营活动的干预，广泛推行国有企业的民营化。日本的国有企业民营化是指变国有为国私混合所有，其组织形式为股份公司。从80年代中期以来，日本政府先后将中央政府所属的日本电话、电信公社和专卖公社、国有铁路公社等大型国有企业民营化。具体做法是先把国有企业原资产折成股份，国家是该股份公司的唯一股东，然后向私人企业出售部分股权，形成国私共同持股的股份公司。如日本电话电信公社的改革，政府将公社3 326亿日元的纯资产以每股213 210日元的价格让渡给新成立的股份公司“日本电信电话株式会社”(NTT)，政府是唯一的股东。然后政府把部分股份转让给其他股东。从1987年年初开始NTT公司以每股119.7万日元的价格卖给私人企业。现在该公司有200多万个股东，资产超过10万亿日元，居日本民间企业管理模式之首。

实行民营化的国有企业管理模式，政府通过股权管理的形式仍保持对企业的控制权。如NTT股份公司的大股东有：住友生命保险公司、住友信托银行、中央信托银行、安田信托银行等。在其股权总额中，日本政府仍持有该公司2/3的股票(NTT规定股份必须有1/3以上数额掌握在政府手里，其余可以售给公共或私营部门)，政府仍具有该公司的领导权，仍审批企业的经营目标、产品价格和财务报告等。但国有企业管理模式不再是单一政府所有制，企业经营机制是按股份公司的形式运转的，与正规私营企业无多大差别，以商业原则公平竞争。在民营化后的NTT首次决算中，利润增长50%，其他国有民营化企业也都有明显的利润增长。

日本的民营化改革取得了良好的经济效果，但并没有对所有的企业实行民营化，而是有重点、有选择地进行。对不实行民营化的国有企业管理模式，政府也尽量把其业务承包给私人企业，引入私人企业的经营机制，改善企业的经营管理水平。

国有企业发展较为成功的新加坡，政府对国有企业的管理的特点与日本民营化管理相似。它规定国有公司与私人企业一样，必须依照有关法律登记注册，根据商业原则与私人企业平等竞争，不享有任何特权。依据企业地位，通过参股比例的不同来实现政府对国有企业的不同程度的管理。

3. 美国的出租经营方式

美国政府在国有企业管理模式的管理上主要采取出租办法，所有权与经营权彻底分开，把国有企业大部分出租给私人垄断组织。如国家投资兴建的一些造船厂，国防部所属的大批兵工厂，原国家经营的原子能工厂、制钴厂、合成橡胶厂和钢铁厂等均可出租。一般办法是：政府与承租者协商确定经营条件，政府为经营者提供特殊的帮助，即国家通过向出租企业订货的形式为其提供大量资金，承租一方既有投资，又有销售产品的保证。经营者必须按协议交纳租金，一般由折旧费和一部分利润构成。租期一般为四年。除了出租以外，还有一部分国有企业是由一些特别机构直接管理的，如联邦原子能委员会管辖的国家原子能工业企业，美国矿务局管辖的国有采矿工业企业，国家宇航委员会管辖的武器研制和生产空间技术的企业等。美国对直接管理的国有企业，也给予很大的经营自主权，如在生产和销售上，企业可以自行制订计划和商业政策；在人员管理上，企业管理模式有权建立各种规章制度；在机构设立上，企业有权依据法律设立董事会和其他管理机构。

4. 瑞典的分权管理方式

从20世纪80年代初开始，瑞典政府就对国有企业管理模式制度进行全面改革。主要内容是对国有企业实行规范化、法制化管理和运用经济手段对国有企业实行间接管理。

瑞典政府明文规定，不得随意直接干预企业正常的生产经营活动。政府专门成立了“规范化领导小组”，清理和简化了各种法规和条例。例如，简化了税收程序，取消了对信贷总额的利率限制，放宽了外汇管制等。政府要求所有的国有企业必须按《企业法》等法规进行经营活动，并出台了一些新的法规和条例来规范企业的行为，使政府对企业的管理法制化和规范化，摆脱“婆婆多”、难办事的局面，为自主经营铺平了道路。

瑞典政府主要采取了三种调控手段对国有企业实行间接管理。

(1) 税收调节。政府运用税收手段调节企业的生产方向，引导企业合理消费，从而促进社会生产的顺利发展，通过提高或降低税率，以及免征所得税等办法，刺激消费和鼓励企业将利润用于再投资。

(2) 投资基金调节。设立专门的基金资助经济效益好、产品有市场而又缺乏扩大再生产能力的企业。

(3) 工资调节。政府规定工资增长幅度不能超过受外国竞争威胁的产业生产效率增长与国际市场价格上涨之和，即所谓的“斯堪的那维亚模式”。对工资上涨幅度的控制是通过谈判的形式进行的，政府一般不直接干预，而是利用工会、雇员协会等组织进行协商后，由企业管理模式自主决定。

5. 意大利的参与制方式

意大利国有企业最典型的代表是国家控股公司，它通过由政府主管部长或副部长主持的委员会进行具体管理。该委员会由政府代表、经营管理专家和雇员代表组成，也称国家参与部。国家参与部对国有企业的直接管理是意大利经济在战后获得快速发展的最主要原因之一。国家参与部的主要职责有五个方面：

一是控制、监督和协调国家控股公司与部际经济计划委员会制定的总经济政策之间的关系；

二是管理控股公司的年度计划；

三是任命控股公司的领导人；

四是依据法律授予控股公司获取销售或转让国家参与股份的权利；

五是指导和监督控股公司的经营活动，以保证政府所规划的经济政策目标的实现。

意大利通过国家参与部对国有企业实行集权与分权相结合的管理方式，这是意大利管理国有企业的一个特色。在对国有企业的管理上，英国同意大利相似，也属于集权与分权相结合的方式。

6. 德国的托管经营方式

托管经营是德国综合治理国有企业的成功经验。两德统一以后，为了尽快实现经济转轨，德国政府成立了一个全面负责处理东部国有企业的专门机构——“国有资产信托管理局”(简称托管局)。托管局根据《托管法》和“国家条约”，提出改革国有企业的方案。对企业分类，对不同的企业采取相应的政策。第一类是在市场上能立足，而又有业主愿意购买的企业，尽快出售转让实现民有化；第二类是经过改造还能获得市场生存和发展机遇的企业，坚决整顿；第三类是既无生存又无整顿可能的企业，予以关闭，依法破产清偿。联邦政府还授予托管局一系列权限，主要有筹资权、减免原国有企业债务和裁减多余职工等方面的决定权。经过四年卓有成效的工作，托管局对 14 000 家国有企业进行了整顿、改造、重组和出售，较平稳地实现了向社会市场经济的转轨。

西方国家对国有企业管理的主要特点(共性)：

对国有企业实行分类管理。按国有企业所处行业的性质分别采取不同的管理模式，对提供公共产品的国有企业，国家的调控比较严，而对竞争性国有企业，管理比较间接，控制程度低，企业自主权比较大。几乎每个西方国家政府对国有企业都采取了分类管理。除了依据企业生存和发展能力划分类别以外，对国有企业分类管理的一般成功做法是对于非营利性且承担实现社会目标的基础部门或服务部门的国有企业，政府实行直接经营与管理；对于营利性国有企业的管理，政府实行以市场机制调节其运行，主要通过经济手段和法律手段进行间接控制。

政府对国有企业的管理在控制方式上既有直接控制，也有间接控制。

政府对国有企业的营利目标和非营利政策性目标，分类考核和管理。对非营利的政策性业务，政府给予优惠政策。

政府对国有企业依法进行管理。以法制为基础调整国家与国有企业的权责与义务关系，保障国有企业稳定的经营环境免受行政随意干预的损害，在企业人事任免、工人参与管理、政府目标的落实等主要问题上，必须依法办事。

对国有企业的经营、国有资产管理的考核和监控比较规范。首先是考核的指标比较明确，目标确定过程比较科学和民主；同时，在财务上对国有企业的监督核查比较严格。法国与意大利政府在国有企业中都派出了常驻稽查员，并且控制了企业的监事会，防止企业在经营中严重偏离国家目标或违法乱纪。

重视专家和专门经理人员的作用。即使像法国模式，在国有企业董事会这样的关键决策部门，也有不少于1/3的专家、知名人士参与其中。在意大利，专家和职业经理人员在企业决策层的影响较之法国要大；至于美国，几乎很少向国有企业派出政府行政官员。由此可见，西方国有企业管理中，专家和职业经理人员的影响都是十分显著的。

二、2008年国际金融危机发生后西方国家对银行等实施的救援和暂时国有化

1. 英国

英国财政部于2008年9月29日宣布，身陷困境的布拉德福德宾利银行（Bradford & Bingley）的部分业务将被国有化，这是第二家英国银行因为信贷危机被国有化。

英国政府的最新救援行动，是将抵押贷款银行布拉德福德宾利银行“肢解”：210亿英镑零售存款业务和约两百家分支机构将保持私有化，卖给西班牙桑坦德银行（Santander）旗下的阿比国民银行（Abbey）；410亿英镑的抵押贷款业务和在约克郡的总部被国有化，由政府接管。

英国财政大臣达林说，上述方案的目的是“维护金融稳定和保护存款人，同时最小化对纳税人的影响”[①]。他表示，“就像我们先前所做的一样，我们需要保护整个银行体系，使情况稳定”[②]。2009年2月，英国曾经将遭遇挤兑的诺森洛克银行整个国有化。

根据周日晚上达成的计划，阿比国民银行将为收购支付6.12亿英镑，其中2亿用于补充布拉德福德宾利银行的资本金。桑坦德银行在英国已经拥有阿比国民银行，此前还刚刚收购联合莱塞特银行（Alliance & Leicester）。分析人士普遍预计，收购布拉德福德宾

---

① 《欧美银行国有化：从边缘到主流》，《广州日报》，2009年3月1日。

② 同上。

利银行后，桑坦德银行同时拥有英国市场上此前三家互相竞争的银行，这意味着有大量分支机构将在整合后最终被关闭。

桑坦德银行称，收购行动后，布拉德福德宾利银行的储蓄客户的存款不会受影响，其所有分支机构的所有业务也一如既往。布拉德福德宾利银行的股票交易被暂停。该行的股价创纪录地跌至 20 便士。

英国政府于 2008 年 2 月 17 日向国会提交法案，建议将陷入财政困境的北石银行（Northern Rock）暂时国有化。达林说，收到的两个收购建议，未充分反映银行价值，不利于纳税人，政府因此决定将这间银行收归国有一段时间。不过，提出收购建议的维珍集团主席布兰森对政府的决定表示非常失望。布兰森以电邮发出声明表示，提出的拯救方案已经是保守和稳健的，符合各方面人士的利益。在野保守党影子财相亦反对政府将国家带回 20 世纪 70 年代的旧路。英国股东协会表明会采取法律行动，阻止将北石银行收归国有。

2. 美国

随着金融危机的持续恶化，美国政府正在考虑新的救市“狠招”。美国财政部部长保尔森 2008 年 10 月 8 日暗示，在动用最高 7 000 亿美元收购银行业坏账的同时，财政部还可能考虑直接入股银行，以直接改善后者的资本状况。

美国财政部于 2008 年 11 月 24 日宣布，同意向陷入困境的美国花旗集团注资 200 亿美元，并向该行账面上的近 3 000 亿美元不良资产提供担保。11 月 17 日，花旗集团宣布下季度将再度裁减 53 000 个职位。花旗集团表示，除裁员外，其还计划减少其持有资产及下属部门。花旗集团已经连续四季度宣布亏损，仅 2008 年第三季度即巨亏 28 亿美元。据报道，美国政府出手拯救陷入财务困境的花旗集团，向集团注资最多 200 亿美元，以换取对方的优先股，花旗集团将会支付 8% 股息。另外，财政部及联邦存款保险公司将提供最多 3 060 亿美元的损失担保。财政部表示，联储局已准备好为花旗集团资产提供额外支持。另外，花旗集团在 2009—2011 年内，若未获政府准许，向普通股派发的股息不能超过每股 0.01 美元。集团将遵守加强管理层薪金福利制度的规定，亦要履行联邦存款保险公司的抵押贷款修订计划。

三、20 世纪 80 年代末开始的西方国家国有企业私有化

在一些发达资本主义国家，国有企业管理体制改革的一种主要形式就是实行国有企业私有化。其具体形式、措施，仍可以法国为典型。法国政府于 1986 年提出国有企业私有化政策，其基本目标定为：改变国有企业效率低下的状况，减轻财政负担，更好地适应欧盟进一步开放市场的协议。但在具体实践中，法国国有企业私有化政策的贯彻，却是从竞争性行业中经营状况较好和盈利水平较高的企业开始的，然后再将出售和转让股权的收入，投入那些负债沉重、长期亏损的企业，帮助其改善生产经营状况，待好转后再上市出售，这里明显体现着以私有化的形式满足私人资本利益的要求。法国实现私有化的步骤和规模是：根据 1986 年的法律规定，当年转让给私营部门的国有企业为 66 家，主要是国有银行和金融公司（42 家），保险公司（13 家），工业公司（9 家），大众传媒企业（2 家），实现私有化资产共计 2 000 亿法郎。私有化的结果是，到 1992 年，国家控制的企业已降到

2 750 家，职工人数降为占非农就业总数的 11.5%，增加值降为占国内增加总值的 16%，投资占国内总投资的比重降为 25%。1993 年法国又出台私有化新方案，规定对 21 家国有企业集团实行私有化，其中涉及 1 760 家国有企业，职工 66.8 万人。这一方案的实施，使得国有部门就业人数占非农就业总人数的比重从 11.5% 再降为 7%。通过这次私有化，余下的国有企业仅是基础经济部门的电力、煤气、煤矿、铁路、运输、邮政及电讯等几家公司。

英国国有企业的私有化是从 70 年代末期开始的。1979 年 5 月 4 日保守党的首相撒切尔反对工党的国有化政策，推行以私有化为中心内容的国有资产所有制改革。英国实现国有企业私有化的具体做法，是以出售国有企业股票的形式进行的，政府明确提出"私有化无禁区"的原则，大批国有企业被出售，到 1991 年年底，保留下来的国有企业只有英国煤炭公司、邮局、铁路公司、伦敦市内公共交通公司、英格兰银行等五家。

日本在 20 世纪 80 年代初开始实行有自己特色的私有化，主要做法是将一些大公司分期分批改制，目的是为营造竞争环境制造条件。如 1982 年，日本行政管理改革委员会建议将日本铁路公司分成小块后出售。1987 年日本按铁路公司的业务将其分成七个股份公司、六条地区性客运栈和一条全国性货运栈，撤除原来对其业务上的限制，新公司的财务预算不再由政府主管部门审批，各公司的经营以参与竞争和追求利润为目标。日本铁路公司通过这种形式的私有化，曾在一定时期提高了铁路运营的效益，如 1986—1990 年间扭转了 60 年代以来连年严重亏损的局面，使客运量年均提高了 5%，客运栈运营成本降低了 11%，人均产值从 11.8 万美元提高到 71.5 万美元。盈利额从 1986 年亏损 43 亿美元提高为 1990 年的 36 亿美元。日本通过分块改制的办法提高经营效益的例子，在电报电话公司领域也较显著。具体做法是政府先把该公司股份的一部分（33%）分散出售给小股东，并由政府保证以后再出售其余相当的部分（34%），同时鼓励并创造条件使私营通信公司与之平等竞争。在这种条件下，日本电报电话公司在降低长途电话费的同时，通过裁员和提高服务质量，实现了利润的大幅度提高。

西方一些发达国家国有企业实行私有化的实践表明，在非垄断性行业实现私有化比较容易取得成效，这里需要的主要是营造一个公平的市场竞争环境和透明的私有化过程，以及努力使消费者获得优质廉价的服务。而在自然垄断性行业，如供电、供水、电讯等，实现私有化的难度较大，一般只有在具有实力雄厚的资本市场和有效的政府管制条件时才是可行的。同时，这类企业由于规模大、售价高，首先分成多个小企业，才有利于为出售和私有化后创造一个必要的竞争条件。上面提到的日本的做法有一定的代表性。

实行国有企业私有化也是 80 年代以来一些发展中资本主义国家国有企业管理体制改革的一种重要形式，与发达国家不同的是，这些国家实行国有企业私有化的主要目的之一是增加财政收入和减轻财政负担。以印度为例，印度独立后，曾把某些工业部门改为国有或置于国家的控制之下，目的是将其发展纳入国家经济发展计划的总目标，使其为国家提供经济剩余、促进地区均衡、提供基础设施、调节经济，借以实现所谓"民主社会主义"。但在几十年的实践中，印度国有企业效益低下，成为国家财政的沉重负担，肩负的经济政治任务都难以实现。为改变这种状况，印度政府从 80 年代起着手改革国有企业的管理体制，主要措施和目标是更多地采用经济手段和法律手段代替行政管理手段，实现把国有企业推向市场和竞争的目标。实现这一目标的主要途径,是以“许可证制度”为突破口,促使国有企业退出一些领域,支持和促进市场导向型的私人企业发展,以利于促进竞争。对保存下来的国有企业也给予充分的自主权。1991年拉奥政府上台后,进一步明确把国有企业限制在战略性和高技术工业及关键性基础设施范围内,同时选择一部分国有企业,重点是国有企业中的金融机构,以出售股权的方式实现私有化,同时以裁并方式对经营不佳或濒临倒闭的国有企业实行出售或兼并。从印度私有化的实践效果看,除政府从国有企业的出让政策中得到一笔财政收入之外,还未体现出与企业经营管理改善之间的明显联系。

埃及国有企业私有化也表现出大致相同的政策目标和实践结果。长期以来,埃及庞大的公共投资成为财政的沉重负担,同时又影响到整个社会投资的效率。从20世纪70年代起,政府就着手减少公共投资,大力鼓励私人投资。近年来,在大力简化对私人投资限制的同时,把国有企业重组为17个分散的和财务自主的控股公司,使其投融资和信贷担保不再依靠国家财政资金。1996年2月,政府又制订了一项规模宏大的私有化方案,决定对所属的17家控股公司中的7家实行私有或私营。而对国有企业制造业中的2/3部分,仍坚持由政府控制。另外,埃及的国有银行和保险公司也正在实行私有化。到目前为止,实行私有化所预期的商业竞争和新的管理模式应带来的生产力发展和收益成效还未实现。

在一些由社会主义公有制向私有制转化的国家,实现原有企业的私有化也是企业管理体制改革的一个重要内容。不同的是,这类国家国有企业私有化的一个基本目标,是促进私有制经济基础的建立。

如1991年12月29日,俄前总统叶利钦签署了《关于加快国有和市政资产私有化的总统令》,俄政府同时公布了《俄罗斯国有和地方企业私有化纲要基本原则》。1992年6月,作为叶利钦-盖达尔政权推行激进经济改革“休克疗法”的一部分,私有化正式开始实施。当局的意图是,通过先放开价格和迅速将国有财产私有化,造成新生政权从政治到经济上与前苏联彻底决裂的事实,再通过短期内“疾风暴雨”和“洗心革面”的全面改革,赢取民众支持,巩固新政权基础。

俄罗斯当年的改革派,把“私有制”视为通往西方“文明社会”的法宝,将“私有化”看做是拯救俄罗斯的“灵丹妙药”。当年的改革派希望通过“私有化”在短时间内摆脱社会主义,摆脱旧官僚对经济的控制。有些人甚至提出了“变卖俄罗斯”的宏伟计划,准备把俄罗斯这个国家的“所有一切,从螺丝钉到核反应堆都转入私人手中”。

俄私有化分为“小私有化”和“大私有化”两种基本方式。“小私有化”是指对国营零售商业、饮食业、服务业及一些小型工业建筑企业实行的私有化,主要采取公开拍卖、租赁或出售的方式进行。“大私有化”主要是指将国有大中型企业私有化的过程,其步骤为:先将国有大中型企业改造为股份公司或集团,以变更其所有权,然后使股份公司的股票进入资本市场。

通过私有化,俄所有制结构和产权结构发生了重大变化,形成了以非国有经济为主体的混合所有制结构。据俄官方统计,到大规模私有化结束的1996年年底,工业中实现私有化的企业共12.46万家,占私有化初期国有企业总数的60%。非国有企业在GDP中所占的比重从1991年的15%上升到72%，其中私营经济成分占28%。在整个“大私有化”过程中，共建立起股份公司约2.7万家。从就业人数在不同所有制部门的分布情况看，在国有经济部门中的就业人数减少了将近50%，而在纯私营和混合所有制部门的就业人数则相应增加了50%。

普京2000年就任总统并稳固政权后，开始大声对金融寡头们说“不”。他明确指出，把具有战略意义的部门监控权交给私人是严重的错误，应当及时改正。

2004年8月4日，俄罗斯总统普京签署了“关于确定国有战略企业和战略股份公司名单”的命令。三天后（8月7日），俄罗斯总统网站即公布了514家国有战略企业和549家战略股份公司的名单，其中包括俄“天然气工业”、“石油运输”、“俄罗斯石油”、“俄罗斯铁路”、“统一电力系统”等大公司以及一大批国防企业，但国家占有股份不足25%的公司未入其列。克里姆林宫认为，列入名单的这些企业和公司对确保国家安全，维护公民道德、健康和合法权益具有重要的战略意义，因而只有总统特批才能出售，根据总统令，政府无权对它们实行私有化。

此后几年内普京的“重新国有化”战略，又使俄政府几乎在每个重要战略领域都建立了一个大型国有控股企业，大大强化了国家对经济的主导作用，有效地维护了经济稳定。据2009年10月的报道，当时的最新估计是俄罗斯政府持有本国约5 500家企业的股份，俄政府直接和间接控制的企业占俄经济总量的45%—50%，这一比例远高于全球30%的平均水平。

但是，2008年的国际金融危机又让俄罗斯面临了新的经济压力，使俄近十年来首次出现赤字财政，而且俄财政部预计俄罗斯在未来3年内都将是“赤字财政”。与此同时，俄国内银行和企业所欠的外债仍高于4 000亿美元。这都让俄高层明显感觉到了资金短缺的压力。

为了降低财政赤字并改善国际形象，俄总理普京早在2009年4月就开始酝酿实施新一轮“私有化”的计划。

2009年10月6日，俄总理普京亲自主持了“2010—2012年俄联邦财产私有化问题”专题会议。普京在会上明确表示：“应当将私有化看做国家财政收入的一个重要来源。该进程应当有助于提高生产效率、吸引额外投资、优化竞争环境。”

俄罗斯经济发展部长纳比乌林娜于2009年11月24日宣布，俄政府已通过2010年私有化计划。按照该计划，俄政府2010年将对28家进入战略企业名单的公司进行私有化，收入将达540亿卢布。另外，俄政府还将出售449家股份制企业及包括俄罗斯国家保险公司在内的5家大型企业的股份，行业涉及港口、机场、船运和石油等。新一轮私有化的目的在于剥离国有财产，吸引额外投资以增加财政收入，提高企业管理效率和优化竞争环境等。

俄罗斯经济发展部财产关系司司长乌瓦罗夫于2010年7月28日对媒体宣布，俄经济发展部和财政部已商定于2011年至2013年对11家国有企业通过实行股份制实现私有化。这些企业包括俄罗斯石油运输公司、俄罗斯石油公司、俄罗斯储蓄银行、俄罗斯对外贸易银行、俄罗斯农业银行、俄罗斯联合粮食公司等。俄罗斯出售国有企业主要是为填补联邦预算赤字，俄罗斯联邦政府自2009年开始出现了10年来的首次财政赤字；2011年俄联邦预算收入为8.6万亿卢布(1美元约合30卢布),预算支出10.4万亿卢布。俄总理普京2010年7月28日在政府工作会议上说,预计2010年全年的预算赤字可能低于5%,俄政府计划2011年将预算赤字降至国内生产总值的3.6%。

匈牙利、波兰等国的国有企业私有化也经过大致相同的途径。

第二节　我国国有企业财务体制的特征与改革进程

我国国有企业与西方国家相比,有根本不同的性质和建立与发展的目标。它既不是资本主义私有制经济的一个组成部分和补充,也不是为了缓解和调节资本主义市场经济发展中不断激化的种种社会矛盾,以及恢复经济危机与战争对经济和社会的严重破坏,更不是为了挽救资本主义私营企业和增加私人企业的收入,或者是为了建立一个以私人经济为基础的社会制度。我国国有企业的性质和社会地位,在新中国成立初期就以国家根本大法的形式作了明确规定。如1949年9月29日在中国人民政治协商会议上通过的《中国人民政治协商会议共同纲领》中就明确规定:社会主义性质的国营经济是"人民共和国发展生产,繁荣经济的主要物质基础和整个社会经济的领导力量"。在1982年公布的《中华人民共和国宪法》中,又作了如下明确的规定:"中华人民共和国的社会主义经济制度的基础是生产资料的社会主义公有制,即全民所有制和劳动群众集体所有制。"又规定:"国营经济是社会主义全民所有制经济,是国民经济中的主导力量。国家保障国营经济的巩固和发展。"在1993年公布的《中华人民共和国宪法修正案》中,对这一规定作了如下的修正:"国有经济,即社会主义全民所有制经济,是国民经济的主导力量。国家保障国有经济的巩固和发展。"

我国国有经济的根本性质和重要的社会地位,决定了它具有旺盛的生命力和承担着光荣而沉重的社会任务,表现在长期以来国有企业以极高的速度发展,对社会发展作出了多方面的重大贡献。如我国国有工业新中国成立50年来以年均14.2%的速度发展,远远高于同期世界工业年均4.1%的增长速度。我国国有工业企业的产值,从1957年至1997年的40年间更是以年均22.5%的速度增长,同期拥有的固定资产净值增长了72.8倍。从1952年到1998年,国有工业企业的利税总额增长了64倍。期间,我国国有及国有控股企业以更高的速度发展,1998年的销售收入已相当于1980年的9.3倍,资产总额相当于1978年的22.8倍,上缴税金相当于1978年的11.6倍。在长期以放权让利和多种经济成分共同发展为导向的企业管理体制改革实践中,国有企业在销售收入所占比重大幅度下降的条件下,仍然在上交税收中保持了较高的比重。如20世纪90年代以来,国有企业及国有控股企业的销售收入在社会总销售收入中的比重,从1980年的80.9%逐步下降至1990年的57.1%、1995年的38.8%、1997年的32.6%、1998年的29.1%,而这一时期向国家提供的税收所占的比重,却相应地保持在87.3%、73.0%、64.5%、55.2%、51.6%的水平。① 这些事实较鲜明地体现出我国国有企业对国家和社会作出的重大贡献及其存在与发展壮大的重要社会意义。

---

① 根据1999年10月12日《经济日报》中的数据计算。

我国国有企业的性质及其社会地位和建立与发展的基本目标，也决定了我国企业财务体制的性质、职责任务与改革完善的方向。

我国国有企业财务体制是处理国家与国有企事业之间以及与国有企业主管部门之间在资金来源、收入分配、财务管理等方面责、权、利关系的基本制度。改革开放以前，我国国有企业财务体制是国家财政管理休制的基础环节。改革开放以后，随着国有企业管理体制的改革，国有企业财务体制在国家财政管理体制中的地位有了一定程度的变化，但就其本质特征看，仍然是国家财政管理体制的一个十分重要的组成部分。国有企业财务体制及时的改革完善，在适应企业管理体制改革和促进企业生产发展的实践中，发挥着特有的重要作用。例如，在改革开放以前，与计划经济下企业管理体制的改革完善相适应，企业财务体制进行了一系列改革，主要的如：1952 年国营企业开始建立企业奖励基金制度。1953 年我国开始执行国民经济发展的第二个五年计划，财政体制由新中国成立初期的高度集中统一向集中统一下适当分权的方向转变，与此相适应，企业财务体制也进行了相应调整，首先是调整了企业奖励基金制，修订了提奖条件和办法，主要是拉开了提奖的比例档次，缓解了提奖多寡悬殊的现象。从 1954 年开始实施新的超计划利润分成制度，规定以企业主管部门为单位，从企业超计划利润中扣除企业应留奖励基金和基层社会主义竞赛基金后的 40% 部分留归主管部门使用，60% 解交国库。从 1958 年起，与经济和财政管理体制改革及大批企业下放地方的体制相适应，财务体制开始实施企业利润留成制度。从 1962 年起，与国家对国民经济的调整政策和对下放权力的适当上收体制相适应，财务体制又作了相应调整，主要是除商业部门外，其他国营企业都从利润留成制恢复到企业奖励基金制和四项费用拨款。从这些改革过程中可以看出，改革开放前的二十多年间，我国的企业财务体制与企业管理体制相适应，进行了一系列相应的改革完善，在促进国有企业发展巩固的实践中，发挥了应有的作用。这一时期我国的国有工业企业从 1952 年的 4.96 万户发展到 1978 年的 8.37 万户，工业总产值上升了 15.5 倍，企业固定资产原值上升了 20.8 倍，企业实现的税利总额上升了 20.4 倍，就业职工人数上升了近 5 倍。[①] 这是中国历史上，也是世界历史上未曾见到的奇迹。同时，不容忽视的是，与计划经济相适应的高度集中统一的企业财务管理体制与整个企业管理体制一样，从长期的实践看，已不能很好地适应不断发展壮大的国有企业经营发展的客观要求，突出表现在企业奖励基金制和四项费用拨款制度严重限制了企业的自主权，造成企业责、权、利的脱节，约束了企业和广大职工生产经营积极性的发挥。

在改革开放 30 年的改革实践中，我国国有企业更是取得了长足的发展，表现在企业规模、效益等各个方面。表 2-1 是 2007 年与 1978 年相比较一些主要指标发展变化的情况。

---

① 根据 1999 年 10 月 22 日《经济日报》中的数据计算。

表 2-1 主要指标对比(2007 年与 1978 年)

主营业务收入(亿元)		
1978 年	6 629.2	
2007 年	195 618.6	相当于 1978 的 29.5 倍
资产总额(亿元)		
1978 年	7 233.8	
2007 年	354 813.6	相当于 1978 年的 49.0 倍
利润总额(亿元)		
1978 年	665.4	
2007 年	19 625.2	相当于 1978 年的 26.5 倍
企业户数(户)		
1978 年	170 087	
2007 年	115 087	相当于 1978 年的 0.67
职工人数(万人)		
1978 年	4 636.2	
2007 年	3 551.8	相当于 1978 年 0.76*

注:*《经济日报》,2009 年 1 月 10 日。

国有企业在改革开放 30 年间发生的这些显著的变化,是经历了不同的发展改革阶段和系列重要方针政策的贯彻执行而实现的。

回顾改革开放 30 年的历程,国有企业的改革发展大致经历过三个阶段:首先是扩大经营自主权阶段。这包括从改革开放初期到党的十四届三中全会的 15 年时间。按照党的十一届三中全会提出的改革方向,先后在国有企业推行了扩大企业经营自主权、利润递增包干和承包经营责任制试点,取代了原来的国家对企业实行计划统一下达、资金统贷统还、物资统一调配、产品统收统销、就业统包统揽、盈亏都由国家负责的制度。改革调整了国家与企业之间的责、权、利关系,调动了企业和职工的生产经营积极性,增强了企业活力,为企业进入市场奠定了初步基础。

其次是制度创新和结构调整阶段。这包括从党的十四届三中全会到党的"十六大"的 10 年时间。十四届三中全会明确了国有企业的改革方向是"产权清晰、权责明确、政企分开、管理科学"的现代企业制度。党的"十五大"提出,要把国有企业改革同改组、改造、加强管理相结合。这 10 年间在国有大中型企业推进建立现代企业制度试点,采取改组、联合、兼并、租赁、承包经营和股份合作制、出售等形式。特别是 1998—2000 年,在党中央、国务院的正确领导下,国有企业实施了改革脱困三年攻坚,通过债转股、技改贴息、政策性关闭破产等一系列政策措施,减轻了企业负担,推动企业技术进步和产业升级,促进企业的优胜劣汰,实现了国有企业的整体扭亏为盈,为国有企业持续快速健康发展打下了良好基础。

最后是以国有资产管理体制改革推动国有企业改革发展阶段。这个阶段以党的"十六大"为开端。针对长期制约国有企业改革发展的体制性矛盾问题,"十六大"提出深化国有资产管理体制改革的重大任务,明确提出:国家要制定法律法规,建立中央政府和地方政府分别代表国家履行出资人职责，享有所有者权益、权利、义务和责任相统一，管资产和管人、管事相结合的国有资产管理体制。贯彻落实"十六大"精神，中央、省、市（地）三级国有资产监管机构相继组建，《企业国有资产监督管理暂行条例》等法规相继出台，在国有企业逐步实施了企业负责人经营业绩考核、国有资产保值增值责任层层落实，国有资产监管进一步加强。国有资产管理体制的创新进一步激发了国有企业的活力。国有企业改革取得了重大进展，进入了一个新的阶段。

30年来体制的不断变革和机制的不断创新，增强了国有企业的市场主体意识，激发了国有企业的发展活力，特别是党的"十六大"以来，国有企业的管理水平和运行质量不断提高，经济效益屡创新高。"十二五"期间，决定完善和推广国有资本经营预算收支政策，用以规范国有企业税后利润分配机制，扩大国有资本经营预算实施范围。实践证明，我们已经探索出一条具有中国特色的国有企业改革发展之路，继续沿着这条路深入推进国有企业市场化改革，国有企业一定能更好地发挥主导作用。①

根据我国改革开放以来，特别是决定建立社会主义市场经济体制以来国有企业财务体制和企业管理体制改革的进程，对照本章第一节中提到的一些西方国家国有企业管理体制改革的目标、做法，可以发现有三个方面的内容可供作比较思考的重点。

第一个方面是实行国有企业私有化的内容。这是20世纪80年代以来风行于西方国家国有企业管理体制改革的大趋势，也是我国在国有企业管理体制改革实践中讨论较多、理论上争论较激烈、在实践中坚决拒绝采用的一种方式。我国在国有企业管理体制改革决策中，虽然也包括对部分小型国有企业的出售形式，但对大中型国有企业和较大部分的主要小型国有企业却严格禁绝实行私有化。这不仅是因为我国国有企业与西方国家的国有企业之间在建立与体制改革上具有根本不同的社会性质和政策目标，而且还因为在西方国家实践中已清楚地证明了国有企业私有化改造的不可行性。西方国家国有企业私有化20年改革的后果，在一些发达资本主义国家，除在个别国家和个别行业出现过一定时期的效益现象外，并未能使长期困扰这些国家的失业、经济低速增长和波动、收入分配不公和差距不断扩大等现象得到明显改善，有的甚至深深陷入泡沫经济和金融危机的困境，而在一些发展中资本主义大国和急于为社会建立私有制基础的国家，国有企业的私有化或者加剧了经济和社会的混乱与滞后，或者造成大量国有资产流失，甚至把国民经济推到崩溃的边缘。当我国国有企业和整个经济与社会在艰苦探索的改革实践中取得卓越成效的时刻，西方国家从整体上表现出的这些现实，不能不使人们对国有企业私有化的改革方式进行认真思索。

第二个方面是西方发达国家这些年在国有企业管理体制中推广实行的一些具体组织形式和激励机制，对我国有相当的参考借鉴意义。如强化市场的竞争机制，强调经营的效益原则，重视法制管理，推广使用不同形式的公司制，减少国家各种形式的优惠和补贴，实行有针对性的破产兼并，以不同方式管理不同性质的国有企业，坚持部分特别重要企业的国有化，重视在某些领域以不同方式吸引私人投资等。这些形式和原则，在我国执行改革开放政策以来，特别是决定建立社会主义市场经济体制以来，在企业管理体制改革的实践

① 《经济日报》，2009年1月10日。

中，按照外为中用的原则，已得到相当程度的借鉴和吸收，并努力使其与我国的基本社会制度相结合。

第三个方面，是西方某些发达国家在国有企业管理体制中运用的一套较健全规范的管理机制，主要是由国家立法机关、政府职能部门、企业管理机构组成的分工负责、协调配合的管理监督机制，以及协调运用法律、行政、经济等手段所实现的管理监督活动，在有些国家的管理监督实践中体现出较高的成效。这是我国值得认真研究借鉴的内容，对改变当前我国国有企业管理实践中存在的纪律松弛、财务混乱、违法乱纪、资金流失以及国家法令政策贯彻执行不力等问题，可能有相当的现实意义。

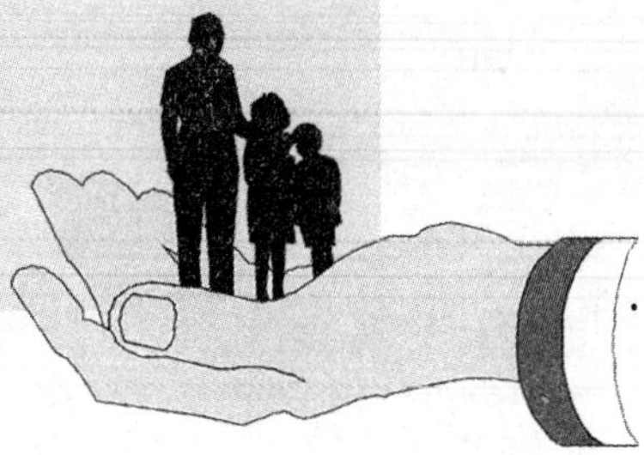

第二篇

财政收入管理

第三章　税制结构比较研究

第一节　各国税制体系概况

一、税收在各国财政收入中的地位

从收入来源看，世界各国政府的财政收入不外乎以下两大类，即税收收入和非税收入。现代社会，绝大多数国家的财政收入以税收收入为主。

据世界银行 2008 年发表的《2008 年世界发展指标》中发表的统计数据看，高收入国家，中央政府[①]赠款和其他收入（包括来自其他外国政府、国际组织和其他政府单位的赠款；利息；红利；租金；用于公共目的的无偿的、不可归还的收入，例如罚金、行政管理费或者来自政府具有财产所有权的企业的收入）占其经常性收入总额的平均比重为 9%；税收收入占财政收入总额的比重达到 91%。[②] 低收入和中等收入国家中央政府非税收入占财政收入的比重为 17%。[③] 全世界中央政府财政收入总额中，非税收入所占比重平均为 14%。[④]

综上所述，税收收入在世界绝大多数国家的财政收入中所占的比重都相当高，它对一个国家的财政收入状况起着举足轻重的作用，在各国财政收支体系中占有相当显著的位置。因此，各国的国情和财政收入上的特征，多集中反映在税收上。税种的设置、税制结构的选择及税收征收制度的制定，直接影响着各国财政收入的来源和收入规模，影响着国家各项职能的实现，也影响着国民经济的发展速度和发展质量。

因此对各国税制结构的比较研究具有多方面的积极意义。通过比较研究，借鉴国际上各国政府在税制建设方面的先进经验，来构建我国适合市场经济发展的、合理的税制结构体系，是我国税制建设的一大要务。

二、各国税制体系概况

目前，世界上绝大多数国家都采用"复税制"，除个别国家的税制比较简单外，大多数国家的税收体系都较为复杂，一般由几个、十几个乃至几十个税种构成。

由于社会政治、经济、历史状况不同，各国在税制体系的构建上存在许多差异。

---

① 由于中央政府是一个国家的代表，国际性经济组织所公布的政府财政统计数据一般以中央政府为统计对象。所以，为了便于比较，本章将税制结构比较的对象限定为各国中央政府的税制结构。

② 世界银行本书编写组：《2008 年世界发展报告》，中国财政经济出版社 2008 年 8 月版，第 244 页。

③ 同上。

④ 同上。

(一)发达国家税制体系发展历史回顾

发达国家的现行税制基本上是在第一次世界大战至第二次世界大战期间建立起来的。第一次世界大战前,发达国家的传统税制以消费税、关税及财产税等税种为主,税收收入的绝大部分由这几个税种提供。以美国为例,其税收收入在1914年以前一直以关税、财产税为主。1902年,仅关税收入一项就占联邦政府税收总额的47.4%,财产税在1913年州政府税收总额中的比重为46.5%。①

从获取财政收入的角度看,关税、消费税及财产税等税种都是提供收入较多、收入来源较稳定的税种,但从资本主义市场经济发展的要求来看,这几种税都有其各自的局限性。消费税不利于社会产品的商品化发展进程,在商品供过于求的发达市场经济体制下,对商品消费所产生的抑制作用与政府刺激消费需求的政策相悖逆;关税对国与国之间的商品输出和国际经济一体化的发展会产生较大的阻碍作用;而财产税则对资本的积累、中产阶级的形成有很大的消极作用。而中产阶级是一个国家社会秩序稳定的中坚力量,现代经济学理论和现代经济发展实践均已证明,一个国家,中产阶级在社会人口总数中所占的比重越大,社会秩序越稳定。政府应尽可能地培养中产阶级,扩大其在社会人口结构中所占的比重,征税应谨防伤害社会成员积累财富的积极性,避免中产阶级规模的缩小。出于上述原因,再加上战争期间各参战国军费短缺,迫切需要创立新税种,因此各国开始对传统的税收制度进行多方面的改革。

在这期间,各国一面对传统税制进行种种改革,一面积极寻求新的、既能为财政提供大量收入又能为促进资本主义经济发展服务的税种。

对传统税制的改革主要从两方面进行,其一是缩小关税及财产税的征税范围,降低税率。这些举措使关税、财产税所提供的税收收入大幅度减少,逐渐在各国的税收体系中失去主体税种的地位。以美国为例,到1922年时,关税收入占联邦政府税收总额的比重就从1913年的46.8%锐减到9.3%。其二是对消费税进行改造,并在此基础上设立营业税。例如,法国在改造支付税的基础上于1920年设立了营业税。该税设立后,其收入占税收总额的比重不断提高,1922年,营业税收入占税收总额的比重只有12%,到20世纪40年代中期,这一比重已提高到46%。

发达国家税制体系建设的另一个重点是普遍开征所得税。所得税在当时已不是一个新税种,早在1799年,英国就已创立了这个税种,意大利也于1864年设立了该税种。但是,在第一次世界大战以前,所得税并未受到发达国家的重视。大多数国家未开征此税,即使已开征此税的国家,对是否应该开征也存在许多争议。如首创所得税的英国,就曾因国内舆论的反对而多次停征该税。这一税种在发达国家普及,并取得主体税种的地位是在第一次世界大战期间。1913年,美国开征了所得税,1914年又提高了所得税税率,很快就使所得税的收入超过了其他税种的收入。到1917年时,所得税收入在美国税收总额中所占的比重已超过原来的主体税种——关税——在税收总额中的比重,取得了主体税种的地位。1922年,所得税收入占美国税收总额的比重达到65.3%。

① 世界银行:《1997年世界发展报告》,中国财政经济出版社1998年版。为保证统计数据的可比性,本章尽可能地采用国际经济组织公布的相关统计数据。以下未注明出处的统计数据均来源于此。

继美国之后，法国于1914年、德国于1920年先后引进了所得税税制。同期，英国也对其旧的所得税征收制度进行了改革，改变了过去的分类征收制度，采用了美国发明的综合所得税制。此后，所得税在各个发达国家的税收制度中都占据了重要地位。

经过上述一系列税制改革和建设，到第二次世界大战结束时，发达国家已建立起一套比较符合其社会经济发展要求的、税种齐全的、征收制度也较为完善的现代税收制度。20世纪50年代，一些发达国家又对其税制进行了改革，主要内容是用增值税取代营业税。这一改革使发达国家的税制更趋于完善。

目前，各发达国家的税种设置情况大致如下：

美国的税制体系中，主要包括个人所得税、公司所得税、社会保险工薪税、遗产和赠与税、一般销售税、特种销售税和关税等税种。

英国开设的税种主要有所得税、法人税、社会保险税、转让所得税、资产转移税、增值税、消费税、印花税、机动车税及不动产税。

法国的现行税制较为复杂，共有五十多个税种，其中主要税种有十多种。包括个人所得税、公司所得税、增值税、消费税、印花税、交易税、遗产税和关税等。

联邦德国设置的税种主要包括所得税、法人税、社会保险税、增值税、营业税、资金流通税、不动产取得税、教会税、继承与赠与税、票据税、消费税、防火税、机动车税、赛马税及彩票税等。

日本的税收体系颇为复杂，设置的税种很多。其中主要税种有个人所得税、法人税、遗产税、消费税、酒税、烟税、物品税、燃油税、石油税、有价证券交易税、汽车重量税、关税、印花税、消费税、事业税、都道府县民税、汽车税、餐饮消费税、不动产取得税、都道府县烟消费税、娱乐设施利用税、汽油交易税、市町村民税、固定资产税等。

从上述各国所设税种的课税对象看，大致可分为四类，即所得税类、商品税类、财产税类和行为税类。目前，发达国家的税制以第一类和第二类税为主，财政收入的绝大部分由所得税类提供；财产税类在各国税收制度中所占位置不太重要，基本上已成为地方性税类。

发达国家的行为税类，在过去是一类很小的税类，税种很少，提供的税收收入有限。但20世纪70年代后，发达国家的行为税类得到了较大的发展，许多国家利用行为税类的征收来贯彻政府治理环境污染、保护生态环境的政策目标。为制止企业经济活动污染环境、浪费资源的行为，一些发达国家对润滑剂、化肥、杀虫剂、无法回收的容器、汞和镉电池、化学原料和包装品的生产、销售等行为开征税收。例如，法国在1985年开征硫税，从1990年开始又对工业生产释放的H_2S（硫化氢）、NOX（氮氧化物）和HCL（氯化氢）征税。芬兰和英国于1996年开征垃圾税。比利时在1993年开征环境税，规定：环境税适用于饮料容器、废弃的照相机、工业使用的某些包装品、杀虫剂、纸以及电池等各类产品。丹麦1992年对烯料开征碳/能源税；1995年开始对抽取地下水、废物和铀235征税；1996年又开征了能源税。[①] 行为税类的建设和发达是发达国家税制体系建设的一大变化，这种变化与国际社会提出的经济可持续发展的理念有密切的关系，是促进社会经济可持续发展

① 葛成波、占成：《对我国征收环境保护税的思考》，《福建税务》，2000年第4期。

的有效措施。

（二）发展中国家税制体系历史发展回顾

许多发展中国家的税收制度早在殖民地时期就已建立，如印度，早在19世纪下半期英国殖民统治时代就已形成了包括所得税在内的较完整的税收制度。多数发展中国家的税收制度是在其宗主国的主持操纵下建立起来的。各宗主国出于自身利益的考虑，一方面将本国的一些现代税种引入殖民地国家的税收体系，另一方面又有意识地保留了一些殖民地原有的、落后的税种。因此，在独立前，许多发展中国家的税收体系是一个既包含像所得税这样带有现代意义的新税种，又保留着诸如人头税、土地税等带有浓厚封建色彩的旧税种的混合体。而从总体上来看，这种混合税制是为宗主国对殖民地的经济掠夺和政治统治服务的，它对发展中国家民族经济的独立发展有很多不利影响。

因此，各发展中国家建立独立主权国家之后，在保留原有税制的同时，对其进行了多方面的改革，增加了一些具有现代特色的、有利于民族经济发展的新税种，取消了一些封建性的、不利于民族经济发展的旧税种，如人头税就在绝大多数发展中国家的税收制度中消失了，土地税在大多数发展中国家也被取消了。此外，许多国家在所得税的征收制度上也作了大量修改和补充。这个过程基本上是在第二次世界大战结束后一段时间内完成的。经过上述各项改革，发展中国家基本形成了一套适应本国经济发展要求、有利于维护国家独立主权的现代税收制度。从这个角度看，发展中国家的现代税收制度是在建国之后重建起来的。但从总的情况来看，发展中国家的税收制度受发达国家影响的痕迹还是随处可见。其税收制度的内容及税制变化在很大程度上受西方发达国家税收制度的内容及其变化的影响。原来的宗主国税收制度的变化往往会引起发展中国家税收制度的相应变化。一个最明显的例子是增值税的设立。1954年，法国首创增值税，在许多发达国家尚未采纳这个新税种之前，非洲一些原法属殖民地的发展中国家就率先引进了该税种。如象牙海岸（1960年）、摩洛哥（1961年）、塞内加尔（1966年）、马尔加什（1969年）等国先后开征了增值税。突尼斯则更早，在1955年，即法国开征增值税的第二年就随之设立了该税种。此外，阿尔及利亚也是较早开征增值税的发展中国家。

缘于此，尽管许多发展中国家的经济发展水平比较低，有的甚至还很落后，但大多数国家却拥有一套包括所得税、增值税在内的税种较齐全、征收制度也颇为完善的现代税制体系。

发展中国家所设税种的名称大致与发达国家相同，税收收入也主要由所得税类和商品税类提供，财产税类和行为税类提供的收入较少。

与发达国家不同的是，发展中国家在所得税和商品税之间更侧重于商品税，大多数国家的税收收入以商品税为主。在商品税类各税种中又比较侧重于消费税和关税。这两个税种，尤其是关税，在过去很长一段时间内一直是许多发展中国家的主体税种。近十几年来，随着发展中国家社会经济水平、国民收入水平的不断提高，也由于许多发展中国家推行面向国际的经济政策，重视对外经济往来，商品税、关税收入在大多数发展中国家税收收入中所占的比重有所下降，所得税类在税收总额中所占的比重有所提高，甚至有个别国家的税收收入已转而以收益税类为主。但从总的情况来看，关税及其他商品税税种在发展中国家的税收制度中仍然占有重要地位。

（三）俄罗斯及东欧国家的税制结构概况

俄罗斯及匈牙利等东欧国家的税制结构在其政治、经济制度的大变革过程中也发生了重大的变化。在原来的社会主义制度下，这些国家虽然也根据本国社会制度及社会经济发展的需要，并参照其他国家的税收制度，建立起自己的较完整的税收制度，但从税收收入在其财政收入中所占地位来看，却并不是很重要。这些国家的一个共同特点是财政收入以国有企业的上缴利润为主，税收收入占财政收入总额的比重较低。例如，苏联时期，国有企业所创利润的80%—90%都上缴国家预算。在20世纪80年代的经济体制改革过程中以及90年代社会经济政治制度大变革的过程中，这些国家逐步改变了过去那种重利润上缴、轻税收的做法，在税制建设上做了大量工作，形成了一套以税收收入为主、以非税收收入为辅的财政收入体系。目前，俄罗斯的财政收入绝大部分依赖于税收收入。所有的法人和自然人，不管其具有何种所有制形式，也不管其采用什么样的经营形式，对预算的缴款都建立在税收基础上。在新税制下，俄罗斯开征的税种达五十多个，其中最主要的是企业利润税、增值税、消费税和个人所得税。这几个税种提供的收入占其预算收入的2/3以上。

1995年匈牙利税收收入占其财政收入总额的比重为74%。开征的税种主要有公司税、增值税、消费税、关税、土地税、商业税、娱乐税、生猪屠宰税、建筑税、地皮税、地方自治税、旅游税等。

从总的情况来看，这些国家的税收目前和其他国家相近，税收体系中包括商品课税、所得课税、财产课税和行为课税等四大税类。其中，也是以商品课税和所得课税为主。缘于此，在下面的分析中将这些国家放在发展中国家中一并介绍。

第二节 各国税制结构比较

一、两种类型的税制结构

税制结构指的是一国税收制度的构成，主要研究不同税种在税收体系中的地位和作用。在各国所开征的诸多税种中，往往有一个或几个税种，成为政府的主要收入来源。我们把这个或这几个税种称为主体税种。主体税种不同，所形成的税制结构也有所不同。

在分析各国税制结构时，国际上常用的一种方法是按照税负能否转嫁分类。按此标准分类，可将各国开征的税种划分为直接税和间接税两大类。直接税主要包括所得税、财产税等税种；间接税主要由各种商品课税构成，如增值税、消费税、关税等。

不同国家在主体税种的选择上有所不同，有些国家是以所得税等直接税为主，有些国家则是以商品课税等间接税为主。由此形成直接税为主体的税制结构和以间接税为主体的两种税制结构。通过对各国税制体系中直接税与间接税所占比例的比较，我们可以得到不同国家多方面的信息。其一，可以观察到不同国家的经济发展水平。因为一个国家的经济发展水平直接决定着其在税制结构上的选择。其二，可以考察到该国政府在公平与效率上所作出的不同选择。一般而言，以所得税等直接税为主的税制结构，其公平性较强，而以间接税为主的税制结构，则更侧重于效率。因此，在后面对各国税制结构的比较中，我们主要侧重于从直接税、间接税分类方法的角度来进行比较分析。

（一）以直接税为主的税制结构

1. 概况

实行以直接税为主的税制结构的国家主要有美国、日本、英国、法国等发达国家，少数发展中国家也采用以直接税为主的税制结构。

在发达国家的税制结构中，所得税及社会保险税等直接税税种所占的地位十分重要，是其税制体系中的主体税种。这一点可以从下述有关统计资料中得到证实。

美国：2006 年联邦政府的财政收入总额中，所得税、利得税和资本收益税所占比重为 57%，社会捐赠收入（主要由社会保障税构成）所占比重为 36%，二者合计占财政收入总额的 93%。①

日本：1995 年，直接税收入占中央政府税收收入总额的比重为 67.2%（2006 年的统计数据缺失）。

英国：2006 年中央政府财政收入总额中，所得税、利得税和资本收益税占财政收入总额的 39%，社会捐赠收入（主要由社会保障费构成）所占比重为 21%，二者合计为 60%。②

除上述国家外，加拿大、西班牙、比利时、荷兰、澳大利亚等国也以直接税为主。加拿大：2006 年，所得税、利得税和资本收益税收入占中央政府财政收入总额的比重为 55%，包括社会保险税在内的社会捐赠收入占财政收入总额的比重为 22%，二者合计所占比重为 77%③；西班牙：2006 年的上述两项收入合计占财政收入总额的比重为 72%，澳大利亚：2006 年仅所得税、利得税和资本收益税的收入占其中央政府经常性收入的比重就达到 65%。④

少数发展中国家，如印度、特立尼达和多巴哥、马来西亚等国，其税制结构也是以直接税为主。印度 2006 年所得税、利得税和资本收益税占中央政府财政收入总额的比重为 39%⑤，特立尼达和多巴哥 2006 年中央政府财政收入总额中，所得税、利得税和资本收益税所占比重为 52%⑥；马来西亚 2006 年中央政府财政收入总额中，所得税、利得税和资本收益税所占比重为 47%。

2. 历史发展过程

以直接税为主的税制结构是在第一次世界大战到第二次世界大战之间伴随着现代税收制度的诞生而形成的。

第一次世界大战之前，发达国家的税制结构基本上是以消费税、关税等间接税税种为主的。当时开征所得税的国家只有英国、意大利和德国（德国当时将其作为地方税），其他国家的直接税类中只有财产税、遗产税等税种。财产税在历史上曾经是各国的主要财源，但到 19 世纪时，它在各国财政收入中所占的比重已经很小，各国税收收入主要来源于

---

① 世界银行本书编写组：《2008 年世界发展报告》，中国财政经济出版社 2008 年版，第 244 页。
② 同上。
③ 同上书，第 242 页。
④ 同上书，第 243 页。
⑤ 同上书，第 244 页。
⑥ 同上。

消费税和关税。例如,美国1902年联邦政府税收收入中的95%来源于营业税、货物税及关税等间接税税种,直到1913年,这一比重仍高达92.4%。

即使已设立所得税税种的国家,在第一次世界大战前,税收收入的大部分仍来自间接税税种,所得税提供的收入很有限。例如,英国直到1911年,所得税收入占税收总收入的比重仍只有22%。

第一次世界大战开始后,各发达国家,尤其是参战国的税制结构发生了实质性的变化。出于大量军费开支的需要,各国争相开设新税种,以扩大财源。在这一时期,未开征所得税的国家先后引进了该税种,如美国是在大战来临前的1913年开征所得税,法国是在1914年开征该税。已开征所得税的国家则对其征收制度作了多方面的改革。例如,德国于战争结束后的1920年将所得税从原来的地方性税种改为中央税,英国则将其原来的分类所得税税制改为以综合所得税税制为主、分类所得税税制为辅的新的征收制度。改革使一些原来未纳入征税范围的所得项目,如资本转移收入、利息收入等临时性或一次性收入也被列入征税范围,使所得税的税基大大拓宽,所得税收入在税收总额中的比重直线上升,很快在一些国家取得主体税种的地位。到1922年,所得税在税收总额中的比重,美国为65.3%、英国为45.1%、德国为25.7%、法国为21.6%、日本为20.7%。

经过两次世界大战期间的不断发展和完善,所得税在发达国家税制结构中的地位日益提高,到1948年,所得税占税收总额的比重提高到足以使其成为主体税种的地步。其增长情况如下:美国增至76.9%、英国增至47.6%、法国增至30.7%,日本这一比重增长得最快,从1922年的20.7%增至50.9%,增长了将近一倍半。此后直至现今,所得税一直在多数发达国家的税制结构中占据着主体地位。

此外,20世纪20年代末30年代初爆发的世界性经济危机使各发达国家社会经济受到严重破坏,生产过剩,失业率上升。为了挽救经济、缓和社会矛盾,各发达国家实行了福利经济政策,逐渐建立起一套社会保障制度。为了筹集社会保障资金,各国相继开征了社会保险税。该税对雇工和雇主同时征收,向工人征收的部分,其课税对象是工人的工资收入,向雇主征收的部分来源于企业利润。因此,从税收来源看,社会保险税也属于直接税税种。社会保险税的开征,使发达国家税制结构中直接税的地位和作用进一步加强。从此形成了这些国家以直接税为主的税制结构。这里值得指出的是,发达国家专心致力于直接税建设的同时,并未放弃间接税的改革和完善。一些国家在间接税税种的设置及改革上下了很大工夫,其中最为突出的是法国和联邦德国。这两个国家在建设所得税、社会保险税的同时,对旧的间接税税种作了大量的改革。第一次世界大战期间,法国和当时的德意志帝国在改革传统的消费税基础上创立了营业税。此后,这个税种在法国和德国的税制结构中占据了重要的位置。以法国为例,1948年,营业税收入在其税收总额中所占的比重已达到46.1%,而当年所得税收入所占比重只有30.7%。特别是在1954年,法国又进一步将营业税改为增值税,之后间接税在法国的税制结构中取得了主体税种的地位。到1974年,增值税收入占总税收的比重为48.6%,而所得税的比重仅为33%。只是由于社会保险税收入在税收总额中所占的比重较大,才使该国形成以直接税为主的税制结构。到1986年,法国中央政府经常收入总额中,所得税、利得税和资本收益税收入所占比重只有17.5%,包括增值税在内的国内货物和劳务税、国际贸易和交易税收入所占比重为

30%，社会保险税的收入占43.8%；联邦德国的上述比例分别为17.5%、21.5%、53.5%。由此可见，如果剔除社会保险税，法国和德国的税制结构是以间接税为主的。

3. 现状与发展趋势

从20世纪六七十年代开始，发达国家的直接税税制结构发生了许多变化。这一方面体现在直接税内部不同税种在税制结构中地位的改变上，另一方面体现在直接税与间接税之间关系的变化上。

这一时期，直接税内部各税种，如个人所得税、公司所得税、社会保险税等税种在税制结构中的地位和作用发生了一些变化。

其变化之一是，社会保险税收入的增长速度超过所得税收入的增长速度。社会保险税的设立比所得税设立的时间晚，第二次世界大战结束后的二十多年间，社会保险税的收入一直很低，在各发达国家税收收入中所占的比重一般保持在10%以下。但从70年代初开始，为了缓和日益尖锐的劳资矛盾，同时也为了减轻私人企业的社会负担、促进私人经济的发展，各发达国家不断扩大社会保障的项目和范围，同时大大提高了社会保险税的税率。从此，社会保险税的收入急剧增加，增长幅度远远超过所得税，在税收总额中所占比重不断提高。尤其是80年代以来，社会保险税在许多发达国家已有取代所得税而成为主体税种的趋势，在少数国家则已实现了这一点。据统计，1955年，社会保险税和所得税在美国税收总额中的比重分别为11%和53.4%，1985年，这两个比重变为32.5%和53.4%。也就是说，所得税在这30年中基本没有什么变化，而社会保险税的比重却翻了两番。其他国家的情况和美国类似。其中，法国和联邦德国的这种变化表现得尤为突出，社会保险税已成为其主体税种。2006年，法国的所得税、利得税和资本收益收入占中央政府财政收入总额的比重为20%，而社会保障缴费所占比重则为42%；2006年，德国前者为10%，后者为57%。[①] 这种情况说明，法国和联邦德国已成为以社会保险税为主体税种的国家。除这两个国家外，西班牙、瑞士、荷兰、奥地利等国目前也是以社会保险税为主体税种的国家。2006年，该税种占中央政府经常性收入的比重分别为，西班牙46%、瑞士37%、荷兰35%、奥地利38%。[②]

发达国家直接税收入内部结构的变化与这些国家社会保障制度的发展有直接关系。这些变化说明，发达国家已开始将直接税征收重点从半个多世纪以来一直实行的对收入强制、无偿地征税向具有有偿性特征的征税形式转移。这种转移的背后反映的是发达国家政府调节社会成员收入水平差距的手段已从过去的累进型个人所得税为主转变为社会保障制度为主，其主要目的一是缓和社会矛盾，二是缓和纳税人与国家的矛盾。因社会保障税具有专款专用性质，较所得税的征收矛盾小得多，因此征税成本，即国家调节社会收入水平的成本较所得税也小得多。国家征税方式的这种变化虽然对缓和发达国家人民群众对政府及其税收制度的不满和抵触情绪具有一定的积极作用，但它也给这些国家的政府财政和社会经济带来一系列问题。

其变化之二是，所得税内部结构的变化。20世纪90年代以来，发达国家所得税的内

① 世界银行本书编写组：《2008年世界发展报告》，中国财政经济出版社2008年版，第242页。
② 同上。

部结构发生了明显的变化。公司所得税收入占税收总额的比重有较大幅度的下降,而个人所得税收入所占的比重则相对上升。如美国联邦政府1983年的预算收入中,个人所得税收入所占比重从1980年的46.9%上升到47.7%,而同期公司所得税收入比重却从12.4%降至5.9%。如果从长期的发展趋势看,这种变化更为明显。从1955年到1985年,美国个人所得税收入占总税收的比重从33.1%上升到45%,而公司所得税所占比重却从20.4%降至8.4%;从1955年到1982年,英国个人所得税收入占税收总额的比重从23.2%上升到28.4%,公司所得税则从17.55%降至9.6%;其他发达国家的情况也大致如此。

发达国家这样做的主观目的是刺激私人资本投资,不断为社会经济的发展注入活力,以推动处于停滞状态的社会经济的发展。但从客观效果看,所得税内部结构上的这种变化,对国内业已十分尖锐的生产无限扩大与有购买能力的需求不断萎缩之间的矛盾无疑是火上浇油。这种做法引起了个人所得税纳税人的强烈不满和反抗,偷漏税现象增加。无奈,许多发达国家只好通过税制改革来纠正这种错误做法,适当降低个人所得税纳税人的税负,调高公司所得税的比重。20世纪80年代中期,美、英、日等国先后掀起税制改革热潮,改革的焦点就集中在所得税内部结构的调整上。如美国,里根总统在其任期内曾提出一个税改方案。在这个方案中,降低了个人所得税的最高税率(但同时调高了最低税率),取消了公司在所得税方面享有的多种税收优惠待遇,扩大了公司所得税的税基。通过这些改革措施,个人所得税的总体负担有所减轻,企业的税收负担略有加重。据统计,1995年,美国联邦政府个人所得税收入占其税收收入总额的比重从1985年的45%降到了43.6%,公司所得税则从1985年的8.4%升至11.6%。

其变化之三是,直接税与间接税的关系发生改变。其趋势是间接税在税制结构中的地位和作用有所加强,而直接税的地位和作用则相对下降。这种变化始于50年代。1954年,法国对间接税中的主要税种——营业税——进行改革,改变了过去那种台阶式、多阶段、对收入总额课税的方法,改按增值额课税的新方法,并将这种税命名为增值税。该税种的创立,消除了销售税、营业税等间接税存在的重复征税、税负不公的弊端,消除了传统流转税对社会经济发展和社会分工及生产专业化发展的不良影响,加强了间接税在税制结构中的地位。

鉴于增值税具有的多种优点,欧洲经济共同体各国率先响应法国对间接税税种的改革,于六七十年代先后设立了增值税税种。随后,一些与共同体国家经济贸易关系密切的发达国家也开征了增值税税种。在其后的二三十年中,增值税税收收入逐渐增长,在发达国家的税制结构中占有重要地位,发挥着十分重要的作用。据统计,70年代,增值税在欧洲各发达国家税收总额中所占的比重分别是:比利时32%;荷兰27%;联邦德国23%;爱尔兰17%;丹麦16%;英国9%;法国最高,为42%,1996年,法国增值税收入占税收总额的比重进一步提高到53.6%,其他国家的这一比重也有不同程度的提高。

从目前情况来看,多数发达国家增值税收入在税收总额中所占的比重还不及所得税高,但从长远的发展趋势来看,由于增值税具有对经济结构调整保持中性、公平性、税基广、收入稳定等诸多优点,它的创立及其在发达国家税制结构中地位和作用的不断加强,无疑是对这些国家以直接税为主的税制结构的一个有力的挑战。它的普及和完善很可能使西方国家逐渐放弃以直接税为主的税制结构,转而采取直接税、间接税并重的双轨税制结构。

(二) 以间接税为主的税制结构

1. 概况

广大发展中国家(包括原东欧国家和俄罗斯、哈撒克斯坦等国在内)的税制结构基本上以间接税收入为主。这一比重较高的国家是多米尼加,2006 年商品和劳务税与国际贸易税合计占中央政府财政收入总额的比重为 68%,阿尔及利亚该比重为 67%,柬埔寨为 62%,斯里兰卡为 66%①。

2. 历史发展过程

许多发展中国家在沦为发达国家的殖民地以前,社会发展程度很低,还处在封建社会阶段,有些国家甚至还处在原始社会时期。例如拉丁美洲各国,在 15 世纪欧洲殖民主义者入侵之前,就生活在原始公社时期。在这些国家,财产归公社所有,个人只有一些简单的劳动工具,劳动产品在公社成员之间平均分配。当时,这些国家的财政、税收等范畴还没有产生。即使在那些封建生产方式比较发达的国家,当时的税制结构也很简单,以直接税为主。而这种直接税与现代的所得税等直接税的内涵根本不同,是一种简单的、原始的直接税,主要包括人头税、房屋税、土地税等税种,其中,人头税占有很重要的地位。

在殖民主义统治时期,各殖民地国家的税制结构发生了重大的变化。殖民统治者一方面继续利用当地原有的税收制度来掠夺、剥削殖民地国家,使一些落后的税种,如人头税等继续保留下来;另一方面,又把本土的一些税种引入殖民地国家,如消费税、关税等。随着封闭的自然经济的解体,商品经济、国际贸易的不断发展,关税、消费税等间接税税种逐渐在这些国家的税制结构中占据了一定的地位。

以间接税为主的税制结构的真正建立,是在这些国家独立之后。各发展中国家建国之后,对殖民时期遗留下来的税收制度进行了清理,废除了人头税。房屋税、土地税虽然没有完全废除,但其在税制结构中的地位却大大下降。适应商品生产和国内、国际贸易发展的需要,对生产、销售环节征收的税种及对进出口贸易环节征收的税种得到了长足的发展,在这些国家的税制结构中占据了重要地位。特别是对进出口贸易征收的关税,出于保护本国民族工业发展的考虑,更是受到绝大多数发展中国家的重视,成为许多发展中国家的主体税种。经过建国后一段时期的税制建设,广大发展中国家逐渐形成了以销售税、营业税、关税等间接税税种为主的税制结构。

值得提及的是,发展中国家以间接税为主的税制结构在进入 21 世纪后,发生了较大的变化。向世界银行报送统计资料的发展中国家中,间接税收入占中央政府财政收入总额的比重超过 50% 的国家有了较大幅度的下降,只有二十多个国家了。

3. 税制结构的特点

广大发展中国家在税制结构上具有以下几个共同的特点:其一,发展中国家的税制结构受发达国家税制结构的影响较深。历史上,许多发展中国家曾长期处于发达国家的殖

① 世界银行本书编写组:《2008 年世界发展报告》,中国财政经济出版社 2008 年版,第 242—244 页。

民统治下，独立后，仍然与其旧的宗主国保持着密切的政治、经济联系，并与其他发达国家建立了多方面的往来关系。因此，在发展中国家税收制度的建立过程中，不可避免地受到发达国家税收制度的影响。另外，许多发达国家也积极参与发展中国家的税制建设工作，为其出谋划策，在这个过程中，不免以自身的税制结构为设计蓝图，向发展中国家推荐。由于这样的双重原因，许多发展中国家借鉴、吸收了发达国家税制建设的经验，有些国家则干脆直接模仿发达国家的税收制度。例如，印度、缅甸、斯里兰卡等国的税收体系在一定程度上就是模仿英国的税收体系建立的。这种模仿和借鉴，对发展中国家来说，既有其有利的一面，又有其不利的一面。有利之处在于，它使发展中国家从一开始就建立起一个税种比较齐全、体系比较完整、结构也甚是严密的税收体制，避免了重复发达国家所走过的从简单的直接税税制结构到间接税税制结构，再到现代直接税税制结构的一步步探索、发展的漫长过程。多税种、多层次的税制体系的建立，为其在发展中国家社会经济发展过程中发挥强有力的调节作用奠定了基础。不利之处在于，模仿西方发达国家建立起来的税收体系与发展中国家的社会经济发展水平及经济结构的适应程度较低，本来十分现代化的税收制度难以充分发挥其预期的作用。这表现在，一方面，国家难以从各税种中获取充足的收入，例如，所得税给发展中国家提供的税收收入就很少（而在发达国家，所得税则是最主要的财政收入来源）；另一方面，税收制度难以充分发挥调节经济的作用，尤其是所得税本身具有的有效调节社会成员收入水平的作用更是难以充分发挥。许多发展中国家都引进了所得税，并采用了发达国家普遍采用的累进税制，而且，很多发展中国家的累进率也很高，有些国家甚至比发达国家的累进率还高，如巴西的个人综合所得税税率，最低为3%，最高则为50%。不过，尽管税率的累进幅度很大，但社会各阶层之间的收入差距并未得到有效的调节，贫富差距仍然十分悬殊，而且这种差距还有日益加剧的趋势。据统计，1960年，巴西占人口总数10%的富有家庭的收入占全国家庭收入总额的比重为49.5%，而50%的贫困家庭的收入占全国家庭收入总额的10.6%，贫富之间已表现出明显的差距。到了1976年，这种差距不仅没有缩小，反而进一步扩大，前者增至54%，后者降至9.7%。有调查资料证明，国家越穷，社会成员之间的贫富差距越大。发展中国家不仅居民之间的贫富差距悬殊，而且企业之间的资产差距也越来越大，财富向少数大垄断财团集中的倾向十分明显。据统计，20世纪70年代后期，韩国二十多个最大的资本集团占私营企业总户数的4%，所占有的资产却为私营企业总资产的73%。这说明，无论是个人所得税还是公司所得税，在发展中国家均未能充分发挥其本身所具有的调节功能。

许多发展中国家在长期的经济建设过程中，已逐步认识到其税收制度与本国国情相脱节的弊端，曾多次对本国的税制结构进行调整改革，力图使其与本国经济建设的客观需要相吻合，服务于本国社会经济的发展。

其二，税制结构不稳定。受长期殖民统治下形成的单一、畸形经济结构的影响，发展中国家的税收收入对某一经济部门或少数经济部门的依赖性很强，主要经济部门生产经营情况的变化对税收收入的影响很大。另外，由于发展中国家对国际市场的依赖性也很强，所以政府税收收入受国际市场价格变化的影响也很大。由于这两方面的原因，许多发展中国家的税制结构缺乏稳定性，时常发生较大的起伏变化，来自不同税种的收入占税收总额的比重变化频繁，而且其变化往往很不规则，变动幅度也很大。这一点在六七十年代表现得十分明显。以发展中国家主要的税收收入来源——间接税为例,其占预算收入总额的比重就很不稳定。譬如巴西,间接税收入占财政收入总额的比重1971—1975年平均为62.8%,1980年下降到46.9%,1983年时又进一步下降至28.6%,不到十年的时间内间接税收入下降了34.2个百分点;又如墨西哥政府,其间接税收入1971—1975年占财政收入总额的比重平均为52.7%,1980年增长至58.5%,1983年又猛增为70.1%。相比之下,这两个国家税制结构的变化虽然很大,但还是比较规则的,呈单向变动。还有些发展中国家税制结构的变化呈无规则变动,忽升忽降,升降无常,难以预料。例如智利政府,1971—1975年,其间接税收入占财政收入的比重平均为66.2%,1980年该比重上升为69.1%,2006年进一步降至36%[①];阿根廷1971—1975年这一比重平均为69.7%,1980年增长到72.2%,2006年又降至45%;哥伦比亚这一比重的变动幅度更大,1971—1975年平均为50%,1980年上升到68%,上升了18个百分点,2006年又降为32%。[②] 这种大起大落的变化在发达国家的税制结构中是很少发生的。

税制结构上的这种不稳定现象,一方面说明发展中国家的税收制度还处在初创时期,尚待完善;另一方面也说明其税制结构与发展中国家的经济结构的适应程度较低,亟须根据本国的客观经济条件和经济结构的客观需要,加以修改、调整。从20世纪90年代的情况看,经过长期的调整,发展中国家税制结构与经济结构的适应程度已大大提高,间接税收入在收入总额中所占的比重已渐趋稳定。这一点可从世界银行发表的有关资料中得到证实。世界银行《1997年世界发展报告》中,低收入国家、下中等收入国家和上中等收入国家中,有统计数字的国家共有74个,这些国家的国内货物和劳务税、国际贸易税收入占中央政府经常性收入总额的比重1991—1995年的平均数与1981—1990年的平均数相比较,变化幅度不大。大多数国家的变动幅度都在10个百分点以内,超过10个百分点的国家只有8个。显示出发展中国家的税制结构已渐趋稳定。

其三,完整的直接税体系的建立。受发达国家影响,广大发展中国家在建国之初建立起一套较为完整的直接税体系,并相应地建立起一套较为完整的征收制度。其直接税体系内包括所得税、社会保险税、财产税、遗产税及赠与税等税种。尤其是所得税,已在发展中国家得到普及,征收制度也日趋完善。就目前情况看,由于广大发展中国家的经济发展水平较低,人均国民收入较少,因此,所得税为国家财政提供的收入仍有限,占税收总额的比重一般约为1/5或1/4,所得税对经济及收入水平的调节作用也未得到充分发挥。

但是从长远的、发展的观点来看,所得税征收制度的建立与不断完善是发展中国家的一个潜在的优势。它为发展中国家税制结构的合理化、现代化创造了有利条件。随着社会经济的发展、国民收入水平的逐步提高,所得税将会成为发展中国家的可靠税源,对经济和收入水平的调节作用也将日益凸显。一旦将来经济条件具备之后,发展中国家的税制结构就可以较快地从以间接税为主过渡到以直接税为主。

---

① 世界银行本书编写组:《2008年世界发展报告》,中国财政经济出版社2008年版,第242页。

② 同上。

二、税制结构与经济结构——两种税制结构的比较

(一) 税制结构比较的意义

上面介绍了发达国家以直接税为主的税制结构和发展中国家以间接税为主的税制结构的基本情况。下面将进一步对这两种税制结构作多方面的评价和比较。比较的主要目的是为我国税制结构的建设提供借鉴经验。

我国过去在长期的计划经济体制下,财政收入一直以国有企业利润上缴为主,税收的作用长期未得到应有的重视。经济体制改革以来,我们经历了重新构建税收制度的长期过程。在这个过程中,政府及财政学界就我国税制结构问题进行了多方探索。究竟我国适宜选择什么样的税制结构?要回答这个问题,就必须深入研究和比较目前世界各国普遍采用的两种税制结构。应在分析两种税制结构各自的长处与短处以及它们所适用的经济结构的基础上,结合我国的具体条件,作出适当的抉择。

(二) 比较标准的确定

对两种不同税制结构的比较和评价,重要的是确定一个客观的、统一的标准。我们认为,评判两种税制结构孰优孰劣的主要标准应是:税制结构与其经济结构是否相适应,即应从两种税制结构与各自的经济结构的关系入手来评价和比较其优劣。这是因为,一个国家税制结构的形成及其变化不是偶然的,也不是由政府的主观意志所决定的。除受本国社会、历史、文化条件的影响外,一国税制结构的形成和变化在很大程度上受本国社会经济结构的制约。这可以从世界各国税制结构发展的历史过程得到有力证明。

从世界范围看,税制结构演变的历史过程,经历了从以简单的直接税为主的税制结构到以间接税为主的税制结构,再从间接税税制结构过渡到新的与传统直接税内涵完全不同的、具有现代意义的以直接税为主的税制结构的漫长的进化过程。而税制结构的这个发展过程与世界各国社会经济结构从自然经济到简单的商品经济,再到现代化的商品货币经济的历史发展过程是基本吻合的,是由经济结构的发展变化所引起的。

在以自然经济为主的奴隶制社会时期和封建制社会前半期,大多数国家的经济结构是一种以生产资料私有制为基础的、封闭的、自给自足的经济结构。在这种经济结构中,社会分工和商品交换还很不发达,社会成员生活必需品的自给程度很高,商品生产和商品交换的范围狭小,人们只是将自给有余的少部分产品拿到市场上去交换,商品交换的方式则以物物交换为主。在这种历史条件下,不存在工资、利润等范畴,也不可能有销售额、营业额等概念。因此,根本不可能实行以对商品流转额征税为主的间接税税制结构,更不可能采用以人们的收入为课税对象的直接税税制结构。与这种经济结构相适应的只能是以人本身及人的私有财产为课税对象的税制结构,也就是我们所称的简单的直接税税制结构。在这段历史时期,国家财政收入主要来源于向人口及土地、房屋等不动产课征的税种。从史料记载中可知,当时各国设置的税种主要有人头税(或称丁税)、地税(或称田赋)、房屋税等各种形式的直接税税种。这种简单的以直接税为主的税制结构的形成正是由当时的自给自足的自然经济结构所决定的。

封建社会后期,商品经济在各国迅速发展起来,产生了专以交换为目的的商品生产,

传统的物物交换也逐渐转化成商品与货币之间的交换。随着货币的产生和普及，商品销售额、营业额等范畴逐渐产生，与此相适应，针对商品销售额、营业额课征的新税种产生了。

在这段历史时期，许多国家的经济结构具有双重性，即自给自足的自然经济与简单商品经济并存。与这种双重性的经济结构相适应，各国的税制结构也呈现出双重性，即直接税与间接税并重的税制结构。如资本主义经济发展最早的英国，在资产阶级革命胜利后的1688—1755年间，税制结构发生了很大变化，原来占重要位置的直接税收入渐减，而间接税收入却不断增加。在这段时期内，英国的捐税总额从181万英镑增长为668万英镑，增长了3.69倍，其中，消费税由原来的62万英镑增至350万英镑，增长了5.65倍，间接税收入占税收总额的比重从34.3%上升到52.5%。这意味着英国基本上形成了间接税与直接税并重的税制结构。当然，这种过渡性质的税制结构，并不是在每个国家都表现得如此明显和典型，但不可否认，各国都曾经历过这种过渡，并且在过渡时期，税制结构是随着经济结构的变化而变化的，是与经济结构相适应的。

资本主义生产方式在发达国家确立之后，由于经济结构中商品、货币经济占据了统治地位，各国的税制结构也随之发展到以间接税为主的结构。在生产专业化分工程度较低的资本主义经济前半期，以间接税为主的税制结构与经济结构的适应性很强，因此它对资本主义经济的发展起了很强的促进作用。

当社会经济进一步朝着社会化、专业化的方向发展时，以间接税为主的税制结构越来越不能适应经济结构和社会形势的发展。这主要表现在，间接税各税种所具有的台阶式层层课征的特点，不仅造成处于不同生产、销售环节的纳税者税收负担不均，而且促使企业向全能化方向发展，这恰恰是与资本主义商品经济的发展趋势背道而驰的。另外，随着生产资料私人占有制和市场竞争的发展，发达国家社会各阶层之间的收入差距不断拉大，国家亟须建立一种有效调节社会成员收入差距的机制和手段。由此，所得税这个具有现代意义的直接税税种应运而生，并逐渐在各国税制结构中占据了重要地位。出于上述两方面的原因，发达国家以间接税为主的税制结构逐渐被以直接税为主的税制结构取代。

纵观世界各国税制结构的历史演化过程，可以清晰地看到，一个国家的税制结构是其经济结构的产物，经济结构决定税制结构，而税制结构又反过来为一定的经济结构服务。

因此，我们在比较、评价两种税制结构的优劣时，就不能脱离经济结构而孤立地考察税制结构，而必须将一定的税制结构与其相依托的经济结构联系起来分析，将税制结构与经济结构是否相适应作为评判税制结构优劣的主要标准。

（三）税制结构的比较

孤立地从理论上讲，以直接税为主的税制结构与以间接税为主的税制结构各有其自身的优缺点，甚至有些优点还是二者共有的。二者共有的优点主要有以下几点：其一是税基广。无论是直接税税种还是间接税税种，税基都十分广泛。如直接税中的所得税，是对一切收益课征，无论是经济组织还是个人，只要有收益，就须纳税，税收来源十分普遍。而各种间接税税种是对一切商品、劳务的生产、销售活动课征，只要进行商品、劳务的生产、销售活动，相应地就会发生纳税行为，因此其税基也非常广泛。其二是税源稳定。无论是商品、劳务的生产、销售活动，还是收益的获取，都是商品经济社会中经常发生和普遍存在的经济行为。因此,针对这些经常性行为课征的各种税,包括直接税和间接税,其收入来源都是比较稳定的。

除具有上述共有的优点外,两种税制结构还有其各自不同的优点。以间接税为主的税制结构的优点主要体现在以下几方面:其一是隐蔽性较强,易于征收。由于各种间接税的税收负担可以隐蔽在商品价格中通过商品的销售转嫁给他人,直接纳税人通常并不承担税负,而税负承担者也难以察觉自身所承担的税负的轻重,从而使间接税税种具有很强的隐蔽性。这一点十分有利于消除纳税人及税负最终承担者的不满和抵触情绪,使征税变得较为容易。其二是征收及时。间接税各税种多在商品流转环节征收,只要一发生商品销售行为,随之就发生纳税行为,因此税收收入的获得比较及时。其三是具有较强的收入功能。由于间接税的征收制度较为简便,税收征收矛盾较小,因此其税收征收成本较小,符合以最小成本获取最大收益的税收效率原则,是政府筹集收入的有效手段。

以直接税为主的税制结构的优点则在于:其一,税收弹性大。直接税中的所得税以各种收入为课税对象,税收收入额随国民收入的变化而变化,而且,因所得税税率通常采用累进税制,所以,在国民收入增长时,税收收入的增长幅度要大于国民收入的增长幅度(当然,国民收入减少时,税收收入的减少幅度同样大于国民收入的减少幅度)。所得税税收弹性大的特点对财政收入的增长有很积极的作用。其二,税收负担公平。由于采用累进税率,在所得税的征收上,同一收入水平的不同纳税人的税收负担相同,不同收入水平的纳税者的税收负担不同,这与各国政府所追求的税负公平原则相吻合,使其成为各国政府调节社会成员收入水平的重要手段。

上面列举了间接税税制结构与直接税税制结构的相同以及不同的优点所在。但应该指出的是,这些优点只是从理论上讲的,在实践中,在不同的社会经济结构和不同的政策及管理水平下,这些优点的发挥程度会有很大的差别。有时,由于客观经济条件的制约,优点甚至会转化为缺点。以所得税的"税基广"这一优点为例,在发达国家,由于国民生产总值及人均国民生产总值水平较高,社会成员的工资收入及其他收入一般不仅可以维持基本生活需要,还有较多剩余,因此,绝大多数居民都是个人所得税的纳税人。此外,由于发达国家的劳动生产率水平高,社会产品的商品率也相当高。因此,社会各经济单位,无论是属于工业部门还是属于农业部门,都是公司所得税的纳税人。由于上述两方面的原因,所得税税基广的优点在发达国家表现得十分显著。但在发展中国家,所得税的税基却十分狭窄,失去了税基广的优点。所得税税基在发展中国家变窄的原因主要有以下几方面:

其一,收入水平低。绝大多数发展中国家的国民生产总值的水平偏低,人均国民生产总值、人均国民收入水平则更低。据世界银行《1997 年世界发展报告》公布的统计数字,1995 年,低收入国家的人均国民生产总值平均为 430 美元,中等收入国家为 2 390 美元,而高收入国家则为 24 930 美元,高收入国家人均国民生产总值约为低收入国家的 58 倍。进入 21 世纪后,发达国家与发展中国家收入水平的差距仍未缩小。据统计,2008 年,低收入国家人均国民收入平均为 524 美元,高收入国家则为 39 345 美元,高收入国家的人均国民收入与低收入国家人均国民收入的差距达 75.1 倍。[1] 由于收入水平低，发展中国家的大多数居民所获收入除维持基本生活需要外，所剩有限，纳税能力较弱。

其二，发展中国家经济结构的层次较低。从总体来看，发展中国家的经济结构有两大特点：

第一，农业在国民经济中占有重要地位，而农业生产的商品化程度又较低。建国初期，绝大多数发展中国家处于农业经济时期。建国数十年来，广大发展中国家致力于发展工业经济，力求改变原来的以农业为主的经济结构。这种努力也确实取得了可观的成就，许多国家的经济结构发生了很大变化，已建立起一个包括工业、商业、交通运输业、旅游服务业等门类齐全的国民经济体系。但从总的情况来看，发展中国家的经济结构中，农业仍然占有重要的地位，农业产值占国民生产总值的比重仍较发达国家高许多。据统计，2008 年，农业增加值占国内生产总值的比重，低收入国家为 25%，中等收入国家为 10%，高收入国家为 1%。[2] 仅从上述统计数据中就可以清楚地看到，发展中国家农业部门在国民经济中的地位仍然十分重要。如果再考虑到发展中国家农业生产自给自足性强、农产品商品化程度低、难以准确估计其产值等因素，则农业增加值占国内生产总值的比重实际上还会比上述统计数字高一些。

在这种农业占很大比重的经济结构中，由于缺乏现代工业的支持，广大发展中国家农业生产的机械化、现代化程度很低。与这种生产力水平相适应，发展中国家农业部门有以下三个特点：一是农业生产单位小。在许多发展中国家，农业生产以家庭为基本生产单位，一个家庭就是一个生产单位。二是农产品的自给自足程度较高。一个家庭生产的农产品很大一部分用于其自身的消费，农产品的商品化程度较低。三是农业人口占总人口的比重较高。由于劳动生产率水平低，发展中国家劳动力的很大一部分被束缚在农业生产部门。有数据表明，2004 年，发达国家农业人口占人口总数的比重为 6%，而发展中国家该比重高达 49%。[3]

由于发展中国家农业生产以家庭为单位，农产品的商品化程度又很低，因此，要想准确地计算农业生产单位及个人的实际收益，其难度相当大。在这种情况下，无论是对农业生产单位征收企业所得税，还是对农业生产者个人征收个人所得税，均非易事。占总人口比重相当大的农业人口在发展中国家所得税税基中所占的份额很小，无疑使发展中国家所得税的税基更为狭小。

第二，工业部门机械化、现代化水平偏低。在发展中国家工业部门内部，生产的机械化、现代化程度也远比发达国家低。在这些国家的工业结构中，个体手工业者、小手工作坊、工场手工业仍占有较大比重。受其限制，工业部门的经营管理水平也比较低，管理手段也较为落后。账册簿记等现代化大生产必不可少的管理手段，在许多发展中国家工业部门还没有得到充分运用。许多企业的账册簿记不全，有些个体手工业者、小作坊则干脆没有什么账册簿记可言，企业与企业之间的账册簿记往往缺乏统一性和规范性。工业企

---

① 世界银行：《2010 年世界发展报告——发展与气候变化》，清华大学出版社 2010 年版，第 369 页。
② 同上书，第 375 页。
③ 《中国与世界农业状况的比较》，中农网，2006 年 6 月 8 日。

业管理的这种状况，给发展中国家的税收稽征及税务管理带来很大困难。在许多发展中国家，个体手工业者、小作坊及小企业偷税漏税现象司空见惯，大中型企业偷漏税现象也时有所闻。尤其是所得税，由于其所具有的不易转嫁的特点，直接影响到纳税人的物质利益，因此，偷税漏税现象更是比比皆是。这无疑会使原本就已十分狭窄的所得税税基进一步缩小。

上述事实表明，由于发展中国家国民生产总值水平低、社会经济结构和管理水平的层次不高等原因，所得税在发达国家所显示出的税基广、税源充足等优点在发展中国家不仅难以体现出来，甚而转化成税基狭窄的缺点。事实上，不仅上述优点在发展中国家难以体现，所得税具有的其他一些优点在发展中国家的税收实践中也打了许多折扣，例如所得税税收弹性大的优点，在发展中国家体现得就很不充分。

从所得税在发达国家与发展中国家的不同际遇中，我们不难得出一个结论：一个国家，其税种的设置及税制结构的选择，必须从本国经济结构的客观条件及要求出发，所选择的税制结构应尽量与本国现行的经济结构相适应。只有当二者适应时，各税种及整个税制结构的优势才能充分发挥出来，才能促进本国社会经济的发展。因此，在比较、评价以直接税为主和以间接税为主的两种税制结构乃至从中选择适合本国的税制结构时，不能笼统地下结论，而应该把税制结构与经济结构的情况联系起来考虑，经过充分的比较、研究，才能真正掌握两种税制结构各自的优势所在，从中选出真正适合本国国情的税制结构。

第三节 税制结构的发展趋势

从目前各国税制结构发展变化的种种迹象观察，可以看出，在世界范围内，税制结构长远的发展趋势是从单纯的直接税税制结构或单纯的间接税税制结构向直接税、间接税并重的混合税制结构发展。这种发展趋势表现在以下几个方面：

一、增值税在国际范围内的普及

增值税的创立，可以说是世界税收制度历史发展进程中的一件大事。它的产生，在很大程度上消除了间接税税种对社会经济发展的消极影响，大大增强了间接税在税制结构中的地位和作用。该税种在国际上的普及速度相当迅速，据不完全统计，目前世界上开征增值税的国家已将近二百个。增值税已成为许多国家税收体系中的重要税种。

进入垄断资本主义阶段后，发达国家先后抛弃了自由资本主义时期所采用的以间接税为主的税制结构，转而采用以直接税为主的税制结构。之所以会发生这种变化，除了增加政府财政收入等原因外，一个很重要的原因是由于间接税的征收制度不合理，不利于社会经济朝着生产专业化分工的方向发展。传统的间接税税种，如消费税、销售税及营业税等，在征收制度上有两个基本特点，其一是在生产、销售各个环节层层课税，其二是以企业或其他经济单位的全部销售收入或营业收入为课税对象。这种台阶式重复课税的征收制度弊病很多。其弊病之一是造成同一产品税收负担不均。对每一个生产销售环节都征一道税的做法，使得由生产专业化分工程度不同的厂家生产出来的同一种产品的税收负担有轻有重,越是生产专业化分工程度高的企业,其生产出来的产品税收负担越重;越是专业化分工程度低的企业,生产出来的产品的税收负担越轻。其结果是促使企业合并生产环节,向全能化方向发展。而这种发展方向与社会化大生产的发展方向是背道而驰的。其弊病之二是造成处于生产、销售不同环节的企业税收负担失衡。由于采用对全部销售收入或营业收入课税的办法,应税收入中没有剔除前面各生产、销售环节转移过来的、已纳过税的那部分产品价值,产生了重复纳税现象。由此造成处于不同生产、销售环节的企业税收负担失衡。越是处于较前环节的企业,应税收入中包含的已纳税转移价值越少,其税收负担越轻;越是处于较后环节的企业税收负担越重。税负的失衡不利于企业间的公平竞争。正是由于间接税的上述弊端,使其逐渐失去了在发达国家税制结构中的主体地位。

间接税上述诸多缺陷主要是由不合理的征收制度造成的,并不是间接税本身固有的、不能克服的痼疾。实践证明,通过征收制度的改革,间接税的弊病是可以消除的。经过几十年的税收实践,发达国家及发展中国家对此有了新的认识。从 20 世纪 50 年代开始,一些发达国家陆续进行了间接税的多方面的改革,改革的目标集中在如何消除间接税台阶式重复课税对社会经济的消极影响上。正是在这一时期,法国在改革旧的间接税税种的基础上,于 1954 年首创增值税。该税种的特点在于,它只对纳税企业本身在生产、销售过程中所创造的价值增值部分课税,应税收入中不包括以前各生产、销售环节转移过来的已税产品价值。增值税的发明,改变了间接税原来的台阶式重复课税的征收方式,使企业与企业之间、不同企业生产的同一产品之间的税收负担趋于平衡,消除了间接税对生产专业化分工的不利影响,从而为间接税重新在各国税制结构中占据重要位置奠定了可靠的基础。由于增值税自身具有的多重优点,该税种创立不久,就在发达国家得到普及,成为其税收体系中的重要组成部分。增值税在发达国家的普及,对这些国家长期采用的以直接税为主的税制结构无疑是一个强有力的挑战,它将逐步削弱直接税在其税制结构中的地位和作用,促使发达国家的税制结构从过去的过分偏重所得税等直接税税种向直接税与间接税并重的方向发展。

随着社会生产力水平的不断提高,以及生产专业化分工程度的不断加深,间接税对发展中国家社会经济的不良影响亦逐渐引起发展中国家的重视,许多国家对本国的间接税税种进行了不同程度的改革。一方面,降低了关税的税率,缩减了关税及消费税的征税面;另一方面,从发达国家引进了增值税税种,借以改变传统的台阶式重复课税的征收制度。目前,拉丁美洲的大部分国家、非洲的许多国家及亚洲的部分国家均已先后设立了增值税税种。间接税征收制度的改革、增值税的逐渐普及,使发展中国家有可能避免重复发达国家所走过的漫长的税制建设道路,不必再重新经历从以间接税为主的税制结构到以直接税为主的税制结构,再到直接税和间接税并重的税制结构的曲折过程,而是一步到位,从以间接税为主的税制结构直接过渡到直接税、间接税并重的税制结构。

二、所得税调节作用的局限性日益显现

垄断资本主义时期,发达国家社会经济的自由发展受到严重破坏,在很大程度上需要依赖政府的干预来维持经济社会活动的正常进行,而税收是政府干预社会经济的一个重

要工具。所得税虽然是发达国家的主体税种，但它对社会经济的调节作用却有很大的局限性。它的作用主要局限于分配领域，只能通过对收入分配的调节来间接地影响投资、储蓄、消费等经济活动，而难以对社会经济进行直接干预。所得税在调节经济方面存在的局限性日益显现，受到许多发达国家的关注。为了克服其局限性，许多国家在征收所得税时，往往附加许多优惠或限制条例，如减免企业用于投资部分的利润的所得税负担，减免个人收入中用于储蓄部分的所得税负担，存款利息收入免交所得税，允许企业实行加速折旧制度，等等，试图以此来强化所得税对社会经济的调节作用。但从数十年的税收实践看，这类做法所收到的效果并不十分理想。采用上述种种措施虽然在短时间内能起到一定的刺激投资或储蓄的作用，但同时却又带来征税制度复杂化的后果。征税制度越复杂，漏洞也就越多，纳税者偷税漏税的机会亦随之大增。这样一来，正当的税收减免加上不正当的偷税漏税行为，大大缩小了所得税税基。由此既造成政府财政收入上的损失，又破坏了所得税本身的公平性原则。不仅如此，用这种方法强化所得税的调节作用，往往会给社会经济部门发出错误信息，使经济发展走上歧途，调节的结果时常与政府的初衷相悖逆。以许多发达国家惯常使用的对私营企业用于投资的所得税免征或减征所得税的办法为例，这项税收减免措施的实施往往促使企业为减免税额而不顾社会需求现状，盲目增加投资，扩大生产规模。其结果是进一步破坏了社会产品的供需平衡，加速生产过剩性经济危机的爆发。有鉴于此，20 世纪 80 年代中期以来，许多发达国家，如美、英、日等国被迫对本国的所得税征收制度进行多方面的改革。改革的内容主要有两个，其一是降低所得税边际税率，缩小所得税的累进幅度；其二是削减各种所得税附加优惠措施。以美国为例，里根政府时期，曾于 1986 年推出一项所得税改革方案。改革的目标一是缩小所得税的累进幅度，将个人所得税的累进税率从 15 级（从 11% 降到 0）减到 2 级（15%、28%）；公司所得税的最高边际税率从 46% 降到 34%。改革的另一个主要目标就是削减所得税优惠措施。在这次改革中，被削减的优惠条例达六十多项。经过这次改革，美国所得税的税基有所扩大，但同时，所得税对社会经济调节作用的力度也受到更大的限制。

所得税在调节社会经济作用上的局限性，迫使发达国家重新审视并加强间接税在税制结构中的地位和作用。这方面一个突出的例子是日本政府所进行的税制改革。在 80 年代后期开始的税制改革中，日本政府明确宣布，将加强间接税在其税制结构中的地位和作用。为此，日本政府一方面对所得税征收制度作了多方面与其他发达国家相似的改革，如降低个人所得税和法人所得税的最高税率（个人所得税最高税率由 1987 年以前的 70% 降至 50%，法人所得税最高税率由 1987 年以前的 43.5% 降至 37.5%），另一方面对间接税征收制度也进行了一些改革，新设立了具有增值税性质的消费税（1989 年）。通过这次改革，日本的税制结构发生了较大的变化，间接税在税制结构中的地位和作用均有所加强，1990 年，日本中央政府间接税收入占其税收收入总额的比重为 26.3%，1995 年该比重上升为 32.8%。该税设立之初的税率为 3%，1996 年提高到 5%。

目前，发达国家中已建成直接税、间接税并重的双主体税制结构的主要有法国、荷兰等国。法国 1996 年税收收入总额中，增值税一个税种的收入所占的比重就为 53.6%；荷兰 1995 年中央政府税收收入总额中，间接税收入占的比重为 48.3%。此外，被世界银行列入上中等收入国的匈牙利 1995 年间接税收入占其税收收入总额的比重也已达到

44.3%。

总之，由于间接税征收制度的改革、增值税税种的创立以及所得税在调节社会经济方面受到限制等因素共同作用的结果，无论是发达国家，还是发展中国家，税制结构都朝着直接税、间接税并重的方向发展，这可以说是税制结构发展的共同趋势。当然，这种直接税、间接税二者并重的新型税制结构的最终实现还需要一段较长的过渡时期。

第四节　从税制结构比较中得到的几点启示

前面，我们对发达国家与发展中国家两种不同的税制结构作了大致的介绍和比较。从两种税制结构的比较中，我们得到的启示是：税制结构的建设必须与本国的经济结构相适应。税制结构必须为经济结构的发展和完善服务。这一点，对于税制结构亟待完善的我国很有参考借鉴意义。

在长达三十多年的经济体制改革过程中，随着经济结构和发展水平的不断提高，我国的税制结构也在不断改革、发展、完善。特别是1994年进行的全面的、结构性的税制改革，更为我国市场经济的正常发展创造了极有利的条件。但从目前的情况看，我国现行的税制结构仍存在一些问题，有待进一步完善。特别是在直接税与间接税的关系、主体税种的选择和确定上，财政学界以及政府财政部门仍有许多不同意见。有人主张我国应采用发达国家普遍采用的以直接税为主的税制结构；也有人主张实行发展中国家普遍采用的以间接税为主的税制结构；亦有人认为应采用直接税、间接税并重的双主体税制结构；此外，还有人主张在我国建设一套以资源税为主的税制结构。究竟该朝什么方向建设我国的税制结构，还有待于进一步提高认识，审慎选择。而选择税制结构的标准，从长期的历史实践观察，不是单纯地看某种税制结构本身的优劣，而应该密切结合我国社会经济发展的客观现实、我国社会生产力发展水平以及经济结构的特点来作出正确抉择。

从我国目前的社会生产力水平及社会经济结构的现状看，参考发达国家和发展中国家税制结构建设上的经验教训，我们认为，我国税制结构的建设应分两步走。第一步，改造间接税征收制度，继续完善以间接税为主的税制结构。经过一段较长的发展过程，在经济水平有了较大发展之后，再走第二步，即向直接税与间接税并重的税制结构发展。提出这一建议的依据主要有以下几点：

一、短期内，在我国采用以所得税等直接税税种为主的税制结构的可能性较小

目前，不论是从国民生产总值、国民收入水平上看，还是从社会经济结构上看，我国都与其他发展中国家相似，都不具备以所得税作为主体税种的条件。

经济体制改革以来，我国社会经济发展的速度很快。尤其是进入20世纪90年代以来，经济发展的速度更是突出。据世界银行公布的统计数字，我国2000—2008年，国内生产总值的年平均增长速度达到10.4%。[①] 人均国民生产总值、人均国民收入水平的提高速度也很快。2008年，我国国民生产总值为43 261.87亿美元，人均国民总收入达到

---

① 世界银行：《2010年世界发展报告——发展与气候变化》，清华大学出版社2010年版，第374页。

2 940 美元[①],已从世界银行划定的低收入国家晋升为中低收入国家。

经济的高速发展、人均国民生产总值的提高,大大扩大了所得税的税基,使所得税在我国税制体系中的作用大大加强,所得税收入占税收收入总额的比重逐步提高。但是,从目前及今后一段时期的社会经济发展水平看,所得税在我国税制体系中还不具备独挑大梁的能力。换句话说,所得税还不能成为我国税制结构中的主体税种。

从我国的经济结构看,受经济结构二元化及农业在经济结构中占有重要位置的客观条件限制,所得税也很难在我国税制结构中取得主体地位。

与其他发展中国家一样,我国国民经济也呈现出明显的经济结构二元化的特征,即生产力水平相对较低的农业部门与生产力水平相对较高的工业部门并存的经济结构。而且,农业部门在国民经济中占有很重要的地位,尤其是从就业人口的结构看,农业更居于重要地位。统计资料显示,我国 2008 年农业增加值占国内生产总值的 11%,而农业劳动力占劳动力总额的比重为 66.72%。[②] 由于农业部门劳动生产率水平较低,剩余产品率低,其产品的商品化程度也较低,与此相应,农民的货币收入水平也较低。农业人口的人均货币收入额远低于全国平均的人均货币收入额。由于这一原因,再加上农村财务会计管理工作十分薄弱,税收的征收缺乏准确的依据,目前在农村征收所得税的难度很大,除少数规模较大的乡镇企业外,农村的大多数生产单位及个人均未纳入所得税税网。这造成我国所得税的税基十分狭窄,难以承担起主体税种的重担。

国民生产总值水平及经济结构上的这种状况不可能在短时间内扭转,因此,要在短时间内实行以所得税为主的税制结构,其可能性是微乎其微的。这一点从近几年我国直接税、间接税收入各自占税收收入总额的比重变化中就可以看得很清楚。1985 年,直接税收入占我国税收收入总额的比重为 37.9%,1994 年,这一比重不仅未上升,反而大幅度下降,跌至 22.4%,间接税收入比重从 62.1% 上升至 77.8%,直接税收入中,个人所得税收入甚少。1990 年,个人所得税收入占税收收入总额的比重只有 0.74%。不过,可喜的是,近几年我国个人所得税收入增长势头很猛,1997 年上述比重上升为 3%,2009 年个人所得税占税收总额的比重上升到 6.25%。[③] 尽管如此,作为直接税中的主体税种(国际上许多国家的直接税收入中个人所得税收入占主要地位),我国个人所得税的收入实在是太微薄了,根本无法承担起主体税种的重担。

二、增值税的设立,有助于消除间接税对经济发展的消极影响

在借鉴他国经验的基础上,根据自身具体的经济条件,我国已于 1982 年正式开征增值税。该税种的开征,对于消除间接税对我国社会生产力发展、生产专业化分工发展的不利影响,有十分重要的积极意义。它的开征大大巩固了间接税在我国税制结构中的地位和作用。从增值税设立后的情况看,其征税范围随着国民经济的发展而不断扩大,征收制度也日趋完善。目前,增值税的征收范围已涵盖了工业、商业以及部分加工修理业,将来,

---

① 世界银行:《2010 年世界发展报告——发展与气候变化》,清华大学出版社 2010 年版,第 368 页。

② 《2000—2008 年中国各省农业非农业人口面板数据》,道客巴巴网,2010 年 4 月 29 日。

③ http://www.rednet.cn,税务频道,2010 年 9 月 29 日。

随着经济的进一步发展、经济管理水平的进一步提高，增值税的覆盖面还会进一步扩大，预计在不久的将来，增值税可望扩展到除农业以外的所有行业。增值税的扣除范围也逐步从生产型增值税向消费型增值税过渡，增值税征收、稽查方式也从手工操作向计算机联网征收、稽查方向发展。这些改进将进一步体现出增值税税负公平、对社会经济保持中性作用、保证国家财政收入的稳定性等多方面的优点，为社会经济的高速健康发展创造有利条件。间接税作用的增强，大大减弱了将直接税作为我国主体税种的必要性。

三、直接税、间接税各自具有不同的功能，不能互相取代

在税收实践中，直接税与间接税各有其不同的功能。直接税的功能侧重于调节社会成员的收入水平，实现社会公平原则；而间接税的功能则侧重于筹集收入，实现税收效率原则。而这两种功能都是现代国家不可或缺的，对于我国政府也同样如此。经济体制改革以来，我国财政学界曾就我国应遵循的税收原则问题展开争论，有人主张坚持公平优先、兼顾效率的原则；有人主张效率优先、兼顾公平的原则。这种争论至今没有定论。我们认为，就某个短时期而言，对于两个原则应有所侧重，但作为政府征税的一贯性行为准则，则应兼顾两个原则，不可偏废。而公平与效率兼顾主要不是体现在具体的税收征收过程中，而是集中体现在税制结构的建设上。

总而言之，我国税制结构的建设不应盲目地照搬其他国家的经验，而必须根据我国社会经济发展水平及经济结构、经济管理水平以及税收征收管理水平等多方面的客观条件选择适合我国的税制结构。

具体地说，我国的税制结构建设应分两步走。第一步是进一步改革增值税等间接税税种，以巩固间接税在我国税制体系中的主体地位。改革的重心是增值税征收制度。在增值税改革上，首先是扩大增值税的征收范围，将除农业生产外的所有部门均纳入增值税的征收范围；其次是加强增值税的征收管理工作，尽快实现税收征收计算机化，并实现税务系统计算机与社会经济部门的计算机联网，以加强增值税的交叉审计能力，杜绝偷税漏税现象；最后应逐步创造条件，使我国的增值税全面实现从生产型向国际通行的消费型过渡，以彻底消除间接税重复征税现象。

第二步是拓宽所得税税基，提高直接税在税制结构中的地位和作用，建成一套直接税、间接税并重的税制结构体系。这将是我国税制建设的长期任务，须经过较长的历史过渡时期才可能实现。实现这一步，关键并不在于税制本身，而在于整个国民经济发展水平的提高，在于人均国民生产总值的不断提高，以及经济结构从二元化向一元化的顺利过渡。

第四章　21 世纪以来各国税制改革比较研究

伴随着经济全球化的发展，税收竞争日趋激烈，国际经济竞争带动国际税收竞争，国际税收竞争推动各国税制改革。进入 21 世纪以来，各国税制改革日益深入发展，普遍进行了以优化税制、降低税率、扩大税基、加强征管为主旋律的税制改革。尤其是 2008 年全球金融危机发生之后，各国为了刺激消费、恢复经济，更频繁出台结构性减税的政策措施。

在所得税上，降低税率和出台各项税收优惠政策。为了刺激投资、增加消费、促进经济增长，无论是英国、加拿大、德国等发达国家，还是俄罗斯、印度尼西亚等经济转型国家和发展中国家，都直接降低了公司所得税税率或个人所得税税率。还有一些国家通过更优惠的税收待遇减轻企业和个人的税收负担。

在货物与劳务税上，规范增值税，注重发挥消费税的调节作用。中国、英国、德国等国进行了增值税的结构性改革，减少不合理因素，提高企业竞争力。

在财产和行为税上，发达国家为了吸引投资多实行减税政策，而发展中国家和转型国家的财产税仍处于起步和发展阶段。

同时，由于人们越来越关注环境问题，很多国家开始酝酿绿色税收的改革。

第一节　主要发达国家的税制改革

一、美国

（一）改革背景

2000 年以来，美国经济先后经历了几次比较大的冲击，包括 2001 年的“9 · 11”恐怖主义袭击、2002—2003 年互联网泡沫破灭带来的经济衰退，以及 2008 年下半年开始由次贷危机引发的金融危机以致经济危机。在这些因素的影响下，美国经济暴露出一些深层次的问题。首先，财政赤字激增，2008 年美国预算赤字达到 0.45 万亿美元，2009 年预算赤字更是突破了万亿大关，达到创纪录的 1.4 万亿美元（见图 4-1）。金融危机时期美国政府采取的大规模经济刺激计划则使得政府赤字进一步扩大，短期内财政状况难以得到明显改善。这使得布什政府制定的 2001—2010 年减税方案受到更多方面的质疑。

其次，失业率居高不下。2009 年 1 月美国劳工部公布的报告显示，失业率在 2008 年 12 月增至 7.2%，为 1993 年 1 月以来的最高水平。随着金融危机的进一步深化，2009 年 10 月，美国失业率达到了 10.2%，随后略有回落，但也一直处于较高的水平。失业率的高企为美国出台经济刺激计划、创造就业岗位增加了很大的压力，也从客观上促使减税政策从布什政府的为富人减税到奥巴马政府的为中低收入者提供更多的减免税。

再次，医疗保险制度问题重重。由于美国高昂的医疗费用，健康保障计划对于美国人

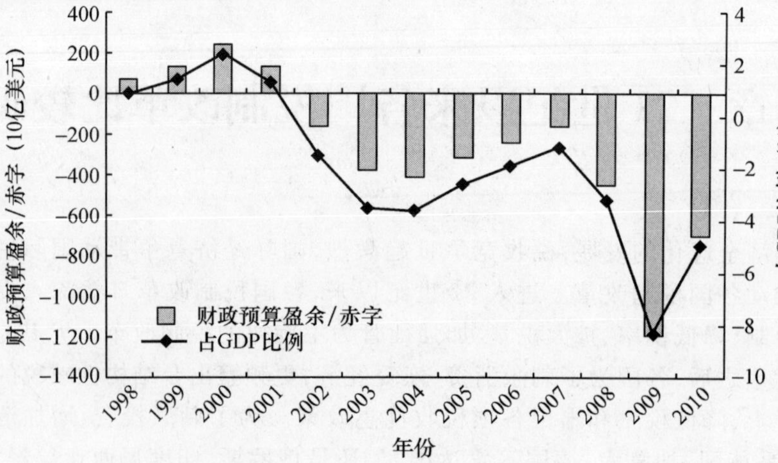

图 4-1　美国政府预算赤字状况

资料来源：美国国会预算办公室（CBO），1998—2008 年为实际值，2009—2010 年为估计值。

必不可少，在经济衰退期显得尤为重要。因此，共和党有的候选人提出了具体的措施，包括对购买健康险的个人予以 7 500 美元、家庭予以 15 000 美元的税前扣除。但是这项税收扣除数额等于目前个人所得税家庭按最高税率计算的扣除数额，这就意味着对富裕家庭扣除更多，而中等收入和低收入家庭却需要资助才能购买健康险。任何支付薪俸税的低收入家庭，若不支付联邦所得税，则不能享受该项扣除政策，而这些人恰恰可能没有健康保障。

最后，经济增长方式需要转变。跨国公司的大量外包，使得美国国内的制造业有所衰退，绿色经济在一定程度上被美国作为新的经济增长点。因此，美国在治理全球气候变化上的态度更加积极，这也促使了美国在推动绿色税收改革方面将采取显著的措施。

（二）主要措施

2001 年，小布什上任之后，制定了 2001—2010 年总额达 1.35 万亿美元的减税方案，包括降低个人所得税税率，增加税收抵免，逐步降低直至最终取消遗产税，放宽对退休金账户的税收优惠等。其中，资本利得税的最高税率从 20% 降到 15%，个人所得税的最高边际税率从 39.6% 降到 35%。但是，这些政策多是“杀贫济富”，据研究显示，这 10 年的减税计划将使高收入纳税人的税负从 2001 年的 64.4% 下降至 62.8%，而平民大众的税负则将出现上升。

次贷危机发生之后，布什政府于 2008 年 2 月 13 日实行了总额为 1 680 亿美元的经济刺激计划，其中 1 400 多亿美元对年收入处于 3 000—174 000 美元的纳税者进行直接税收返还以拉动消费，包括个人最高 600 美元，夫妇最高 1 200 美元，每增加一个孩子再增加 300 美元（见表 4-1）。

表 4-1　2008 年美国联邦个人所得税税率表

级数	应税所得(美元) 已婚夫妇合并申报	应税所得(美元) 家庭户主申报	应税所得(美元) 单身个人申报	应税所得(美元) 已婚夫妇单独申报	税率(%)
1	不超过 16 050	不超过 11 450	不超过 8 025	不超过 8 025	10
2	16 051—65 100	11 451—43 650	8 026—32 550	8 026—32 550	15
3	65 101—131 450	43 651—112 650	32 551—78 850	32 551—65 725	25
4	131 451—200 300	112 651—182 400	78 851—164 550	65 726—100 150	28
5	200 301—357 700	182 401—357 700	164 551—357 700	100 151—178 850	33
6	357 700 以上	357 700 以上	357 700 以上	178 850 以上	35

奥巴马政府 2009 年 2 月 17 日签署新的经济刺激计划，在这项 7 870 亿美元的经济刺激计划中用于减税的支出大概占到 35%。与布什政府经济刺激计划中的减税不同的是，奥巴马政府将退税以减少当月代扣代缴的个人所得税的形式支付。另外有助于经济复苏的主要措施还包括：一是共计 1 370 美元用于完善医疗保险制度，包括为低收入者和失业人员提供医疗补助，帮助各州支付公共医疗补助制度的费用，加强医疗记录管理防止医疗事故的出现，投资健康研究和医疗基础设施等；二是近 1 000 亿美元用于教育投资，包括为州政府提供资助避免州政府由于预算紧张而缩减教育开支和裁减教师岗位，为特殊教育和《不让一个孩子掉队法案》①继续提供资金，以及为国家助学金提供支持等；三是延长失业保险的资助时间，扩大失业保险的资助范围，以及提供直接的 250 美元的一次性补助等，预计大约 50 万缺少保障的失业人员将从中获益。2010 年以来，奥巴马总统开始推动新一轮大规模基础建设投资和为小企业减税等经济刺激计划。

(三) 改革评价

减税对刺激消费、恢复经济的作用一直存在着很大的争议。如布什政府的经济刺激计划所进行的减税是否产生预期的效果被不少学者质疑。路透社的调查显示，仅有 30% 的纳税人表明将在 2008 年内将退税消费掉，其余大部分用于偿还以前的债务或者进行储蓄。② 个人和家庭在 2008 年 5 月份收到返税的支票，但从零售额数据来看，居民消费在此期间非升反降，一方面折射出经济衰退的严重性，另一方面也质疑了直接税收返还对于拉动消费的有效性。马修·夏皮罗和乔尔·斯莱姆雷德③对 2001 年类似的税收返还计划进行研究发现，仅有 21.8% 的人愿意当年消费这笔收入，其中主要是富人，低收入者多数只打算用它偿还债务。另一项通过消费信用卡资料的研究表明④，短期内一半的人只计划用税收返还偿还债务，但 9 个月后进入经济恢复期，大约整个税收返还额的 2/5 用在了消费上。

绿色税制方面的改革将是美国未来税制动态中值得关注的地方。美国从 20 世纪 80

---

① *The No Child Left Behind of Act* 2001 年出台，旨在进行以加强标准化测验和问责制为特征的基础教育改革。

② Vivianne Rodrigues, Only 30 Pct of Bush Tax Rebates to be Spent: Survey, Reuter, May 2ed, 2008.

③ Matthew D. Shapiro and Joel Slemrod, Consumer Response to Tax Rebate, *American Economic Review*, 93(1), March 2003.

④ Sumit Agarwal, Chunlin Liu and Nicholas Souleles, The Reaction of Consumer Spending and Debt to Tax Rebates—Evidence from Consumer Credit Data, *Journal of Political Economy*, 115(6), December 2007.

年代初将税收手段引入环保领域后已经形成了一整套较为完善的生态税收政策，包括对损害臭氧层的化学品征收的消费税、与汽车使用相关的税收、开采税和环境收入税。随着美国在应对全球变暖问题上的态度变得更加积极，即使遭到大公司利益者的反对，采取相应的税收政策也是非常可能的。

二、英国

（一）改革背景

20 世纪 80 年代世界性减税浪潮之后，欧洲主要发达国家从 1990 年开始，在相对良好的经济运行环境中，实施了以健全财政体制为目标的财税体制改革。这一改革成效显著，2000 年财政状况得到了明显的改善。但从 2001 年开始，受到 IT 泡沫破灭和“9·11”恐怖事件的影响，各国经济发展速度明显放缓，英国、德国、法国等欧洲主要发达国家出现了财政赤字日益扩大的现象。全球金融危机发生之后，这些国家刺激经济的任务更加繁重。

英国正在面临对投资的吸引力下降的问题。由于税负过重和基础设施不完善等问题，将近五分之一的英国公司正在考虑将其总部迁往海外。

（二）主要措施

2006 年，英国税制改革方案公布。改革内容包括：

1. 个人所得税

调整各等级应纳税所得额的上限和下限；提高抵免额，尤其是对老年人适用的抵免额的调整幅度较大；增加工资、薪金所得的税前扣除标准。

2. 公司所得税

将原先适用于小规模纳税人的两档优惠税率（0%，19%）统一为一档低税率（年利润额为 0—30 万英镑的中小企业统一适用 19% 的低税率），而基本税率仍维持在 30% 的水平上。

3. 进行一系列环境税制的改革

一是提高碳水化合成油税的定额税率，从而抑制污染物排放。二是调整汽车税，包括提高对二氧化碳排放量高于 225 克/千米的汽车适用的税率，同时对二氧化碳排放量低于 225 克/千米的汽车，按照排放量的不同指标进一步降低其所适用的定额税税率。三是提高气候变动税和垃圾掩埋税的定额税率。

金融危机发生之后，从 2008 年开始，英国的所得税税率从 30% 降至 28%，但同时减少了对企业用于厂房和设备投资的税收减免，废除了对闲置物业的税收减免。两者相抵，企业的税负并未减轻，反而增加了。同时，政府对小企业的征税从 2007 年的 19% 增加到 2008 年的 20%。

2008 年 12 月 1 日起到 2009 年 12 月底，增值税税率从 17.5% 降到 15%，以拉动国内消费，预计消费者可少缴纳 125 亿英镑的增值税税款。

（三）改革评价

企业所得税税负非降反升。据测算，企业的税负在 2008—2009 年度将增加 18.4 亿英镑，2009—2010 年度将增加 12.4 英镑，2010—2011 年度将增加 11.3 亿英镑，三年累计增加42.1亿英镑。

三、法国

(一) 改革背景

法国居民企业的法定税率为33.33%，非居民的股息实行25%的优惠预提税率，利息实行18%的优惠预提税率。个人所得税实行最高位40%的超额累进税制，非居民个人的股息也实行25%的优惠预提税率，利息实行18%的优惠预提税率。

(二) 主要改革措施

2006年的税制改革内容包括：

1. 个人所得税

为了减少通货膨胀对税制的影响，对所得税累进级次上下限作了指数化调整。将原来的6级超额累进税率改为4级，最高和最低边际税率分别为40%和5.5%。

2. 公司所得税

废除了公司税附加。2005年减半征收公司税附加，即税率下调到1.5%。2006年彻底废除了该项政策。还实施了若干公司所得税优惠政策，如延长环境保护设备的特别折旧适用年限、提高试验研究费税前扣除标准等。

3. 货物和劳务税

降低了增值税电子申报资格的适用标准，只要销售收入额超过150万欧元的企业都可以进行增值税电子申报。

4. 环境税收

废除了汽车税并调整了企业用汽车税。对二氧化碳排放量大的汽车设置了汽车登记附加税。

2008年的改革主要集中在个人预提所得税上。从2008年1月1日起，法国居民个人来源于欧盟国家、挪威、冰岛或税收协定国家的股息，可以选择缴纳18%的最终预提税，或缴纳边际税率为40%的累进所得税。按照累进税率纳税可以获得40%的扣除，但只适用于来自欧盟国家、挪威、冰岛或税收协定国家的股息。法国居民个人针对来自法国、欧盟国家、挪威或冰岛的利息所得，纳税人可以选择缴纳最终预提税，预提税税率从16%提高至18%。

其他国家也作出了相应的变动。从2008年1月1日起，欧盟国家、挪威或冰岛的居民个人来源于法国的股息，根据欧盟法律预提税税率降低到18%，但是分配给其他国家的股息仍然适用25%的预提税。

(三) 改革评价

法国预提税的改变必须与其他国家给予法国的对等待遇同步，由此可以看出国家在税制改革中的相互依存性，这一点在区域一体化较发达的欧盟区域内更加明显。

四、德国

(一) 改革背景

德国曾是世界上公司所得税税负最重的国家之一。长期以来,德国的商界一直呼吁政府减轻公司所得税税负,以吸引国内投资。但是德国长期的预算赤字使得德国必须采取增税与减税相结合的改革措施。

(二) 主要措施

据德国财政部已公布的1999—2003年税制改革方案显示,德国个人所得税的最低税率将从2000年的22.9%降至2001年的19.9%,最高税率由2000年的51%降至2001年的48.5%;到2003税收年度,最低税率将降为17%,最高税率降为47%;到2005税收年度,最低税率将降为15%,最高税率将降为42%。

从2008年1月1日起,德国将公司所得税税率从38.65%降为29.83%,降幅近10个百分点。地方中小型公司的平均税率保持13%不变,大型公司所得税税率从25%降低到12.5%。

个人所得税:从2008年1月1日起,德国增设高收入附加税,将年收入超过25万欧元(单身)和50万欧元(有配偶)的个人所得税税率提高了3个百分点,即从42%提高到45%。

同时,德国于2008年将增值税税率由16%提高到了19%。

(三) 改革评价

改革后的德国企业税税负在欧洲国家中处于中等水平。但是,政府将减少300亿欧元税收,其中预计250亿欧元将通过扩大税基来予以弥补。

五、加拿大

(一) 改革背景

加拿大也面临着通过税制改革提高经济竞争力、创造更多的就业岗位的压力。

(二) 主要措施

1. 企业所得税

2008财政年度,加拿大提出了对公司所得税的改革措施,包括:① 降低公司所得税税率,从2008年的20.5%降为2009年的20%,2010年降为19%,2012年降为15%;② 将小型企业所得税税率从13.12%降低至11%;③ 针对小型企业所有人、农场主和渔民,提高终身一次性资本利得免税额至75万加元;④ 减少小型企业的税款汇缴和申报要求。

2. 个人所得税

降低个人税收负担。个人和家庭免税额从2007年的8 929加元增加到2008年的9 000加元,2009年的免税额增加到10 100加元。2008年起,个人所得税最低税率从15.5%降低为15%;每个18岁以下儿童可享受2 000加元的税收抵免;对小业主、小农场主和渔场主资本利得终身免税额从50加元增加到75加元。

3. 货物和劳务税

2008年,加拿大联邦商品和劳务税税率从6%降至5%。目的是刺激国内消费,确保加拿大经济持续增长和繁荣。

六、日本

(一) 改革背景

2000年以来,日本经济没有出现根本的好转。日本2000年度实际GDP的年增长率只有0.9%,没能实现政府年初1.2%的预期目标。失业率有所提高,政府财政赤字也日益恶化。小泉政府和以后几任政府都进行了一定程度的改革,其中也包括税收领域的改革。

(二) 主要措施

2000年,小泉在其结构改革的指导性文件——《关于今后经济财政运营及经济社会结构改革的基本方针》中就指出,税收政策应该真正成为有利于经济目标实现的手段,今后应向着扩大税基、降低税率的方向努力,政府研究和改革的重点应该针对所得收入、消费乃至资产等项目。2003年政府通过了一个长达四年的税制改革计划(2003—2006年),主要涉及个人所得中配偶及抚养费用扣除制度的简化和统一、法人税实际税率的降低、用于研究开发和投资的费用支出的减税、消费税的免税制度以及继承税和赠与税的调整等方面。2003年最终实现了总规模达到1.5383万亿日元的减税,其中主要包括法人减税1.304万亿日元;继承税和赠与税减税0.103万亿日元;金融证券税减税0.096万亿日元;土地税减税0.21万亿日元;烟、酒税增税0.163万亿日元等。①

2008年4月,日本对公司所得税法进行了修订,主要内容包括:

1. 对研发费用给予进一步的税收抵免待遇

研发费用超过过去四年(其中包括当前年度)平均销售收入10%以上部分的税收抵免将作为额外税收抵免,同时,最大税收抵免额提高到当年公司税税额的30%。

2. 修改折旧制度,缩短法定的资产使用寿命

包括运输设备、电子部件、设备和电路板、钢铁、化学品、石油和煤炭产品、生产设备等。

2008年10月30日出台的振兴经济的一揽子措施中,涉及个人所得税的内容包括:给每个人一种购物券形式的现金补助,每人1万日元,年龄在14岁以下的小孩或65岁以上的老人还可获得每人1.2万日元的额外现金补贴;针对住宅贷款的税收抵免,提高至10年共600万日元,适用于2009年购买住宅并开始居住的人;个人从交易所上市股票交易获得的资本利得和股息享受10%的减税税率,优惠期限延长至2011年。

(三) 改革评价

通过减税来刺激经济会减少政府财政收入,在政府财政已经面对艰难境地的情况下,可能会影响日本政府调节经济变动的能力和力度。但是在很难再依靠基础设施建设拉动

---

① http://www.mof.go.jp/genan15/zei001e.htm

经济增长的时候,税制改革不得不成为日本政府的一项选择,能否重振日本经济还有待时间的验证。

第二节　主要新兴工业化国家的税制改革

一、韩国

(一) 改革背景

韩国总统李明博2008年上任之后,提出了“747经济发展计划”,即韩国经济增长率要从当时的4%提高到7%,10年后人均国内生产总值要达到4万美元,使韩国跻身世界七大经济强国之列。他计划减少总计12.6万亿韩元的税收,政府将通过削减20万亿韩元的行政开支来弥补税收减少的损失。

(二) 主要措施

在企业所得税上,新政府考虑5年内将公司所得税的最高税率从25%降到20%,每年降低1个百分点;将中小型企业的起征点从1亿韩元提高到2亿韩元;将资本利得税的起征点从600万韩元提高到9亿韩元。新政府还计划对在韩国境内从事的研究开发提供更多的优惠,促使本国的研究和开发开支在2012年前占到国内生产总值的5%,针对研发机构投资的税收抵免从7%提高到10%;净经营亏损的向后结转期限从5年增加到10年;对小公司和那些从首尔迁移到较偏远地区的制造业公司实施新的优惠,包括延期缴纳税款等。

在个人所得税上,主要动向包括下调个人所得税税率,计划所有税收区间的个人所得税税率都下调2个百分点,主要受益对象为中产阶级;收入扣除额度从100万韩元提高到150万韩元;针对支付给非居民的股息、利息(不包括债券利息收入)、特许权使用费和其他收入的预提税率,从25%降低到20%;将适用于境外工作雇员的统一税率从17%下调到15%。

2009年12月和2010年1月,韩国政府颁布了针对税法的主要修改措施:

1. 公司所得税法的修改

针对2亿韩元以上的所得区间税率从22%降低至20%的规定推迟2年实行,即从2012年1月1日起实行。针对低于2亿韩元的所得区间税率从11%降低至10%的规定按原定的时间执行,即从2010财政年度开始实施。

2. 个人所得税法的修改

针对8 800万韩元的所得区间税率从35%降低至33%的规定推迟2年,即从2012年1月1日起实行。针对1 200万—4 600万韩元以及4 600万—8 800万韩元所得区间降低税率的规定仍按原计划执行,即分别从16%降低至15%和从25%降低至24%。

如果在一个离岸公共基金(集体投资工具)中有韩国国内公司或居民个人投资于韩国国债和货币稳定债券,这种韩国投资者免除的但应纳的税款将直接从这些投资者那里征收。此修改措施适用于2010年1月1日以后的预提。

如果外国公司或非居民个人回购-出售韩国债券,应计利息所得将不再于回购-出售的当天预提税款。此修改措施适用于2010年1月1日以后购买的债券。

3. 特别税务处理的修改

针对新生能源工业和核心技术的税收抵免从年度研究开发费用的3%—6%提高至20%,针对中小型企业的税收抵免则从研究开发费用的25%提高至30%。此优惠从2010年1月1日开始的应税年度生效。

本来应在2009年12月31日到期的临时性税收抵免延长一年,但只针对在一些省份的投资,税收抵免比率为7%;而在其他地区的投资,包括首尔大城市区的投资,由于“日落条款”而不再享受税收抵免。

某些在韩国的外国工程师的工资所得目前可享受全额免税达5年。这项免税降低至50%,时间为2年。“日落条款”延长至2011年12月31日。

在韩国的外国员工目前可以选择按薪资总额的30%免缴所得税,或适用于一项16.5%的统一税率(15%加上10%的居民附加税)。根据本次修改,外国员工不再允许进行第一种选择。

根据技术引进协议的费用的免税优惠于2009年12月31日到期。依据这种协议在该日期以后支付的特许权使用费,如果支付的第一笔费用已于本次修改以前完成,那么这种费用仍然可获得免税优惠。

国内基金(集体投资工具)持有的直接投资于离岸上市股票,其交易和估价利得作为非股息处理的规定于2009年12月31日到期。但是,交易和估价亏损可以冲抵2010年1月1日至12月31日期间的所得。

针对资产担保有价证券(ABS)、项目公司(SPCs)、项目融资工具(PFVs)、房地产投资信托(REITs)和集体不动产投资工具的降低登记税和购置税的日落期限延长3年至2012年12月31日。然而,针对ABS、SPCs和PFVs的减半税率仍然保留,针对不动产投资信托公司和集体不动产投资工具,原税率减半改为只降低30%。

二、新加坡

(一)改革背景

受来自竞争对手中国香港地区低税率的压力,新加坡政府通过实行一系列税收优惠措施,提高其作为地区金融中心和经济中心的竞争力,使其继续成为世界上吸引外资最富有活力的地区之一。

(二)主要措施

1. 企业所得税

自2008征收年度开始,新加坡将公司所得税税率从20%降为18%,将起征点从10万新元提高到30万新元。此外,新加坡政府还推出了对研究与开发活动、新办企业、中小企业的减免税优惠政策。新的税收优惠包括:加大对在新加坡的研究与开发的纳税扣除比例,从100%提高到150%;对所有公司发生的有关安装等方面的支出每3年最高给予1.5万新元的补贴;对雇佣全球顶尖人才的招募和搬家成本给予另外5倍的双倍税收扣除。

2. 个人所得税

按照新的雇员报酬激励计划,符合资格的新成立公司的雇员可以获得符合资格之利得的75%的免税待遇,金额上限为1 000万新元,期限最高10年。此项待遇适用于股票期权和股票奖励。

3. 财产税

2008年2月15日起,新加坡取消了遗产税。此举正是为了吸引亚洲各地的富裕人士将资产转移到新加坡,从而发展新加坡的财富管理业务。

第三节　主要发展中国家的税制改革

一、印度

(一) 改革背景

2003财政年度以来,印度的外国直接投资增长迅速,2006年突破了100亿美元,达到157.3亿美元。2006年印度已经超过韩国,成为亚洲第四大吸引外国直接投资最大的国家。为了进一步吸引投资,印度采取了各种税收鼓励措施,但是一些税制设计和税收征收政策与方式过于陈旧,与促进经济发展和改善投资环境并不相适应。印度税收分中央政府、邦政府和地方政府三级。个人所得税实行超额税制,最高税率为30%。法人所得税方面,印度本国公司税率为30%加5%附加税,外国公司税率为40%加5%附加税。在印度注册的外国公司子公司享受与印度公司同样的国民待遇。

(二) 主要措施

2005年4月印度引入了增值税,用于逐步取代各邦原来实行的混乱的销售税。增值税的标准税率为12.5%,对农产品、药物等实行优惠,税率为4%,金、银等贵金属的税率为1%,而汽油、农用设备和报纸等41类商品则免税。

金融危机发生之后,印度政府酝酿进行市场化的税制改革,改革方案中包括取消资本利得税、降低税率和取消证券交易税等。

1. 公司所得税改革

公司所得税改革的重点是拓宽税基和提高遵从程度。同时,为了推动旅游业的发展,印度政府2008—2009财政年度预算案中规定,对在"世界遗产"所在区县兴建的二星、三星和四星级饭店给予五年所得税免税待遇,条件是这些饭店必须在2008年4月1日至2013年3月31日对外营业。

2. 个人所得税

2008—2009财政年度预算案中,将个人所得税免征额提高到15万卢比;年所得为15万—30万卢比的部分,税率为10%;年所得为30万—50万卢比的部分,税率为20%;年所得超过50万卢比的部分,税率为30%。

3. 货物及劳务税

2007年1月1日起对邦与邦之间货物购销征收的中央销售税的税率从4%降低为3%,2008年6月1日再次将3%的税率降为2%,以后每年降低1个百分点,至2010年3

月31日变为零税率后予以废除,同时引入全国统一的货物和劳务税。提高了香烟的消费税率。

4. 关税

2008—2009财政年度,将边角废钢和废铝的进口关税从5%降为零,对信息技术和电子业需要的机顶盒和特殊原材料予以全部免税。

二、巴西

(一) 改革背景

巴西是南美大国,属于联邦制国家。亚洲金融危机之后,巴西很快摆脱了金融危机的影响,经济发展平稳,出口增长迅速,通货膨胀得到控制,被认为正向另外三个"金砖"国家中国、俄罗斯和印度靠近。

(二) 主要措施

2008年6月24日,巴西公布了11727号法律,修改了转让定价的规定,明确巴西居民与享受税收优惠规定的个人或法人实体进行交易,不管他们的居住国是哪里或企业关系如何,这种交易都受巴西转让定价规定管辖。法律规定在下列情况下,视为存在税收优惠规定:所得不纳税,或按照低于20%的税率纳税;无须在其领土内从事实质上的经济活动,也提供纳税上的利益;对离岸所得不征税,或税率低于20%;不允许访问有关在其领土的法人实体的公司所有权资料、产品和权益所有权信息以及进行交易的情况。

个人所得税:2008年起征点提高了4.5%。

消费税:2008年2月29日提出了2008—2009年预算,双轮车和三轮小车适用的消费税从16%降低至12%,公共企业及其底盘的消费税从16%降低至12%,小型汽车的消费税从16%降低至12%,混合燃料汽车的消费税从24%降低至14%;大规模消费物品,包括无线电数据卡、椰子水、茶和咖啡混合品,消费税从16%降低至零;水净化设备、胶合板和齐边拉门,消毒敷料垫等,某些包装材料和早餐谷物,消费税从16%降低到8%。同时,适当提高了特定消费品的消费税,软件包适用的消费税税率从8%提高至12%。某些纸张、纸板和其所加工而成的物品的消费税税率也从8%提高到12%。

三、中国

(一) 改革背景

2004年开始,中国开始了新一轮的税制改革。这次税制改革是在中国加入WTO和社会经济发生巨大变化、中央提出实行科学发展观的情况下进行的,为进一步完善中国社会主义市场经济体制服务。

(二) 主要措施

1. 统一企业所得税

2007年3月16日,第十届全国人民代表大会第五次会议通过了《中华人民共和国企业所得税法》,11月28日国务院第197次常务会议通过了《中华人民共和国所得税法实施条例》,自2008年1月1日起施行。新企业所得税法实现了"五个统一"和"两个过渡”，即内、外资企业适用统一的企业所得税法，统一并适当降低企业所得税税率，统一和规范税前扣除办法和标准，统一税收优惠政策，统一并规范征管办法，以及对部分特定区域实行过渡性优惠政策，对享受法定税收优惠的老企业实行过渡措施。

2. 个人所得税改革

2007 年 12 月 29 日，第十届全国人民代表大会常务委员会第三十一次会议通过了对《中华人民共和国个人所得税法》的修订，自 2008 年 3 月 1 日起对工资、薪金所得的月费用扣除标准由 1 600 元提高至 2 000 元，自 2011 年 9 月 1 日起，又由 2 000 元提高到 3 500 元。

3. 增值税转型

自 2009 年 1 月 1 日起，允许全国所有地区、所有行业的增值税一般纳税人抵扣其新购进设备所含的进项税额，未抵扣完的进项税额结转下期继续抵扣。2008 年下半年起，连续 4 次提高出口退税率，对出口企业的扶持力度不断加大。

4. 消费税调整

2008 年 8 月 1 日，国务院发布《关于进一步加强节油节电工作的安排》，提出要降低小排量乘用车的消费税税率，提高大排量乘用车的消费税税率，进一步扩大不同排量汽车消费税税率的差距。同日，财政部、国家税务总局据此发出《关于调整乘用车消费税政策的通知》，规定：自 9 月 1 日起，气缸容量（排气量，下同）不超过 1.0 升的乘用车，税率从 3% 降低到 1%；气缸容量 3.0 升至 4.0 升的乘用车，税率从 15% 提高到 25%；气缸容量超过 4.0 升的乘用车，税率从 20% 提高到 40%。

5. 关税

2008 年 1 月 1 日，经国务院批准，国务院关税税则委员会开始实施 2008 年关税调整方案，涉及最惠国税率、年度暂定税率、协定税率和特惠税率等方面。调整以后的最惠国进口关税平均税率为 9.8%，其中农产品的平均税率为 15.2%，工业品的平均税率为 8.9%。

（三）改革影响

随着我国经济体制和经济结构的不断变革与完善，整个社会经济不断快速地发展，税收制度便会表现出与现阶段经济发展不协调的方面，应适时改革，以利于适应新的环境，促进新一轮的经济发展。

第四节　主要经济转型国家的税制改革

自 20 世纪 90 年代以来，陆续有近二十个国家对个人所得税实行单一税率，多数是中东欧和西北亚地区的经济转型国家，包括爱莎尼亚（1994，21%）、拉脱维亚（1995，25%）、立陶宛（1995，24%）、俄罗斯（2001，13%）、斯洛伐克（2004，19%）、乌克兰（2004，15%）、伊拉克（2004，15%）、罗马尼亚（2005，16%）、格鲁吉亚（2005，12%）、黑山（2007，15%）、捷克（2008，15%）、保加利亚（2008，10%）、阿尔巴尼亚（2008，10%）等。目前，匈牙利、波兰也在考虑实行单一税率。①

① Daniel J. Mitchell, The Global Flat Tax Revolution: Lessons for Policy Makers, *Tax Notes International*, March 24, 2008.

下面是几个具有典型性的国家：

一、俄罗斯

（一）改革背景

石油资源的税收在俄罗斯具有重要地位，2000—2006年，包括石油在内的自然资源对俄罗斯国内生产总值的贡献率达到28%左右。俄罗斯50%的税收收入都来自于石油和天然气产业。

（二）主要措施

2001年，俄罗斯开始实行13%的单一税率。为了应对金融危机对俄罗斯经济带来的冲击，2008年11月俄罗斯国家杜马正式出台的紧急救助方案中，规定个人的住房津贴可以获得加倍扣除。

进口的技术设备：如果购进的技术设备不在俄罗斯生产，并且在俄罗斯也不生产类似设备，那么进口该设备可以获得增值税免税。

消费税：从2009年1月1日起，特定商品的消费税税率每年提高10%，过滤嘴香烟和无过滤嘴香烟适用的特定税税率每年提高20%和28%，从价税税率每年提高0.5%。

俄罗斯政府有每两个月根据国际市场的行情对石油出口税重新评估并修订一次的惯例。2008年2月1日，俄罗斯政府再次提高石油出口税，从每吨275.4美元增加到每吨330美元，增幅达20%。

（三）改革影响

个人所得税的低税率带来俄罗斯资本外流的下降、纳税人遵从度的提高和税收收入的增长。2008年以来，俄罗斯国内基本税负得到降低。公司所得税税率从35%降低到24%，某些附加费用在缴纳公司所得税时可以税前扣除；针对大部分商品及服务，增值税税率从20%降低至18%；保持统一的个人所得税税率为13%；采用了累退的统一社会保障税税率，并且在后来降低了该税率。

二、白俄罗斯

（一）改革背景

2002年3月，卢卡申科总统提出白俄罗斯发展模式，强调以民为本、渐进改革、稳中求进，摒弃全盘私有化和休克疗法，建立强有力的国家政权和可调控的面向社会的市场经济体系。但是，在改造计划经济体系、建立市场经济方面，白俄罗斯仍面临不少困难，如资金短缺、产品竞争力不强、企业效益不高、亏损严重等。

（二）主要措施

2007年3月9日，白俄罗斯的第119号总统法令提出修改针对法人实体的简化税收制度（即单一税制）。2009年12月，白俄罗斯《税收法典》附加的一部分内容签署成为法律。《税收法典》是在2010年1月7日公布的，并且从2010年1月1日起适用。《税收法典》取代了许多法律，包括在白俄罗斯征收的个人税等。

《税收法典》增加的部分涉及多个不同的税种。它还包括消费税、土地税、专利权税、环境税、自然资源开采税和其他税的税率一览表。另外,《税收法典》进行了下列主要的修改:

1. 公司所得税

针对业务目的发生的并且反映在纳税人账户中的所有费用均可扣除,除非它们属于《税收法典》规定的不可扣除的费用;从外国公司获得的股息以及出售白俄罗斯实体的股份获得的资本利得作为非营业性的所得处理,适用12%的减税税率;居民公司支付给居民公司股东的股息适用12%的预提税。

来源于在白俄罗斯领土内出售的有价证券的资本利得适用15%的预提税。但是,出售居民公司的股份或权益的利得适用12%的税率。

2. 增值税

基本增值税税率从18%提高至20%;增值税退税或抵免其他的应纳税额的期限从10天分别缩短至2天或5天。

3. 个人所得税

白俄罗斯将非雇佣收入适用的个人所得税税率从20%降到15%。来自居民和非居民个人低于1 750万卢布的赠品免税,个人获得的股息按照12%的税率纳税。

4. 国际税收问题

从2010年起,再次实行单方面减免重复征税。如果缴纳的税款被外国税收当局确认,那么不管是否存在适用的税收协定,都给予税收减免。

第五节 各国税制改革的特征

综观21世纪以来各国税制改革与发展情况,以下特征比较明显:

1. 降低税率和调整税收政策以充分发挥所得税调节经济活动的主导作用

有些国家大幅降低公司所得税或个人所得税的税率,有些国家则在降低税率的同时调整各项税收优惠政策,直接优惠政策与间接优惠政策并用,使之更好地发挥作用。

2. 改革和调整增值税向现代型发展

主要措施表现为调整税率、调整起征点、调整零税率和调整免税项目等内容,主要倾向是降低高税率与提高低税率,缩小税率差距,逐步向单一税率发展。

3. 税制趋同的趋势显现

发达国家所得税占税收总收入的比重有所下降,货物和劳务税的比重相对有所上升。而发展中国家过分依赖货物和劳务税的现象有所改变,所得税的比重相对有所上升。

4. 应对全球性金融危机的结构性减税

金融危机发生之后,各国都普遍采取了有减有增、以减为主的税收政策,以拉动投资和消费,促进经济的恢复。

5. 对环境和资源保护的税收越来越受到各国的重视

随着自然环境的日益恶化,利用市场机制的手段改善环境日益受到各国政府的重视,越来越多的国家开始征收环境税。

第五章　国家信用制度比较研究

国家财政参与国民收入的分配，一般采取无偿的方式，但在某些情况下，为了保证财政资金的筹集及更有效地使用和调节社会资金，财政分配也采取有借有还的信用方式。这种由国家直接参与的按照信用原则进行的分配就是国家信用。国家信用一般包括两个主要方面，一是国家通过发行公债，对国内社会闲散资金的筹集，称为内债；二是以国家或国家银行名义向外国政府、国际经济组织以及私人的借款或贷款，称为外债。这里准备对不同社会制度和经济发展水平国家内债、外债的发行及管理中的一些做法，结合其性质、作用，进行比较研究。

第一节　内　　债

一、各国国内公债制度发展概况

国家公债是历史产物，作为一个财政范畴，它在历史上出现得比税收晚一些。国债的产生与国家职能的扩展密切相关，同时又以社会经济的发展以及信用制度的发展为前提。在历史的发展中，国家职能不断扩展，支出日益增加，仅靠税收已不能满足政府开支的需要，国家不得不通过借债的方式获得一部分收入，以解决财政上的困难。马克思曾指出：这种国家负债状态的原因何在呢？就在于国家支出经常超过收入，在于这种不相称的状态，而这种不相称的状态既是国家公债制度的原因又是它的结果。事实上，国债的产生也离不开商品经济和信用经济的发展，如果社会上没有充裕的闲置资金，国债就成为无源之水。人类历史上最早的信用形式是私人信用，以后逐渐产生商业信用、银行信用和国家信用。国家信用是在私人信用的基础上发展和演变而来的。

国债最早产生于奴隶社会，早在公元前4世纪，希腊和罗马就出现了国家向商人、高利贷者和寺院借债的情况。到了封建社会，由于战争的频繁和封建帝王的挥霍无度，借债规模有所扩大，但发展仍十分缓慢。公债得到比较广泛的发展是资本主义制度确立之后。据有关文献记载，12世纪末期，在当时经济较为发达的意大利城市佛罗伦萨、热那亚和威尼斯，政府已开始以发行债券的方式向金融业者商借资金。到十四五世纪，意大利各城市几乎都发行了政府债券。17世纪初，在海外贸易较为发达的荷兰，一方面国内出现大量剩余资金，一时找不到理想的投资场所；另一方面政府为进一步向海外扩张，不断增加军费支出，开始大量举借国债，因此，国债成为取得财政收入的一种重要形式。之后，由于英国经济迅速发展，殖民地范围迅速扩大，成为世界上最强大的国家，国债的发展中心逐渐从荷兰移向英国。可见，资本主义经济发展为国债规模的扩展提供了必要性和可能性。社会主义国家建立之后，随着人们思想认识和国家经济体制的变化，公债制度也有一个发展变化的过程。目前,无论是资本主义国家还是社会主义国家都把公债发行作为筹集财政资金的一个主要补充方式,把国家信用用做参与国民收入分配、调节经济的一个重要杠杆。

(一)主要资本主义国家公债发行历史概况

从资本主义各国情况看,在不同的历史时期公债发行规模有所不同,这主要取决于当时各国政治经济条件以及政府的财政经济政策,但从总的趋势看,各主要资本主义国家公债的发行,都随着政府对经济干预程度的增强呈现出从逐量增加到迅速膨胀的势头。近年来,虽然各国资产阶级政府已意识到巨额国债对国民经济造成的消极的影响,并极力采取措施缩减公债数额,但在实践中又往往力不从心、效果甚微。尤其是2008年以来,为应对席卷全球的经济危机,主要资本主义国家普遍采取了积极干预的财政货币政策,又使得公债发行量剧增,国家背负了巨额内债和外债。

资本主义国家发行公债具有典型性的有美国、英国和日本。美国是世界上发行公债较早的国家,早在1800年,美国公债发行总额就已达8 304万美元。当时,公债的主要购买者是工场手工业主、商人、包税者和金融业者。这些人把钱借给国家,不需承担任何风险,也不需付出任何经营活动的劳苦,就可以获得高额的利息收入,并可以通过公债的投机买卖获取暴利,这就为资本主义生产的早期发展积累了大量的货币资金。

资本主义制度在美国确立并逐步发展起来以后,美国政府开始把发行公债作为筹集财政资金、应付财政困难的一个重要手段,发行的数额亦不断增加。但总的看来,在20世纪30年代以前,除非是发生战争等非常时期,公债的发行数额还是有限的。30年代后,情况发生了明显的变化。为了缓和经济危机,防止经济衰退,自罗斯福新政实施以来,美国政府较长时间地推行凯恩斯主义,实行赤字财政政策,加强国家对经济的干预,用扩大政府支出的办法来刺激经济的发展,致使国家财政赤字连年不断。1945—1985年的40年间,除了8年略有结余外,其余32年均有赤字。为了弥补巨额赤字,政府不得不大量发行公债,公债数额迅速增长。1930年国家公债余额仅为161.85亿美元,而到1987年则增至23 553亿美元,半个世纪的时间,增加了近150倍。

凯恩斯主义实施带来的无法抑制的通货膨胀和高额赤字,引起社会公众对政府干预经济的怀疑和厌恶。为了平息公众情绪,缓和资产阶级政府与人民群众的矛盾,从尼克松政府以后,历届总统在竞选上台时都是以反通货膨胀和缩减赤字作为主要宣传内容,但在实施中,抑制通货膨胀、缩减赤字是一个十分痛苦而长期的过程,必须付出高昂的代价。这是由于紧缩政策的实施,既要减少政府开支,紧缩货币,压缩债额,又要维持国民生产总值的正常增长和居民个人收入的逐渐增加。任何一届政府都不愿意把紧缩的消极后果留给自己,而把增长的前景留给下一任。因此,尽管近年来美国历届政府都声称实行紧缩的财政政策和货币政策,但其结果仍是赤字逐年增加。1978年卡特在位时,联邦政府的财政赤字为592亿美元,而到了1985年里根政府时,联邦财政赤字已达2 100亿美元。在同期内,联邦政府债务余额相应地也从7 804亿美元猛增到18 275亿美元。

进入90年代以后,美国联邦政府债务余额仍在逐年递增,1990年为24 107亿美元,1991年为26 881亿美元,1992年为29 988亿美元,1993年为32 475亿美元,1994年为34 322亿美元,1995年为36 034亿美元。但其中一个值得注意的倾向是公债余额占当期

GDP 的比例从 20 世纪 90 年代到 21 世纪初的迅速增加转变为逐渐增加的趋势，如 1992 年这个比例为 50.6%，1993 年为 51.9%，1994 年为 51.7%，1995 年为 51.4%。其根本原因是这一时期美国经济出现了持续增长的势头。而近几年，美国公债余额与当期 GDP 的比例又出现迅速增加的态势，譬如 2000 年美国国债总额是 57 000 亿美元，2005 年为 77 000 亿美元，2009 年为 120 000 亿美元，约占国内生产总值的 90%，当年国债利息为 2 400 亿美元，约为政府支出的 9.5%，国债利息占 GDP 的比重为 2.68%。

英国自第二次世界大战以来，国家债务一直呈增长趋势。在国家垄断趋势日益增强的情况下，英国通过财政体系对国民经济的干预有了很大发展。其中一个非常鲜明的特点，就是对基础工业部门实行国有化，最高时国营经济部门的产量已占国家整个工业产量的 20% 以上。为了支持国有化企业的基建投资，国家预算每年要安排大量经济性支出。与此同时，直接军费支出、社会需要支出、国家行政管理机关经费支出以及间接调节经济的支出也逐年增长，致使国家预算赤字经常不断，国家债务随之日益增加。如 1938 年，英国国债仅为 71 亿英镑，1945 年增至 215 亿英镑，1955 年为 269 亿英镑，1965 年为 304 亿英镑，1975 年为 459 亿英镑，而 1979 年则达到 869 亿英镑。从增长趋势看是越来越快，直至形成跳跃式的大幅增长。1945—1955 年、1955—1965 年两个 10 年，每个阶段增长额约为 50 亿英镑；而 1965—1975 年的 10 年则增加了 150 亿英镑，最后在 1975—1979 年的 4 年间更猛增了 400 多亿英镑。到 2010 年 7 月，英国国债达到 4 万亿英镑（约合 6 万亿美元）。如果按照英国总人口 6 140 万（截至 2008 年年底）来计算，每个英国人需要分摊约 6.5 万英镑的国债。

日本公债的发行经历了从适度膨胀再到抑制的反复过程，大体上可分为三个阶段：1965—1974 年为适度国债时期，1975—1980 年为膨胀国债时期，1981 年以来为抑制国债时期。

战后，日本国家预算一直采取收支平衡的原则。1960 年池田内阁制定了“国民收入倍增计划”，计划平均年增长速度为 7.2%，实际达到 10.9%，经济的高速增长引起了民间投资和公共投资的比例失调，形成公共设施等生产基础条件与经济规模的迅速扩大不相适应的局面。1964 年，日本出现了经济萧条。在公共投资需求压力大、资金又不足的情况下，日本政府于 1965 年开始发行建设公债。从此以后，日本政府年年发行公债，走上了负债经济的道路。1974 年以前，日本国债发行数量不大，例如，1965 年，国债发行额为 1 972 亿日元，国债依存率为 5.3%。1970 年国债发行额为 3 472 亿日元，国债依存率为 4.2%。这个时期，由于国债的发行比较适度，因此暂时弥补了财政赤字，对解决财政困难起到了一定的促进作用，同时，通过公债的适度发行，扩大了中央政府的预算支出，增加了公共建设事业的投资和货款，为基础设施的建立和完善创造了条件，推动了经济的高速增长。这个时期，日本经济年平均增长速度为 10%。

1973 年，第一次石油危机波及日本，日本经济出现大萧条。为了刺激经济的复苏，日本政府实行凯恩斯主义的财政政策，财政预算赤字越来越大。为了弥补巨额赤字，日本政府不得不于 1975 年在大量发行建设公债的基础上，开始发行赤字国债，而且发行数额逐年增加。1975 年，国债发行额达 52 805 亿日元，国债依存率为 25.3%，比前一财政年度提高 14%，国债发行额达到 1966 年的 8 倍之多，到 1980 年，国债发行额进一步增加到

141 702 亿日元，国债依存率高达 32.6%，成为日本历史上国债发行的最高峰。这一时期，国债余额越滚越大，国债的积极作用也越来越小。国债的还本付息使财政背上了沉重的包袱，政府陷入借新债还旧债的被动境地。1985 年和 1986 年两个还本付息高峰年度，国债费用成为中央预算主要经费中最大的支出项目之一。1985 年国债还本付息占中央预算支出的 19.5%，1986 年为 20.9%。

20 世纪 80 年代初，日本政府开始认识到膨胀的国债发行对国民经济发展的负效应，不得不重新考虑国债发行政策，于 1981 年提出重建财政的目标，核心是消灭赤字国债。为此，提出在严格控制政府预算支出规模、减少财政赤字的基础上，于 1990 年消灭赤字国债。按这个方针，之后几年日本政府的国债发行量有所减少。1981—1984 年年平均依存率为 26.9%，比膨胀国债时期下降了 4%，赤字国债依存率也由 1980 年的 20.9% 降至 1984 年的 12.3%。从国债余额的增长幅度看，也反映了同样的趋势。1965—1980 年，日本国债余额年平均增长率为 50% 左右，是各时期增长最快的。80 年代，日本国债发行量减少，国债余额增长速度明显放慢，1980—1990 年年平均增长率仅为 8.9%。90 年代前五年年平均增长率又进一步下降为 6.7%。1996 年国债余额占 GDP 的比重为 49%。之后，日本国家债务又飞速增长，2008 年度国家债务余额接近 GDP 的 174%，截至 2009 年年末，日本国家债务余额同比增加 24.8557 万亿日元，达到创纪录的 871.5104 万亿日元，根据国际货币基金组织 2010 年 4 月份的数据，日本国家债务总额已占其国内生产总值的 229%。“赤字财政”的推行以及大幅下降的税收收入是日本政府债务不断增加的主要原因。

其他主要发达资本主义国家，如法国、联邦德国等政府债务的增长也是越来越快，50 年代以后法国政府对国民经济的干预逐渐加强，70 年代后，其军事支出又出现大幅增长趋势，使预算收入经常入不敷出，财政赤字逐年增加，1970 年财政收支盈余 30 亿法郎，1980 年财政赤字为 238 亿法郎，1985 年赤字为 1 594 亿法郎，而到 1995 年财政赤字高达 3 227 亿法郎，预算赤字占国内生产总值的比重达 4.2%。财政赤字的不断增长势必引起国债的增加。据统计，1970 年年底，法国国债余额累计为 988 亿法郎；1980 年年底累计为 4 180 亿法郎；1993 年年底达到 4 620 亿法郎；而到了 1995 年，已超过 3 万亿法郎。1976—1980 年，国债占国内生产总值的比重基本稳定在 15% 左右，1984 年以后逐年上升，到 1995 年已超过 35%，而到 2006 年这一比重已达到 64%。日趋庞大的国债加重了政府预算支出的负担，这一时期国债利息支出的年平均增长速度相当于预算总支出增长速度的两倍多。巨额的债务利息负担成为财政困难的重要因素，法国政府近年也在致力于减少国家债务。

联邦德国也是随着联邦政府预算赤字的逐年增加而使得国家债务迅速增长，1960 年国债总额为 527 亿马克，1970 年为 1 259 亿马克，1981 年增至 2 730 亿马克，到 2005 年已达 1.4 万多亿欧元。

（二）主要社会主义国家公债发行历史概况

社会主义国家由于多年来在政策上过多地强调了公债的消极方面，在实际执行中，一般没有把公债作为实现财政政策的一项主要措施。近年来，各国相继进行经济体制改革，开始重新认识现行经济体制中存在的弊端和相应的理论问题，开始重视利用公债发行筹集建设资金，并把公债的发行作为调节经济的主要杠杆加以运用。

苏联建国后，根据国家政权建设和经济建设的需要，陆续发行过几次公债。从发行特点看，大致可分为四个阶段：

1922—1927 年为第一阶段，这是苏联国内国家信用形成的时期。当时，刚刚赢得战争胜利的苏维埃共和国面临着严重的经济困难，物资严重匮乏，货币不断贬值，国家预算出现大量赤字。为了调节货币流通，减少日常消费，增加积累和储备，苏维埃政府在采取其他经济调整措施的同时发行了公债。最初几次的发行都采取实物形式。如 1922 年 5 月第一次发行的公债就是谷物公债，发行量为 1 000 万普特黑麦。以后又陆续发行了部分货币债券。这一时期，苏联共发行公债 6.7 亿卢布。绝对数额虽不很大，但由于当时国家财政规模有限，因此，这个数字占国家预算收入的比重达到 10% 左右。

1927 年以后为第二阶段，这时苏联开始进入大规模的工业化建设时期。由于社会主义国家直接肩负着经济建设的任务，而新型国家的建立，基础又比较薄弱，要建成工业化的国家需要巨额投资，这就要求较长时期地动员资金。为此，苏联政府一方面延长了以往到期公债的偿还期限，把短期公债换成为期 20 年的长期公债；另一方面又使公债发行形式多样化，在以往居民一次认购的形式以外又增加了自由流通公债，使公债可以在储蓄所自由买卖，从而通过多种形式筹集资金。大规模工业化建设时期，苏联通过公债形式筹集的资金共达 49.8 亿卢布。公债在预算收入中的比重，1938 年为 6%，1939 年为 6.4%，1940 年为 6.3%。相当数量的债务资金对苏联 20 世纪 30 年代的大规模工业化建设起到了一定的作用。

在卫国战争期间，为解决战争需要，1942 年 4 月，苏联开始发行战时公债，这是苏联公债发行的第三个阶段。战时公债利息率明显降低，年发行额比战前明显增加。如 1944 年，苏联公债收入总额达 303 亿卢布，占整个预算收入的 12.1%。在整个战争时期，依靠公债弥补了全部战争支出的 15% 左右。直到战后恢复时期，公债仍是苏联预算收入的一项重要来源。1946—1950 年，公债收入约为 1 170 亿卢布，占总收入的 5.5%；1951—1955 年，公债收入约为 1 370 亿卢布，约占总收入的 5.1%。

1957 年，苏共中央和苏部长会议通过了“关于在苏联劳动人民中间认购分配的公债”的决定，此后是苏联公债发行的第四个阶段。根据上述决定，苏联政府停止在居民中以认购方式发行公债，并逐步偿还了以前发行的公债。在以后的较长时期内，苏联仅发行过少量几种公债，如 1966 年发行的三厘国家有奖公债，1982 年发行的有奖公债等。国家每年从发行公债中取得的收入数量很少，多数年份不超过 1%。

苏联解体后，俄罗斯国家公债从 1993 年开始出现大幅增长的势头。到 1997 年已达 326 亿卢布。国家发行的有价证券票面价值占国内生产总值的比重，1995 年为 4.6%，1996 年为 10.5%，1997 年达到 20% 以上。与此相对应，国家财政用于清偿前期债务和支付利息的费用也逐年增加，1995 年和 1996 年分别占国内生产总值的 5% 和 12%。1997 年仅上半年便达到 187 亿卢布。俄罗斯发行国债的意图是弥补财政赤字，但由于发债取得的收入越来越多地用以对旧债的还本付息，因而发债取得的收入能够纳入预算收入的比例越来越小。1993 年发债收入为 1 773 亿卢布，纳入预算收入 1 505 亿卢布，占发债收入的 84.9%。1994 年发债收入与纳入预算收入分别为 12.87 万亿卢布和 5.7 万亿卢布，纳入预算收入占发债收入的比重降至44.3%;而到了1996年上述数据相应为297万亿卢布和35.5万亿卢布,纳入预算的资金只占发债收入的5.2%。大部分收入用于到期国债的还本付息,使国债发行对促进经济发展的作用越来越小。近几年国债规模控制问题已成为俄罗斯经济中令人关注的问题。

匈牙利政府公债发行从20世纪80年代开始出现大幅上升的趋势,特别是到90年代,该趋势更为明显。1990年匈牙利内债总额为14 119亿福林,1991年为18 788亿福林,1992年为23 312亿福林,1993年为31 922亿福林,1994年为38 156亿福林,1995年超过50 000亿福利。1990年至1995年的六年间,内债总额提高了2.5倍,年平均增长29%。1995年,匈牙利政府开始实行减少政府支出的紧缩性财政政策,使1996年政府债务出现下降趋势,当年政府内债总额降至46 760亿福林,比1995年减少9.4%。

从匈牙利政府内债占GDP的比重看,1990年至1993年为上升时期,各年数据为67.9%、75.4%、79.4%和90.2%。四年间上升了22.3%。随着经济形势的好转,从1994年开始这一比重逐渐下降。1994年为85.5%,1995年为80%,1996年进一步降为70%。

内债规模的不断扩大使利息支出在财政支出中所占比重相应提高。1988年匈牙利政府财政支出中的利息支出为225亿福林,占整个财政支出的2.5%;1989年利息支出413亿福林,占财政支出的4%;1990年利息支出629亿福林,占财政支出的5.3%;1994年利息支出2 921亿福林,占财政支出的11.4%。七年间利息支出增长6.1倍,年平均增长3.5%,占财政支出的比重增长8.9%。

新中国成立后,对公债的发行采取了较为慎重的态度。1981年以前,除为经济恢复和大规模基础建设发行过有限的几次公债外,没有经常性的公债发行。1979年经济体制改革以来,一方面,由于扩大企业自主权,企业以及职工个人掌握的资金有了较大幅度的增长;另一方面,理论界对公债的性质、作用等进行了新的探讨,肯定了其在社会主义经济建设中的积极作用。从1981年起,开始每年以地方政府、国营企事业单位、集体所有制企业以及城乡居民个人为对象,有计划地发行国库券,筹集一部分财政资金,并通过公债的发行与运用对经济进行必要的调节。

我国公债的发行分为三个阶段:

第一阶段是1950年“人民胜利折实公债”的发行。当时,新中国成立伊始,长期内外战争给国家留下一个破烂摊子,经济萧条,物价不稳,解放战争还没有完全结束,国家财政经济面临严重困难。为了迅速统一全中国,安定民生,恢复和发展国民经济,中央政府发行了“人民胜利折实公债”。计划发行总额为2亿“分”,每“分”按上海、天津、汉口、西安、广州和重庆六大城市的大米(天津为小米)6斤、面粉1.5斤、白细布4尺、煤炭16斤四种实物的批发价格的加权平均数计算。原计划分两期发行,实际只发行了一期1.48亿“分”,按当时的粮价计约为2.58亿元。后来因为财政经济状况得到迅速好转,取消了第二期发行计划。这次发行的公债到1956年11月30日全部清偿完毕。

第二阶段是1954—1958年国家经济建设公债的发行,这是我国大规模经济建设时期。为满足基础建设的资金需要,从1954年起,先后发行了五次建设公债。原计划每年发行6亿元,而实际发行额为:1954年8.36亿元,1955年6.44亿元,1956年6.07亿元,1957年6.84亿元,1958年7.98亿元,合计35.69亿元。到1959年停止发行。由于公债主要用于经济建设，周期比较长，公债的偿还期分别为八年或十年，这些公债到1968年全部偿清。

在此后相当长的一段时间内，我国没有发行过任何形式的公司公债，并曾一度把“既无内债，又无外债”作为社会主义优越性的体现进行宣传。直到1981年，由于国家财政收入连年下降，虽然在财政收入中列入了国外借款收入，但仍出现较大的预算赤字。为确保宏观财政按当时的预算编制办法实现收支平衡，国务院决定发行国库券和借用地方财力来弥补预算赤字。当年，以国营企业和单位为对象发行国库券40亿元。发行的主要目的也是把由于扩大企业自主权分散出去的财力重新集中起来。这使我国公债发行进入第三个阶段。此后，我国各年按计划发行部分公债，公债规模逐年扩大，公债种类逐年增加，公债发行和管理技术也有了很大提高。1982年，由于在改革开放中城乡居民生活水平有了很大提高，城乡储蓄存款大幅上升，因此，将公债发行的对象扩大到人民群众个人。1981年到1984年国库券每年发行数额为40亿元，1985年、1986年发行数额增至60亿元。1987年增发重点建设债券54亿元。1988年，国库券发行数额从每年60亿元增加到90亿元，与此同时，计划增发两年期重点建设债券70亿元，但实际只发行了30亿元。在此期间，尽管公债发行期限和品种有所增加，但由于没有国债二级市场，国债持有人感到变现不方便，影响了国债的信誉。

1988年，为解决国债变现难的问题，国家认识到建立和发展国债市场的重要意义，决定在当年四月和六月两次在61个城市进行国库券流通转让的试点，规定转让工作必须在国家指定的交易所内按照国家有关规定进行。试点成功后，国债发行从行政发行逐渐转向以市场发行为主。1989年，由于物价上涨幅度较大，为保护投资人的利益，国家发行了保值公债。1989年以后，国债二级市场有所发展，以国债为经营对象的证券中介机构开始建立。1991年，财政部第一次组织了国债发行的承购包销，通过承购包销团来发行国债，初步建立起国债一级市场。1994年，我国首次发行半年期和一年期短期国债，同时向个人投资者发行不可上市的储蓄债券，增加了国债的期限品种，丰富了国债市场的交易手段。1995年，财政部实行国债招标发行试点，采取划款期招标方式，获得成功。1996年，国债发行全面实行招标方式，分别对不同品种的国债进行了价格招标、收益率招标和划款期招标。与此同时，国债发行期限越来越丰富，其中短期国债以银行为对象，为中央银行进行公开市场操作的试点提供了条件。由上述可见，我国公债的发行、运用和管理已逐步走向成熟。1998年年底，我国内债发行已达万余亿元，到2007年年末的国债余额为53 365.53亿元。2008年我国实际发行国债约8 549亿元，其中储蓄国债约1 893亿元，记账式国债约6 656亿元，2008年年末我国国债余额约5.33万亿元。

二、资本主义国家与社会主义国家国内公债制度的比较

（一）共同点

1. 公债运用从临时应急措施到调节经济的手段

无论是资本主义国家还是社会主义国家，对公债的运用都有一个从临时应急措施到以政府借债调节经济为主的过程。从各主要资本主义国家看，在资本主义的自由竞争阶段，资产阶级一般反对国家干预经济，崇尚自由竞争，在财政上主张实行平衡预算的财政

政策,因而公债的发行和使用主要是为应付灾荒和战争等临时性的开支,特别是在一些当时比较发达的资本主义国家,政府发行公债所筹集的资金更多地用于掠夺殖民地的战争。由于政府平时没有积蓄,一旦发生战争,又无法立即增税,举债就成了应付紧急开支、解决财政困难的捷径。在这个阶段,多数资产阶级经济理论家对公债都持否定态度。他们认为,公债是一代人把负担转移给下一代人,从道义上说是公众无法接受的。还有的学者认为,公债等于把当前居民可消费的资财和可以用于投资的资财转让给政府用于非生产性开支,这就影响了后续年份社会财富的增加,因此认为公债只能作为应急的临时性措施。

资本主义进入垄断阶段后,特别是随着国家垄断资本主义的形成和发展,国家机器的作用发生了很大变化,它不仅依旧作为一种外部力量对资本主义经济的发展起着保护作用,而且力图通过日益增加的对经济的直接干预和调节,来对付频繁危机的袭击,维持资本主义经济的增长。例如,西欧各资本主义国家对相当部分的大中型企业实行"国有化"和"计划化",把国民经济的主要部门直接掌握在国家手中。美国虽然在形式上保持了所谓"自由竞争企业制度",除邮政、公路归属国有外,其他企业多以私有为主,但由于国家和垄断组织相互渗透,国民经济中出现了不少准国营(即国家出资,私人经营)、半国营以及种种具有不同程度合营性质的企业。资产阶级国家通过这些形式加强了对经济的影响和控制,同时又通过财政渠道为垄断组织提供资助,以保证它们获得垄断利润。政府还对相当一部分企业家实行合同订货、直接采购等,预先向企业提供投资。再如,政府对大规模军事生产的支持也是资产阶级国家直接干预经济的重要措施,第二次世界大战后,世界虽然进入"和平时期",但各主要资本主义国家的军事生产仍在各种借口下大规模地进行。这一方面是基于帝国主义对外扩张的需要,维持其已夺得的国际市场;另一方面在国内则是为了刺激经济的增长,缓和危机的影响。对于庞大的军工生产,政府给予直接的财政支持,每年大量的财政支出用于军事采购。除此以外,第二次世界大战后,为了适应国内政治和经济发展的需要,各主要资本主义国家政府推行"福利国家"制度的步伐大大加快。这是由于虽然经济一度有了发展,但危机却更加频繁,各国国内不仅经济问题成堆,而且政治动荡不安,这就迫使政府不得不从政治上、经济上采取一些稳定措施,以利于经济的继续增长。"福利国家"制度的实行,使福利开支在政府开支中的比重越来越大,在某些国家已居于政府开支的第一位。

财政对以上调节经济措施的支持,使预算赤字连年上升,不得不靠大量举债弥补。凯恩斯主义的出现为赤字创造了理论根据,赤字财政成为各主要资本主义国家的合法政策。目前,大量发行公债已不再是政府为应付临时需要而采取的应急措施,而成为政府借以调节宏观经济的重要手段。

从各主要社会主义国家看,自社会主义制度建立直到20世纪70年代末80年代初,各国相继进行经济体制改革时为止,公债的运用一直未引起足够的重视,主要原因有以下两个:

(1) 对公债产生、发展的历史及其性质认识得不够全面。一般强调公债产生于私有制社会,是资本主义原始积累的强有力手段,是食利阶层产生的温床。而且公债的发行往往与国家的财政困难相联系,是资产阶级政府在出现赤字时向公众转嫁危机的手段。因此,认为它同社会主义财政的性质一般是不相容的。

(2) 高度集中的经济管理体制使公债的运用受到很大限制。在高度集中的经济体制中,国民经济运行的大部分资金由国家统一支配,企业所需资金由国家拨给,所有收入一律上缴国家。资金余缺的调剂主要依靠行政手段,同时社会资金数量有限,一般情况下利用公债似乎成了多余的形式。

发展市场经济和经济体制的改革,从观念上动摇了必须把社会主义经济与资本主义经济截然划分开的观念,开始重视从资本主义经济中寻求社会主义经济可资借鉴之处。公债的发行和运用也受到重视。从一些实际资料中可以看出,某些资本主义国家适度发行公债,在一定时期内对于调节经济、推动经济发展起到了较好的效果。同样也可以看到,长期累积的巨额公债已成为当前主要资本主义国家难以负担的重荷。社会主义国家如果能注意严格掌握公债发行的数量,注意改进公债的管理和分配使用,公债可以成为积累财政资金和宏观经济调控的积极因素。

另外,经济体制的改革又从客观上为公债的利用提供了必要的条件。由于市场经济的发展,城乡企业收入增加,居民储蓄增长,社会暂时闲置资金的数量越来越大。而从国家重点建设的需要看,又必须集中适量的资金,将部分消费资金转化为生产建设资金,将短期资金转化为长期资金。公债是实现上述目的的较好形式。目前,各主要社会主义国家对公债理论与实践的研究已开始进入较深的层次,侧重点已转到利用公债实现对国民经济宏观结构的调节上。

2. 市场化已成为各国国债发行、运用的必然趋势

能否充分、合理运用市场工具、市场条件进行国债操作已成为衡量国债发育成熟与否的重要标志。在发达的市场经济国家,国债市场是资本市场的重要组成部分,经过长期磨砺,国债从发行、流通到偿还全过程,从规模、渠道、品种全方位日益市场化、社会化;国债工具创新层出不穷,国债投资方式日益多样化。而以中国为代表的社会主义国家20世纪90年代以来已意识到国债市场化的重要性,正在积极借鉴各国国债市场的先进经验,极力推动国债的市场化进程。

各国国债市场化的要求主要基于两个共同的理论认识:

(1) 国债市场是财政政策与货币政策的有效调节点。一般来讲,财政政策和货币政策针对三种不同的经济状态,在国债市场上分别采取相对应的配合规则,即:当经济处于萧条状态时,财政政策和货币政策采取"双松"的搭配方式,表现在国债市场上,财政部门增加国债发行量以增加对商品的需求,中央银行则以买入式的公开市场操作以增加货币供应量,最终带动投资的增长,促使经济复苏;当经济处于繁荣时期时,财政政策和货币政策的搭配多为"双紧",财政减少国债发行,中央银行也把库存国债推向市场,以紧缩需求,迫使经济降温;当经济运行呈中间状态时,则需根据商品市场和货币市场的供求情况而定,如供不应求,则财政与银行共同收缩国债市场流量,如供过于求,则作适量反向操作。由此可见,国债既是财政政策工具,又是通过对货币流通量的影响作用于经济的工具,因此,没有国债的市场化,其作用将会受到极大限制。

(2) 国债作为国家信用的一种方式,只有走向市场才能充分利用银行、证券公司等信用机构的便利渠道和工具,才能融入整个经济社会投融资大环境,实现低成本、高效益的操作效果,使财政以最低成本筹集必要资金,减轻财政收支平衡的压力。

3. 国债操作技术逐渐多样化、专业化

按照市场化的要求,各国在国债操作技术上已逐步走向多样化、专业化。这种特点在发达的市场经济国家表现得非常突出。从发行形式看,有中、长期公债,也有短期公债;有有息公债,也有有奖公债;有自愿公债,也有可强制公债;有可出售公债,也有不可出售公债;有中央政府发行的公债,也有地方政府发行的公债;有有券公债,也有无券公债。而各类型的公债又可以具体分为多种不同形式。据统计,美国目前有各种不同形式的公债200余种,英国有50多种,意大利有40种以上。从管理方式上看,公债的管理主要是通过资金市场进行的,程序大致如下:政府发行新公债,事先要与大银行或银行集团协商公债发行条款,在协商中,政府对公债利息、期限、票面价格、发行价格以及牌价等的确定,必须考虑银行和证券交易所的利益,保证其收买或大量甩卖债券时的有利条件。公债的各项发行条款确定后,通过银行和储金局等信贷机构向社会发行。在很多情况下,发行银行和银行联合组织本身也是公债券的持有者,但它们持有的主要是政府为了弥补现金余缺而发行的短期国库券。由于资本主义国家公债大多数是可出售的,因此有价证券流通市场在国债管理中起着主要作用。在证券流通市场上,债券经纪人通过债券的买卖可以获得暴利,政府也可以通过债券市场牌价的变动实施对公债的管理。社会主义国家在20世纪90年代以前商品经济的发展水平一般较低,市场机制亦不完善,公债的发行与运用也受到多方面的限制,其主要特点是发行形式的简单化和管理方式的直接化。从发行形式上看,除少数国家在某个特殊时期发行过少量的可出售公债外(如苏联在1936年曾发行过"市场公债",债券允许在储蓄所自由买卖),多数公债都是不允许买卖的。公债的期限也多为中长期,基本上没有偿还期在一年以内的短期公债。发行的主体主要是中央政府。从管理方式上看,公债发行的利息、期限、数额以及偿还者是由政府来确定的。而且由于公债基本上不允许在市场自由买卖,债权人只能手持债券,等候政府到期清偿。政府对公债的管理,主要体现在根据国家财政经济状况确定公债发行数量、利息和期限,进行公债的折换和整理以及到期还本付息等较为直接的方式,而较少运用债券利息、行市等的变动因素充分发挥其调节作用的间接方式。90年代以后,像我国这样的社会主义国家在国债操作技术上有了突飞猛进的进步,这从前述对我国国债发展情况的介绍可得到初步了解。

4. 国债的管理已实现法制化

为保证政府债券信誉,保证债券市场公平、公正、公开原则的体现,规范政府、中央银行以及各投资人的债券交易行为,各国都通过法律程序来实施对国债债券的管理。各国在确立政府债券基本法规的前提下,对国债的发行制度、兑付制度、结算托管制度以及中央银行公开市场操作规则都作出了严格的法律规定,使国债管理呈现出有序状态。

(二)不同点

1. 国债发行规模不同,带来的财政金融和社会后果也不同

资本主义国家公债由于逐年大量发行,已有巨大累计余额,而且呈现出不可遏制的增长趋势。而社会主义国家公债发行运用历史较短,且各年发行按计划被限制在可控范围之内,因此余额相对较小。

随着公债在国民经济中作用的加强,公债的发行数量也越来越大。各主要资本主义国家的公债由于是长期赤字财政政策的产物,在赤字政策盛行时,公债的发行越来越呈现

出不可遏制的增长趋势。20 世纪 80 年代以前,公债的增长相对比较缓慢。如英国从 1946—1974 年的 28 年间,公债平均年递增率为 25%。美国 1945—1976 年的 31 年间公债平均年递增率近 40%。对于公债的这种增长,资产阶级的经济学家们认为,公债的发行数量虽然不断增加,但公债和公债利息在国民生产总值的比重不大,国家可以放心借债。如萨缪尔森在《经济学》一书中,引用英、美两国公债发行的历史资料(见表 5-1)断言:在国内生产总值每十年增长一倍的美国,如果公债在同一期间内再增加六七千亿美元,那也不会使公债负担的相对数字有任何变动,国债和国债利息在国内生产总值中所占的比重将缩小为微不足道的数量。

表 5-1 国债、国债利息及其占国民生产总值的比重

国家	年份	国债	国债利息	国内生产总值(GDP)	国债占同年 GDP 的比重	国债利息占同年 GDP 的比重
美国(10 亿美元)	1975	303.2	19.3	1 549.0	0.2	1.2
	1945	211.4	4.09	212.4	1.0	1.9
	1940	33.3	0.86	100.0	0.3	0.9
	1930	16.0	0.61	90.8	0.2	0.7
	1920	24.1	1.02	91.9	0.3	1.1
	1915	0.97	0.02	40.2	0.03	0.000
	1868	2.6	0.13	6.8	0.4	1.9
英国(10 亿英镑)	1975	46.4	2.97	105.7	0.4	2.8
	1945	21.4	0.43	9.9	2.2	4.3
	1925	7.6	0.31	4.9	1.6	6.3
	1915	1.1	0.62	3.3	0.3	0.6
	1818	0.8	0.03	0.4	2.1	7.7

资料来源:〔美〕保罗 · A. 萨缪尔森,《经济学》(第 12 版)(上),中国发展出版社 1992 年版,第 589 页。

进入 20 世纪 80 年代以后,情况发生了很大变化。各主要资本主义国家公债增长速度远远超过 GDP 的增长,国债余额占 GDP 的比重大幅度提高,公债利息支出占财政支出的比重及占 GDP 的比重都呈现出大幅提高的趋势,如美国(见表 5-2),80 年代以前,联邦政府公债余额只以千亿美元计,公债余额占 GDP 的比重不超过 50%。利息支出占财政支出及占 GDP 的比重分别不超过 10% 和 2%。而到了 1980 年以后,上述数据均出现大幅增长趋势。当年公债总额高达 9 000 亿美元,以后各年公债总额和利息支出占 GDP 和占财政支出的比重不断飙升。到了 2010 年,美国联邦政府国债余额高达 13 万亿美元,占 GDP 的比重达 93.2%。国债利息支出占财政支出的比重为 5.7%,占 GDP 的比重为 1.4%。国债数目在 2000—2010 年间增加了两倍多。利息支出是政府支出中仅次于国防、社保和医疗的第四大支出款项。有分析称,目前美国约有 3.9 亿人,13 万亿美元国债代表平均每人负债超过 4.2 万美元,利息 2 211 美元。

表 5-2 美国联邦政府公债及利息增长与 GDP 增长的关系(1965—2010 年)

财政年度	公债		利息支出	
	金额(百亿美元)	占 GDP 的比重(%)	占总支出的比重(%)	占 GDP 的比重(%)
2010	13 528 807	93.2	5.7	1.4
2009	11 875 851	84.2	5.3	1.3
2005	7 905 300	63.5	7.4	1.5
2000	5 628 700	57.3	12.5	2.3
1995	4 920 586	67.0	15.3	3.2
1990	3 206 290	55.9	14.7	3.2
1985	1 817 423	43.8	13.7	3.1
1980	909 041	33.4	8.9	1.9
1975	541 925	34.7	7.0	1.5
1970	380 921	37.6	7.3	1.4
1965	322 318	46.9	7.3	1.2

资料来源:http://www.whitehouse.gov/omb/budget/Historicals/。

从各个社会主义国家(包括原实行过社会主义制度的一些国家)来看,由于一直强调收支平衡的财政政策,公债的发行始终被控制在严格的计划之内,对发行数量占国家预算收入的比重规定了严格的界限。例如:苏联自从 1922 年首次发行国内公债以后,国家公债占预算收入的比重平时基本上保持在 10% 以下,即使是在第二次世界大战的特殊年代,比重也未超过 13%。但是,苏联解体后,俄罗斯国家公债却出现大幅增长的趋势,债务收入在预算收入中的比重也急剧增加。

我国从 1981 年重新发行国债,到 2007 年年末国债余额为 53 365.53 亿元。但这是在经济体制改革中,国家实施"藏富于民"的政策,财政大幅度让利放权,财政收入占国民收入以及 GDP 的比重大幅度下降情况下的数据统计。如果将目前我国国债放在整个国民经济中进行相对数量比较,就可以看到,到 2007 年我国国债的余额占 GDP 的比重仅为 22%。这意味着,政府通过发行公债利用社会资金仍有较大余地。

2. 公债在国民收入再分配中的作用不同

资本主义国家公债在国民收入的再分配中所起的作用是社会财富在不同阶层之间的转移,而社会主义国家公债的主要作用是对国家和劳动者眼前利益与长远利益的调节。公债的发行是税收的预征,公债的还本付息主要是靠以后年度税收的增加来弥补的。这是公债的一种共性。但是由于所有制的不同,公债在国民收入再分配中的作用是不同的。

在资本主义国家,国家债务从形式上对工薪劳动者侵害不大,因为国债的主要部分被分摊于大垄断组织、大银行和信贷公司等,只有小部分由工薪劳动者承担。但是由于公债的非生产性及其与税收增长的必然联系,国家向资本家和高利贷者支付的利息,相当部分是国家用增税手段从工薪劳动者身上取得的。资本主义国家公债像税收一样,是有利于资产阶级的国民收入再分配的手段。

社会主义公有制的性质,决定了公债发行与运用的主要目的是调整国家与劳动者眼前利益与长远利益的关系。国民收入经过初次分配和税收、信贷的再分配之后,形成大致的收入格局。而积累与消费比例的最后确定,还需进行一系列的调整。公债的运用就是实现这种调整的有力杠杆之一。例如,在国家重点建设资金不足,而社会上的消费资金增长较快、有一定闲置的条件下,国家可以利用公债的发行等手段,把部分消费资金暂时转化为积累资金,一方面保证国家重点建设的资金需要,同时又实现鼓励群众储蓄和避免过多消费资金冲击市场,减缓市场供求矛盾的目的。实际上这是对国家和劳动者眼前利益与长远利益的调节;公债利息只是对债权人暂时让渡资金的时间价值的补偿,而不存在一部分人对另一部分人的剥夺。

3. 对货币流通量的影响不同

资本主义国家公债发行方式及其结构通常会影响货币流通量的增减,引起通货膨胀;而社会主义国家的公债基本上不是直接引起通货膨胀的因素。一般而言,国家向社会发行公债,就像银行吸收存款一样,在一定时期内减少了流通中的货币数量;而国家在清偿债务时,又像银行发放贷款一样,使流通中的货币量增加。但是,现代社会公债发行形式的复杂化,使其对货币流通量的影响不只简单地表现为上述增减关系。如在公债发行中,由于发行的方式、债务结构和资金来源的不同,往往对货币流通量的影响不同。主要体现在:

(1) 公债发行方式对货币流通量的影响。公债的发行一般采取两种方式:一种是向企业、私人以及社会其他方面公开推销,这时,政府通过公债发行吸收一部分货币购买力,同时使企业或私人实际储蓄的货币购买力相应减少。从整个社会来说,只是部分购买力在不同购买者之间的转移,不会增加流通中的货币量。另一种方式是在银行系统内部推销。此时,如果认购公债的是中央银行,又是以创造信用的方式来认购,这实际上就是创造了一笔虚假购买力,扩大了流通中的货币量,成为引发通货膨胀的因素,如果认购公债的是商业银行(或其他专业银行),则对货币流通量的影响比较复杂。假如商业银行购买公债是以吸收存款来进行的,由于它并没有创造新的购买手段或支付手段,没有增加流通中的货币量,因而对通货膨胀不起直接作用。但如果中央银行允许商业银行以降低准备金率、减少在中央银行的准备金来购买公债,就会起到间接创造信用、扩大货币流通量的作用。

资本主义国家采取多种方式发行公债,既有向社会公开发行的,也有在银行系统内部推销的。例如,美国在相当长的一段时间内,由于通货膨胀,公债的发行在社会公众中的市场不断缩小,中央银行不得不以创造信用的方式认购政府公债,同时,为了鼓励商业银行对公债的投资,中央银行还允许商业银行减少在中央银行的准备金,对承购公债的商业银行给予一定优待。美国联邦政府债券分布情况见表 5-3。

表 5-3 美国联邦政府债券的分布(%)

	1945 年	1970 年	1979 年	1984 年	1985 年
联邦机构和信托基金	9.3	24.9	22.2	17.4	17.9
联邦储备银行	8.5	15.9	13.9	9.7	9.3
私人投资者	81.7	59.2	64.0	72.9	72.8
其中:商业银行	32.6	16.2	11.5	11.0	9.9
外国投资者	3.2	10.3	14.7	16.0	11.0

联邦储备银行(中央银行)直接购买公债的比例已从20世纪40年代的8.5%上升为1970年的15.9%和1979年的13.9%。联邦储备银行对公债的这种直接认购不能不说是70年代美国高通货膨胀率的一个重要因素。

80年代以来,严重的通货膨胀迫使美国政府把财政政策的目标从注重经济增长和充分就业转向反通货膨胀和稳定物价上。因此,联邦政府大幅度提高了债券利率,使长短期债券利率都从70年代的5%左右提高到10%以上,以此来鼓励私人投资和外国投资者。与此同时,严格控制联邦储备银行对政府债券的持有比例,使该比例从70年代的15%左右下降到10%以下。这些措施在一定时期内和一定程度上解决了财政赤字的弥补问题,对恢复国民经济的增长和维持较低的通货膨胀率也发挥了作用。

社会主义国家的公债主要采取向社会公开发行的方式,以各企事业单位、居民个人以及社会其他方面为认购对象,有时储蓄所等信用机构也认购,其认购公债的资金大部分来源于从社会吸收的信用存款。因此,从公债发行方式的角度看,在社会主义国家一般不会造成货币流通量的扩大,不会引起通货膨胀。苏联在公债发行的前三个阶段,城市居民和农民认购的公债在公债销售总额中占主要地位,国营企业、集体农庄和手工业合作社占较少一部分,储蓄所等信用机构占的比例更小。例如,1922年首次发行的谷物公债,主要是以农民为认购对象;1924年的有奖公债,除部分在非劳动阶层居民中以强制办法分配外,对国营企业和合作社组织也实行了强制摊派办法;1938年预算收入中公债部分为77.3亿卢布,其中在居民中摊销的为56.7亿卢布,占总额的73.4%,在消费合作社、保险和储蓄组织中间分配的为20.6亿卢布,占总额的26.6%。1944年预算收入中公债部分为303亿卢布,其中居民认购的占72%左右,集体农庄农民和手工业合作社认购的占7%,储蓄所等认购的占13%。1963年,苏联政府取消了在国营企业、集体农庄以及储蓄所等信用机构中推销公债的办法,以后年度公债的主要推销对象就是居民个人了。我国前两个阶段的公债主要以居民个人为发行对象,这是因为当时国家实行高度集中的财政管理体制,财力主要集中于中央,地方所占比例很小;国营企业实行统收统支体制,机动财力也很少,无法承担认购任务。1979年以来发行的国库券是对国营企业、集体企业、企业主管部门、地方政府、机关团体和居民个人发行的。1981—1985年,前者认购占发行总额的52.7%,后者认购占总额的47.3%。公债的这种认购方式是把社会各方面暂时闲置的资金集中在国家手中,只是资金使用权的暂时转移,不会引起货币流通量的增加。1991年我国国债发行实行承购包销以来,承销团成员主要为各专业银行和其他金融机构,因而仍不会对货币流通量产生影响。

(2) 公债结构对货币流通量的影响。所谓公债结构是指期限结构、种类结构和持有者结构。期限结构指短期、中期和长期公债的比重;种类结构指可出售(可流通)公债和不可出售公债的比重;而持有者结构则是指企业、个人、中央银行及各专业银行等的不同社会组织或个人对公债的持有比例(这类结构是公债发行不同方式的直接反映,前面已作过分析,这里不再赘述)。由于公债结构的不同,对货币流通量的影响也就不同。

第一,期限结构。对公债的期限各国有不同的划分方法,但一般均认为短期公债指一年以内偿还的公债,中期公债指1—10年期间偿还的,长期公债则是指10年以上偿还的。短、中、长期公债都可以作为可出售公债进入证券市场,但由于中、长期公债的稳定性相对较强，所以对货币流通量的增减影响较小，而短期公债具有较强的活动力，债券持有者有在证券市场上随时大量抛售的可能，尤其是当中央银行在市场上大量出售或购入这类公债时，就会导致货币流通量的相应变动。

第二，种类结构。可出售公债与不可出售公债对货币流通量的不同影响比较明显。前者可以在证券市场上进行买卖，因此，当某种公债在市场上被大量出售时，等于增加了市场上的货币流通量，反之则等于缩减了货币流通量。不可出售公债只能由政府到期向执券人还本付息，而不能在证券市场上公开出售，对货币流通量的变动没有明显影响。

公债结构分析是资本主义国家公债管理的重要内容之一，公债结构的变化反映资本主义国家政府利用公债影响市场、稳定经济的侧重点的变化。从期限结构看，第二次世界大战前后，各资本主义国家以长期公债为主。例如，长期公债占公债总额的比重：英国1939年为87%，法国1938年为70%，意大利1939年为30%，美国1950年为7%。因长期公债偿还时间较长，政府除每年付息外，在短期内不需筹措还债资金，因而短期内不增加财政负担。特别是在通货膨胀严重的情况下，还债期限越长，公债贬值程度越大，政府就可以把实际财政负担的更大部分转嫁给债权持有者。20世纪60年代以后，各资本主义国家为了刺激经济发展，在公债的利用上大幅度地缩减了长期公债的数额，相应增加了短期公债的发行，意在通过控制短期公债的利息率和发行价格的办法，来影响借贷资本的供需和市场利率的变化，配合其他财政、金融政策，达到扩张或收缩的目的。例如，60年代后，长期公债占公债总额的比重，英国1966年降至83%，法国1964年降至36%，意大利1967年降至43%，美国1978年降到53%。

从种类结构上看，由于资本主义国家商品经济有较高程度的发展，大多数公债可以在市场上公开买卖，政府发行公债允许持有者自由认购、自由买卖或转让。不可出售公债的发行量占公债总额的比重很小，一般只是政府为了特定目的发行的少量债券。如第二次世界大战期间，英国政府发行的各种“小额储蓄券”、美国政府发行的储蓄券，以及平时对人寿保险公司和政府基金组织所发行的“特别证券”等少量债券是不允许在市场上公开出售的，其他大多数债券允许在市场自由买卖（见表5-4）。直到近年，可出售公债仍是资本主义国家公债的主要部分，而且可出售公债的发行在公债总额中的比重是不断增加的。

表5-4　美国联邦公债种类结构分布

	1980年	1981年	1982年	1988年
联邦公债总额 （亿美元）	9 302	10 287	11 971	12 445
可出售公债数额 （比重，%）	6 232 67.14	7 203 70.16	8 815 73.77	9 378 75.18
不可出售公债数额 （比重，%）	3 057 32.86	3 070 29.08	2 140 26.23	3 052 24.52

社会主义国家发行公债的目的主要是为筹集建设资金或应付战争、灾荒等需要，资金运用所需时间一般较长，因此，从公债的期限结构看，绝大多数为中、长期公债，一年以内清偿的短期公债很少。例如，苏联自首次公开发行公债以来，无论是战时公债还是经济建设公债，基本上都是以5年或10年为期，在30年代还曾一度把以往发行的中期公债掉换

成为期20年的长期公债。我国从新中国成立初期发行的“人民胜利折实公债”直到1994年发行的债券,都是以3年至10年为偿还期。1994年以后,我国发行少量短期债券。相对较长的偿还期限便于政府有计划地安排筹集的资金,对国民经济的发展发挥重要的补充资金作用。

三、从国家公债比较中得到的几点启示

从对不同国家运用公债的状况及特点的比较研究中可以看到,我国今后在经济体制改革中,利用国家信用形式促进经济发展,可着重考虑以下一些有借鉴意义的内容:

(一)树立信用经济观念,把公债的发行和运用作为调节国民经济的一个重要的长期手段看待

资金是商品经济的第一推动力,而在历史上制造和显示这种推动力作用的主要机制就是信用机制,因此,可以说信用是商品经济发展到一定程度必然出现的一种经济现象。现代社会经济是一种信用经济,信用经济比商品经济蕴涵着更深刻、更丰富的内容,是商品经济发展的更高阶段。从世界经济发展看,信用经济也成为必然趋势。从微观经济运行看,任何一个企业都不可能总能保证自有资金的需求,在企业的商品生产发展过程中,资金的使用和时间的变化,总是使资金常常呈现出有余有缺的情况,这就为信用活动的开展提出了客观要求和可能。从宏观经济运行看,一个国家在进行宏观经济调节中,出现资金不足也是常有的现象,而且由于国民经济的建设具有一定的周期性,国家资金余缺的调剂是必不可少的。因此,国家信用只要运用得当,就可以成为调节国民经济的有效力量。纵观世界各国政府对公债的运用,虽然各有特点,但在一定时期、一定程度上对国民经济的调节都起到了积极作用。如美、英、日等几个主要资本主义国家,目前虽然都面临着巨额债务的巨大压力,公债已成为政府和社会最感到头痛的问题之一,但从其历史发展看,在国债的适度发行时期曾有效地弥补了国家财政赤字,扩大了政府开支,增加了必需的公共建设事业投资和贷款,在一定时期推动了国民经济的发展。苏联和我国等社会主义国家由于对公债的运用一直采取较谨慎的政策,基本上没有出现过公债超量发行的情况。这对保证国民经济的稳定发展起到了促进作用,但公债对国民经济的调节作用则显得比较弱,特别是在国民经济结构的调整方面作用不够明显。这说明,我国在公债运用上还有相当的余地。在今后相当长的历史时期内,可以把公债作为国家筹集建设资金、调节国民经济的主要手段认真加以研究运用。

在运用国家信用筹集财政资金时,应特别重视研究各主要资本主义国家长期依赖公债、造成当前债台高筑的教训。从历史发展看,这种困境的出现并不是长期公债运用的必然结果,关键在于政府的财政政策。一些发达资本主义国家长期盲目推行赤字财政政策,无限制地扩大政府开支,虽然在短时期内可以刺激经济的繁荣,但长此以往,必然导致债务的增长和失控。如果根据国民经济发展不同时期客观条件的可能,充分考虑国家财政的偿还能力,有计划地安排适量的公债,并注意公债使用的经济效益,即使是较长期地发行公债,也可以较好地发挥其积极作用。

从我国目前的情况看,有条件较长期地适量运用公债。首先,我们实行的是社会主义市场经济体制,国家有条件对宏观经济进行有效的调控。在运用财政调节手段时如能始

终坚持收支基本平衡的方针,就可以保证公债的发行不会出现失控现象。其次,十一届三中全会以来,随着经济体制的改革,掌握在企业、个人手中的社会资金和银行信贷资金都有较大幅度的增长。这就为国家长期运用公债调节经济提供了可能和必要。另外,我国是社会主义国家,国家信用资金和其他财政资金一样,主要部分是用在为生产建设服务的项目上,有可能保证公债使用的经济效益和偿还能力。我们应尽快树立信用经济观念,认真研究各国在公债运用上的利弊得失,使公债成为国家调节经济的积极杠杆。

(二) 继续采取积极慎重态度,把公债发行严格限制在社会各方面的应债能力和国家以后年度偿还能力的限度内

从各国的实践经验看,公债具有双重性。公债收入是当年国家财政实实在在的收入,它有适量的物资相对应,国家可以据以安排财政支出。但是若干年后,它不但要在期满时作为国家财政支出如数归还债权人,还要多付一部分借用的报酬。因此,任何国家对公债的运用都不是无限的和多多益善的,而是必须注意将其限制在合理的数量界限之内。

关于公债数量界限的问题,西方资本主义国家流行的观点是看其增长速度是否超过国民经济的发展速度。例如,前面谈到的资产阶级经济学家萨缪尔森就曾用公债增长与国内生产总值增长的比例分析英、美国家债务问题,并以国民生产总值的增长作为国家偿债能力大小的标志。这种衡量标志从一般意义上讲,是有一定道理的。具体到我国社会主义现阶段的经济条件和体制状况,确定公债运用的数量界限还必须考虑以下三个因素:第一,国家通过经济体制改革所建立的财政、财务管理体制所能筹集起来的资金数量。第二,各地方、部门、企事业单位和城乡人民当年的应债能力。通过经济体制改革,地方、企业和城乡人民所掌握的社会资金有较大幅度的增长,但这种增长是相对于以往高度集中的管理体制而言的,与资本主义私有制国家相比,我国社会资金无论是从数量上,还是从其在国民收入的比重上,都是比较少的。加上在地方建设事业和人民生活改善方面要对以往几十年的欠账给予弥补,因此社会各方面的应债能力还是较弱的。第三,在当前经济效益不高的情况下,公债的偿还会面临较多的困难。如果公债的发行不认真考虑这些因素,忽视我国的客观实际情况,超过社会应债能力,势必对近年来的国家经济体制改革措施产生抵消作用。这要求我们必须继续对公债的发行与运用采取积极慎重态度,把数量严格地限制在国家以后年度的偿还能力和社会各方面当年的应债能力的范围内。

(三) 改进公债运用和管理形式,结合我国国情和市场经济发展的内在要求,逐步形成高效率、低成本的公债运用和管理机制

在资本主义国家主要依靠市场调节的情况下,公债的流通一方面成为政府作用于经济的主要手段,另一方面又成为导致货币流通量失控、加剧生产无政府状态的催化剂。而在高度集中的计划管理体制条件下,公债的运用却受到极大限制,甚至提出取消通过公债筹集资金的形式,更谈不到债券的流通了。在社会主义市场经济条件下,要达到"宏观控制住,微观搞活"的目标,逐步开放债券市场,发展债券流通,是有必要和可能的。我国经过数十年的经济体制改革,高度集中的计划经济体制已逐渐为较灵活的和富于弹性的社会主义市场经济所代替,市场机制已被有效地引入社会经济生活的各个方面。商品市场、劳动力市场、技术市场和资金市场都在有计划地开放。从国家对公债的发行、运用和管理

来看,已可以不再局限于简单的、直接的形式,而应采取更为丰富多样的方法。例如,在公债发行中,承购包销、公募招标等方式体现了国债供求关系,符合市场经济发展的内在要求,可以做到低成本、高效率。在我国近年的试点中已取得初步经验,是我国今后国债发行的主要方式,应不断改进,不断完善。

(四)加强国债交易法规建设,强化国债二级市场管理

国债二级市场与一级市场是相伴而生、相互制约的,发行市场决定流通市场,流通市场反作用于发行市场,二者应协调同步发展。国债二级市场正常发育的关键是交易法规制度的建设。国债交易要实现规范化发展的目标,必须有一个良好的市场法制环境,以法规来约束市场交易主体的行为,维护各参与主体的利益。我国近年来陆续出台的相关法规制度在实践中已初见成效。我们一方面要继续维护这些法规的严肃性,使其发挥应有作用;另一方面要根据实际情况,不断修正、完善现有条款,保证现有法规的公平有效。

第二节　外　　债

一、一些国家和地区的外债情况

外债包括国家以政府名义在国外发行、推销公债以及向他国政府、经济组织或个人借取债款。国家举借外债,可以把本来属于外国的物资和劳务暂转归国内使用,增加国内的资金运用能力,弥补国内资金的暂时不足。外债的还本付息则是国内物资和劳务的净输出,使国内财富减少。目前,随着国际间经济联系的广泛开展,各国经济已成为紧密相联、相互依赖的整体。不仅在发达国家之间、南北之间和南南之间,而且在资本主义国家与社会主义国家之间,相互依存关系都在不断加强。各国国际贸易增长速度越来越快,对国际贸易的依存度(出口总额占国民生产总值的比重)1962 年约为 12%,1984 年上升为 22%,20 年间提高了将近一倍。国际信贷业务在许多国家,特别是发达国家之间,已打破国界,难分国际市场和国内市场。特别值得注意的是国际信贷的发展速度比国际贸易的发展速度更为活跃可观,已成为世界经济中的主导因素。充分利用外资,加速本国经济的发展,已成为普遍的经济现象。

(一)主要社会主义国家外债利用状况

社会主义首先是在经济比较落后的国家中取得胜利,这就决定了多数社会主义国家都是在生产力发展水平低、经济基础薄弱的条件下进行经济建设的。在这种条件下,社会主义国家一方面坚持独立自主、自力更生的原则,努力挖掘国内资金和物资潜力,调动各方面积极因素,促进生产力的发展;同时也采取积极政策和措施,广泛利用外国资金,吸收国外先进科技成果,加快经济建设步伐。在利用外资的过程中各社会主义国家在指导思想上有一个发展变化的过程,在政策执行上,随着国内经济形势的变化也呈现出不同的特点。苏联在社会主义革命取得胜利后,对利用外资、吸收国外先进技术采取了积极态度。建国初期,列宁就说过:资本主义国家的经济史证明,落后国家要有几亿金圆券或金卢布的长期借款,才能作为发展重工业的资金。在这种思想指导下,苏联于 1920 年颁布了租让制法令,从法律上对国外承租者的义务和权利作了具体的规定,使租让制成为当时吸收

外国资金的一种基本形式。但由于西方资本主义国家对苏维埃政权实行经济封锁,列宁广泛利用外资的设想未能完全实现,租让制的实施也受到一定限制。国民经济恢复时期结束以后,苏联政府继续采取各项措施,吸引外国资金。例如,在1929—1933年的资本主义世界经济大危机时,苏联就利用各主要资本主义国家资本大量闲置的机会引进十几亿卢布外资,用于国内经济建设。直到第二次世界大战前,苏联共引进二十多亿卢布的各种形式的贷款。第二次世界大战期间,由于战争中的共同利益,美、英等资本主义国家放松了对苏联的经济封锁,使苏联得以通过租借法案从美、英和加拿大等国分别获得了较大数额的贷款,用以购买军用和民用物资,维持战争的需要。当战争还在进行时,苏联政府曾考虑到战后从资本主义国家贷款,恢复经济建设的问题,并得到美国总统罗斯福的允诺。但是,战争结束后,东西方矛盾迅速激化,双方处于"冷战"的僵持状态,西方国家恢复了对苏联的封锁和歧视政策,加上苏联在发展对外关系时,受"两个世界市场"理论的束缚,在十几年时间内,除与瑞典、英国签署了两个贷款协定外,与其他国家几乎没有信贷关系。直到1964年苏联政府修改了对西方的外交政策,同时西方各主要国家之间由于经济争夺和经济危机日趋激化,各国政府开始感到放弃苏联资金市场对自己是得不偿失的事时,西方与苏联的信贷关系才有了较大的变化,贷款额有了较大幅度的增长。20世纪70年代以后,苏联更注意及时抓住西方国家危机频繁、资本闲置、利率降低的时机,争取优惠条件贷款,大量引进外资。1964—1970年,苏联平均每年从西方得到贷款5亿美元,1971—1977年平均每年30亿美元。截止到1982年,苏联共从西方国家获得贷款300亿美元左右。为了避免债务积累,苏联在大量引进外资的同时,注意了债务的及时清偿。政府利用国内资源丰富的自然条件,大量出口煤炭、石油、天然气以及黄金等,增强出口换汇能力,并在西方银行获得相当数量的存款,使债务清理费用占出口收入的比重经常保持在安全界限(25%)以内。

这一时期,苏联以各种不同的形式从西方吸收信贷资金,其中既有商业信贷,又有财政信贷;既有私人信贷,又有官方信贷;既有国家信贷或国家担保的信贷,又有国际经济组织提供的信贷,有时还直接利用西方金融市场直接发放债券筹集资金。多种形式的国际信贷,从苏维埃政权的建立到工业化基础的奠定,从卫国战争到战后几十年的经济发展,对于吸收和利用国外资金都起到了重要的作用。当然,与国内资金相比,对外资的利用仍处于次要地位。

80年代后半期起,苏联大量向西方国家举借外债,1991年的债务总额是1985年的1.3倍。主要债权人是联邦德国(份额大约为50%)、意大利(20%)、法国(10%)等。苏联解体以后,俄罗斯承担了其全部外债(相应也继承了其全部海外资产),外债总额为653亿美元。俄罗斯独立后除原债务利息的增加外,新借债务也迅速增长,1992年俄罗斯获得关联贷款(即以购买或订购债权国的商品和劳务为条件的贷款)120亿美元;1993年俄罗斯举借外债64亿美元。1994年,俄罗斯外债达1 127亿美元,占其国内生产总值的17%,是俄罗斯每年向西方出口能力的2倍。1996年俄罗斯外债总额1 200亿美元左右,1997年达到1 274亿美元。

从1992年起,俄联邦政府开始对其承担的前苏联外债进行重组调整。前苏联遗留外债大约2/3应在1992年至1995年期限间偿还。而由于俄罗斯经济体制改革中遇到困难，无力清偿这些债务，为此，联邦政府采取了与国外债权人协商，重新安排偿债进度表的债务重组政策。1992 年 1 月俄联邦政府同巴黎俱乐部成员国达成协议，将在 1991 年 1 月 1 日之前形成的，并应于 1991 年 12 月到 1992 年 3 月之间偿还的债务延期。1993 年俄联邦政府又就苏联在 1991 年 1 月 1 日前形成的，应在 1991 年 12 月到 1993 年偿还的中、长期政府贷款债务的重组问题同西方债权国达成协议。结果，1993 年应偿还债务总额的 80%（约 150 亿美元）延期 10 年，并附有 5 年的优惠期。同时，一些短期债务也得到重组。1994 年，俄联邦政府又同债权国达成协议，将当年到期的近 70 亿美元债务延期。1995 年 11 月，俄联邦政府同苏联的伦敦俱乐部的债权国签订预备协议，将未偿债务本金约 250 亿美元推迟为 25 年内清偿，首次支付在 2002 年。1996 年 4 月又同巴黎俱乐部成员国达成协议，使 380 亿美元债务得到全面重组，其中 55% 在 21 年内付清，另外 45% 在 25 年内付清。东欧一些实行过社会主义制度的国家，在第二次世界大战后便从国外获得相当数量的贷款。但在 20 世纪 70 年代以前，这些国家的贷款主要来自于苏联。例如，保加利亚在 1945—1970 年间从苏联获得"经援"贷款 18 亿卢布，波兰在 1948—1957 年间获得类似贷款 7 亿卢布。1945—1975 年，苏联对东欧六国的贷款总额达 122 亿卢布。70 年代后，这些国家一方面继续从苏联获得贷款，另一方面大幅度地增加了从西方资本主义国家取得贷款的数额。1983 年，波兰从西方获得贷款累计额达 282 亿美元，南斯拉夫达 180 亿美元，民主德国达 115 亿美元。到 1984 年，东欧六国欠西方资本主义国家的债务总额已达 600 亿美元。大规模地吸收国外资金，引进先进技术，对于促进国内技术改造和产品更新换代、加速经济发展起到了推动作用。但也有一些国家由于借债过多、债务资金使用不当，形成债务负担过重，给国民经济造成不良后果。例如，波兰在向国外大量借款时，忽视了国家的偿债能力，使债务的增长大大超过国家商品出口收汇的增长。1983 年，债务清偿费用占出口收汇额的比重高达 92%，大大超过了安全界限。沉重的债务负担使国民经济失去机动能力，支付平衡的困难限制了进一步的引进，对国内工农业生产产生了消极影响。

匈牙利政府从 70 年代开始举借外债，其目的在于缓解资金短缺，改善国际收支状况，帮助政府抑制通货膨胀和稳定汇率。但由于种种原因，外资进入匈牙利后并未产生相应的预期，相反，形成了不堪重负的金融负担，使匈牙利陷入债务危机的泥潭。到 80 年代，匈牙利外债出现急剧增长势头，1989 年匈牙利外债总额为年出口总额的 3 倍，外债偿付为硬通货出口的 45%，债务平均占社会产品的 104%。到 1994 年，匈牙利外债总额达 283 亿美元，外债净额 189 亿美元，居东欧国家之首。增长过快的主要原因一是新借款项未能及时转化为出口能力，使国家出口创汇能力与外债规模失衡。二是所借债务大部分以德国马克、日元、瑞士法郎和法国法郎为单位，美元的贬值使匈牙利债务大幅增长。1995 年，匈牙利政府实施了以强调改善国际收支、减少净外债和经常账户赤字为主要内容的《博克洛什紧缩纲领》，使外债过重状况得以缓解，同年年底，外债净额降至 168 亿美元，比上年减少了 21 亿美元。

新中国成立后对外资的利用有一个发展过程。新中国成立初期，由于西方国家对新中国实行经济封锁，我国不可能利用资本主义国家所提供的资金。当时我国国际信贷主要来源于苏联和东欧社会主义国家，其中较为成功的经验是 50 年代初期，向苏东国家借款74亿旧卢布，引进400多项技术设备，后来建成156项重点工程，至今仍为国民经济的骨干。60年代中期，中苏关系恶化，苏东国家基本上停止了与我国的贸易往来和国际信贷关系。在以后的十几年中，我们几乎没有直接向国外借贷资金，更没有吸收国外资本在中国投资，只是在同日本和西欧一些国家、地区的经济、技术贸易中采取了延期付款的支付方式。如1973—1977年间进口的成套设备成交额中，有40%左右是以延期付款方式支付的。在此期间，还利用中国银行吸收各种外汇存款，贷给国内交通部门购买远洋船舶，并对国内一些部门和地方开办小额外汇贷款业务。20世纪70年代中期以后，以美国为首的西方资本主义国家对我国的封锁禁运逐步解除，我国在国际货币基金组织和其他世界组织中的应有地位逐渐得以恢复，这为我国进入世界市场、广泛开展国际信贷活动创造了经济条件。

党的十一届三中全会确定的对外开放方针，使我国在利用外资方面取得了长足的进步。到1996年，我国引进外债余额已达1 162.8亿美元，主要用于国家经济建设。几年来，每年都有4%—5%的国家基本建设投资是由引进的外资完成的。不仅如此，在经济调整时期，我们还利用外资建设了一批由于资金不足而停建、缓建但于国民经济发展又十分急需的项目，加强了国民经济薄弱环节的建设。

(二) 主要资本主义国家的外债状况

资本主义国家的外债是一个十分复杂的问题。由于各国经济实力的变化、国际经济发展的不平衡，资本主义世界的债务中心往往从一国转移到另一国，而且各主要资本主义国家往往是既有巨额国际债务，又有大量直接对外投资，使资本主义世界各国资本呈现出你中有我、我中有你的错综复杂状况。随着经济全球化的进一步发展，各个国家的经济呈现出“牵一发而动全身”的态势，使得债务危机爆发的影响大大加深。其中，美国和日本具有两种不同的典型性。

首先，从美国这个资本主义世界的最主要国家看，第二次世界大战中，美国依靠出售军火和其他物资积蓄了大量的黄金储备。1946年美国拥有的黄金储备占世界总额的60%。凭借它强大的经济实力和在资本主义世界中的政治霸主地位，美国在国际金融市场实行了“双挂钩”的金汇兑本位制，迫使其他资本主义国家的货币与美元保持一定的比价，使美元和黄金一样作为各国货币和外汇的储备。在以后的20多年中，美国一直凭借这个特有的优势向世界各国大量输出资本，成为世界上最大的债权国。20世纪70年代后，国际经济形势发生了明显的变化。由于国内经济长期不景气和连年的预算赤字，美元难以继续维持其霸主地位，美国逐渐从债权国沦为债务国。50年代，美国的国民生产总值占资本主义世界生产总值的近一半，到80年代初已降至1/4。1971年美国对外贸易在保持了180年的顺差后，第一次出现逆差，此后，靠外贸顺差弥补国际收支的有利因素丧失了。1984—1986年，外贸逆差已分别达到1125亿、1221亿和1443亿美元，一年的逆差甚至超过其他资本主义国家对外贸易逆差的总和。到1998年美国的贸易逆差更上升为2 400亿美元，占其国内生产总值的2.96%。2009年全年，美国共出口15 531亿美元，进口19 337亿美元，逆差3 806亿美元。

长期的国际收支逆差只能靠不断的外债来弥补。80年代初，外债并没有引起人们足够的重视和不安，因为当时美元汇率仍然较为坚挺，加之里根总统的高利率政策，吸引大量外资涌入美国，弥补了财政赤字，改善了国际收支，在一定时期内刺激了美国的经济增长。但是，随着美元汇率、利率的下跌，外债对国际收支逆差的弥补和对国内经济增长的促进作用越来越弱。1986 年，美国国际负债已达 2 636 亿美元，成为世界上最大的债务国，而国际收支逆差仍然很严重，国内经济增长依然缓慢。进入 21 世纪，从 2001 年到 2007 年，对外债务分别为 22 889 亿、24 040 亿、22 857 亿、23 558 亿、18 509 亿、18 493 亿、17 275 亿美元。外债过多的势头还不会在短期内有所扭转，外债问题已成为美国政府制定国内外经济政策时必须考虑的重要因素。

其次，就日本而言，日本经济在第二次世界大战后期遭到严重破坏，根据日本经济安定本部的统计资料，如按战败当时的价格计算，国家总财产损失约 652 亿日元，损失率为 25.4%，相当于 1935—1945 年 10 年的财富积累总和。为了迅速恢复经济，日本政府选择了以本国丰富的人力资源与国外自然资源和先进技术相结合的发展战略，在加强国内基础工业发展的同时，坚持对外贸易立国。日本经济学家赤松要提出所谓"雁行形态理论"，认为根据日本自然条件的特点，工业的发展应像雁群飞行时互相重叠的人字形翅膀一样，要先后经过引进、国内生产和出口三个阶段。为此，日本首先大规模地引进国外先进技术设备。据统计，1950—1970 年，日本共引进了 26 000 项技术项目，支付技术进口费 60 亿美元，成为世界上引进技术最多的国家。通过对外资的利用和先进技术的引进，日本得以大规模地调整国内产业结构，到 20 世纪 60 年代，产业结构的调整已基本完成，完整的工业体系已建立起来，而且已具备了充足的企业设备投资的资金和较强的技术消化能力。在这种情况下，日本开始限制外资的输入，并相应加强了资本输出，到 80 年代，日本已从世界上的主要债务国转变为债权国。在技术方面则加强了技术贸易，一方面继续从欧美引进先进技术，同时又向落后国家出售技术。国际贸易则从以引进为主转向以出口为主，贸易顺差逐年增加，在世界经济中占据了举足轻重的地位。

（三）部分发展中国家和地区的外债情况

近 30 年来，由于很多发展中国家在政治上逐步获得独立，迫切要求发展本国经济，但由于国内经济条件的限制，缺乏必要的建设资金，因此，纷纷求助于外资的借入。1970 年，主要发展中国家外债总额约为 1 000 亿美元，1980 年迅速增加到 4 740 亿美元，到了 1985 年，又进一步增加到 9 700 亿美元。其中负债最多的巴西一国就达 990 亿美元，第二位的墨西哥达 970 亿美元。外债的借入既有促进经济增长，协助经济调整，以适应内外部经济动荡冲击的明显好处；又有巨额债务累积，使国民经济背上沉重负担的潜在不利因素。特别是对发达资本主义国家过多负债，会受其操纵，失掉政治上的独立。在利用外资方面，所谓"亚洲四小龙"——韩国、中国台湾地区、新加坡和中国香港地区的经验有参考价值。这些国家和地区获得一定成就的主要因素之一，是对外资的合理利用和对国外先进技术设备的大规模引进。60 年代后，这些国家和地区确定了出口导向型经济的开发战略。为实现这个战略，各国和地区注意把外国的先进技术和资金与本国或地区的劳动力资源和地理优势相结合，着力发展劳动密集型加工工厂，与此同时，它们注意加强对债务的宏观管理，努力提高借款的使用效益。统一借贷窗口，加强行政管理；对借款期限实行监测，避免形成偿债高峰，保持债务偿还均衡；规定最高借款限额；将借款用于对经济增长起关键作用的部门，取得了显著的成效。到 80 年代初，这些国家和地区已基本达到中等收入国家(地区)的水平,其中韩国年平均增长率达8.4%,中国台湾地区达9.2%,新加坡达9%,中国香港地区达9.4%。此后,它们又开始促进产业结构从劳动密集型向资本、技术和知识密集型转化,利用外资进行产业结构调整。目前,这些国家和地区已先后在电子计算机、造船、汽车以及照相机等工业方面有了长足的进步,并在某些尖端技术上向日本、美国等发达国家提出挑战,其产品在国际市场上具有相当的竞争能力,并开始向别国部分地输出技术和资金,另外,它们注意针对外部冲击积极调整政策,防止债务危机的出现。例如,在世界性的石油危机和西方经济衰退中,韩国采取了以货币贬值为主的调整政策,使贸易逆差减少,外债增幅降低。同时积极控制国内经济增长速度,压缩基建规模,改变债务结构,提高国内储蓄率,有效地避免了债务危机的冲击,成为发展中国家(地区)经济迅速起飞的典范。

在发展中国家中,外资利用上利弊都十分明显的突出例证是巴西。第二次世界大战后,巴西经济非常落后,国内积累能力很差,资金匮乏,物资紧缺。在这种情况下,巴西选择了举借外债、积累建设资金来加速经济发展的道路。1964 年军人政府上台后,明确实行对外开放政策,废除了原政府限制外资利润汇出的法令,转而采取鼓励外国投资的办法。此时正值各主要资本主义国家生产发展进一步国际化、资本输出空前高涨之时,巴西成为西方资本输出的理想场所。到 20 世纪 80 年代,向巴西直接投资的国家和地区多达 60 多个,向巴西提供贷款的国家和地区也达 57 个,还有一些国际金融机构也成为巴西的债权人。

外资的大量引进,弥补了巴西国内建设资金的不足,一度促进了国内经济的迅速发展。60 年代至 80 年代初,巴西经济的发展速度不仅在发展中国家中首屈一指,而且比某些工业发达国家还要高。如 1953—1980 年,巴西国内总产值年平均增长率为 7.1%,仅次于同期的日本(8.1%),高于意大利(5.9%)、联邦德国(4.7%)、法国(4.9%)、美国(3.1%)和英国(2.5%)。1980 年,巴西的国民生产总值已从 1964 年的 3 384 亿克鲁塞罗增加到 14 029 亿克鲁塞罗,17 年增加了 3.15 倍,人均产值也由 247 美元增加到 1 738 美元。但是,继经济高速发展之后,大量的外资引入也带来一些严重问题。70 年代中期以后,巴西经济增长率开始出现下降苗头,失业人数也有所增加,到 1981 年甚至出现了战后第一次绝对下降,国内生产总值比上一年减少 1.9%,失业率高达 25%,经济开始陷入危机。而且,由于外资的引入超过了国家的实际物力和财力,耗资巨大的建设工程、迅速增长的对公私企业的贷款以及由进口用汇带来的"早熟消费",都是建立在国内有限的实物基础之上,因而导致了严重的通货膨胀。在国内经济开始出现危机的同时,国际市场石油危机又促使巴西政府继续大量举借外债,使原来的举债为发展变成了举债为还债,由良性循环变成了恶性循环。目前,巴西政府虽然多方采取措施,严格控制向外国借债,在对外贸易上实行奖出限入政策,力求减少国际收支逆差,但外债累积额和外债清偿率仍是世界上最高的国家,成为发展中国家外债负担沉重的典型。另外,1997 年爆发的东南亚金融危机在某种程度上也与某些发展中国家对外债、外资利用不当直接相关。例如,在那次危机中受影响最大的泰国,其导致危机的根本原因除长期国内经济粗放经营、产业结构失调、银行资产质量低下等之外,盲目运用外资也是重要原因之一。90 年代以前,泰国由于长期外贸逆差,经常项目赤字逐年增加。90 年代后,为缓解日益增加的经常项目赤字的压力，泰国先后推出一系列旨在吸引外资的金融改革措施。1990 年 4 月泰国正式接受国际货币基金组织协定的有关义务，取消了经常项目国际支付的限制。1991 年，开始减少对资本项目交易的外汇限制；1992 年，允许国内投资者直接通过银行获得低息的外国资金；1994 年进一步放松资本项目下的有关限制，等等。此外，泰国一方面对外大量举债，另一方面又向外国和本国银行提供毫无约束的美元贷款。涉足信贷业务的外资银行和泰国银行在相当长一段时间内依赖在国外借低息贷款，又在泰国国内高息放出以获得丰厚的收益，因而使国内信贷业务迅速扩大，结果吹起了一个以国际资本为依托的巨大的信贷气泡，为日后国际资本投机创造了极好的机会。1990 年泰国外债为 280 亿美元，到 1997 年，外债总额已超过 900 亿美元，占其国内生产总值的 50% 以上。急剧膨胀的外债偿还伴随着结构的不合理，仅于 1998 年到期的短期外债就达到 400 多亿美元，超过 1997 年年初的外汇储备水平。其他一些东南亚国家也有类似的经历，如 1997 年印度尼西亚的外债总额已达 1 000 亿美元，马来西亚的外债总额为 290 亿美元。

二、不同国家利用外债的特点

（一）社会主义国家利用外资的特点

（1）坚持独立自主、自力更生为主，争取外资为辅的原则。坚持独立自主、自力更生首先是指社会主义国家举借外债时是以保持主权独立，不允许外国政府附加任何政治条件，不允许干涉内政为前提的。苏联十月革命后，宣布把银行收归国有，废除了沙皇和临时政府时期的一切外债。从 20 世纪 20 年代起，西方国家一直要求苏联承认沙皇时期的外债，以此作为向苏联提供新贷款的条件。苏联政府在坚持原则的前提下愿意偿还一小部分沙皇时期的债务，作为利用贷款的一份额外利息。但在当时的国际政治环境中，苏联仍未能与西方国家达成提供长期贷款的协定。30 年代后，在苏联的坚持下，西方国家在向苏联提供贷款时，没有再提沙皇时期的债款和被没收归国有的财产。坚持独立自主、自力更生的另一层含义，是指举借外债的数量规模要受到严格控制，要适合国家对国民经济宏观安排的需要，以不冲击国民经济计划和国家的承受能力为条件，不能因世界市场的变化而影响国民经济大局，更不能以债立国或主要靠借债过日子。在历史上除极少数国家外，多数社会主义国家在经济建设过程中主要都是依靠国内资金的积累，即使在近几年，实行对外开放政策，大规模引进外资，国家建设资金仍主要来源于国内经济实体，外资在国家财政收入中仍只占较小的比例。我国近几年利用外国投资搞了相当数量的建设项目，但其投资数额仍未超过财政投资的 5%。

（2）注重把向国外借款获得的资金用于先进技术设备的引进，以加强国家的生产建设能力，奠定国家的经济发展基础。苏联在 30 年代初的经济建设时期，利用外国借款在世界市场上购进了大量的先进设备，当时购进的机器设备占世界出口总额的 1/3 以上。70 年代，苏联和东欧某些国家主要采取补偿贸易的方法利用外资，由西方发达资本主义国家提供贷款购买机器设备，用以开办企业，开发资源，贷款用出口企业生产的产品偿还。这种借款与还债相结合的方式，在苏联得到广泛应用，它有利于促进生产，同时又促进了出口，保证了债务的到期偿还。我国在新中国成立后利用外资的侧重点也是放在先进技术设备的引进上。50 年代初利用外资建起的 156 项重点工程，对国家工业体系的建立起到了重要作用。60 年代到 70 年代中期，我国又从日本和西欧等国进口了一批石油、化工、冶金矿山、电子和精密仪器等方面的技术及设备。这些项目的建成投产不仅增强了我国部分的生产能力，而且填补了我国工业的某些空白。1979 年对外开放政策的实施，使我们在利用外资上开拓了新的局面，吸收了大量外资，补充了国内建设资金的不足。在资金的使用上，仍把重点放在先进技术设备的引进上，支持了能源、交通等重点项目的建设，促进了国内资源的开发，同时，推动了部分企业的技术改造，救活了一些停建、缓建项目和关停并转企业，取得了较好的经济效果。

(3) 在引用资金的来源上，注意来源的多样化。所谓多样化包含两个含义。其一，是指所用资金来自多个国家，而不是一两个国家。例如，苏联 1964—1982 年间在国外提供的信贷总额中，法国、日本各占 18.2%，联邦德国占 15.2%，意大利占 13.6%，英国占 10.6%，美国占 3.2%。我国 1979 年开始大规模利用外资以来，所用外资既有来自美国、联邦德国、日本等发达资本主义国家的，也有来自如科威特等发展中国家和社会主义国家的。资金来源的结构明显地向多样化发展。资金来自多个国家，一方面可以避免过分依赖某个国家，避免在该国出现政治经济动荡时受影响过大；另一方面又可以比较有效地利用各国提供的贷款，进口各方所擅长的技术，广采众长，加速本国经济发展。其二，是指利用外资形式的多样化。各社会主义国家，特别是苏联和我国，在外资的利用上都采取了各种不同的形式。形式的多样化可使借款方根据建设项目时间、效益等的特点选择较为适宜的方式。

(二) 一些发达资本主义国家利用外债的特点

一些发达资本主义国家的外债体现着国际经济形势变化的特点，外债发展过程实际上就是国际资本流向变化的过程。其特点表现在：

(1) 在国际资本输入输出的过程中，拥有大量对外投资的债权人，又往往是多方引用外资的债务人。一些发达资本主义国家在国内经济充分发展的条件下，广泛开展国际经济联系，一方面将国内经济运行中暂时闲置的资本大量输出国外，使本国的自然资源、劳动力、技术、市场等在世界范围内更为广阔的空间得到补充和调整，获取更大利润；另一方面利用国际资金市场优惠条件，大量吸收对本国有利的外资，利用他国先进技术设备，为国内经济发展服务。这种相互渗透、相互结合的国际经济联系，不仅使各主要资本主义国家成为发展中国家的主要债权人，也使资本主义各国资本呈现出你中有我、我中有你的错综复杂的状况。20 世纪 80 年代以来，美国在多年大量输出的基础上，减少出口，增加进口，扩大了国际贸易逆差，同时，利用高利率吸引外资，使国际债务迅速增加，成为资本主义世界中既拥有大量国际资本的债权人，又负有巨额外资投入的债务人。日本、联邦德国利用大量举借外债弥补了战争中的损失，迅速跻身于世界强国之列，在国际资本、商品市场上都占据相当的位置，但仍不放松抓住国际市场有利时机，引入对本国发展有利的国际资本，成为身兼债权债务双重身份的典型国家。

(2) 外债的发展变化反映了国际经济中心转移的趋势。国际经济中心的转移在资本主义国家的外债上的反映非常明显，从第一次世界大战到第二次世界大战期间和战后一段时期，美国利用战争的特殊有利时机，大发横财，一跃成为左右国际政治、经济大局的世界霸主。分析这个阶段各国的国际债务，可明显地看到，国际债权已从英、法等早期发达资本主义国家转移到美国。70 年代以后,联邦德国、日本等发达资本主义国家的崛起,中等发达资本主义国家力争在国际经济中取得一席之地的努力,使美国独霸世界的地位发生动摇,国际经济出现多中心的趋势。这时,美国也不得不在国际资本市场上为联邦德国、日本等国腾出相应位置,使其成为世界主要债权国之一。

(三) 部分发展中国家利用外债的特点

发展中国家生产力发展水平低、经济基础薄弱的社会经济条件决定了其外债的利用具有以下特点:

(1) 多数发展中国家国内商品价值高于国际市场平均价值,在国际经济交往和对外贸易中,往往会遭受很大损失,主要表现在它们现在所举借的外债必须用以后更高价值的财富来偿还。但是,如果关起门来,单靠国内资金搞经济建设,要赶上世界先进水平就需要更长的时间。这两者之间存在着一个眼前利益和长久利益的矛盾。

(2) 由于相当一部分发展中国家在赢得独立之前是隶属于帝国主义国家的殖民地,国民经济结构单一,未建立起完整的工农业体系,对外资有较强的依赖性,因此当国际市场发生变动时,就会受到较大冲击,甚至影响到国民经济的主要部门。例如,近年来,西方资本主义国家为使资本输出获得更高利润,在向发展中国家提供贷款时,极力压缩利率较为优惠的官方贷款,提高私人贷款比重,使前者在发展中国家债务中所占比重从 20 世纪 60 年代的 54% 下降到 1985 年的 40%,而债务的平均利息率从 70 年代初的 5% 上升到 1982 年的 11%。债务结构引起的这种利息率大幅度上浮,大大增加了发展中国家的债务负担,使很多发展中国家陷入难以自拔的困难境地。再如,各发达资本主义国家相继采取贸易保护主义,限制发展中国家的商品进口,迫使其出口收汇的汇率下降,使发展中国家出口收汇一年就减少了 500 亿—600 亿美元。与此同时,西方国家还大力压低发展中国家初级产品的价格,使其下降到 50 年代价格水平的一半。面对这种不合理的交易,多数发展中国家虽然多方采取措施,但仍无法摆脱困境。目前,有的发展中国家由于外债的沉重压力,被迫大幅度降低国内人民的生活水平,为偿还债务引起国内较高的通货膨胀率,严重地影响了本国经济的正常发展。

(3) 缺乏对外债管理和监测经验以及对国际金融市场风险的防范能力。大多数出现债务危机的发展中国家对借债的宏观控制能力较差,借债窗口过多,助长了多次盲目引进外资的倾向,导致债务规模的失控。同时,举借债务结构不当,借债期限长短安排不妥,偿还期集中,形成偿债高峰,对政府形成巨大压力;对国际金融市场操作缺乏必要的技术和经验,对市场风险的认识不够充分。例如,在国际资本市场利率不断提高、美元相对发展中国家货币不断升值的情况下,很多发展中国家只能眼看着本国债务利息负担日益加重,而没有能力进行相应调整。这种状况的形成虽有发达国家凭借其资本和技术优势,利用不合理的国际分工体系剥削发展中国家的外部因素,也不排除发展中国家本身对国际金融市场认识不足和参与能力较差的内在因素。

三、各国利用外资的经验教训

从上面提到的各国利用外资的情况可以看到,无论是资本主义国家还是社会主义国家,无论是发达国家还是发展中国家,在其经济建设的过程中都不能缺少对外资的运用。

特别是第二次世界大战以后，世界各国之间的经济联系日趋紧密，彼此间的相互依存关系日益明显，世界经济已开始逐步形成一个统一的客观实体。到了今天，任何一个国家都不可能脱离世界经济的整体化进程而获得孤立的发展。

我国是社会主义国家，还处于发展的初级阶段，党的十一届三中全会以后，随着我国战略重点的转移和对外开放政策的实行，我国国民经济的发展已进入整个世界经济生活，与其他国家的经济交往与合作越来越广泛，对外资的利用也开拓了新的局面，1979—1988年，我国利用外债形式向国外借款614.14亿元，相当于新中国成立后30年总和的11.9倍。到1997年年底我国外债余额达1 123亿美元，相当于国内生产总值的7.3%。截至2009年年末，我国外债余额为4 286.47亿美元（不包括香港特区、澳门特区和台湾地区的对外负债）。初步计算，2009年我国外债偿债率为2.87%，债务率为32.16%，负债率为8.73%，均在国际标准安全线之内。从今后的发展趋势看，要在尽可能短的时间内赶超世界先进水平，利用他山之石，势在必行。我们将进一步加强国际间的经济联系，引进先进技术和设备，发展对外贸易与合作，以更加积极的姿态登上国际经济舞台，这更有必要以各国利用外资的利弊得失为借鉴，确定我们的方针，改善我们的对外经济交往工作。

从上述各国利用外资的情况中可以看到下面一些有借鉴意义的经验教训：

（1）必须始终坚持独立自主原则，以自力更生为主，利用外资为辅，严格限制外资引进的规模，实行外资科学管理的政策。“独立自主，自力更生”是社会主义国家一贯坚持的原则，也是我国对外经济交往的根本方针。近年来，在大规模引进外资的过程中，曾一时出现不顾条件、盲目吸收、管理松弛的现象，使外资引进的数量、规模在一定程度上失去控制。由于生产力发展的不同水平，从整体上看，发达资本主义国家的技术设备以及产品比我国先进，但具体到各项技术设备，我国也不乏世界水平的产品。如果不加分析、盲目引进，势必影响引进效果，同时会使外资利用的数量、规模超过合理的界限。另外，我们不能因为国际经济交往的广泛开展，就忽视这样的事实，即西方发达资本主义国家在国际经济交往中并没有改变本身的性质，资本的输入输出对它们来讲都是为了一个最终目的——获得更大利润。对于发展中国家，它们的“援助”总是有条件的。近些年来，有的发展中国家虽然在表面上获得了独立和发展，但由于对外资的过分依赖，其政治、经济的发展并没有完全摆脱西方资本主义国家的控制。在平时，它们是西方资本主义国家的原料来源地和商品推销市场，到经济危机时，又不可避免地成为西方资本主义国家转嫁危机的承受者。特别是西方国家的资本输出，带有很强的投机因素，这是造成近年来亚洲和其他地区许多国家出现严重金融危机的一个重要因素，不能不引起外资引进和管理上的高度重视。因此，我们在利用外资的过程中，既要态度积极，大胆引进，又不能放弃“独立自主，自力更生”和严格管理的原则，把外债的数量、规模、结构保持在合理的范围之内，使其成为我国经济建设的有效补充力量。

（2）提高对外资的管理水平，尽力抓住国际资金市场行情变化的时机，有计划、有步骤地调整外资利用结构。从上述资本主义各国外债情况的变动中可以看到，国际资金市场的变化是经常的。当主要资本主义国家为弥补财政赤字以提高利率方式吸收外国存款时，国际市场的贷款利率就会上升；反之，当主要资本主义国家出现经济危机，资本过剩，需要大量输出时，国际市场的贷款利率就会下降。这种利息率的上下浮动直接影响着各贷款国外资利用的条件和效果。由于我国在20世纪50年代的外资引进中是以社会主义国家间的相互援助为主的，只是在近年来实行对外开放政策，才开始进入国际资金市场，因此，对国际市场行情的了解要有一个过程，对外经济管理水平还比较低。在前几年外资引进工作中出现过一些引进不当的问题，给国家造成了一定的损失。这就要求我们注意尽快提高对外经济管理水平，及时了解国际资金市场利息率的浮动情况，经常进行综合分析，抓住有利时机，采取各种措施，及时调整外资利用结构，提高外资利用效益。在资金的来源上，要尽量争取多样化，既要有效地利用社会主义国家间的贷款，又要利用资本主义世界资金市场的暂时闲置资金；既要注意与发达国家的经济交往，又不能放松对发展中国家可利用资金的引进，拓宽途径，以利于选择更有利的贷款方式和种类。

(3) 外资的引进要结合我国特点，把侧重点放在产业结构的调整上。我国是一个资源和人口大国。目前，我们投向国际市场的产品仍以劳动密集型和资源密集型产品为主，这在国际贸易中必然处于吃亏的境地。任何一个国家仅靠劳动密集型和资源密集型产品是难以在国际市场上站住脚的。从日本、"亚洲四小龙"以及其他发展中国家和地区的崛起中可以看到，它们都是利用外资和国外先进技术进行产业结构的调整，完成了从劳动、资源密集型为主向资金、技术和知识密集型为主的产业结构转化。我国与上述国家和地区相比有自己的特点：一方面，某些尖端技术在我国已有一定基础，关键问题在于推广运用，因此，产业结构的调整是大有希望的；另一方面，我国是一个大国，国民经济体系庞大复杂，因此，产业结构的转化又需要较长的时间。而从世界范围看，如果我们能在尽可能短的时间内完成产业结构的转化，就可以在国际经济舞台上占有一席之地，如果拖延下去，可能长期处于落后境地。因此，今后在外资的利用上，我们必须把侧重点放在产业结构的调整上，对投向尖端技术开发的外资，在税收等政策上给予优惠，并在其他方面为其创造有利条件，加以鼓励，使其在国内产业结构的转化中起到积极的促进作用。当然，根据这些国家的经验教训，外资的引进，在规模、来源和期限结构以及管理监督等方面，一定要实行科学有效的方针政策，力避金融危机的发生。

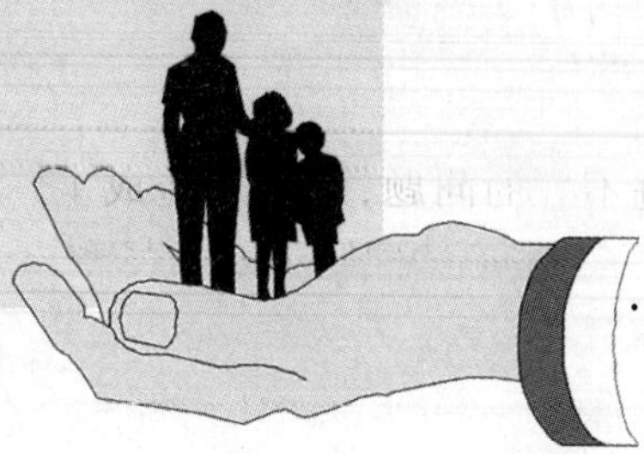

第三篇

财政支出管理

第六章 财政支出结构与管理比较研究

国家财政支出因研究与管理的目的不同而存在着不同的分类方法,主要的有:按国家的职能把财政支出分为经济建设支出、社会福利支出、国防支出、文教科学支出和行政管理支出等;按支出的用途分为基本建设拨款支出、支援农业支出和国家物资储备支出等;按财政支出是否具有直接的补偿性分为购买支出和转移支付。与这些分类方法相适应,有不同的财政支出结构。在各种分类方法中,按国家职能进行的分类,不论在社会主义国家,还是在资本主义国家,都具有一定的普遍性,是各国基本的、主要的分类方法。它在实际工作中体现着政府活动的范围和方向,在理论研究中有助于对国家职能和财政性质的分析及探讨。本部分所讲的财政支出结构,就是按国家职能进行分类管理所形成的支出结构,并就社会主义国家与资本主义国家在这种结构中反映出的不同问题进行一些比较分析,以资借鉴。

第一节 各国财政支出结构的内容、特点与发展趋势的历史比较

一、财政支出结构的内容

由于社会制度和国情的不同,世界各国财政支出管理划分项目所包含的内容也不尽相同,特别是所有制不同的国家,差异更大。但通过综合分类,在一些主要方面还是具有一定的可比性,可以作为分析问题的依据。下面分别列出几个主要资本主义国家和社会主义国家财政支出构成历史的发展情况。其中值得注意的问题是:一些主要资本主义国家的经济支出,在财政支出结构表中的反映是不同的。一般来看,那些采取对大企业实行国有化政策的国家(如联邦德国、英国等),在财政支出中明确列出"经济服务"项目,其内容不仅包括扶植私营企业的支出,也包括公营经济事业投资支出等内容。而那些偏重于主张私人企业自由发展,财政只以间接手段的形式对国民经济进行调节的国家(如美国、日本等),其财政支出中就没有直接列出有关经济内容的项目。但这并不表明这些国家的财政不具备调节经济的职能。在社会主义国家,长期以来,经济建设支出在财政支出中都占主要地位。几个国家的财政支出构成的历史情况如表6-1至表6-6所示。

表 6-1 美国财政支出构成 (单位:%)

年份	1970	1975	1980	1981	1982	1983	1984
总计	100	100	100	100	100	100	100
1. 国防	38.9	24.0	22.6	23.3	25.4	26.4	26.7
2. 社会福利	28.6	41.8	43.3	45.3	42.6	43.5	40.9
3. 国债利息	9.3	9.5	11.1	11.8	11.7	11.3	13.0
4. 教育与就业训练	4.4	4.9	5.3	4.7	3.7	3.3	3.2
5. 其他	18.8	19.8	17.7	14.9	16.6	15.5	16.2

表 6-2 日本财政支出构成 (单位:%)

年份	1970	1975	1980	1981
总计	100	100	100	100
1. 地方行政支出	20.6	16.3	18.0	18.6
2. 福利支出	15.9	22.1	21.4	21.2
3. 文教支出	11.4	12.6	10.6	10.3
4. 国防支出	7.2	6.7	5.2	5.2
5. 国债利息	2.1	3.6	10.0	11.8
6. 其他支出	42.8	38.7	34.8	32.9

表 6-3 联邦德国财政支出构成 (单位:%)

年份	1970	1975	1980
总额	100	100	100
1. 国防支出	12.6	10.6	9.6
2. 经济服务支出	12.4	8.8	7.9
3. 公共服务	4.2	4.1	4.4
4. 教育卫生	17.6	21.0	20.7
5. 社会福利	46.8	49.4	48.5
6. 环境过渡	0.2	0.2	0.4
7. 其他	6.3	5.9	8.4

表 6-4 英国财政支出构成 (单位:%)

年份	1972	1973	1979
总额	100	100	100
1. 国防支出	16.7	13.7	14.5
2. 经济服务	11.4	12.4	8.0
3. 公共服务	8.1	7.8	7.1
4. 教育卫生	14.8	15.5	15.4
5. 社会保险、福利	24.8	21.7	26.2
6. 环保建设	1.7	3.5	4.3
7. 其他	22.8	25.4	24.5

表 6-5　苏联财政支出结构　（单位:%）

年份	1970	1980	1981	1982	1983	1984
1. 国民经济支出	48.3	54.7	54.8	57.5	57.0	57.0
2. 文化科学支出	36.2	33.5	33.4	31.9	32.4	32.2
3. 国防支出	11.6	5.8	5.5	5.0	4.8	4.6
4. 行政管理支出	1.1	0.9	0.8	0.8	0.8	0.8
合计	100	100	100	100	100	100

表 6-6　中国财政支出构成　（单位:%）

年度	经济建设费	社会文教费	国防费	行政管理费	其他支出
1960	58.2	16.2	15.8	6.1	3.7
1985	56.3	20.4	9.6	8.5	5.2
1989	45.7	23.7	8.9	13.7	8.0
1990	44.4	23.9	9.4	13.4	8.9
1991	42.2	25.1	9.7	12.2	10.8
1992	43.1	25.9	10.1	12.4	8.5
1993	39.5	25.4	9.2	13.6	12.3
1994	41.3	25.9	9.5	14.7	8.6
1995	41.9	25.7	9.3	14.6	8.5
1996	40.7	26.2	9.1	14.9	9.1
1997	39.5	26.7	8.8	14.7	10.3
1998	38.7	27.1	8.7	14.8	10.7
1999	38.4	27.6	8.2	15.3	10.5
2000	36.2	27.6	7.6	17.4	11.2
2001	34.2	27.6	7.6	18.6	12.0
2002	30.3	26.9	7.7	18.6	16.5
2003	30.1	26.2	7.7	19.1	16.9
2004	27.8	26.3	7.7	19.4	16.8
2005	27.5	26.4	7.3	19.2	19.4

二、上述财政支出结构的一些特点

从上述各表中可以看出两类不同国家财政支出结构的一些十分明显的特点：

（一）社会主义国家用于经济方面的支出比重从长期历史发展过程看，明显高于主要资本主义国家

主要社会主义国家用于国民经济方面的支出在财政支出总额中始终占据十分重要的地位。如苏联经济支出在财政支出中所占比重不仅一直在50%左右，而且呈不断增长趋势。我国国家预算支出中用于经济建设的比重，过去长期保持在40%—50%左右，近年来，随着财务体制改革，比重有所下降，但还在30%左右。

各主要资本主义国家政府的经济支出在1929—1933年世界性经济大危机以前一直是微乎其微的，随着此后政府对社会经济大规模的干预，经济支出在政府财政支出中的比重有了较大幅度的提高。政府不仅给予私营企业以各种形式的补助金，实行官股投资、优惠贷款等，用以扶植私营企业的发展，而且直接投资兴建公营企业和公营经济事业，对自然资源的保护与开发，公路、水坝、港口等的建造和维修，以及为其他不以营利为目的的社会经济事业提供所需费用，同时对那些私人难以经营和不愿经营的企业实行收购，转为公营。这些措施直接引起了政府预算经济支出的增长。但即使这样，各主要资本主义国家经济支出在财政支出中的比重一般只占10%左右。

形成这种特点的原因，最根本的是不同的生产资料所有制形式决定的国家的不同职能。同时还应看到，影响不同社会制度和相同社会制度的不同国家之间，以及同一国家不同发展时期预算资金分配结构不同的，也有其他一些具体条件，其中主要有：

1. 不同的经济发展阶段

各社会主义国家社会主义制度的建立仅有几十年时间，而且又多是建立在较低的经济发展基础之上。经过几十年的建设，国民经济状况有了很大改观，但从总体看，经济发展所需的基础设施仍十分薄弱。诸如通信、道路、港口等公益事业及主要能源、原材料基础工业的发展远远满足不了社会需要。而这些部门都对投资的需求量大、回收期长，需要财政进行大量投资。而发达资本主义国家经过几百年的发展，基础设施建设已有相当基础，同时考虑到资本主义私有制，国家无须投入大量的资金。

2. 对国家职能的理论认识有不同的发展过程

在资本主义发展初期，资产阶级经济学家适应发展资本主义的需要，从社会劳动的双重意义出发，认为国家从事的活动是非生产性的，在社会劳动及生产资料有限的情况下，用于非生产性的多了，就必然会对生产性劳动产生影响，从而阻碍社会生产力的发展和财富的积累，因此主张应当尽量缩小政府的活动范围，压缩政府开支，把政府的职能限制在维护公共安全、实施公共教育以及进行道路、桥梁等公共工程的建设上，实行所谓“廉价政府”。资本主义发展进入垄断时期后，随着经济危机的日益频繁，资产阶级越来越感到单靠私人资本的自由竞争已无法推动社会生产力的发展，要求国家作为凌驾于社会之上的力量，对私人资本的运行进行宏观的调节与制约。政府大规模地干预经济生活势在必行。这时，国家除了维持社会安全和进行公共建设以外，还必须在资源的配置、收入的再分配和经济的稳定与发展方面发挥一定的职能作用。但在资本主义条件下，政府对社会经济生活的这种干预只是对市场机制的缺陷或失灵所作的一种有限度的补充和调剂，远不是对资本主义市场机制的取代。因此，政府的经济职能主要限于间接的调整，财政、货币工具的运用也多表现为对经济运行外部效益的影响。

社会主义国家在建立之初明确了国家的两大基本职能，即在政治上镇压国内阶级敌人的反抗，抵御国外帝国主义的侵略，维护人民民主专政，保障国家安全；在经济上组织和领导社会主义生产建设，促进社会生产力的发展。作为政治权力的行使者和全民所有制生产资料的所有者，国家不仅要对宏观经济进行指导干预，而且要对微观经济实行制约和管理。对国家职能的这种认识体现在实践中，就是高度集中的经济管理体制，在财政上则是统收统支的管理模式。国家对国营企业的权限不仅包括计划的制订和引导，而且包括绝大部分收入的分配及投资的安排。实践证明,这样的管理体制与建国初期的国情是相适应的。随着社会和经济的发展,这种高度集中的管理模式与经济运行的要求出现了某些不相适应的内容。国家在总结经验教训的基础上,进行管理体制改革,逐步把部分管理权限转交给企业及其主管部门,逐步减少了对微观经济活动的直接干预。20 世纪 60 年代以来,各社会主义国家相继进行的经济体制改革所体现的正是这种趋势。

3. 不同国家市场机制发挥作用的程度不同

在发达资本主义国家,商品经济有较高的发展水平,市场在各个领域内广泛发挥作用。一般强调在市场和政府都能发挥作用的领域,尽量让市场去进行调节。企业的投资及各种产、供、销活动基本上是由私人依靠市场信息进行安排的,国家投资主要是用于私人无利可图、市场无法发挥作用或不能很好发挥作用的项目。在社会主义国家,市场机制普遍不够健全。在理论认识上,在较长一段时期把商品经济的发展看做是与社会主义制度不相适应的。因此,商品生产和交换不够发达,市场的调节作用在很多领域还较薄弱,这就决定了社会经济运行所需要的资金大部分要通过财政渠道加以解决。因此,社会主义国家财政支出中用于直接经济性的支出比例长期以来大大超过资本主义国家。

财政支出中较大比例的经济建设支出,对于社会主义国家在建设初期有计划地建立和完善国家的物质技术基础,避免生产建设的盲目性,提高社会生产力等方面起到了十分重要的作用。但随着生产的发展也暴露出一些不容忽视的、带有普遍性的问题,主要有:

第一,在基建投资方面,基本建设规模难以适当控制,往往出现基建战线过长、投资分配比例不协调、投资效益不理想等现象,这是各国长期以来未能很好地解决的一个重要问题。例如,苏联基建投资 1960—1970 年增长了 2.13 倍,同期国民收入只增加了 1.91 倍,造成基建投资回收期拉长、基建成本增加、投资效益下降,表现为基本建设中的未竣工工程量占当年基建投资总额的比重越来越大,在 60 年代这一比例一般保持在 70% 以下,进入 70 年代后开始逐年增加,1975 年达到 75%,80 年代以后则经常在 80% 以上,大大超过国家规定的标准(65%)。1980 年,每卢布基建投资提供的国民收入增加额也比 1970 年下降了 36.4%。

有些国家的这类问题更为突出。如第二次世界大战后波兰开始实行以建立工业化基础为目标的中期计划,基建规模不断扩大,积累率逐年提高,消费资料的生产受到排挤,影响了人民生活,导致了 1956 年的政治危机。危机缓和后,国家建设方针和投资规模在一定时期得到一些调整,但时隔不久,积累率又逐步提高,基建规模又呈膨胀趋势,造成基建战线拉长,基建投资效益下降,消费基金受到排挤,带来国民经济发展比例失调。匈牙利长期以来的基建投资增长速度也很快,年平均增长率曾一度高达 9.9%,资金的分配使用也片面强调优先保证重工业,轻重工业比例为 1∶12。增长过快的基建投资带来的是财力物力的过分紧张,基建工程效益下降。畸轻畸重的投资分配比例虽然在一定时期促进了工业的较快发展,但却造成国民经济比例失调,导致人民生活水平下降和政治上的不稳定。其他多数东欧国家也存在着类似问题。

第二,在企业生产资金供给方面,多数社会主义国家历史上长期以来采取的是由财政无偿供给的方式。国家对企业生产资金的分配主要依靠计划;企业对资金的需要也只能靠财政拨款解决,而无权根据再生产过程的实际情况和经营效果提出资金要求。这种方式否认了企业在筹集资金方面的自主权和物质利益原则，忽视了企业的商品生产者地位，阻碍了企业生产积极性的很好发挥，很多企业把过多的精力放在向上级争资金、要指标上，忽视了企业内在潜力的挖掘。这种方式不可避免地造成资金使用的浪费。因为，主要靠主管部门分配资金，常常使资金的供给或者不能适当满足企业正常生产的需要，或者对部分企业提供了不必要的过量资金。另外，由于资金的供应是无偿的，企业对资金的使用既不支付任何代价，又没有强有力的约束条件，因此，企业对获得的资金，即使暂时不需要，也不愿出让或退回，因而造成资金的积压和浪费。

针对实践中存在的上述问题，各社会主义国家从20世纪60年代起相继采取措施，实行体制改革。在基建投资方面采取的重要措施之一是拨款改贷款。如苏联在1965年的经济体制改革过程中，决定把基建投资的供应方式从无偿拨款改为长期信贷，规定除回收期五年以上的新建企业以及计划亏损和低盈利企业、住宅和文化生活设施的基建投资仍全部或部分由国家预算无偿投资外，对其他一切新建、改建和扩建企业的投资都由企业自筹资金解决，不足部分由银行贷款，目的是增强用款单位的责任心，节约建设资金。其他一些社会主义国家从60年代后期起也对基建投资采取新的管理办法，一般除计划规定的最优先投资项目可获得国家预算拨款外，其他投资项目一律改由银行贷款，并逐步由无息贷款制转为有息贷款制，贷款由企业用利润分期偿还。另外，这些国家还利用征收企业基金税的办法控制基建规模的盲目扩大。这些改革措施对控制基建规模膨胀、提高基建投资效果、改善失调的国民经济比例关系起到了一定作用，但在高度集中的投资管理体制已被打破，而比较适宜的相应制度未能及时建立起来的条件下，基建战线过长、投资效益不高的问题还是未能得到彻底解决。

在企业生产资金供应方面，主要是对企业流动资金财政、银行两口供应的方式进行改革。例如，苏联在60年代后期实行的经济体制改革，企业流动资金定额不再由上级批准，改由企业自己根据生产需要来确定，企业生产发展，规模扩大，可按规定用企业利润和其他自有资金解决流动资金需要，不足部分由银行贷款解决，并在贷款中实行“比例参与制”，即按银行贷款和企业自有资金的一定比例，参与形成企业的流动资金。比例参与制实行初期，银行贷款对企业流动资金的平均参与比例为40%左右，到80年代已提高到一半以上。其他一些社会主义国家在经济体制改革中，对企业流动资金的供应方式也进行了不同程度的类似改革。

进入90年代以后，各社会主义国家这方面的改革迈出较大步伐，而与此同时，又出现另一方面的问题。例如我国，经过十几年的改革，财政经济建设支出占财政支出的比重不断下降，由此导致财政投资占企业固定资产投资比重急剧下降。1981年上述两个比重分别为55.4%和50.2%，1990年下降为44.4%和21.3%，到1995年进一步降为41.8%和6.6%。财政投资比重的这种变化趋势对我国经济的长远发展具有消极影响。在资本市场发育水平较低、市场化筹资能力极其有限的情况下，主要依靠财政分配渠道筹资的能源、交通、农业等基础产业和基础设施的发展必然受到极大限制，加剧“瓶颈”制约和结构失调，加大了结构调整的难度。

（二）社会主义国家用于社会福利方面的预算支出比重一般低于发达资本主义国家

应该说明的一点是，不同预算管理体制对支出项目的划分不尽相同，各支出项目所包含的内容也不同。例如,多数资本主义国家按传统的做法,把医疗卫生以及教育、就业培训等支出都划归"社会福利支出"项目内,而多数社会主义国家则把卫生、文教事业费与科学研究支出另归一类,而不包括在"社会福利支出"项目中。为了研究的可比性,我们这里暂且确定一下比较口径,对于各国凡是用于医疗卫生、文化教育、社会保险以及社会救济方面的支出都划归社会福利支出。按照这样调整过的口径分析各国财政支出结构表,可以看出各主要资本主义国家用于这方面的支出都占较高的比重。如美国社会福利加上教育与就业训练的支出,占全部财政支出的比重一般为45%—50%;联邦德国的该项比重高达65%—70%;英国和日本也分别保持在40%和30%以上。而主要社会主义国家这项比重则相对较低。例如,我国预算支出中的文教科卫事业费和抚恤及社会救济费,20世纪80年代以来各年占预算支出的比重一般为15%—20%,苏联一般为30%—35%,但也有比较高的,如匈牙利1985年为42.6%,罗马尼亚为38.5%,南斯拉夫1986年则为61.2%。为了探讨这类支出的真实情况,还必须考虑以下几个主要因素:

(1)由于不同国家预算资金占国民生产总值或国民收入的不同比重,预算支出中用于文教卫生及社会福利方面的支出所占比重的高低,不能如实反映一国的该项社会政策。如从预算支出结构看,美国文教卫生及社会福利支出占预算支出的比重,1984年为44.1%,大大高于苏联33.2%的水平,但由于苏联国家预算资金占国民收入的比重大大高于美国,结果形成美国文教卫生及社会福利支出占国内生产总值的比重为21.5%,低于苏联这类支出占国民收入25%的比重。而我国的情况则相反,由于预算占国民收入的比重较低,1984年预算用于文教卫生及社会福利方面的支出只相当于国民收入的5.1%。当然,这里还有一些相关的因素也必须加以考虑,才能反映出真实情况。如我国用于这类事业的资金除预算拨付的事业费外,还有相当数量的基本建设支出和预算外用于这方面的支出。如仍以1984年为例,国家用于这几项事业的总支出相当于预算同类支出的128%,这些支出的总数相当于预算总支出的23.4%,占国民收入的比重为6.5%。

(2)由于各国社会保障制度的差异,国家实施社会福利资金的分配渠道和形式大不相同,特别是在一些社会主义国家,在长期的历史上,相当大的一部分社会福利资金未在国家预算支出中直接反映。例如我国,新中国成立后相当长的时期内实行的是"企业保障"、"单位保障"制度。由于国家是国有企业生产资料的所有者和经济活动的指引者,而行政事业单位是国家的附属物,国家可以通过统一的规章制度,允许企业将职工的各项福利支出直接计入成本,冲减利润,以避免这些费用以利润上缴形式集中到财政,再由财政转拨回企业的不必要的烦琐过程。对行政事业单位职工的福利支出则包括在人员经费中一并拨付。这里实际上是由企业和行政事业单位代行国家的社会保障功能,其实质仍是国家在执行此项职能,但在国家预算支出中,这部分支出无法以社会福利支出的方式直接表现出来。而从西方市场经济国家看,市场经济决定了企业和个人独立运营主体的身份,政府社会保障的功能只能通过直接的社会福利支出实现。

(3)不同国情和不同的生产力发展水平使不同国家实施社会福利的可能性和必要性不同。一般来讲,社会生产力发展水平越高、经济越发达的国家,实施社会福利制度的基础越雄厚,可能性也就越大。各发达资本主义国家的经济发展水平较高,在资本主义社会基本矛盾的制约下,为适应缓解社会矛盾的需要,资本主义国家以政府拨款的形式,把一部分劳动人民创造的剩余价值以社会文教福利的形式加以分配使用，以保持劳动群众和失业工人的基本生活有一定的安定性，这是稳定资本主义制度的需要，也是资产阶级牟取利润的要求。而资本主义生产的发展，给这种"福利政策"提供了一定的物质可能性。至于教育、科研、卫生等支出，相当部分是为资产阶级直接和间接提供服务的。

(4) 当代的国家社会福利政策与国家的宏观经济调节政策有极密切的联系。20世纪30年代初，资本主义经济受到全球性经济危机的冲击，失业严重，市场上商品匮乏，人民生活水平大幅度降低，要求保障最基本生活水平的呼声越来越高。在人民群众日益强烈的要求下，各资本主义国家政府不得不作出一定的让步。如美国政府先后通过了《社会保险法》、《就业机会法》以及《医疗保险法》等有关社会福利保障的法律条文，对低收入阶层居民、丧失劳动能力和短期失业的人员提供一定数量的社会保障费用，使其得以维持基本生活的需要或得到适当的就业机会。以后，美国政府又通过了保证工人最低工资和限制最高工时的《瓦格纳法》及对贫困家庭和低收入者实行救济的《食品券法》，以保障工人及低收入者的一定社会权益。英、法、联邦德国等国政府也先后通过了社会福利保障的法律条文，实行了"从摇篮到坟墓"的一整套社会福利保障措施。这些措施实际上是各国政府进行宏观经济调节的一项重要内容，因为享受社会福利的主要是那些低收入或无收入者，按照西方经济学中的边际消费倾向递减理论，一个人收入越多，其收入增量的越小部分将用于消费，收入越高，边际消费倾向越低。从全社会讲，高收入者人数越多，收入越高，社会消费倾向越低，这就成为需求不足的一个主要因素。为缓解这种危机，国家试图通过大规模的社会福利支出、利用财政再分配，把高收入者的一部分收入转移到低收入或无收入者身上，这从资产阶级福利经济学的角度看，是增加了社会的效用总和；从挽救经济危机的角度看，则是提高了社会公民的整体边际消费倾向，适当弥补了有效需求的不足。

从长期实践的历史事实看，资本主义国家广泛实行社会福利政策的根本目的绝不是使社会经济福利达到最大值，而是帮助资本家集团克服生产过剩危机，以保证垄断资本家的高额垄断利润。对低收入或贫困者实行的社会福利，只是政府干预经济，维持资本主义经济正常运行的一个副产品，一旦政府的目的有所实现，低收入者或贫困者的利益就会被排除在政府的政策之外。如美国实行的《食品券法》就很能说明问题。美国的《食品券法》是以国家补贴的形式低价向低收入家庭提供食品，形式上是缓和这些家庭入不敷出的矛盾，但从政府的本来意图上看，实际上是为了保证农业资本家的利润水平。因为美国相对狭窄的农产品市场常常阻碍着农业的进一步发展，农产品长期大量过剩导致价格的低落。为了保证农业资本家的利益不因价格低落遭受损失，美国政府在关税上长期给予农产品相当的优惠，鼓励出口的同时，又以高价购买大量农产品，用于食品券计划。由于这种补贴措施主要是为保障农业资本家的利益，因此，《食品券法》实施范围的大小、救济品数量的增减并不是根据贫困家庭或人口的多少来确定的，而是取决于农产品过剩的程度。一遇农业歉收，或国际市场对美国农产品的需求增大，足以维持高价销售，这时无论贫困家庭怎样需要政府的食品救济，救济数量不但不会增加，反而会被削减。实践表明，在资本主义条件下，无论政府实行怎样的"福利政策"，要从根本上消除社会上的贫富悬殊现象和解决资本主义社会的基本矛盾，都是不可能的。

有些社会主义国家预算支出中社会福利费占的比重较小的原因，除上面谈到的国民收入分配使用体制等因素外，也有其他一些具体原因，主要的如资本主义国家的社会保险制度中，对于企业职工退休、疗养及工伤期间的一切津贴费用，都是由职工和企业平时所缴纳的社会保险税提供的，职工的福利开支则是由政府统一安排的。而在我国和其他一些社会主义国家，国家虽有统一的退休、医疗及工伤等津贴补助的标准，但其费用支出长期以来都是由企业自己负担的。这部分费用，上面已提到，是一个相当可观的数目。由于职工和财政不直接负担这部分费用，因此这是形成社会主义国家预算支出中社会福利支出比重较小的一个重要原因。

资本主义国家用于教育事业的费用之所以具有较大的规模，主要是资本主义国家以税收形式集中人民群众的较大一部分收入，用于培养资产阶级接班人和生产管理方面的人才，这是由于复杂的社会化大生产对科学技术的依赖程度越来越大，要求劳动者具有较丰富的科学文化知识和较高的技术素质，对教育提出了更高的要求。这也是垄断资本取得高额利润的条件。同时，科技进步也加快了产业结构的转换，形成"失业与空位"并存的结构性失业，不仅造成社会压力，而且不利于新兴产业的发展，这需要不断提高劳动者的科技水平，并加强对在岗的、失业的工人的技术培训。除财政资金外，资本主义国家还以私办、收费、赞助等形式办学，把培养资产阶级接班人和管理人才的费用变为人民群众的负担。而社会主义国家的教育经费是通过预算计划分配使用的一部分社会纯收入，国家推行义务免费教育，在一定的生产力发展水平的基础上，为不加重人民群众的负担，只能采取量力而行的政策。另外，我国和其他一些社会主义国家，企业、事业部门举办的各种职业和业余教育较发达，这部分费用由企业收入和事业经费中开支，不反映在国家预算支出上。这也是一笔为数不少的资金。

（三）社会主义国家用于国防的支出普遍低于资本主义国家

第二次世界大战后，由于世界各国人民要求和平的呼声日益高涨，加上东西方经济、军事力量的抗衡，世界和平因素不断增长，战争因素逐年减少。因此，无论是资本主义国家，还是社会主义国家，政府用于国防的支出在财政支出中的比重都出现了明显的下降趋势。但从社会主义国家与资本主义国家的对比看，社会主义国家的国防支出普遍低于资本主义国家。如美国的军事国防开支一直占联邦政府财政支出的20%以上，其他主要资本主义国家也多为10%—15%，而社会主义各国的国防支出已由20世纪50年代的10%左右下降到80年代的5%左右。形成预算支出结构这一特点的最直接原因，是一些发达资本主义国家对军费开支总是冠以"国防支出"的名义，对人民群众掩盖其军费支出的真实运用情况，实际上这项支出早已远远超出保卫本国领土和人民安全的范围。从历史上看，发达资本主义国家一直没有放松对广大弱小国家和民族的侵略及殖民化，进入垄断时期后，为保证垄断资本向世界市场的渗透和获取廉价自然资源，发达资本主义国家建立起更加庞大的军队，直接入侵他国，侵占别国领土。帝国主义国家之间的军备竞赛也要求相当的军事力量。这些都需要大量的军费开支作保证。另外，为维护军工生产资本家的利益，资产阶级国家政府对军工生产部门的产品往往采取直接购买的政策。即使是在和平时期，资产阶级政府也不会过于缩减军事用品的购买量，以免影响军工资本家的利润。这就决定了军事支出在资本主义国家财政支出中不能不占非常重要的地位。

第二节　21 世纪以来一些国家财政支出内容和分类形式的变化

上面是从历史发展的角度对一些相关资料作出的比较。进入 21 世纪以来，许多国家的财政支出结构的内容和统计分类形式都发生了一些变化。下面是几个典型国家的数据资料（见表 6-7 至表 6-20）。

表 6-7　英国财政支出构成

（单位：%）

年份	2005	2006	2007	2008	2009
总计	100	100	100	100	100
1. 一般公共服务	10.0	10.3	10.2	9.5	8.6
2. 国防支出	5.6	5.6	5.4	5.4	5.3
3. 社会治安与安全	5.9	5.7	5.7	5.5	5.4
4. 经济事务	6.6	6.7	6.6	10.2	8.4
5. 环境保护	1.5	2.1	2.3	2.0	2.1
6. 住房与社区设施	2.4	2.5	2.5	2.5	2.9
7. 健康支出	15.7	16.1	16.1	15.8	16.4
8. 休闲娱乐，文化和宗教	2.4	2.4	2.3	2.3	2.3
9. 教育	14.0	13.9	14.0	13.5	13.5
10. 社会保护	35.7	34.7	34.9	33.5	35.0

资料来源：根据 OECD 网站数据计算所得，http://stats. oecd. org。

表 6-8　法国财政支出构成

（单位：%）

年份	2005	2006	2007	2008	2009
总计	100	100	100	100	100
1. 一般公共服务	13.7	13.1	13.2	13.6	12.8
2. 国防支出	3.6	3.5	3.4	3.3	3.3
3. 社会治安与安全	2.5	2.4	2.4	2.4	2.4
4. 经济事务	5.6	5.5	5.5	5.4	5.5
5. 环境保护	1.6	1.6	1.7	1.6	1.6
6. 住房与社区设施	3.4	3.5	3.6	3.6	0.7
7. 健康支出	14.8	14.8	14.9	14.8	14.8
8. 休闲娱乐，文化和宗教	2.7	2.8	2.9	2.9	3.0
9. 教育	11.4	11.3	11.2	11.1	11.0
10. 社会保护	40.8	41.3	41.2	41.4	42.0

资料来源：根据 OECD 网站数据计算所得，http://stats. oecd. org。

表 6-9　德国财政支出构成　（单位:%）

年份	2005	2006	2007	2008	2009
总计	100	100	100	100	100
1. 一般公共服务	13.1	13.3	13.6	13.6	12.9
2. 国防支出	2.4	2.4	2.4	2.4	2.4
3. 社会治安与安全	3.5	3.6	3.6	3.6	3.5
4. 经济事务	7.5	7.1	7.0	7.6	7.6
5. 环境保护	1.0	1.0	1.0	1.0	1.4
6. 住房与社区设施	2.2	2.1	1.9	1.7	1.6
7. 健康支出	13.3	13.6	14.1	14.3	14.5
8. 休闲娱乐,文化和宗教	1.3	1.3	1.4	1.4	1.4
9. 教育	9.0	9.2	9.3	9.3	9.2
10. 社会保护	46.7	46.4	45.8	45.1	45.6

资料来源:根据 OECD 网站数据计算所得,http://stats. oecd. org。

表 6-10　美国财政支出构成　（单位:%）

年份	2005	2006	2007	2008	2009
总计	100	100	100	100	100
1. 一般公共服务	13.3	13.4	13.6	12.7	11.5
2. 国防支出	11.5	11.6	11.5	11.9	11.7
3. 社会治安与安全	5.7	5.7	5.8	5.7	5.4
4. 经济事务	10.2	9.8	9.9	10.5	10.1
5. 环境保护	0.0	0.0	0.0	0.0	0.0
6. 住房与社区设施	2.3	1.7	1.8	1.8	3.1
7. 健康支出	20.3	20.8	20.7	20.5	20.5
8. 休闲娱乐,文化和宗教	0.8	0.8	0.8	0.8	0.7
9. 教育	16.8	17.0	16.9	16.6	15.8
10. 社会保护	19.1	19.1	19.0	19.4	21.1

资料来源:根据 OECD 网站数据计算所得,http://stats. oecd. org。

表 6-11　日本一般政府支出构成　（单位:%）

年份	2004	2005	2006	2007
总计	100	100	100	100
1. 一般公共服务	13.18	12.40	12.89	12.90
2. 国防支出	2.62	2.56	2.59	2.50
3. 公共秩序与安全	3.86	3.84	3.89	3.93
4. 经济事务	11.49	13.53	10.52	10.40
5. 环境保护	3.90	4.34	3.56	3.38
6. 住房与社会福利设施	1.96	1.94	1.83	1.69
7. 医疗保障	19.06	18.60	19.68	19.94

（续表）

年份	2004	2005	2006	2007
8. 休闲娱乐，文化和宗教	0.43	0.44	0.37	0.32
9. 教育	10.85	10.63	10.69	10.78
10. 社会保护	32.65	31.72	33.98	34.13

资料来源：2005—2007 年度数据根据 International Monetary Fund, *Government Finance Statistics Yearbook* (2009) 中的数据整理所得。

2004 年度数据根据 International Monetary Fund, *Government Finance Statistics Yearbook* (2008) 中的数据整理所得。

表 6-12　捷克共和国财政支出构成

（单位：%）

年份	2005	2006	2007	2008	2009
总计	100	100	100	100	100
1. 一般公共服务	12.0	10.1	10.2	10.4	10.3
2. 国防支出	3.7	2.9	2.8	2.6	2.4
3. 社会治安与安全	4.9	4.9	4.9	4.8	4.7
4. 经济事务	15.4	16.2	16.1	16.8	16.4
5. 环境保护	2.6	2.6	2.4	2.3	1.6
6. 住房与社区设施	3.6	3.6	2.7	2.6	2.6
7. 健康支出	16.0	16.4	16.7	16.8	17.4
8. 休闲娱乐，文化和宗教	2.7	3.1	2.9	2.9	3.2
9. 教育	10.6	11.3	10.9	10.9	10.9
10. 社会保护	28.5	29.0	30.2	30.0	30.5

资料来源：根据 OECD 网站数据计算所得，http://stats.oecd.org。

表 6-13　爱沙尼亚财政支出构成

（单位：%）

年份	2005	2006	2007	2008	2009
总计	100	100	100	100	100
1. 一般公共服务	8.5	9.3	8.9	7.3	8.2
2. 国防支出	4.1	3.9	3.7	4.4	5.0
3. 社会治安与安全	6.4	6.1	6.5	6.9	5.3
4. 经济事务	11.8	13.7	13.3	12.1	11.3
5. 环境保护	2.7	2.3	2.5	2.7	2.3
6. 住房与社区设施	0.6	0.1	1.8	1.6	0.2
7. 健康支出	12.1	12.4	12.8	13.1	12.4
8. 休闲娱乐，文化和宗教	6.8	6.4	5.8	5.8	5.2
9. 教育	17.8	17.8	17.3	16.9	15.5
10. 社会保护	29.1	28.0	27.6	29.3	34.7

资料来源：根据 OECD 网站数据计算所得，http://stats.oecd.org。

表 6-14 阿尔巴尼亚一般政府支出构成 （单位：%）

年份	2005	2006	2007	2008
总计	100	100	100	100
1. 一般公共服务	24.66	21.57	19.04	20.38
2. 国防	3.61	4.42	4.02	3.41
3. 公共秩序与安全	6.10	6.26	5.31	4.61
4. 经济事务	11.29	15.23	18.15	22.82
5. 环境保护	—	—	0.03	0.06
6. 住房与社会福利设施	6.05	5.65	4.44	4.71
7. 医疗保障	9.31	8.24	8.44	7.60
8. 休闲娱乐，文化和宗教	1.35	1.27	1.13	1.14
9. 教育	11.37	10.77	11.08	10.79
10. 社会保护	26.26	26.59	27.11	24.50

资料来源：2006—2008 年度数据根据 International Monetary Fund, *Government Finance Statistics Yearbook* (2009) 中的数据整理所得。

2005 年度数据根据 International Monetary Fund, *Government Finance Statistics Yearbook* (2008) 中的数据整理所得。

表 6-15 保加利亚一般政府支出构成 （单位：%）

年份	2005	2006	2007	2008
总计	100	100	100	100
1. 一般公共服务	9.52	9.81	12.55	11.63
2. 国防	5.67	5.54	6.01	5.39
3. 公共秩序与安全	7.12	7.83	8.12	7.75
4. 经济事务	13.04	12.32	12.50	11.84
5. 环境保护	—	3.43	0.67	3.07
6. 住房与社会福利设施	4.50	2.10	3.17	3.07
7. 医疗保障	12.34	11.31	12.72	11.52
8. 休闲娱乐，文化和宗教	2.10	2.10	2.26	2.45
9. 教育	11.15	10.85	10.19	11.25
10. 社会保护	34.56	34.71	31.83	32.04

资料来源：2006—2008 年度数据根据 International Monetary Fund, *Government Finance Statistics Yearbook* (2009) 中的数据整理所得。

2005 年度数据根据 International Monetary Fund, *Government Finance Statistics Yearbook* (2008) 中的数据整理所得。

表 6-16　波兰一般政府支出构成　（单位:%）

年份	2005	2006	2007	2008
总计	100	100	100	100
1. 一般公共服务	14.32	13.24	12.56	12.76
2. 国防	2.92	3.22	3.89	3.77
3. 公共秩序与安全	4.51	4.46	4.71	4.71
4. 经济事务	8.39	10.05	10.32	11.47
5. 环境保护	1.43	1.37	1.40	1.43
6. 住房与社会福利设施	2.55	1.98	1.70	1.89
7. 医疗保障	9.81	10.28	10.60	11.02
8. 休闲娱乐,文化和宗教	1.91	2.13	2.63	2.86
9. 教育	12.98	12.90	12.69	12.28
10. 社会保护	41.18	40.37	39.50	37.80

资料来源:2006—2008 年度数据根据 International Monetary Fund, *Government Finance Statistics Yearbook* (2009)中的数据整理所得。

2005 年度数据根据 International Monetary Fund, *Government Finance Statistics Yearbook* (2008)中的数据整理所得。

表 6-17　白俄罗斯一般政府支出构成　（单位:%）

年份	2005	2006	2007	2008
总计	100	100	100	100
1. 一般公共服务	10.80	8.09	13.43	13.41
2. 国防	2.42	2.72	2.50	2.23
3. 公共秩序与安全	4.72	4.97	4.28	3.92
4. 经济事务	19.64	20.99	23.22	26.37
5. 环境保护	1.23	1.21	1.12	0.85
6. 住房与社会福利设施	5.95	6.28	4.47	4.95
7. 医疗保障	10.34	10.40	8.97	8.51
8. 休闲娱乐,文化和宗教	3.35	3.62	2.32	2.53
9. 教育	14.26	14.29	11.51	11.64
10. 社会保护	27.73	28.08	27.00	25.58

资料来源:2006—2008 年度数据根据 International Monetary Fund, *Government Finance Statistics Yearbook* (2009)中的数据整理所得。

2005 年度数据根据 International Monetary Fund, *Government Finance Statistics Yearbook* (2008)中的数据整理所得。

表 6-18　埃及一般政府支出构成　（单位：%）

年份	2005	2006	2007	2008
总计	100	100	100	100
1. 一般公共服务	28.77	23.81	24.35	20.37
2. 国防	8.83	7.24	7.48	6.56
3. 公共秩序与安全	5.31	4.78	4.64	4.30
4. 经济事务	7.02	5.15	5.81	6.08
5. 环境保护	0.29	0.19	0.35	0.30
6. 住房与社会福利设施	3.58	2.55	3.86	4.53
7. 医疗保障	4.33	4.39	4.35	4.30
8. 休闲娱乐，文化和宗教	4.36	3.47	3.64	3.59
9. 教育	15.40	11.64	11.59	11.01
10. 社会保护	23.98	38.34	35.77	38.96

资料来源：2006—2008 年度数据根据 International Monetary Fund, *Government Finance Statistics Yearbook* (2009)中的数据整理所得。

2005 年度数据根据 International Monetary Fund, *Government Finance Statistics Yearbook* (2008)中的数据整理所得。

表 6-19　伊朗一般政府支出构成　（单位：%）

年份	2006	2007	2008
总计	100	100	100
1. 一般公共服务	9.39	7.56	9.90
2. 国防	11.62	9.77	7.05
3. 公共秩序与安全	5.60	5.04	3.86
4. 经济事务	26.26	24.55	24.63
5. 环境保护	1.36	1.68	0.12
6. 住房与社会福利设施	5.24	4.81	1.84
7. 医疗保障	5.20	6.46	6.27
8. 休闲娱乐，文化和宗教	3.54	3.29	2.92
9. 教育	3.94	7.43	12.97
10. 社会保护	27.85	29.42	30.44

资料来源：根据 International Monetary Fund, *Government Finance Statistics Yearbook* (2009)中的数据整理所得。

表 6-20　中国一般政府支出构成

（单位:%）

年份	2007	2008	2009	2010
总计	100	100	100	100
1. 一般公共服务	19	18	13	10
2. 国防	8	8	7	6
3. 公共秩序与安全	8	8	6	6
4. 经济事务	17	22	35	33
5. 环境保护	2	3	3	3
6. 住房与社会福利设施	8	8	8	8
7. 医疗保障	5	5	4	5
8. 休闲娱乐,文化和宗教	2	4	2	2
9. 教育	16	17	14	14
10. 社会保护	13	13	10	10

资料来源:根据 2010 年《中国财政年鉴》数据计算。

第三节　从各国财政支出结构管理的比较中得到的几点启示

一、关于经济建设支出的调整与管理

从各国财政支出的结构看,我国财政支出中保持相当比重的经济建设支出是十分必要的。当前在一些以私有制为基础的国家,国家财政每年都安排相当数额的“经济服务支出”,用于支持和调剂经济生活,旨在缓和资本主义私有制和生产社会化的矛盾。在某些发展中资本主义国家,为适应国家调节和支持私人经济的需要,这类支出占财政总支出的比重也达到相当可观的规模。特别是在一些向资本主义转型的原社会主义国家,“经济事务”支出在财政总支出中都占有相当的比重。如从 21 世纪以来的这类国家的财政支出的结构看,“经济事务”支出占的比重,大部分国家都在 10% 以上,其中相当一部分国家在 15% 以上。在一些经济发展比较落后的发展中资本主义国家,“经济事务”支出在总支出中占的比重也相当高,如伊朗的财政支出中这类支出占 25%(见表 6-12 至表 6-19)。即使是西方发达的资本主义国家,财政支出结构也与早期资本主义时代大不相同,随着生产力的发展和政府干预程度的加强,经济投资比重出现了日益扩大化的态势,已突破传统的仅限于公共开支的范围。这反映了市场经济发展规律的客观要求,也是各国财政发展的大趋势。我国是社会主义公有制国家,相当部分的生产要素由国家按计划直接分配。20 世纪 80 年代改革以来,根据改革、搞活的政策要求,在国家预算支出占国民收入的比重大幅度下降的同时,经济建设支出占预算支出的比重也明显下降。我国当前的经济建设支出占国民收入的比重比某些发展中资本主义国家还低,这和我国社会主义市场经济的客观要求和当前经济管理水平较低的现状是不相称的。从各国财政支出结构的实际情况可以看出,提倡财政退出经济建设领域的设想是没有根据的;主张把国家财政支出中的经济建设费比重无限降低的论点也是脱离内外实际的。我国的市场经济具有一定的特殊性,它

建立在公有制基础之上,国有经济在宏观经济总量中始终占主导地位。因此,政府调控经济的职责比资本主义市场经济国家要大得多,由此决定我国在向市场经济体制转轨过程中,国家宏观调控的作用不仅不能削弱,反而需要强化。进一步讲,从当前和今后长期看,我国在体制转轨的同时,还承担着通过经济结构调整与升级推进现代化进程的战略性任务。这仅仅依靠市场机制是不可能的。财政是国家集中性的政策分配,是政府调节社会资源流量和流向,保持经济稳定与适度增长的重要手段。财政在政府宏观调控体系中占有绝对重要的地位。没有适量的财政经济建设投资,政府宏观调控职能难以实施。因此,在今后的经济体制改革中,应在认真总结国内外经验教训的基础上,探索经济建设支出占财政支出的合理比重。目前则是要适当加大财政的经济投资力度,强化财政的建设性职能,并根据国家政策要求切实做好这部分资金的分配管理工作,保证国民经济的可持续协调健康发展。

二、关于社会福利事业支出的调整与管理

从当前国内外的比较看,在健康支出(医疗卫生)和社会保护(社会保障和就业)这些领域,我国财政支出还存在相当的差距。如从近几年的实际情况看,我国财政的"健康支出",在2007—2010年间的财政总支出中占的比重只有4%—5%。而在一些发达资本主义国家,2005—2009年间,这项比重高者在20%以上(美国),低者也为14%—15%。在一些发展中国家,多数也在10%以上。而财政支出中的"社会保护"支出占的比重,我国从2007—2010年,高者在13%(2007年和2008年),低者在10%(2009年和2010年)。在一些发达资本主义国家,这项支出在财政总支出中所占的比重,2005—2009年间,高者在45%以上(德国),多数为30%—40%(法、日等国),个别最低的也在20%左右(美国为19.1%—21.1%)。在一些发展中国家,这项支出在财政总支出中所占的比重,2005—2009年间,高者在40%以上(波兰),多数在30%左右(见表6-12至表6-19)。

从国内外这类支出的分析对比中可以看到,我国在当前的生产力水平条件下,财政支出和社会各方面通过不同形式用于社会保护和健康方面的支出,虽然已达到相当可观的规模,但今后随着经济体制改革和国家方针政策的贯彻与生产力的发展,这项支出还将继续提高。根据我国经济体制改革的实践经验和进一步改革的方向,参考其他一些国家的做法,当前需要着重研究探讨的问题是:在建立与社会主义市场经济相适应的社会保障制度的实践中,重要的是正确认识财政的地位和作用。目前,改革的方向已经明朗,即以往"企业保障"、"单位保障"的制度已不能适应企业作为独立运营主体进入市场经济的要求,必须由政府直接承担起社会保障、社会福利供给的责任,改变原来间接的、分散的保障模式为集中的、统一的保障模式,由一个独立的社会机构直接履行各项社会保障职能。2000年8月1日,党中央、国务院决定建立"全国社会保障基金",同时设立"全国社会保障基金理事会",负责管理运营全国社会保障基金。与此相关要解决的具体问题是:第一,因社会保障活动所引起的资金运行渠道的改变必然影响财政分配结构,因此,财政对这部分资金运行调整的参与程度和参与方式都需进行深入探讨。例如,是否以全面开征社会保障税的方式进行这部分资金的筹集,并相应在国家预算中设立第三级复式预算——社会保障预算等。这些问题会直接涉及社会福利支出在国家财政支出中的比重。第二,无

论采取什么样的社会保障资金分配方式，财政永远是社会保障活动的坚强后盾，是社会保障活动的根本支柱。从社会救济、优抚等社会福利看，其主要来源仍然是政府经常性预算支出；从社会保险来看，虽然可以有对应的专项基金收入，但它与商业保险的重要区别之一是：社会成员的缴款义务与保险待遇享受并不一一对应，这样，市场经济各因素的变化都可能使社会保险基金出现入不敷出的情况，这时，只能依靠国家经常性预算的财力给予支持。因此，财政每年应根据社会保障基金收付情况在经常预算支出中留有一定余地。第三，社会保险基金结余，只能由国家预算集中掌握使用。按照权利与义务对应的市场经济原则，由于社会保障基金如出现不足要由财政承担补充责任，那么，社保基金如有结余也理应由国家财政集中使用。一般要求基金结余只能用于国债投资，这样既可保证基金本身的安全性、收益性，又可保证财政对这部分资金的调控。

三、教育经费的必要增加和多渠道集资

在以往我国的财政支出中，教育经费所占比重较小。20 世纪 80 年代以来，国家对教育事业的拨款有了较大幅度的增加。当前，如单从教育经费占财政支出的比重看，我国与某些国家已比较接近。但从我国财政占国民收入比重较低和教育事业的发展状况看，还是远远不能适应国家经济与社会发展的需要。如到目前，我国全民所有制各部门，科技人员占职工人数的比例和职工的文化科技素质越来越成为影响经济发展的重要因素，而教育事业中存在的资金短缺问题仍然十分严重。面对这些情况，在教育支出上应着重考虑下列问题：

（一）尽最大可能继续提高教育支出在财政支出中的比重

在今后相当长的一段时期内，国家仍是我国经办教育事业的主导力量。从很多发达国家的发展历史看，在民族振兴起飞时期，国家用于教育的投资都比较高。例如，日本、联邦德国在第二次世界大战后确立了“科技立国”的战略决策，为保证这个战略决策的实现，政府把国家财政资金的 20% 以上用于扶持教育及有关事业的发展，为国民经济的振兴培养大批科技人才，使国家迅速跻身于世界强国之列。我国目前所面临的民族振兴大业，没有对教育事业的足够重视是难以实现的。邓小平同志早在 1989 年新年伊始就又一次大声疾呼：日子再紧，也要将教育搞上去。这说明了国家发展教育事业的决心。而解决教育问题的一个重要方面，是较大幅度地提高对教育事业的投资。这是国家和民族兴衰的百年大计、千年大计。

（二）引导社会力量集资办教育

社会资金在近期，是国家教育投资不足的必要补充；而从长远看，将成为国家教育事业发展的一个重要力量。经济体制改革以来，社会资金的大幅度增加也为之提供了可能。财政在这方面需要考虑的措施，一是在税收政策上对用于教育的企业利润、分红以及其他所得实行减免税优惠；二是在财政支出的安排上对兴办教育的社会资金予以配合，包括对利用自有资金兴办学校，在资金不十分充足时，给予适当支持，促使其办学事业的成功。当然，支出的这种增加只能是逐步的。但按照这种趋势发展下去，我国财政支出结构将逐渐发生合理的变化。

第七章 财政支出效果评价比较研究

政府的财政支出是一种对社会较广泛的投入，国家每年都有相当数量的资金用于各个项目的财政支出。对支出与产出的关系，必须有一个客观的评价，但在不同的国家评价起来都有相当的困难。在资本主义私有制基础上，政府的主要职能是社会管理、国家保卫及公共工程的建设，其投资收益主要表现为社会效益，难以用货币价值来衡量，评价起来就很难找到一个统一的衡量标准。

为解决这个问题，有些西方经济学家曾从不同角度进行过探讨，提出所谓"费用效益分析法"，用以对非物质生产部门的投资效益进行评价。目前，这种方法已为西方国家广泛采用，一些主要国家还在法律上确定要把"费用效益分析法"作为评价政府公共工程支出效果的基本方法，明确规定政府的各项工程必须以"费用效益分析法"对其可行性进行研究后才能实施。

社会主义国家财政投资长期以来较大部分是用在经济建设上，一般采用直接经济效益和社会效益的方法进行评价。长期以来，社会主义各国政府通过财政对社会经济的投资数量不少，与投入相比，产出效果有时并不太理想。其中一个十分重要的原因，是缺乏对公共性事业投资效果的科学评价。随着近年来社会主义各国的经济体制改革，财政支出效果评价问题受到更多的重视，在实际工作中也取得了一定的成就。

第一节 各国财政支出效果的评价方法

一、资本主义国家财政支出效果评价的主要方法

资本主义国家对政府财政支出效果进行费用效益分析，最初开始于美国工兵部队所承担的航海工程。1936 年，美国国会通过防洪法案，使这种方法在水利资源工程的效果分析中得到运用。20 世纪 50 年代，国防部对此又进行了进一步的讨论和研究，此后，这种方法便在联邦政府各部门得到广泛运用。

（一）财政支出项目的选择决策

宏观经济的基本问题之一是对有限资源的合理配置。财政资金的安排、财政支出项目的选择，实际上就是如何最有效地运用政府资金（资源）问题。具体就是在可供选择的计划项目中配置既定的资金总额，使定量的资金产生出最大效益。

对计划项目，根据其特点可分为"可分割的计划项目"和"不可分割的计划项目"两大类，两类不同的计划项目又可分别在"规模固定的预算"和"规模不固定的预算"中进行选择决策。

1. 可分割的计划项目

可分割的计划项目是指供选择的项目对资金投入的要求没有固定的限制，资金小规模的增加或减少都会对项目效果产生影响。例如，社会福利项目，其资金增加或减少都可以分割为货币的最小单位。

(1) 预算规模固定条件下的选择。假定有一笔数额已定的预算资金要在 x 和 y 两个计划项目中进行分配，要求取得最佳效果。这实际上就是说，计划项目的费用（或成本）—C 已定，要求由此产生的收益—B（指 x 和 y 两项目的总收益）最大（见图 7-1）。

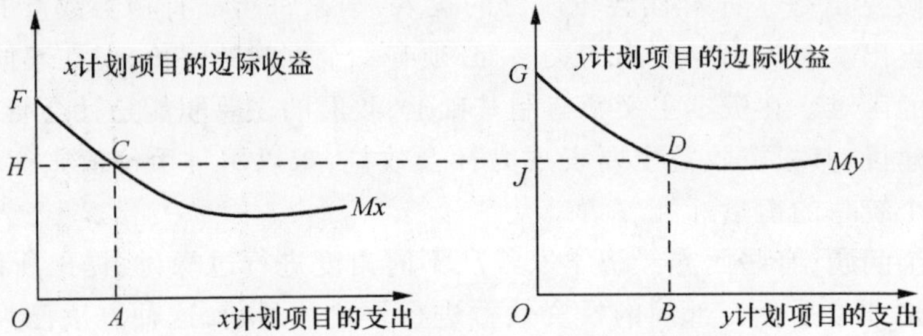

图 7-1 预算规模固定条件下的计划项目选择

Mx 和 My 分别为 x 和 y 计划项目连续追加投资所得到的边际收益曲线。约束条件为 $OA+OB$，等于所允许的支出数额，OA 为花费在 x 计划项目上的支出，OB 为花费在 y 计划项目上的支出。由于预算规模是固定的，所以在 x 计划项目上多花费 1 美元，就可能在 y 计划项目上少花费 1 美元，也就是说前者的机会成本是后者减少投资所引起的收益损失。为使两个项目收益之和最大（即 $OFCA$-x 计划项目的收益，加上 $OGDB$-y 计划项目的收益之和最大），就要使花费在 x 项目上的最后 1 美元收益等于花费在 y 项目上的最后 1 美元收益，或者说两者的边际收益相当。

(2) 预算规模不定条件下的选择。规模固定的预算使采用一个计划项目的机会成本只能由放弃另一计划项目的收益损失来决定。而在实际工作中，预算规模本身常常是可以调整的，在项目必要时是可以追加投资的。在这种情况下，对计划项目进行选择就要与确定总预算支出同时进行考虑。公共计划项目的机会成本等于私人部门放弃投资的收益损失，因为公共项目投资的增加最终是由私人部门缴纳税收作保证的，即是由原属于私人的资源转化的。

这时政府的决策就已超出了对具体项目的选择，要同时考虑公共计划项目和私人计划项目的全部费用和收益，努力使总效益达到最大。即使花费在公共计划项目上投资的边际收益等于花费在私人计划项目上投资的边际收益，这时只要把 x 看成公共计划项目，把 y 看成私人计划项目，仍可使用上述图式的原则。

2. 不可分割的计划项目

是指只有投资达到一定数额后，计划项目才可能完成，费用要求一次支付，有很多特定的项目属于这种类型，例如公路、铁路、港口的建设，医疗器械的投资以及某些科研项目的经费需要，投资如不能达到一定数额，整个计划项目就无法进行。在这种情况下，边际调整原则就不再适用，而需采用其他方法。

(1) 预算规模固定条件下的选择。在这种情况下,可以有几种不同的选择原则。既可以考虑收益—费用比例最佳原则,也可以用净收益最大原则,还可以选择在所定预算额内尽可能地合理安排项目,使所剩预算资金最少。这主要取决于决策者的目的与意图。假定现有 150 万美元要用于Ⅰ至Ⅶ个计划项目上,各计划项目的费用收益情况见表 7-1。

表 7-1 计划项目的费用收益表 (单位:万美元)

计划项目	费用 C	收益 B	净收益 B－C	收益—费用比 B/C	按 B/C 值的排列
Ⅰ	40.0	50.0	10.0	1.25	6
Ⅱ	20.0	27.0	7.0	1.35	4
Ⅲ	24.5	28.5	4.0	1.16	7
Ⅳ	7.0	12.5	5.5	1.79	1
Ⅴ	42.0	58.0	16.0	1.38	3
Ⅵ	83.5	110.0	26.5	1.31	5
Ⅶ	46.5	67.5	21.0	1.45	2

下面分别按不同的选择原则进行考虑:首先看收益—费用比原则。按照这个原则,优先考虑的应是第Ⅳ个计划项目,其收益率最高(1.79),然后依次从高到低选择,直到费用总和超出预算规定的数额为止。所选项目为Ⅳ、Ⅶ、Ⅴ和Ⅱ(其收益—费用比分别为 1.79、1.45、1.38 和 1.35),总费用为 115.5 万美元,总收益为 165 万美元,净收益为 49.5 万美元,预算还剩下 64.5 万美元。其次看净收益最大原则。也就是要求在预算资金允许的条件下使净收益尽可能地大一些。按照这个原则,选择Ⅳ、Ⅶ、Ⅴ和Ⅳ项计划最符合要求,其总费用为 179 万美元,总收益为 248 万美元,净收益为 69 万美元,预算剩下 1 万美元。最后看所剩预算资金要求最少原则,这时则应选择Ⅰ、Ⅱ、Ⅲ、Ⅳ、Ⅴ和Ⅵ几个项目,其总费用为 180 万美元,总收益 2 435 万美元,净收益为 63.5 万美元,没有预算剩余。

分析以上三项原则,可以看出收益率原则和净收益最大原则优点较多,是从以较少的费用取得较多收益的角度考虑问题的。将两者进行比较,收益率原则又比净收益最大原则更优,其每 1 美元可能产出的收益为 1.42 美元,高于按净收益最大原则选择项目的 1.38 美元。当然,从净收益最大的角度选择计划项目也并非绝对不可取,因为净收益是收益扣除费用以后的结果,从这个角度考虑仍是可以获利的。至于使预算资金剩余最少的原则,只有在必须严格按固定预算执行,并认为将所剩预算资金退回不可取的情况下才予以考虑。一般来讲,中央政府为避免下级财政采取这种方案影响预算资金效益的发挥,在预算制度上往往规定上一年度预算资金结余可转入下一年度使用。

(2) 预算规模不定条件下的选择。如果没有预算规模的限制,需要考虑资源归政府部门还是归私人部门更有利,这里要求把眼光放到更为广阔的宏观领域。但由于所讨论的又是不可分割的计划项目,无法用边际支出收益的大小来进行比较,这时所能采用的原则只能是看计划项目的收益是否大于其费用而决定其可行性。

(二) 理论解释——消费者盈余与计划项目的边际收益

运用"消费者盈余"(Consumer Surplus)概念是一些西方学者对计划项目收益衡量方法的理论解释。所谓"消费者盈余"是指消费者为获得一定单位的某种产品所愿意支付的货币量超过他们必须支付的部分，参见图 7-2。图中 AB 为产品 X 的需求曲线，它表明消费者对该产品在连续序列上的每一单位所愿意支付的价格，即当该产品的市场供应量为 Q_1 时，消费者愿意支付 P_1 的价格；当其市场供应量为 Q_2 时，消费者则愿意支付 P_2 的价格，依次类推。第一单位该产品的效用为 $OP_1N_1Q_1$ 截面，第二单位该产品的效用为 $OP_2N_2Q_2$ 截面，依次类推。当将截面分割得充分小时，其总和就构成需求曲线以下的面积，这就是消费者对不同数量产品所愿意支付的价格，或者说是不同消费水平上的收益的价值表示。

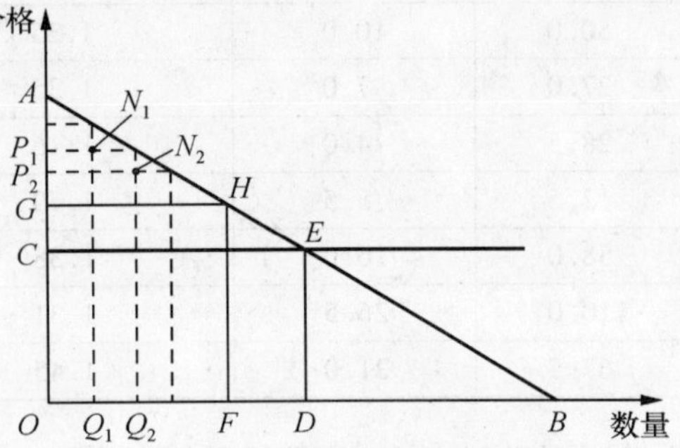

图 7-2　消费者盈余与计划项目的选择

从图 7-2 中可见，A 点和 B 点是两个极端的现象，即当该产品的价格为 OA 时，就没有一个消费者愿意去购买这种产品；而如果无须付钱就可以获得该产品，消费者的消费量为 OB。在实际生活中，这两种极端现象都是不存在的。由于资源和其他供给因素的影响，商品的价格既不会高到无人愿意购买，也不会无偿供给市场（除极少数特殊商品以外）。这样，产品的价格总在 OA 之间的某一点上，在图 7-2 中设为 C 点。在 OC 价格时，消费者的购买量为 OD，其全部收益为 $OAED$，但他们为得到该产品所支付的价值仅为 $OCED$；这剩下的部分——$OAED - OCED = CAE$ 就是消费者盈余。

把"消费者盈余"概念引入计划项目的决策选择，仍可参考图 7-2。假定计划项目单位成本已定，为 OG，对于不可分割的计划项目，假如规模为 OF，其在图中的表示，总收益等于 $OAHF$，总成本为 $OGHF$，净收益（或称消费者盈余）可为 GAH。在固定预算的条件下，对计划项目的选择就是要使所选项目的"消费者盈余"面积的总和最大，即使数量尽量接近于 D 点。对于可分割的计划项目，投资量应为 OD，这时，边际评价等于边际成本，消费者盈余总面积最大，项目效益最佳。

（三）用收益—费用法评价财政支出的具体做法

1. 步骤

（1）提出若干项投资方案。所提出的方案必须是由各方专家经过经济、技术等方面的考察，做到情况详细、数据准确，而且各方案的优缺点必须十分明确，例如包括对公众的直接和间接影响、对土地及环境可能造成的后果等。如果不具备上述材料，就不能列入可选方案。

（2）确定投资方案的有效期。在进行收益—费用分析时，必须预先明确计划的分析期。一个具体的投资活动只能延续一定的时间，如果预算的有效期大于实际可行的年限，那么在超过的这段时间内其成本和收益就难以计算。如果预期的有效期小于其项目实际延续的时间，就必须估计到残值的存在及处理问题。特别是在科学技术发展迅速的现代社会，对经济系统投资的时间价值是十分重要的因素，在收益—费用分析中，“折现”是不可缺少的一个环节。

(3) 用货币形式对所提方案在执行期内的费用成本和收益作出估价，为进行经济效果的评价作准备。方案的费用和收益不仅包括实际的货币支出和收益，还包括不直接表现为货币形式的支出和收益。对这一部分费用和收益也需尽可能地以货币形式表现出来。

(4) 用某一确定时点的货币价值、所要求的投资收益率，以及其他特点的衡量标准，对不同方案进行比较。

(5) 进行进一步的补充分析，对必要的数据材料进行修正和调整。

(6) 在所提方案中选择最优者，确定最终投资方案。值得说明的是，在政府的投资活动中，既有支出，也有收入。支出指的是进行某项活动所付出的资金，收入则是通过这项活动所得到的捐税、收费等。而政府对公共事业的投资活动往往具有两重性，即作为政府的收入，它可以弥补其财政支出，但由于它来自于社会公众，实际上也抵消了公众原应得到的一部分收益。因此，对政府投资活动的评价，必须明确其费用和收益的定义及内容。一般来讲，收益或政府投资活动的正效益，是指给公众带来的预想的好结果，而不是指给执行投资计划的政府机构带来的好处；受损或政府投资活动的负效应，是指其给公众带来的损失，而不是指给执行此计划的政府机构带来的损失。另外，公众所受损失也有两种情况，一种是最终确实由公众承担了的损失，另一种则是国家用其他方式赔偿了这种损失，从而造成政府投资金额的增加，公众实际上并没有遭受损失。这些内容在评价时都必须予以说明。

2. 收益与费用的类型

政府投资的收益和费用可以表现为两个方面：一方面表现为货币的支出或收入，这与市场价格的变化直接相关，是价格对公共劳务的供应所作的调整，它所反映的结果是，一些人的收益或损失增加了，而另一些人却相应受损或获益。从整体上看，不反映社会福利的增加或减少。另一方面，它又表现为真实的成本或收益，或叫做实际的损失或利益。它反映社会福利的增加或减少。在分析时，必须全面考虑真实成本与收益。为此，需要划分真实成本和收益的类型：

(1) 直接与间接成本和收益。直接成本和收益是由计划项目所要达到的主要目标带来的结果；间接收益则类似于物质生产部门生产的副产品。在有些项目中，两者并没有十分严格的划分。如对河流的治理规划，可以把防洪作为直接目标，把由此带来的效益作为直接收益，但其动力供应以及灌溉等所带来的收益，也不能完全归于间接收益。在进行计划项目的评价时，这些都必须加以考虑。

(2) 有形与无形成本和收益。有形成本和收益是指可以用货币形式表现的部分，无形成本和收益则指不能用货币表现的部分。例如，一个灌溉工程所带来的农业产量的增加是有形收益，而对流域区环境的美化则属于无形收益。一个项目投入的资金和实物都是有形成本，而可能引起的对人员健康的影响则属于无形成本。衡量无形成本和收益虽然比较困难，但必须在分析中予以考虑。

(3) 最终与中间成本和收益。最终收益是计划项目直接提供给消费者的收益；中间收益是该计划项目的效果进入其他产品的生产，消费者由下一个生产环节产出的产品获得收益。

(4) 内部与外部成本和收益。前者是指实施计划项目的政府所管辖区域之内的支出和效益，后者则是指其管辖区以外的支出和效益。例如，在河流上游一州实行的防洪措施不仅使该州人民生命财产得到保护，而且对下游其他州都有所帮助。该州的收益属于内部收益，而其他的则属于外部收益。

3. 收益—费用衡量方法

(1) 公式计算法，即选择适当的贴现率将预期的效益和费用折合成同一时间的现值进行比较，或者说考虑以货币表现的时间价值因素，而不是简单地把各个年度发生的收付金额汇总起来进行比较。一般可以用两种公式来表示：

① 收益与费用比，即 B/C；

② 收益与费用差，即 $B-C$。

设 B_t 为第 t 年政府某一投资方案为公众带来的收益，C_t 为第 t 年该方案的投资，n 为投资计划有效期，i 为确定的投资收益率。则：

$$B/C=\frac{\frac{B_1}{1+i}+\frac{B_2}{(1+i)^2}+\frac{B_3}{(1+i)^3}\cdots+\frac{B_n}{(1+i)^n}}{\frac{C_1}{1+i}+\frac{C_2}{(1+i)^2}+\frac{C_3}{(1+i)^3}\cdots+\frac{C_n}{(1+i)^n}}=\frac{\sum_{t=1}^{n}\frac{B_t}{(1+i)^t}}{\sum_{t=1}^{n}\frac{C_t}{(1+i)^t}}$$

$$B-C=\frac{B_1-C_1}{1+i}+\frac{B_2-C_2}{(1+i)^2}+\frac{B_3-C_3}{(1+i)^3}\cdots+\frac{B_n-C_n}{(1+i)^n}=\sum_{t=1}^{n}\frac{B_t-C_t}{(1+i)^t}$$

考虑某一投资方案是否可行，在 B/C 公式中要求其结果必须大于 1，在 $B-C$ 公式中则要求其结果大于 O，也就是说这个方案给公众带来的收益大于政府的投资时，才是可行的。实际上，当 B/C 大于 1 时，就有：

$$B>1\times C$$

$$B-C>C-C$$

$$B-C>0$$

由此可见，B/C 公式和 $B-C$ 公式实际上是从不同的角度进行的衡量，两者必将导致同样的结论。

(2) 社会分析法，即用社会的“影子价格”推算计划项目的成本和收益，对于人为因素造成的市场价格的变形进行调整。在自由竞争的市场上，对有形成本和收益的评价比较简单明了，只要对此项公共劳务在市场上出售价格与其成本进行比较就可以得到解决。但世界进入现代社会以后，任何一个市场都不是完全自由的，有很多人为因素影响着市场价格的高低，如垄断、国家税收等。这样，要想反映一个计划项目真实的社会评价，防止扩大或缩小，必须对现行价格进行调整，剔除垄断、税收等人为因素对价格的影响。这种调整过的价格被称为“影子价格”。例如，在自由竞争市场上，某一投资要素只能卖到 90 万美元，但由于垄断的控制，政府不得不花 100 万美元才能购得这一材料。这时，虽然超出的 10 万美元作为货币收入成为垄断者的超额利润，但政府投资的机会成本只能是 90 万美元，而不是100万美元。当然，"影子价格"的确定在很多情况下是比较困难的，但通过对各种人为因素的考虑剔除，实际上还是可以使计划项目的评价更接近于真实的社会评价。

(3) 补偿差异分析法。当一个计划项目实施后，会使经济系统中的某些元素和现存状况发生变化，变好或变坏，受益或受损。对于受益者，要求他支付一定数量的货币，使他感到其所支付的货币计划项目带给他的效益是值得的；对于受损者，则要付给他一定数量的货币，使他情愿接受计划项目带给他的损失。例如，政府决定从某一地向另一地修筑一条公路，所需费用通过向两地工商业及运输业者征税解决。工程建筑费为100万美元，而且由于占据农田，给附近农民造成70万美元的损失。这样，政府就要向工商业及运输业者征税170万美元。由于公路的建设，工商业和运输业者获得正效益，为此，他们付出一定资金；而农民受到损失（或说负效益），为此，他们得到一定的补偿费。这就是双方由于公路建设造成的差异的补偿。只有当工商业和运输业者由此增加的盈利大于170万美元时，这项计划才是可行的。

（四）对效率与公平问题的考虑

在对财政支出效果进行评价时，还有一个"公平"问题。一个计划项目可以建在高收入地区，也可以建在低收入地区。在成本和利用率水平完全相等的情况下，如建在高收入地区，就会因为高收入消费者能够支付得较多而使计划项目的货币收益较高。但是，从社会效益的角度来考虑，则恰恰相反。由于边际效益的递减，花在低收入者身上的每1美元会带来更高的效益。为将计划项目对不同收入者带来效益的差别考虑进来，评价时，必须运用"分配权数"，即对计划项目为不同收入阶层的人所带来的效益进行加权以后再进行比较选择。例如，计划用20万美元建设一个可容纳300人的养老院，如建在高收入地区，入院者每人付款800美元，项目直接体现的经济效益是盈利4万美元。而如将该项目建在低收入地区，则入院者每人只能付款600美元，结果是政府亏损2万美元。如果单纯从经济效益评价，当然应选择前者。但若考虑分配权数，评价结果则不同。假定每1美元对低收入者的效用等于高收入者的1.5美元，则低收入者付出的计算方法是$600\times1.5\times300=270\,000$美元。两者比较，低收入者的付出更多，也说明该项目为他们带来的效用更大。从这个角度进行评价，将计划项目建在低收入地区对社会更为有利。

二、社会主义国家财政支出效果评价方法的新探讨

20世纪80年代以前的相当长一段时间，财政支出的经济效果评价问题在各主要社会主义国家没有引起足够的重视，一般是把那部分用于社会再生产领域的支出称为"投资"，因而认为只有这一部分支出才能产出劳动成果，才有经济效益可言，而把其他财政支出看做只能计算费用，无法考察其经济效果。对财政支出效果的评价，没有进行较深入的探讨，在实际工作中也没有广泛重视财政支出经济效果的考察。80年代初，经济体制的变革引起思想意识的变化，对很多经济问题进行了新的探讨。各社会主义国家在几十年的社会主义建设过程中，国家对经济系统的投入是巨大的，但所收到的效果有时并不理想。原因是多方面的，而对经济投入效果真实评价的忽视可能是最直接、最重要的原因之一。为此，各社会主义国家逐步将经济效益问题作为经济工作的一个中心环节，进行了认

真广泛的探讨。其中,对财政支出效果的研究一般有以下几个方面:

（一）财政支出效果的表现形式

财政支出效果的表现形式主要为:第一是物质生产领域财政效果的表现形式。根据固定资金与流动资金周转特点的不同分别加以探讨,认为固定资金使用的财政效果,其表现形式应是固定资金原值与其每年的盈利之比;流动资金财政效果的表现形式,则为流动资金盈利率,其比例越高,效果越好。第二是非物质生产领域财政支出效果的表现形式。可根据其与社会再生产关系的特点,分为用于劳动力再生产的财政支出和用于一般社会管理的支出。前者包括用于教育、科研和职工住宅、医药卫生以及其他公共设施上的财政支出效果;后者是指实现社会公共职能的各种费用,包括用于社会政治、经济决策机构、公安、司法及民政等方面的财政支出效果。

（二）衡量财政支出效果的方法

财政支出效果的衡量是解决其费用与效用的量的比较问题。鉴于财政支出的特点,它不可能像其他经济投资那样,完全用货币形式的费用与收益进行比较,而是采用更能反映其实际效用的比较方法。一般有:

(1) 费用—社会职能比较法,即将一定时期、一定数量的财政“所费”与使用费用的社会机构所负担和完成的社会职能程度相比较。

(2) 费用—贡献比较法,即将财政“所费”与其在相应领域所产生的成效——对国民经济的发展、国民收入的增加和社会经济效益的提高所作出的贡献、所起的作用相比较。这种方法多表现为间接方法,采用一些间接指标,如教育投资效果、科研投资效果的衡量等。

(3) 费用—社会服务比较法,即将一定时期、一定数量的财政支出与其相应提供的社会服务水平或应达到的社会服务目标相比较,如民政部门所用经费与所服务对象对其工作满意程度的比较等。

(4) 历史比较法和效能比较法,即用一定历史时期的财政支出所拟达到的目标、水平和效能与比较期内相应数量的财政支出所达到的目标、水平和效能相比较,评价财政支出的社会效益。

（三）衡量财政支出的效益指标

财政支出涉及社会的各个方面,其效益不仅反映在宏观上,而且反映在微观上,因此,必须建立起能综合反映各方面真实情况的指标体系,才能作出客观的评价。这个指标体系包括宏观效益指标和单项效益指标两大部分。

在宏观效益指标中,包括国民收入增长、国民收入生产和国民收入分配等几大类指标,从全局角度对财政支出对国民经济产生的作用进行衡量。在单项效益指标中,则分为物质生产性支出效益和非物质生产性效益指标两大类,其中值得重视的是非物质生产性效益指标,侧重于从教育和科研的经济效益上进行评价。

1. 对教育支出的效果评价

认为培养劳动者所需的教育费用可以分为两部分,一部分为普及教育所需的经费,可称为“必要教育费”;另一部分为受教育者在普及教育基础上又接受各种层次的专业教育所需的经费，称为“后续教育费”。对教育投资效果评价可分为两个层次：一是所投教育经费与所培养出的合格劳动者的数量之比，或称为培养合格劳动者的人均费用指标：$r=\frac{E_0+E_1}{P}$（元/人）。其中：r 为培养一个合格劳动者所需的教育费用，P 为就业人数，E_0 为必要教育支出，E_1 为后续教育支出。r 值越小，教育支出的效益越高。二是合格劳动者的生产效率，或称“受教育者的产出增长率”：$r=\frac{\Delta m}{C_1+C_2}\times 100\%$。其中：$r$ 为受教育者的产出增长率，C_1 为劳动者占用的固定资产原值，C_2 为劳动者占有的流动资金量，为接受后续教育者与不接受后续教育者为社会提供的剩余产品价值的差额。r 值越大，说明前者比后者对社会经济所作的贡献越大。

可见，教育投资虽然没有直接用于物质生产领域，但却对物质生产的发展起到了促进作用，带来了相应的经济效益。所以可以用 $r'=\frac{\Delta m}{E_0+E_1}\times 100\%$ 来表示教育投资支出的收入率。如果把教育投资用于物质生产领域，该投资可连续收益几年，每年的收益为 Q_1、$Q_2\cdots Q_n$，则该项投资的资金收益率 i 可由下式推算：

$$E_0+E_1=\frac{Q_1}{1+i}+\frac{Q_2}{(1+i)^2}+\cdots+\frac{Q_n}{(1+i)^n}$$

将 r' 与 i 进行比较就可以看出该项投资是用于教育还是用于直接物质生产更为有效，据以确定财政的投资方向。

2. 科研支出的效益评价

科学研究是现代社会生产发展的重要因素，而科研人员必须接受一定程度的教育才能胜任其工作，所以对科研支出的效果评价是比较复杂的，但可以分为三个层次。第一是考虑“培养合格科研人均费用指标”：$r=\frac{E_0+E_1}{P}$（元/人）。其中：P 为科研人员的人数，E_0+E_1 仍为培养科研人员所支付的必要教育费和后续教育费。r 值越小，效益越高。第二是考虑“科研成果所需的费用指标”：$r=\frac{s}{n}$（元/人）。其中：r 为平均每项科研成果所需的科研费用，s 为科研费用，n 为科研成果。第三是考虑“科研投资引起的技术进步指标”，以科研投资带来的社会剩余产品价值的增加来表示：$r=\frac{\Delta m}{s}\times 100\%$。其中：$r$ 为科研投资引起的社会剩余产品价值产出率，s 仍为科研投资，Δm 为剩余产品增加量。如假定将此项投资用于物质生产领域，在几年内的收益为 Q_1、$Q_2\cdots Q_n$，则该项投资的资金收益率 i 可由下式推算：

$$E_0+E_1+S=\frac{Q_1}{1+i}+\frac{Q_2}{(1+i)^2}+\cdots+\frac{Q_n}{(1+i)^n}$$

将 r 与 i 进行比较，如果 $r>i$，说明该项投资用于科研是有利的；$r<i$，则表明将该项投资转用于物质生产会取得更好的效果；当 $r=i$ 时，科研投资分配规模适度，可取得最佳宏观经济效益。

第二节　社会主义国家与资本主义国家财政支出效果评价的差异

从前面谈到的资本主义国家和社会主义国家对财政支出效果进行评价的方式方法中,可以明显看出,两者存在着较大的差异。主要表现在:

一、理论体系和方法上的差异

发达资本主义国家在对财政支出效果的评价方面已经形成一套较完整的理论体系,在方法上较多地采用数量分析法,技术性比较强,也比较系统。例如,在分析中,既有根据预算支出规模的条件不同,从预算资金总体的角度,对计划项目进行选择的方法;也有对某一具体投资项目是否能取得理想效果的评价方法;同时又有具体明确的步骤。对效益、费用等主要概念所包含的内容也进行分类,既考虑到直接收益和成本或无形收益和成本等,也考虑到间接收益和成本或无形收益和成本,并确定衡量的标准。社会主义国家由于在较长时期内对财政支出效果较少进行具体评价,在近年的探讨过程中,多注意认识上的探讨,相应的数量分析还比较缺乏。

这种差别与经济理论研究方法的不同是直接相关的。资产阶级经济学家对各种经济问题的研究多建立于具体数量分析的基础之上,侧重于事物之间量的关系一面,对财政支出效果进行评价也多沿用数量分析方法。而社会主义国家对经济问题的研究多侧重于"性质、规律"等的探讨,多采用经验总结—运用—再总结—再运用的方法。对财政支出效果的评价也多侧重于这方面的研究。有些经济学家重视引用某些西方方法,但要做到与社会主义国家实际相结合,还需要在实践中总结经验。

二、领域上的差异

资本主义国家对支出效果的研究多侧重于非物质生产领域的投资。例如,为适应对非物质生产领域投资效果评价的需要,西方经济学家采用的评价指标既包括"钱衡效益",也包括"非钱衡效益";既研究支出的经济效益,也强调其社会效益,如财政的非物质生产性投资对公民素质的提高、健康水平的提高、寿命的延长以及环境的改善所发挥的效益等;不仅考虑财政投资的产出效应,也重视其分配性效应,如同样的投资用于不同收入的人身上所带来的不同效益等。而社会主义国家对财政用于非物质生产部门的投资效益问题虽比较重视,但主要侧重于定性的分析研究,还缺乏具体深入的定量分析研究。

第三节　从财政支出效果评价的比较中得到的几点启示

一、增强效益观念

增强效益观念,主要是要把财政投资效果的评价作为确定财政投资方向、目标的一个主要依据。"效益"是市场经济的典型概念,不讲效益,市场经济的发展就失去动力。在"公平"与"效益"两个目标中,资本主义国家的经济决策多牺牲"公平",确保"效益";而经济体制改革以前的社会主义国家则相反，往往牺牲“效益”，实现“公平”。作为对国民收入分配进行调节的财政，往往认为更应以实现“公平”为重。在现实生活中，“公平”与“效益”之间确实存在着矛盾，在很多情况下难以兼顾，但两者之间又存在着相互促进的关系。用基尼曲线(图7-3)对不同经济发展水平国家国民收入分配状况进行分析，可以看到，发达国家劳动者实际收入分配曲线比发展中国家的这条曲线更接近于绝对平均线。这说明，在资本主义私有制条件下，尽管贫富悬殊问题不可能得到真正解决，但经济的发展水平与“公平”之间又是有一定内在联系的，而经济的发展又在很大程度上依赖于经济效益的提高。在社会主义国家，由于社会主义公有制的建立，公平和效益之间存在着更直接紧密的联系。公平的根本目的和条件在于消灭剥削关系。社会主义国家改善广大人民群众的生活，调动人民群众的社会主义劳动积极性，提高经济效益和发展生产，而任何生产的发展和经济效益的提高，根本目的都是提高人民群众的生活水平。在废除资本主义私有制和阶级剥削压迫的社会主义条件下，人民生活的提高体现着真正的公平原则。由此可见，如果只片面强调社会主义国家经济或财政分配以“公平”为重，忽视“效益”问题，这种认识起码是不全面的，因为没有“效益”的经济和财政是无法达到更高层次的“公平”目标的。从一些资本主义国家对财政支出效果的评价也可以看出，为了缓和社会矛盾，它们也比较重视分配的“公平”方面，注意利用“分配权数”对财政投资在不同收入阶层所产生的效用进行调整，使财政投资能有利于缓解低收入阶层的贫困和不满。

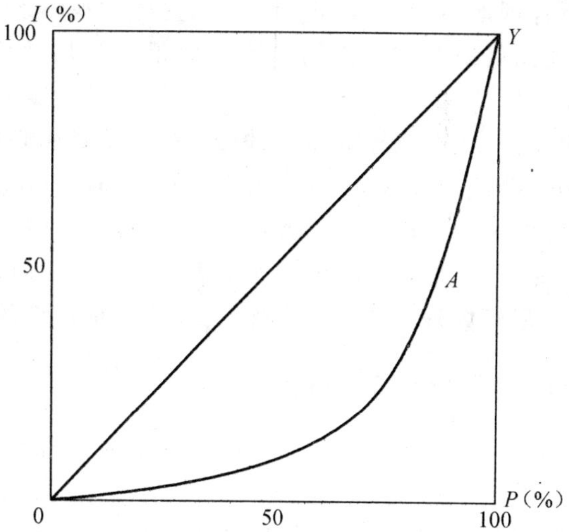

图7-3　基尼曲线

注：0I为劳动者收入百分比，OP为人口百分比，直线OY为劳动者收入绝对平均线，因此线上任一点到0I和OP的距离都相等，含义是总人口中每一定百分比的人口所拥有的收入，在总收入中也占有相应的百分比。所以收入分配是绝对平均的。这只是分配的理想状态，在实际中不可能实现。实际中的国民收入分配状况总是表现为A曲线的情形，国家各种政策对收入分配的调节都是想使A曲线更加接近于OY直线。

对于我国财政支出的安排，随着经济体制改革和模式的转变，支出效果的评价问题越来越受到重视，但由于各方面条件的限制，这项工作还有待于进一步开展，效果评价还未能成为确定投资方案的普遍依据。这里的主要问题是必须进一步增强“效益”观念，以经济效益和社会效益作为投资的基本准则，将投资方向、目标的选择建立在对客观效益评价的基础上，尽量排除不必要的人为因素的影响。

二、重新认识财政的地位

重新认识财政在国民经济和社会发展中的地位，将其侧重点从偏重物质生产领域转向与非物质生产领域的并重上，加强对非物质生产领域财政投资效果的研究。实践证明，财政把过多的资金和精力用于物质生产领域再生产上，往往会影响到本应由财政承担的社会事业的发展，最后也影响到经济的发展。在目前社会主义市场经济的条件下，如果财政不及时调整这种不合理的职责意识，不仅会影响企业自主权的发挥，妨碍经济体制改革的深入，也会影响财政社会职责的发挥，成为国民经济协调发展的阻力。因此，有必要根据形势的发展，将财政工作的侧重点转向对物质生产领域与非物质生产领域并重的轨道上，特别是要加强对某些非物质生产领域如教育、科研、医疗卫生、社会福利等支出效果的研究和探讨，使财政投资更有效地为国民经济和社会发展服务。

三、有分析地吸收国外财政支出效益评价方法

从我国国情出发，吸收外国包括资本主义国家一些可用的评价财政支出效益的方法，当前特别是对建立起具有中国特色的财政支出效益数量分析体系，有重要的现实意义。数量分析与质量分析合理地结合，可以减少一些人为的主观因素，运用得当可以取得更客观、更精确的结果。我国目前开展的对财政支出效果的数量评价与探讨，是一个可喜的开端。

与西方发达国家相比，我国在经济体制、模式、经济发展战略及发展水平等方面，都存在着差距，因此，必须强调结合我国具体国情，进行深入的调查研究和数据统计，以建立起适合我国国情的、完整的财政支出效果的数量分析体系。这里特别重要的条件之一，是信息传递系统的建立与完善。在这方面，财政所要做的工作，是尽可能地利用现有的科技条件，促使数量统计工作尽可能地反映客观实际，为理论分析系统的建立提供可靠的依据。

四、提高对“非钱衡效益”的重视

这主要是指做好对不直接或无法以货币反映其效果的那部分投资的效果研究与评价。随着经济的发展和人民生活水平的提高，“非钱衡效益”在人民生活中将占有越来越重要的地位。当物质生活需求得到相当程度的满足以后，人们对生活的环境、身体的健康、文化修养等会提出更高的要求。对于通过这些方面反映其效益的财政支出，应重视加强研究和评价，以利于真实、全面地反映财政的职能作用。

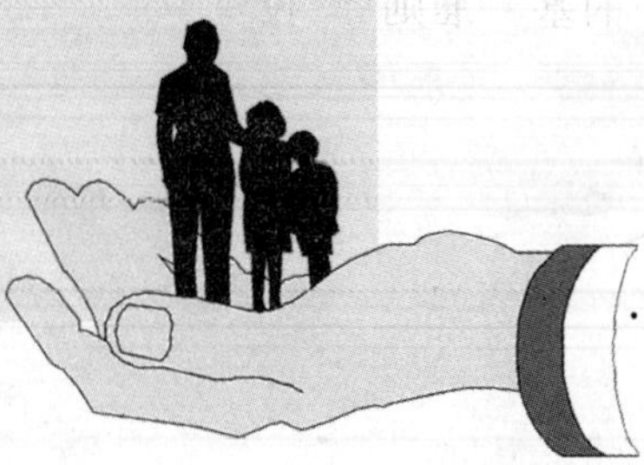

第四篇

财政综合管理与监督

第八章　发达国家宏观财政政策比较研究

现代市场经济要求政府对国民经济实行宏观调控，而宏观财政政策作为政府调控经济的基本手段，在促进国民经济稳定发展方面发挥着重要作用。所以，在国外财政经济理论中，研究得最多的是财政政策问题。经济学家、政治活动家们出于各自不同的利益基础和思想主张提出各种不同的财政政策，不同的财政政策反映了市场经济不同发展时期，不同经济学流派、不同团体、政党对经济发展及其宏观调控的不同看法。

在我国理论界和实际工作中，谈到财政管理问题，以前更多地强调的是财政体制及具体的管理制度。因为在计划经济条件下，整个国民经济是按照集中统一的计划运行的，国家财政的作用主要靠体制（如国家与企业的分配体制、中央与地方政府财政体制等）的调整来保证计划的实现。随着我国财政体制实现转轨和逐步完善，随着政府职能转换和宏观调控逐步走向成熟，宏观财政政策的作用越来越明显。正确认识、科学运用财政政策进行反周期调节，成为我国政府宏观经济管理的重心。比较和借鉴不同国家、不同时期的宏观财政政策理论与实践，对于我国政府在市场经济条件下积极运用财政政策手段实现宏观调控，无疑具有重要意义。

第一节　财政政策是政府宏观调控的重要手段

宏观财政政策，既是国家财政管理的一个现实问题，也是一个关于政府如何干预经济的理论问题。它是指以特定的财政理论为依据，运用各种财政工具，为达到一定的财政目标而采取的财政措施总和，即运用各种财政手段，以实现预定的宏观经济目标的政策。

一、财政政策的目标

在市场经济条件下，财政政策一直是作为政府宏观经济政策的一个重要组成部分而发挥作用的。从西方国家市场经济的发展来看，政府积极、自觉地运用财政政策干预经济，还只是20世纪30年代以后的事。几十年来，西方发达国家从其面临的最迫切的社会经济问题出发，一直把促进国民经济稳定增长——使经济既维持充分就业，又避免通货膨胀——作为宏观经济政策的中心目标。在西方国家财政经济理论著作中，有关财政政策的论述，也始终是围绕这个中心目标进行的。著名经济学家保罗·萨缪尔森在其代表作《经济学》一书中写道："积极的财政政策就是决定政府税收和开支的办法，以便有助于(1)削弱经济周期的波动和(2)维持一个没有过度通货膨胀和通货紧缩的不断增长和高度就业的经济制度。"①

---

① 〔美〕保罗·萨缪尔森：《经济学》(上册)，商务印书馆1979年版，第505页。

（一）充分就业的目标

按西方经济学的解释，充分就业并非人人都有工作。因为造成失业的原因有许多，但基本原因可分为需求不足和“无法克服的”原因两类。前者由于周期性爆发的经济衰退而造成失业，即由于社会总需求下降造成对劳动力需求的不足而引起周期性失业，后者造成“季节性和摩擦性”自然失业。而扣除了季节性和摩擦性失业的就业状况便是所说的充分就业。财政政策在实现充分就业方面的主要任务，在于降低或减少周期性失业。

充分就业问题之所以在各国受到重视，是因为失业对社会经济制度的运行构成巨大威胁：在失业情况下，生产能力不能充分发挥是资源的巨大浪费；而且，失业造成收入分配不平均等，会引起社会不稳定，造成政治方面的损失。所以要保证经济社会制度的正常运转，必须解决失业问题，维持充分就业的生产水平。

（二）物价稳定的目标

物价稳定就是要控制通货膨胀。通货膨胀被认为是货币体系发生故障的征兆，它不仅危害国家货币币值稳定，减少居民实际收入，而且会造成生产下降、失业增加，以致引起社会不稳定。正因为如此，西方经济学把保持货币供给增长率与实际经济增长率的协调、实现物价的稳定，视为宏观财政政策的一个重要目标。

现实经济生活中，物价的绝对稳定是不可能的，物价稳定的要求只是将价格上涨幅度控制在一定的水平上。一般来讲，作为政府宏观财政政策的物价稳定目标，就是要把物价水平控制在不超过例如5%左右的年上涨率以内，目标幅度之内的价格上涨被认为是合理的波动。

（三）经济增长的目标

经济增长一般以国民生产总值或国民收入，或者人均国民生产总值或国民收入指标来衡量，指的是这些指标的较高速度的增长，这是一国经济发展和社会稳定的基础。促进经济增长无疑也成为政府宏观财政政策的一个重要目标。当然，促进经济增长并非指经济增长速度越快越好，同样也只是要求经济增长速度不低于某一水平，即谋求最佳的经济增长。在西方国家，经济增长过快或经济停滞甚至下降，都被认为是经济波动的表现而要竭力加以避免。至于经济增长速度究竟多快为合适，各国在不同时期的具体目标也不相同。

上述三者虽然是政府宏观财政政策所要追求的目标，但不同的政策目标可能相互冲突，例如控制物价上涨与提高就业水平往往发生矛盾。西方经济学以所谓“菲利普斯曲线”理论来解释充分就业与物价稳定目标的矛盾性，认为政府只能在二者之间作出抉择。可见，要同时实现充分就业、物价稳定和经济增长的宏观调控目标，是十分困难的。

二、财政政策工具

财政政策工具是政府为实现既定财政政策目标而采取的手段。宏观财政政策目标一旦确定下来，如何选择及选择什么样的财政政策工具，便是制定和实施科学、有效的财政政策的关键。财政政策工具一般包括：

(一)国家预算

作为国家财政收支计划,国家预算可以从总量和结构两方面对宏观经济发挥调节作用。一是通过预算收支的规模来调节社会总需求与总供给的平衡。一般来说,在社会总需求水平低于总供给水平,即需求不足的情况下,政府通过扩大财政支出规模、相对减少财政收入(如减税),刺激需求的增加,提高社会需求水平;反之,在社会需求过剩的情况下,政府采取减少支出、缩小支出规模或相对增加政府财政收入(增税)的措施,可抑制社会需求增加,从而抑制通货膨胀。二是通过预算支出结构的调整来实现预定的财政政策目标。从市场经济国家预算支出构成看,一般分为:公共消费支出(包括行政管理、公共秩序、国家防务等)、转移性支出(如各类社会保险和福利支出)、政府投资(基础设施建设)、产业补贴支出(如对高新技术产业、贸易出口、农业补贴等)以及公债利息支出等。在总量不变的情况下,政府通过对这些性质不同、用途各异的支出结构进行调整,可以影响甚至改变社会资源配置的结构状态,从而为实现政府财政政策目标服务。

(二)税收

税收是财政政策的最主要工具之一。通过这一政策手段,可以对社会经济活动实行广泛的调节,这种调节作用主要表现在三个方面:一是调节社会总供求矛盾。税收调节方向上具有双向性,政府通过税收总量及结构变化,既可抑制或刺激社会总需求,又可对总供给的增加产生刺激或抑制作用,并对总供给与总需求的结构进行调节。例如,以流转额为征收对象的税种,征税效应偏重于供给方面,提高税率可限制产品的生产,从而减少产品供给;降低税率可以鼓励产品生产,增加产品供给。以所得额为征收对象的税种,征税效应偏重于需求方面,当经济快速发展时,企业和居民收入增长较快,所得税就会增加,从而限制总需求膨胀;当经济出现萧条时,企业和居民收入减少,所得税就会减少,从而可相应增加社会总需求。由于实行累进税率,收入增加或减少时,税率依照税法会自动提高或降低,即使不专门调节税收政策,平均税率也会自动升降,从而稳定总需求,这就是所谓税收的"内在稳定器"作用。二是调节产业结构。与财政政策的其他工具相比,税收工具具有作用范围广泛的特点,税收调节涉及社会经济生活的各个领域和环节。政府通过制定和调整专门的税收政策,如税率调整、税收加征和减免等,促进经济结构调整和产业升级。三是调节收入分配,促进公平原则的实现。

(三)公债

公债作为财政政策工具,主要通过选择公债种类、确定公债发行和偿付数额以及公债利率等,体现政府财政政策的要求。公债除可以直接筹集资金、弥补政府收入不足外,还可以通过不同的公债政策间接调节市场上的货币流通量,从而调节社会总供给与总需求的总量平衡和结构平衡。公债在实现财政政策目标的过程中具有自身的优势:一是公债调节的有偿性,可以避免无偿调节中发生的直接利益冲突;二是公债作为财政政策与货币政策运作的结合点,可以产生财政、货币政策联动效应。中央银行通过公开市场业务买卖公债,可以调节货币供应量,平抑经济周期。

(四)财政补贴

财政补贴的实质是财政支出。它是政府为某种特定需要,而将一部分财政收入转移给特定的经济组织和居民的一种分配形式。与其他财政支出不同的是,除了具有财政支出的直接作用外,还具有较强的政策性、时效性和灵活性。财政补贴可以从两个方面对宏观经济进行调控:一是通过生产性补贴影响供给。生产性补贴包括对生产者的价格补贴、直接的投资补贴、财政贴息等。这种补贴如同减税一样,可以直接增加受补贴企业的收入,增强其投资能力,从而增加产品供给并改善供给结构。二是通过消费性补贴影响需求。消费性补贴包括物价补贴、房租、水电补贴等。这种补贴是转移支付的一种形式,可以增加个人收入,从而增加社会需求。

(五)财政投资

财政投资是政府以预算内资金安排基本建设。在市场经济条件下,政府公共投资一般用于基础设施建设,其调节作用也表现在平衡社会总供求以及调整经济结构两方面。从当前看,财政投资需求构成总需求的一部分,其规模大小可以调节社会总需求;从长远看,财政投资项目的建成,可以增加社会总供给。不同时期政府根据产业政策的要求选择财政投资项目,则是调整国民经济结构、促进产业升级的最直接、最有效的方式。

三、财政政策的基本类型

上述财政政策工具作用的对象、作用的力度都是有差别的。在宏观经济调控实践中,必须根据一定时期宏观调控的主要目标,选择合适的财政政策,灵活运用各种财政政策工具和手段,使其相互协调、相互配合,以提高财政政策效果,促进宏观调控目标的实现。根据财政政策在调节国民经济总量方面的不同影响,可以将财政政策区分为扩张性财政政策、紧缩性财政政策和中性财政政策。

(一)扩张性财政政策,即赤字财政政策

这是指通过财政分配活动来增加和刺激社会总需求,最典型的方式是通过安排财政赤字来扩大政府支出规模。当国民经济出现需求不足的时候,通过运用扩张性财政政策,即减少税收,增加企业和个人可支配收入,扩大社会总需求;扩大预算支出规模,增加社会总需求,从而使总需求与总供给的差额缩小以至达到平衡。

(二)紧缩性财政政策

这是指通过财政分配活动来减少或抑制社会总需求。当国民经济出现供给不足的时候,通过运用紧缩性财政政策,即增加税收,增加财政收入,减少企业和个人可支配收入,减少社会总需求;压缩政府支出,实现财政盈余,减少社会总需求,从而抑制、消除需求膨胀,使总需求与总供给的差额缩小以至达到平衡。

(三)中性财政政策

这是保持财政收支平衡的政策,使财政分配活动对社会总需求的影响保持中性,既不产生膨胀,也不产生紧缩性的后果。财政支出只能根据收入的多少来安排,既不允许有大量节余存在,也不允许有较大赤字发生。在西方国家,中性财政政策是相对市场而言的,即不干扰市场调节作用的政策。

在宏观经济调控实践中,选择什么样的财政政策,采用哪些财政政策工具、手段以及它们之间如何搭配,这既要遵循宏观财政政策运作的一般规律,也要考虑各国、不同时期具体的社会经济环境。

第二节　第二次世界大战后美、英等国积极运用扩张性赤字财政政策

一、赤字扩张财政政策与凯恩斯主义的流行

最早成功运用宏观财政政策刺激经济增长的典型范例，当属20世纪30年代美国政府反危机的扩张性财政政策。

20世纪30年代西方世界经济危机及随后的长期萧条，使得美国经济在1929—1939年十年间几乎没有增长（不足0.1%），而同期失业率平均达18%，最高时甚至达到25%，为医治经济危机所造成的生产过剩、供过于求的痼疾，美国政府曾采取了种种调控措施，如1935—1938年罗斯福实行过信贷刺激、税收调节等多项措施，无奈最终效果不佳。到1938年，罗斯福决定作一次增加政府财政开支以刺激经济的试验，有意识地安排了一个赤字预算，通过发行公债进行大规模的基础设施建设。在其他"新政"措施的配合下，政府巨额投资的拉动促使了经济重新回升。这一成功的实践与当时刚出笼的凯恩斯主义不谋而合。此后相当长一段时期美国坚持赤字财政政策，连续16年出现预算赤字。赤字财政政策带来了充分就业和经济迅速高涨，1939年到战时高峰的1944年，美国国民生产总值年均增长速度超过两位数，而失业率降到2%以下，使美国经济进入黄金时代。

随着第二次世界大战的爆发，美国政府采取了大幅度提高税率和大量举债的财政政策。罗斯福执政时期实行的宏观财政政策初步试验，是与其面临的严重经济危机及世界大战紧密相关的。是既有针对性又不自觉地运用宏观财政政策的时期。

从战后到20世纪70年代末期，美国政府继续采取了以扩张为基调的财政政策，但具体的政策运作中不时出现"松"、"紧"搭配或交替现象。这一时期的财政政策按其主要调整特点可分为三个阶段。

第一阶段从1945年到1960年，两届政府交替执行扩张性和紧缩性财政政策以对付危机，但没有完全放弃平衡预算或周期平衡预算的目标，这一时期出现的财政赤字较小。杜鲁门和艾森豪威尔执政的15年间政府预算有7年是盈余的。

第二阶段从1961年到1968年，肯尼迪和约翰逊明确提出实行凯恩斯主义的赤字财政政策。首先是肯尼迪决定采取财政措施促进经济增长和解决失业问题，把政策重点放在减税上，同时将机器设备折旧期缩短了30%—40%，以刺激设备更新和投资，并提出全面削减个人所得税和公司所得税。约翰逊继任后，进一步将肯尼迪计划付诸实施，并大大增加了财政的社会福利支出。这种财政宏观调控政策在一段时期带来了较高的经济增长率和较低的通货膨胀率，失业率下降到4%以下，被认为是实现了充分就业。

第三阶段从1969年到1980年。这一时期美国经济发展缓慢，有时是负增长，并伴随较高的通货膨胀率和失业率，国际收支逆差很大，黄金外流，美元发生危机。美国几届政府变换使用"松"的和"紧"的财政政策，但宏观财政政策的各项目标都未能实现。实践证明，采用扩张性财政政策刺激经济发展和增加就业的同时，会加剧通货膨胀和扩大国际收支逆差；而采用紧缩性财政政策抑制通货膨胀和改善国际收支状况，经济停滞及失业会更

加严重。

前两个阶段形势发生较大变化，其主要原因之一是，肯尼迪和约翰逊时代在财政政策和消费信贷支持下，对住房、汽车等耐久性消费品的需求增加，加上越南战争等因素带来的刺激等因素，实行赤字财政的恶果还没有充分显示出来。发展到第三阶段，随着上述因素的减少和消逝，为各种矛盾的总爆发准备了条件。加上石油危机和国外战争的结束，失去了对国内经济的刺激，社会需求大减，经济发展停滞，巨额财政赤字带来的通货膨胀问题更加明显和尖锐化。

随着凯恩斯理论影响的深入，扩张性赤字财政政策成为美国政府对付经济萧条、维持经济增长的公共政策的基本内容。在失业增加、经济持续不振的情况下减少政府收入（削减税收）和增加财政支出（扩大政府开支等），以刺激消费需求和投资需求，通过扩大有效需求来刺激经济的增长，是凯恩斯主义财政政策的重点，也成为包括美国在内的许多西方发达国家战后相当长时期内应付经济危机的"灵丹妙药"。

在英国，面对战后频发的经济危机，历届政府几乎都奉行凯恩斯主义财政政策，强调所谓"需求管理"。结果，庞大的财政支出迅速增长，赤字财政实际上已经常化。1959—1969 年，公共支出占 GDP 的比重平均为 33.6%，1970—1979 年这一比重达到 46.4%。结果，1946—1981 年的 36 年间，有 28 年中央和地方政府都出现财政赤字。20 世纪 50 年代、60 年代和 70 年代，年均财政赤字分别为 1.54 亿英镑、8.75 亿英镑和 45.73 亿英镑。

在法国，广泛运用"预算赤字"和"国库公债"政策，1945—1971 年间国家公共支出比战前增长 3.7 倍，国家债务屡创新高。这种扩张性政策促进了这一时期法国经济持续高涨，1951—1971 年法国国内生产总值年均增长 5.5%，仅次于日本。

二、供给学派的财政政策主张及其在美国的应用

从 70 年代后半期起，西方发达国家普遍出现了"滞胀"，使得凯恩斯主义的需求管理政策顾此失彼，进退两难：刺激需求，会使通货膨胀更加恶化；抑制通货膨胀，又会导致生产更加萎缩。应运而生的供给学派把"滞胀"局面形成的原因归咎于凯恩斯主义的需求管理政策，同时，将走出"滞胀"困境的希望寄托于注重供给管理的政策：认为财政政策只需刺激生产的增长，排除对生产的障碍，对产品的需求就会自行解决。凯恩斯主义的需求管理政策，以赤字财政、扩大政府开支为重心，以通货膨胀为特点。虽然它在克服经济危机、减少失业、促使经济增长速度加快等方面起了重要作用，但长期实施这种政策也产生了严重的后果：由于人为地、经常地刺激需求，使物价不断上涨，反而进一步削弱了社会购买力，造成生产停滞。供给学派最重要的政策主张是减税，通过减税刺激供给增加。其减税的具体目标与凯恩斯主义刺激需求的减税是不同的，其减税的重点是公司所得税，而不是个人所得税。

80 年代初，里根政府以供给学派理论为依据，提出了"三少一增一紧"——减少税收、减少非国防开支、减少政府对经济的干预、增加国防支出，同时支持联邦储备局紧缩货币供应的政策。这一时期美国政府采取的财政政策措施主要有：

（一）减税

主要通过税收改革削减个人所得税和公司所得税，经过几次改革，个人所得税税率档

次由 14 个降为 3 个，税率由 11%—50% 降为 15%—35%，公司所得税最高税率由 46% 降为 34%。但由于巨额财政赤字的压力，在减税过程中不得不又采取一些增税措施。这表明了当时美国经济问题的严重性和复杂性。

（二）进一步推行加速折旧和放宽管理政策

如汽车、科研试验等设备的折旧年限缩短为 3 年，生产用机器设备缩短为 5 年，公司用设施为 10 年，厂房、建筑物等为 15 年。同时，对限制企业活动的规章制度也作了修改，适当放宽了限制。

（三）削减社会福利开支

削减政府开支是供给学派的重要政策主张，但在政府开支中两个较大的项目国防费和国债利息难以削减，因为巨大的国防支出是保持美国在全球的战略优势和扩大私人企业军事订货的保证，削减国防费必然受到垄断资本家的反对。国债利息则必须按期支付，也没有削减的可能。在这种条件下，社会福利开支就成为削减的主要对象。但这种削减也必然受到社会低收入阶层的强烈反对。这表明财政支出规模一旦扩大，再要削减下来难度是很大的。权衡利弊，美国政府采取了大规模削减劳工教育支出、退伍军人支出、环保支出、地区发展支出及住宅建筑支出等福利性开支。

（四）平衡预算

里根上台前后都提出了要消灭财政赤字的口号，实行平衡预算政策。可是从执行结果看，由于在实行减税的同时，又扩大了国防开支，在其第一任期内，美国联邦预算赤字已达到 5 393 亿美元，几乎接近 1933—1980 年历届总统任期内的财政净赤字之和。在其第二任期内，又提出逐步削减预算赤字的口号，但实际执行结果是赤字反而进一步加大了。

这一政策对于美国 20 世纪 80 年代初反危机产生了一定效果，通过数度减少政府税收和大量削减社会福利开支等非国防支出，放松政府对经济生活的直接和间接干预，美国经济从 1982 年年底转向复苏，到 1984 年生产增长率达到 6.8%，成为 30 多年来最高的增长。失业率由 1982 年的 10.8% 降到 1988 年下半年的 5.3%—5.4%，通货膨胀率也降到 4.2%。特别是 80 年代，美国政府利用公共政策调整的机会适时促使产业升级，在西方国家中率先实现经济结构调整，并取得明显进展，为 90 年代美国“新经济”的到来打下了基础。自 1980 年以来，美国用于工业领域的研究和开发投资年均增长 10.3%，用于信息技术产业的研究和开发投资年均增长 16.1%，使得美国信息技术产业成为美国最大的产业之一。

三、凯恩斯主义的复兴与“克林顿经济学”

1993 年美国新总统克林顿上台后，推行与里根-布什新自由主义为基调的经济政策迥然不同的“新凯恩斯主义”公共政策。克林顿在 1993 年 2 月提出的振兴经济计划一改过去共和党政府放任自流的经济思想倾向，旨在改变过去民主党给人留下的“征税、花钱”的传统印象，提出了一套“投资、增长”的经济战略。其基本点是：政府必须干预经济，尤其是财政干预，以实行充分就业和经济增长的战略目标。以此为基点，通过改革，实行长短期兼顾、双管齐下的方针：既要刺激经济增长，实现充分就业，又要削减赤字、压缩债务；短期内用财政刺激促使经济复苏，增加就业岗位；从长期看，逐步减少财政赤字、增加政府公共投资，以维持经济的稳定持续增长。现在看来，这一政策的效果是十分明显的。到1999年年初，美国经济已持续增长94个月，创造了和平时期最长的经济扩张期。反过来，经济长期处于强有力状态有利于改善公共财政状况。从1998财政年度起，联邦预算逐步消灭了赤字。到2000财政年度，连续第三年出现预算盈余。

第三节　日、德等国战后实行“先紧后松”的财政政策

与大多数发达国家有所区别的是，日本和德国在战后相当长时期内实行“紧缩性”财政政策，到20世纪70年代后才广泛采用扩张性赤字财政政策。

一、日本不同时期的宏观财政政策变化

第二次世界大战以后，经过几十年的发展，日本由一个后进的资本主义国家一跃成为当代实力雄厚的经济大国。之所以能够这样，是与其政府主导型的经济管理体制分不开的，其中战后日本政府独具特色的宏观财政政策对于促进经济高速增长发挥了重要作用。

（一）1945—1954年经济恢复时期的财政政策

这十年当中，日本经济曾一度因恶性通货膨胀而陷入空前困境，但经过调整和改革，加上朝鲜战争爆发带来大量特需订货，日本经济逐步得以恢复。这十年也是日本宏观经济管理体制实现根本性转变，以及按照当时资本主义国家的最新经验进行改革的时期，在政府财政政策上，主要是确立了国家财政综合平衡原则，变财政赤字政策为财政均衡政策。

日本预算收支平衡原则建立于战后初期特定的历史条件下，是对战争期间赤字财政和战后初期“财政型通货膨胀”的反思。第二次世界大战期间，日本临时军费特别会计收入的80%靠发债与借款筹措，个别年度甚至超过95%。1942年度与1945年度国债支出分别占一般会计支出的19%以上。沉重的债务负担加剧了战时的财政危机。战后初期日本社会总供给遭到严重破坏，总需求方面因临时军费激增、物价改革措施出台和生产倾斜政策中的资金倾斜分配措施等原因，财政支出迅速膨胀，迫使政府大量发债，从而进一步加剧社会总供给与总需求间的不平衡，终于爆发了战后最严重的通货膨胀。为了遏制通货膨胀，在美国占领军的干预下，日本政府执行了著名的“道奇路线”[①]，财政上停发复兴金融债券，以铲除财政型通货膨胀的根源；压缩财政支出；编制1949年度包括地方政府预算在内的国家财政平衡预算。道奇路线的实施，标志着战后日本财政由赤字政策向均衡政策的转变，确立了国家财政综合平衡的原则。尽管之后不久日本政府对该原则进行了修改，但预算平衡制度作为健全财政的一项重大原则仍坚持了16年之久，对促进战后日本私人资本积累发挥了积极作用。

1950年以后随着国际形势的变化和国内状况的改善，日本政府为了进一步促进私人

① 道奇路线乃1949年美国占领军总部强制实行的“九原则”经济改革方案，以主持起草该方案的占领军总部经济顾问、美国底特律银行总裁的名字命名。其改革方案的实质是实行财政、金融双紧政策。

资本积累,发展重化工业,对美国占领时期的财政政策进行了调整,主要表现在两个方面:

一是修改道奇路线,变国家财政综合平衡为中央一般会计预算平衡。日本政府在1953年度预算中正式放弃国家财政综合平衡政策,认为要利用财政手段增强日本产品在国际市场上的竞争能力,就无须恪守国家财政综合平衡原则。当年成立了产业投资特别会计,通过发行特别减税国债来筹措财源,并允许国家铁路和国家电信电话公司发行150亿日元债券用于设备投资。从该年度起直至1964年,不发债原则只是一般会计坚守的防线,而特别会计的收入多半靠发债解决。这样,一方面将原来一般会计管理的一些经费项目划给特别会计,另一方面可以利用国家信用制度组织财政收入,以满足日益膨胀的财政需求。

二是为促进私人资本积累、鼓励出口制定各种税收减免制度。开始采取降低企业成本、促进私人资本积累的税收政策。战后日本对大企业采取的各种税收减免措施,多数是这个时期制定的。例如,允许企业按规定提取一定限额的各种准备金或后备金,将部分利润"费用化"以减少企业的税负,增强企业后劲;允许重点行业采取快速折旧办法;对企业引进先进技术、设备和出口产品给予减免税照顾;为鼓励个人储蓄,从1953年起提高个人所得税起征点,对利息收入只征预提税,后来又将其税率由10%降到5%。这些措施出台后,都产生了明显的效果。

(二) 1955—1970年经济高速增长时期的财政政策

经过十年的经济恢复,日本各项经济指标除外贸以外基本上超过战前水平,并且逐步恢复了在一些国际组织中的地位。然而,日本是个资源贫乏、高度依赖出口的国家,在战后科技革新和世界经济结构发生变化的情况下,确定了利用国内战时已形成的较高的重化工业技术水平,以及战后国际市场上的廉价石油,走重化工业道路的路线。针对当时经济刚刚恢复、国内企业普遍资金不足的情况,在金融上采取低利率扩张型货币供给政策,刺激产业资金需求,并通过调整日本银行法定贴现率和"窗口指导"等手段,调节经济发展过程中发生的需求过热。在这一过程中,财政为配合金融政策,在1964年之前一直坚持一般会计不发债政策,在税收自然增长的范围内减税和增加财政支出;在鼓励私人资本积累的同时,通过大量的公共投资消除经济发展中的瓶颈,对促进企业设备投资发挥了重要作用。1965年度,日本政府放弃了一般会计不发债政策,战后首次成功地实施凯恩斯赤字财政政策,使日本经济顺利地度过了昭和40年的不景气,进入了长达57个月的"伊佐那机景气"期,即第二个高速增长时期。

1964年度以前财政政策的特点是:一是坚持中央一般会计不发债政策,利用以直接税为主的税收结构下的经济增长,实现大量税收自然增收,适度扩大支出规模。尽管这一时期日本政府的财政支出规模小于欧美主要发达资本主义国家,其税收负担率也较这些国家低,但总体上财政支出规模仍在逐年扩大,而且增长速度超过了国民经济的增长,甚至在1956年、1957年、1962年经济萧条时,中央与地方政府的财政支出仍在增长。二是政府通过大量的资本性支出,解决重化工业发展中的瓶颈,为私人企业的进一步投资创造良好的外部经济环境。政府资金投入的重点放在与产业活动直接或间接相关的领域,而且随着经济的发展调整资金分配重点,由能源开发转向道路、港湾等交通设施与通信建设上。这种政府资金分配政策的直接效果是,可以将企业外部经济的利益转化为内部利润,带动私人企业进一步投资;同时通过社会资本的形成促进产业技术革新。三是税收上采取以所得税减税为主的“一般性减税”和鼓励企业技术革新、积极引进国外先进技术的“政策性减税”。四是为维持中央一般会计预算平衡原则,加强财政投融资活动,将原属于一般会计管理的部分无偿拨款支出划给特别会计,进行“财政投融资化”管理。这一时期,日本政府为满足日益膨胀的公共投资需要,增设了六个特别会计,将一般会计管理的部分无偿拨款开支转为财政投融资项目,以促进国土的开发。其目的在于,在不违反中央一般会计预算平衡原则的前提下解决财政收入不足问题。

1965—1970 年度财政政策的特点:

(1) 放弃中央一般会计不发债原则,开始战后重新举债的历史。但由于对债务规模实行严格控制,在一定程度上促进了经济发展。1965 年度日本政府为弥补税收收入不足,发行了 2 000 亿日元的赤字国债,从此走上战后重新发债的道路。重新发债不单纯是为政府组织收入提供了新的手段,更主要的是它标志着日本政府为刺激经济发展,启用西方流行的凯恩斯主义赤字财政政策,在宏观经济政策中,将财政从处于配合金融政策实施的“配角”转变为以财政政策为主导刺激经济发展的“主角”。

(2) 在发债的情况下仍实行减税政策,反映了政府刺激经济的明确意图。

(3) 在财政支出政策上,除 1965 年度采取扩张政策以外,基本保持景气中性立场。这对控制发债规模、防止经济过热起到了积极作用。

(4) 就财政投融资规模及其增长速度而言,具有充实一般会计的功能。其支出政策的取向和力度基本与一般会计保持一致;在收入方面,配合公债政策的贯彻,积极组织邮政储蓄资金,减少了政府保证债的发行。

(5) 采取谨慎的公债政策,建立稳定的还债基金,同时为促进个人消化公债,实施税收优惠措施。公债既有发挥财政调节经济职能的积极方面,又有造成财政过分依赖发债的消极方面。为了保持财政的节制性,防止财政依赖国债发行,减少中央银行增发货币的压力,日本政府在总结战前和战后初期经验教训的基础上,通过财政法确定国债管理政策的两大原则:建设国债原则和民间消化原则。这对贯彻谨慎的公债政策起到了一定的促进作用。

(三) 1971—1980 年度经济低速增长时期的财政政策

20 世纪 70 年代国际经济的动荡不安,对日本经济由高速增长步入低速增长起到了催化作用。1971 年夏季尼克松新经济政策出台后,随着布雷顿森林体系的瓦解,为维持对美元的基本汇价,日本政府应允美国减少对其国际收支的顺差而不得不买进美元,同时又担心日元升值会带来紧缩效应。因此,日本银行采取放松银根的政策,1970—1972 年连续六次下调法定贴现率,使货币存量的年扩张比例达到 25%—30%。在田中内阁的改造列岛理论的指导下,为刺激经济、增强福利,1972 年、1973 年两年连续采取扩张政策,使一般会计的支出规模较上年分别增长 25% 和 24%。为满足日益增长的财政支出的需求,70 年代以后日本政府开始扩大国债发行量,一般会计收入中,国债收入的比重大幅度回升,而且超过了 60 年代中期的最高值(1966 年度为 14.9%,1975 年度达 25.3%)。从此突破了“建设国债原则”的防线,开始发行赤字国债,导致日本财政由“怀抱赤字”时期走向“被赤字怀抱”时期。

导致1975年度以后财政上大量举债的原因是，日本政府针对20世纪70年代初财政、金融双扩张政策和1973年第一次石油危机冲击所带来的国内物价暴涨，1974年、1975年相应采取了抑制总需求政策。结果，物价虽然得以控制，但却留下了经济严重不景气的后遗症。为了摆脱这种局面，日本政府在宏观经济政策上的选择，是以同时实现可允许的最小通货膨胀和一个令人满意的经济增长率为政策目标，所以采取了"紧"的货币政策和"松"的财政政策的组合，争取达到既稳定物价，又实现充分就业、稳定经济发展的目的。"松""紧"政策的配合，加上国内产业结构的合理调整，使日本经济平稳地度过了第二次石油危机，并取得了稳定、持续的发展。70年代后五年日本经济实际GNP年均增长4.9%，高于前五年的平均增长水平(4.4%)，物价上涨指数也控制在较低水平。然而，财政赤字大幅度增加，1979年度中央一般会计收入中国债收入的比重达33.9%。

这一时期财政政策的特点：

(1) 1972—1978年财政交替采取扩张与紧缩政策。70年代，日本财政政策由中性到扩张，由扩张到紧缩，再由紧缩到扩张，不断变化。尤其是1972—1978年度政策力度张缩交替，不再存在60年代后五年的中性过渡期，明显反映了政府宏观经济政策中财政政策的主导性。

(2) 国家财政资金重点向提高人民生活、增加福利方面倾斜。

(3) 在财源紧张的情况下，基本坚持所得减税，但加强对企业征税，表现出日本的税收政策已由资本积累型彻底转向利益调整型。

(4) 国债发行在坚持民间消化原则的前提下，采取多样化和弹性化的发行政策；为促进国债流动，重点放在个人消化国债并采取灵活的偿债措施上。

(四) 20世纪80年代以后经济低速稳定增长时期的财政政策

进入80年代后，当欧美主要发达资本主义国家正为严重的通货膨胀、高失业率和劳动生产率三大问题困扰的时候，日本却在新技术革命的推动下，借助国内外一些有利条件享受着出口增长带来的稳定的经济增长与繁荣。1985年日本已有海外纯资产1 298亿美元，一跃成为全球最大债权国。然而，80年代前期因国内需求不振，国外需求刺激带来了巨额的国际贸易顺差，进而引起美国等贸易伙伴的不满。为了消除贸易摩擦，1986年度起日本政府通过财政手段来实现刺激国内需求、带动经济增长的目的。80年代中期，日本政府相继制订了三个政府长期计划，每个计划基本上都以提高人民生活质量、改善国际关系为目的，并将稳定物价、实现充分就业和改革财政体制作为急需解决的政策课题。所以，这一时期政府的财政、金融政策的主要特点是紧缩开支、减少赤字、控制货币发行。

80年代是日本政府克服财政赤字、重建财政、历经艰辛的十年，既要改善国际关系、消除贸易摩擦、保证经济适度增长，又要紧缩政府开支、减发赤字国债、确保重建财政工作的顺利进行。政府两次制定停发赤字国债的目标，采取控制预算规模、调整支出结构、理顺分配关系、出售国有资产和改进社会保障制度等办法，经过十年努力，终于在1990年实现了停发赤字国债的目标。国债收入占一般会计收入的比重由1979年度的34.7%降至1990年度的10.5%。尽管日本财政从依赖赤字国债发行的体制中挣脱出来，但债务支出仍是政府财政的沉重负担，1990年度中央一般会计支出中国债费支出比重仍在20%以上。为了控制国债发行余额激增，彻底摆脱借债财政体制，1991年日本政府又提出了新的重建财政目标，即1996年度以前力求使国债收入占一般会计收入的比重降低到5%以下。

20世纪80年代日本重建财政政策的主要措施，一是控制预算总额，除防务费和政府开发援助费等六项开支外，全面削减各项支出；二是改革社会保障制度，减轻财政负担；三是理顺中央与地方的分配关系，在增加地方政府一般财源的同时，充分调动地方政府现有财力，减少中央对地方的补助；四是减少粮食补贴；五是实行国有企业私有化，政府通过出售国有资产来实现兼顾经济稳定增长和实现重建财政计划的目标，减少国债发行，平衡预算；六是精简机构，减少政府冗员，压缩经常性费用开支。

纵观战后日本财政政策的特点及其变化，不难发现日本政府在运用财政政策调节经济方面，与欧美发达国家相比，存在一定差异。产生这种差异的原因主要是制定、实施财政政策的理论依据不同。30年代大危机的爆发，促使西方政府越来越重视政府的经济职能，试图通过政府干预来弥补市场机制的缺陷。所以，第二次世界大战以后凯恩斯主义已为欧美许多国家所接受，成为各国政府制定财政政策的主要理论依据。而日本政府在宏观经济管理与政策制定上，没有机械地引进凯恩斯主义，而是立足于日本国情，广泛吸收包括凯恩斯学说在内的西方各经济学派对经济发展有用的观点，并从国内其他经济学派及在野党的批评中吸取有益的理论观点，从而形成了具有日本特色的经济理论观点和政策主张，即所谓“官厅经济学派理论”。该学派认为经济增长是解决一切经济问题的基础，主张通过国家对经济的干预促进日本经济发展。在这一理论的指导下，战后日本财政政策始终将促进经济增长作为第一政策目标。在具体的政策运作方面，既不拘泥于一种经济理论，也不局限于一种一成不变的政策手段配合模式，而是根据经济发展的客观需要，相互配合，相互补充，形成一种“合力”，对宏观经济产生影响。

从总体上看，战后日本财政政策基本属于“供给主导型”。无论是20世纪40年代末的“倾斜生产方式”、50年代财政投融资体系的建立，还是60年代以公路建设为主的公共投资，以及50、60年代的税收减免等，都反映了这一特点。即使70年代初，日本政府为了防止美元冲击、汇价调整给日本经济带来不利影响，大量增加公共投资，具有一定创造有效需求的性质，但实际上主要是用于修建新干线公路交通网，所以仍属于供给型财政政策。

90年代以来，由于泡沫经济的出现，日本经济转入低速增长和停顿时期，特别是随着亚洲金融危机的加剧，日本的经济状况不断恶化，迫使政府采取扩张性财政政策扩大需求，1998年度日本政府为调动巨额资金启动经济，通过三次预算修正案，在原预算88万亿日元的基础上，又作出约20万亿日元的追加预算。1999年又通过两次财政刺激经济的综合计划，动用财政资金40万亿日元之多，这都是历届日本政府未曾有过的现象。另外，政府还通过发行巨额国债的办法支持财政扩张政策，1998年发行国债达34万亿日元，预算债务依存度高达38.6%，1999年计划发行公债71.13万亿日元，债务依存度上升到86.9%。这都是创历史纪录的新水平。

二、德国不同时期的财政政策

第二次世界大战后的德国（1990年之前为联邦德国），经历一系列变革和调整，建立起所谓“社会市场经济”体制和一整套宏观经济管理方法,使得遭受严重破坏的经济得以迅速恢复,并长期保持均衡稳定的增长,成为当今世界的经济实力强国之一。所谓社会市场经济体制,就是注重社会政策目标的实现,强调要在国家完全不加干预的自由市场经济和高度集权的国家计划经济之间走所谓“经济人道主义的第三条道路”,即以自由竞争为基础,建立适当的国家总体调节,实现有效的社会保障。与实现其“社会市场经济”目标的其他手段一样,德国的财政政策也具有自己的特色。政府在不同时期实施特点鲜明的不同财政政策,在财政领域贯彻“平等”、“公正”的“社会市场经济”思想准则。

(一) 1949—1966 年实行谨慎的财政平衡政策

这一时期,德国经济迅速恢复和发展,不仅生产很快恢复到战前水平,并且迅速跨入经济强国之列,被誉为“奇迹”。1951—1960 年,GNP 年均增长 11.9%。这一时期的财政政策也被称为一种“奇迹”——既促进经济迅速增长,又避免了通货膨胀。其最大特点就是,德国没有像其他大多数西方国家一样,采用时兴的凯恩斯主义赤字财政政策,而是独自采用新自由主义的财政政策主张,实行比较谨慎的财政收支平衡原则。相对稳定的财政政策与相对灵活的货币调节政策配合,取得了既保证预算平衡、稳定币值、没有通货膨胀,又使经济高速增长的不平凡的成就。1950—1966 年的 17 年间,联邦政府财政收支基本上保持平衡,虽有 12 个年度出现赤字,但数额不大,共计 148 亿马克;另 5 个年度的财政盈余共 92 亿马克,17 年间净赤字只有 56 亿马克,占同期财政总支出的比重不到 1%。

德国在 20 世纪 60 年代中期之前选择这一财政政策并取得成功,是有其特殊的社会经济背景的。

首先,当时德国社会环境要求实行财政收支平衡政策。第二次世界大战后,虽然经历了几年的管制经济时期,但恶劣的经济形势并未发生根本变化,特别是恶性通货膨胀给人们带来的痛苦和严重失业困扰着整个社会经济。1948 年在西方占领区实行币制改革后又有大批失业,1949 年、1950 年两年失业率分别达到 8.3% 和 12%。所以,对于刚刚成立的联邦德国政府来说,在经济政策目标上有两种选择:一是利用人们普遍存在的恐惧通货膨胀的心理,把维持通货稳定作为主要目标;二是扩大货币供应,以财政赤字为代价来贯彻充分就业政策。当时的德国政府顶住来自反对党和工会的压力,选择了前者。因为经历了长期恶性通货膨胀后,货币的稳定不仅具有经济意义,还具有政治意义。而通货稳定的前提主要是反对赤字财政政策,实现财政收支平衡。所以,50 年代上半期,一切从稳定货币出发实行严格的预算平衡政策,1950—1956 年联邦政府预算净盈余 59 亿马克,甚至不惜以失业为代价。

其次,战后德国特有的经济建设条件有利于实行财政平衡政策。战后初期,生产严重不足,商品匮乏,许多工业设施、房屋毁于战火,有待重建,这一切都促进了德国各经济部门特别是工业部门的大规模投资。因而,无需像其他西方国家那样,急于采用凯恩斯主义赤字财政政策来刺激需求,即战争所导致的需求压抑的释放促进了对商品生产的大规模投资。此外,满足这种投资需求的条件已经具备:在当时物资缺乏和劳动力供给富余的情况下,来自“马歇尔计划”和其他来源的资金,及时促进了投资的高涨和国民生产总值的迅速增长。在投资率逐步上升、投资规模不断扩大的同时,就业情况随之好转,令人头痛的失业问题逐步得到解决,到 20 世纪 60 年代已基本实现了全面就业,1960 年和 1965 年失业率分别为1.3%和0.5%，并且出现了大量外国劳工开始涌入德国的情况(70年代外国劳工占其就业人数的10%)。反过来，失业问题的解决又减轻了政府财政的负担，有利于当时以收支平衡为目标的财政政策顺利实现。

经过短暂的困难之后，德国财政状况明显好转，一方面随着经济的恢复和投资的扩大，税收收入稳步增长；另一方面，政府支出负担稳中有升。然而，从财政政策本身看，由于过多地注重"平衡"目标，相应地影响了财政政策的"公平"原则。本来，德国"社会市场经济"体制的一个重要内容是通过税收政策来缩小贫富差距，体现"公平"原则。但这一时期一切以平衡为目的，在一定程度上加深了"不公平"现象。

战后初期，在谨慎的财政政策下，政府对企业主采取了一系列诸如加速折旧、减少税收、鼓励投资的财政政策措施，目的在于解决当时企业自有资金不足、资本市场恢复缓慢，因而投资来源不足的矛盾。这些措施使企业主获得了越来越多的利益，特别是大垄断资本和高收入阶层。这在客观上促进了企业资本的形成，刺激了资本市场的发展。但同时，这些措施相应增加了消费者负担，"强者"可以不断扩大资本，追逐利润，越来越"强"，而一般工人只能获得微薄的收入和最低限度的社会保障。当时的经济"奇迹"是建立在低工资、高失业、高利润、高积累的经济模式基础上的，即经济快速发展是以财富分配极其不均为代价的。如果说在经济恢复时期，这一政策是必不可少的话，那么在经济恢复时期结束后就必须及时调整政策了。

(二) 1967—1981年实行"总体调节"的财政政策

1966年，大联合政府取代基民盟政府上台，针对当时国内外的经济形势，开始实行所谓"总体调节"的社会市场经济体制。在财政政策上，逐步放弃传统的收支平衡原则，试图引进流行于西方的凯恩斯主义理论，全面干预经济生活。

60年代中期，随着德国经济"奇迹"时期的消逝，国内各种经济矛盾逐渐暴露出来，经济波动程度随着市场增长速度的放慢趋向增大，供求矛盾开始突出。随着经济周期波动幅度变大和生产过剩现象日趋严重，单纯用货币政策调节已显得力量不够。货币政策在对付经济周期波动时存在缺陷，加上政府实行平衡收支、稳定币值的财政政策产生的类似顺周期作用，使得经济稳定增长的目标无法实现，客观经济形势迫使政府改变"中性"的财政政策，使之成为反周期波动的主要工具。1966—1967年德国发生了战后以来第一次全面的生产过剩危机，这直接导致了政府财政政策的改变。而1967年7月14日颁布的《促进经济稳定与增长法》(简称《稳定法》)，则是德国财政政策转变为"总体调节"的标志。《稳定法》规定了相应的反周期措施，如政府征得议会同意后，可以随时根据经济景气增减税收，以及调整折旧率等，以调节总供求平衡。还规定建立平衡周期储备基金，以及与联邦银行协调现代政策等。特别是《稳定法》规定由各级政府和中央银行代表组成反周期委员会，以协调各级政府的财政政策和计划，更有效地实现财政政策的反周期目标。

从《稳定法》规定的具体措施可以看出，这个时期德国财政政策中凯恩斯主义因素大大增加了，已不再是偏离了周期的"中性"收支平衡政策。不过，由于国内外原因，这一时期先后实施的三次反危机(1966—1967年、1974—1975年、1980—1981年)措施，与当初设想的效果相差较远，甚至带来了许多新的问题。

（三）1982年以后实行"新保守主义"紧缩财政政策

1982年10月1日，以科尔为首的新联合政府上台，接替执政13年之久、以社会民主党为主的联合政府。面对20世纪80年代初德国严重的经济危机和财政危机，新政府猛力抨击社会民主党70年代以来"总体调节"经济政策的失误，强调当时的经济困境不仅仅源于整个世界经济衰退，而且同社会民主党不切实际的国家"干预主义"财政政策密切相关。因此，新政府把调整财政政策作为整治经济的首要任务。

当时，整个西方世界都面临相似的情况。各国财政政策都处于调整时期，人们对流行多年的凯恩斯主义进行反思，逐步形成了一种偏离、放弃凯恩斯主义财政政策的趋势。但在具体政策调整上，各国仍有区别。如美国里根政府强调实行放开的紧缩政策，法国社会党当时仍采用过激的膨胀政策，而德国政府选择了一种谨慎、保守的紧缩政策，提出了"扩大市场自己净化的能力和企业活动的空间，以恢复经济、扩大就业"的目标。具体措施包括一是压缩国家预算规模，减少政府干预程度。1981—1985年国家财政支出只增长了18%，而70年代上半期增长了84%，下半期增长了41%。二是减少预算赤字和国家债务，通过必要的增收节支，1981—1985年政府预算赤字减少一半以上，赤字占GNP的比重由4.9%下降到2.1%，国家财政负债增长率由1975—1980年的82.1%下降到1981—1985年的62.7%。三是调整社会福利制度，减轻政府负担。鉴于发展过快、过于庞大的社会福利网不利于人们劳动积极性的发挥，而且成为财政赤字日益扩大的重要原因，政府对社会福利制度实行了谨慎的紧缩政策，控制养老金和其他福利津贴的增长速度，削减失业保险开支。四是实行税制改革，减轻企业负担，鼓励投资。从实践看，这些政策措施在克服财政危机和经济危机方面起了积极作用，政府预算赤字下降，经济稳步回升：1986年增长2.5%，1987年增长率达到3.8%，特别是通货膨胀率明显下降，从1984年起低于3%。这被看做是德国财政政策与货币政策配合反通货膨胀的一个成功范例。

当然，德国80年代许多财政经济政策取得成效的同时，仍然面临许多困难和问题。最突出的当属失业问题，80年代失业率居高不下（接近10%），90年代继续上升（1996年为10.3%，1997年为11.5%），成为其严重的社会经济问题。另外，随着两德统一，国家财政负担加重。1990年5月，联邦和各州出资建立"德国统一基金"，解决统一过程中的有关费用。1991年联邦预算开支中与统一有关的费用为1 000亿马克，同年3月，政府又批准了总额为240亿马克的两年计划："共同的事业——发展东部地区"。目前国家财政每年要拿出1 400亿马克支持东部德国的发展。总之，为帮助原民主德国地区建立正常的财政基础，德国政府的负担加大了。另外，高福利、高税收带来的高负债，也是德国财政的一个沉重负担。国家债务1949年时仅为200亿马克，1996年已增加到21 355亿马克，占GNP的60.3%。

第四节　20世纪90年代后发达国家普遍实施紧缩财政政策

20世纪90年代以后，西方发达国家普遍实行紧缩预算的财政政策：削减政府支出、压缩预算赤字，成为各国财政经济政策的重要内容。特别是90年代下半期，这一政策倾向尤为明显。如1998年夏天，美国白宫和国会已就2000年以前削减税收和平衡预算达成协议。在逐年减少预算赤字的基础上,自1998年起实现预算平衡。1993年、1994年、1995年联邦预算赤字分别为2 547亿、2 032亿、1 925亿美元,1997财政年度预算赤字只有300多亿美元。1998—2000财政年度连续三年出现预算盈余。欧盟成员国自签订《马斯特里赫特条约》(简称《马约》)后,都在为达到预算赤字不超过GDP的3%、公债余额不超过GDP的60%的严格要求而努力。日本政府重建财政计划的主要目标是控制债务余额占GDP的比重不再上升(1997年为91.2%),1997年提出了包括20世纪最后三年各项政府开支都要制定定量削减指标在内的改革原因和措施。

这种紧缩政策是与冷战结束后世界经济形势变化相适应的,也是当今世界经济全球化和区域化形势下发达国家社会经济发展中各种矛盾变化的客观要求。

一、长期实行财政扩张政策积聚了社会经济深层矛盾

长期以来,发达国家实行以扩张性为主的宏观财政政策,以致政府规模越来越大。从政府公共支出占GDP的比重来看,战后以来发达国家几乎呈直线上升。OECD国家公共支出占GDP的比重平均在40%左右,一些北欧、西欧国家甚至超过50%,最高的如瑞典在某些年度超过60%(见表8-1)。

表8-1 部分国家政府支出占GDP的比重(%)

国家	1970年	1980年	1990年	1995年	2000年	2002年	2004年	2006年	2007年	2008年
澳大利亚	25.9	33.0	35.8	38.2	35.2	35.4	35.1	34.5	34.2	34.3
奥地利	39.6	49.3	51.5	56.2	52.2	51.0	54.1	49.7	48.8	48.9
比利时	42.7	56.0	52.3	52.1	49.2	49.8	49.5	48.5	48.4	50.1
加拿大	36.0	41.6	48.8	48.5	41.1	41.2	39.9	39.4	39.1	39.7
丹麦	—	53.4	55.9	59.1	53.3	54.2	54.3	51.3	50.7	51.5
芬兰	30.8	40.1	47.9	61.4	48.3	49.0	50.2	48.6	47.4	49.0
法国	—	45.7	49.4	54.4	51.6	52.6	53.3	52.7	52.3	52.7
德国	—	—	—	54.8	45.1	48.0	47.3	45.3	43.6	43.8
意大利	32.5	40.7	52.9	52.5	46.1	47.4	47.8	48.7	47.9	48.7
日本	20.2	33.5	31.6	36.0	39.0	38.8	37.0	36.2	36.0	37.1
挪威	38.7	46.1	53.3	50.9	42.3	47.1	45.6	40.6	41.0	40.0
瑞典	42.9	62.8	60.1	65.3	57.0	55.8	54.4	52.9	51.3	51.8
英国	41.8	45.9	41.5	44.1	36.6	40.9	43.1	44.1	44.1	47.5
美国	32.3	34.3	37.2	37.1	33.9	35.9	36.0	36.0	36.8	38.8
OECD汇总	—	35.5	36.9	42.7	38.7	40.3	40.2	39.9	39.9	41.4
巴西	—	—	—	32.6	34.4	35.7	35.3	37.3	37.5	37.9

资料来源:General Government Expenditures, OECD Factbook 2010。

政府公共支出增加,说明政府对经济干预的规模扩大。这在一定程度上保证了发达国家经济的长期稳定发展,但长期维持"大政府"也带来了消极的一面:在"干预主义"政策下,一些国家政府的作用早已越出"市场失灵"范围;加之西方式民主政治制度下,为争夺执政权,各党派拼命向选民许诺,政府各类计划越来越多,支出规模随之越来越大。越来越"大"的政府带来了许多新的困难,如整个国民经济债务负担沉重、政府效率下降,在

一定程度上说,“大政府”是当今西方国家经济回升缓慢、社会矛盾激化的主要原因之一。正因为如此,理论界有人指出,“大政府”造成的经济和社会问题比它所解决的问题要多。因而,近来人们对所谓“政府失灵”问题表现出极大关注。

目前最困扰西方发达国家的问题莫过于高失业率。特别是西欧国家失业率均在12%以上。日本的失业率虽不高,但就业状况亦呈恶化趋势:1993—1996年完全失业人数依次为175万、194万、216万和225万,1997年1—5月平均为233万,5月更达245万,该月完全失业率是战后以来的最高水平。美国的就业情况稍好,1997年上半年失业率控制在5%左右。

在这种形势下,西方学者认为,高失业率主要是国家支出和税收负担无限膨胀造成的。政府越来越“大”,国家管得越来越多,必将束缚私人经济发展,丧失工作岗位。

从发达国家现实来看,失业人数多的国家恰恰也是政府支出占GDP比重大的国家;而国家在经济中比重相对低的国家或比重下降的国家,就业情况相对较好。如近50年来,欧盟各国预算支出占GDP的比重平均为50%,比美国高出一半。结果1991年以来欧盟就业率下降了3个百分点,而美国相反上升了8个百分点。1996年欧盟失业率为11.4%,比美国的5.4%高出一倍。在国家支出比重最高的瑞典(1996年的比重为65.4%),就业人数自1991年以来下降了10%,失业率上升到12.5%。因此,有人主张国家预算占GDP的比重应保持在30%左右,就像20世纪60年代那样。

从表8-2可以明显看出,失业率与预算支出占GDP的比重有非常明显的正相关关系,即预算支出占GDP比重高的国家,失业率也相应较高;而1991—1996年表现出的趋势是,就业人数增减率与之成负相关关系,即预算支出占GDP比重越高,就业人数增长越少(或减少越多)。

表8-2　主要发达国家1996年预算支出占GDP的比重及失业率比较

	预算支出占GDP的比重(%)	失业率(%)	1996年比1991年就业人数增长(%)
美国	33.3	5.4	7.7
日本	36.2	3.3	2.1
澳大利亚	36.4	8.4	8.4
瑞士	39.3	4.6	-2.2
英国	41.6	7.6	-1.7
挪威	44.8	4.2	5.7
加拿大	45.6	9.6	6.0
德国	49.9	10.3	-5.3
荷兰	50.0	6.6	6.7
奥地利	52.2	6.2	0.3
意大利	53.4	12.2	-5.2
法国	54.1	12.4	-0.8
比利时	54.5	12.9	-1.9
芬兰	57.2	16.4	-10.6
瑞典	65.4	12.5	-9.7

资料来源:《参考资料》,1997年3月20日。

正是在这种背景下,西方国家出现了一股"小政府"潮流,认为政府管得太多,不利于私营企业的发展,不利于就业的增加,于是纷纷压减预算开支。包括美国、法国在内的绝大部分发达国家都在压缩结构、裁减公务人员方面采取了较大的行动。

二、高福利政策既加重政府负担,又降低了经济竞争能力

战后,发达国家普遍重视社会保障制度建设,大部分国家相继建立、完善了全民社会保险体系和社会保障制度。这是社会经济发展到一定程度对政府职能提出的新的要求,是工业化和后工业化时代政府注重履行必要的社会平衡职能的表现。大部分国家财政支出中,社会保险和社会福利支出占政府公共支出的比重已达到30%—40%。1995年OECD国家社会保险和社会福利支出占GDP的比重平均为15.9%,北欧国家已超过20%。

发达国家大量增加社会保险和社会福利开支,在一定程度上把公共财政的重心转移到"公平"方面,无疑为调节收入分配、缓和社会矛盾、保持战后西方经济社会长期繁荣稳定起到了积极作用。不过,发达国家特别是一些"高福利"国家的财政实践也表明,"无所不包"的全民福利制度也带来了消极的一面:巨大的社会保险和社会福利开支既加大了政府负担,影响财政正常运转,同时也造成了"政府花钱养闲人"的局面,致使公共财政讲求的另一个原则——"效率"受损。此外,高福利总是以高税收为代价的,而一国的高税收必然直接、间接地影响本国产品在国际市场上的竞争力。

长期以来,一些发达国家受高福利、高国债、高失业和低投资、低创新、低竞争力的"三高"、"三低"影响,经济徘徊不前。从根本上讲,高福利是以政府高税收和高国债(赤字)为依托的。而在当今世界经济全球化趋势下,高税收的弊端日益显露出来:一方面使得企业和个人负担加重,成本上升,产品竞争力下降;另一方面引起的逃税、避税使得资本和人才大量外流,使国内就业状况恶化。一边是高福利制度下出现的"不干活也生活得不错的人",一边是压得政府财政喘不过气来的沉重负担,公平与效率之间的矛盾尖锐化、明显化。如何在增加就业和提供平等慷慨的社会保障之间保持平衡,成为各国政府必须抉择的基本问题。因而,近年来一些国家试图对"过高的"社会保障制度进行必要的调整。

各国纷纷实行以削减社会开支为主要内容的紧缩政策,主要采用社会保障事业私有化、减少原有补助津贴范围和金额等措施,以节省公共开支。如美国联邦政府1996年11月规定,残疾儿童的福利保障资格要重新审查,估计有10万—20万残疾儿童会失去资格,此项措施将在六年里节省70亿美元。这只是一系列削减社会福利计划的措施之一,1996年克林顿政府实际上结束了罗斯福总统在20世纪30年代的萧条时期为克服严重困难而颁布实施的社会全面保障计划。这一改革可望在以后六年里节省550亿美元开支。实际上,过去几年来克林顿政府已使225万人不再领取福利金。

德国国会也于1996年9月通过了1997年削减预算计划,重点是社会福利、公共健康、劳工和养老金,其中医疗健康开支削减1/3,达265亿马克。

法国的改革尽管一开始就遭到工人罢工抗议,但既定的社会改革方案仍在实实在在地进行。早在1993—1995年法国即进行了初步改革,但效果不好,遭到各方强烈反对,社

会福利依然出现巨额赤字。在这种情况下,1995 年 11 月 7 日,新改组的法国政府决心背水一战。新政府成立的第二周即宣布了一项大的社会及社会福利基金筹集机制。并发誓要在两年内把政府财政赤字和债务减少到欧盟规定的界限以内。

作为"模范"福利国家的瑞典,同样进行了改革。瑞典的高福利一直以其范围广、内容多、水平高而著称于世,几十年来福利制度越来越完善。即使在 20 世纪 70 年代受石油危机影响,经济出现增速缓慢的情况下,扩充社会保障制度的方针也没有发生大的改变。结果,政府支付的社会保障费用大幅度上升,包括社会保障制度办公成本在内的、与社会保障有关的费用,在国家财政支出总额中占 1/3 以上。进入 90 年代后,经济增长速度下降,政府预算连年出现赤字。为弥补赤字不得不大量发行国债,以致近年来国债利息费及与社会保障有关的费用加在一起,已占到财政支出的一半。如此重负一方面使得政府其他支出项目受到影响;另一方面也加重了国民和企业的社会负担:国民负担率(个人税收和社会保险费负担占国民所得总额的比率)近 70%,企业雇主负担的养老金和医疗等各项法定保险费率达到 33%。更为严重的是,这一切对于培养人们的劳动热情和增加企业国际竞争力极为不利。瑞典自 1995 年即开始对社会保障制度进行修改,重点是削减和控制社会保障费开支,如对现金支付的盲人费用削减了 15%,并对养老金的支付方式和支付标准进行修改。到 1998 年度之前,瑞典财政赤字大约减少了 1 180 亿克朗(见表 8-3)。

表 8-3　部分国家社会领域公共支出占 GDP 的比重(%)

	1990 年	1995 年	2000 年	2003 年	2004 年	2005 年
澳大利亚	13.6	16.6	17.8	17.8	17.7	17.1
奥地利	23.9	26.5	26.4	27.5	27.3	27.2
比利时	24.9	26.2	25.3	26.5	26.6	26.4
加拿大	18.1	18.9	16.5	17.2	16.6	16.5
丹麦	25.1	28.9	25.8	27.8	27.7	27.1
芬兰	24.2	30.9	24.3	25.8	26.0	26.1
法国	25.1	28.6	27.9	29.0	29.1	29.2
德国	22.3	26.5	26.2	27.3	26.7	26.7
意大利	19.9	19.9	23.3	24.4	24.7	25.0
日本	11.4	14.3	16.5	18.1	18.2	18.6
瑞典	30.2	32.1	28.5	30.4	29.9	29.4
英国	17.0	20.2	19.2	20.5	21.1	21.3
美国	13.4	15.3	14.5	16.2	16.1	15.9
OECD 汇总	18.1	19.9	19.3	20.8	20.6	20.6

资料来源:Public and Private Social Expenditure as a Percentage of GDP, OECD Factbook 2010。

三、《马约》对欧元国家的约束

为了达到 1999 年 1 月 1 日在欧盟大部分国家实行单一货币和在 2002 年欧元货币流通的目的,20 世纪 90 年代后西欧各国在政府预算上普遍采取了强有力的紧缩性财政政策,以便使本国公共财政赤字在1999年前达到《马约》规定的不超过GDP的3%、政府负债率不超过60%的目标。尽管要在短短几年内实现这几个“硬指标”难度很大,但各国都在积极调整政策,而且效果也是明显的。法国国会已同意1997年政府预算赤字为2 848亿法郎,比1996年减少30亿法郎。计划将赤字占GDP的比重由1996年的4.3%降到3%,1998年降到3%以下。为此政府在削减社会福利支出的同时,计划1998年要从裁减公职人员(计划减少7 000多人)以及控制政府其他开支方面采取措施。预计1997年公共财政赤字占GDP的比重将为3.5%—3.7%,相应的公共债务占GDP的比重为57.6%—57.8%。德国在1996年亦开始实行紧缩财政、减少赤字的计划,1996年财政赤字约占GDP的4.1%,1996年夏天联邦议院批准了政府“一揽子节约计划”,提出1997年计划紧缩700亿马克。为此,政府规定职工病假六个星期的补贴工资由原来的100%减为80%,职工一年一度的健康检查改为四年一次;失业五年以上的人不能再领取家庭补贴;退休年龄男性由63岁延长至65岁,女性由60岁推迟至63岁,等等。欧盟其余各国均从1996年开始采取了程度不同的紧缩政策。

四、紧缩政策直接效果明显,但阻力较大,深层矛盾迭出

各国实行紧缩政策,从直接效果看还是相当明显的,几乎所有国家近年来的预算赤字都得以减少。但是应当指出的是,由于各国压缩支出的重点几乎都是以减少社会福利支出为主,自然引起各方的不满和反对。首先是政府与国会之间因政策主张之争难以达成协议,其次是国民的反对。各国的改革计划都不同程度地遇到阻力。最典型的如法国,1995年年底宣布改革计划后立即引起民众抗议,并导致长达二十多天的大规模罢工,一度使巴黎陷入瘫痪,新政府因此而处于动荡之中。1996年,德国、西班牙、意大利、荷兰等国都爆发了规模不等的罢工事件。工人提出政府债务的增加是政府政策失误所致,不应把危机和灾难完全转嫁到老百姓身上。

至于一些国家把失业增加、经济回升缓慢的账算在政府财政支出过大的头上,看似有道理,但未必找到了根本原因。因为从整体看,削减政府开支对刺激发展、增加就业更加不利,特别是西欧国家的现实充分反映了这一矛盾。由于各国全面实行紧缩政策,政府无力组织新的投资,而没有投资就不能产生新的就业,经济回升就没有后劲。所以说,欧盟国家庞大的失业大军短期内不会有大的减少,仍然构成对社会稳定的巨大威胁。加上政府社会福利支出的减少,法国、意大利等国罢工抗议浪潮迭起。为此,经济界人士纷纷责问:有无必要因为《马约》标准而过多、过快地削减政府支出,人为地放慢本来已经很慢的经济回升速度?认为人为地推迟欧洲经济发展势头的到来是失策的。可见,紧缩政府财政规模比起当初的扩张似乎难度要大得多,即扩大赤字、增加开支容易,压缩规模、减少支出困难(详见表8-4至表8-6)。

表 8-4　部分国家政府盈余/赤字占 GDP 的比重(%)

国别	1990 年	1995 年	2000 年	2002 年	2004 年	2005 年	2006 年	2007 年	2008 年
澳大利亚	-2.0	-3.7	0.9	1.3	1.2	1.7	1.9	1.8	1.0
奥地利	-2.5	-5.9	-1.9	-0.9	-4.5	-1.7	-1.7	-0.7	-0.5
比利时	-6.8	-4.5	-0.1	-0.2	-0.4	-2.8	0.2	-0.2	-1.2
加拿大	-5.8	-5.3	2.9	-0.1	0.9	1.5	1.6	1.6	0.1
丹麦	-1.3	-2.9	2.3	0.2	1.9	5.0	5.0	4.5	3.4
芬兰	5.4	-6.2	6.9	4.1	2.2	2.6	3.9	5.2	4.4
法国	-2.4	-5.5	-1.5	-3.2	-3.6	-3.0	-2.3	-2.7	-3.4
德国	—	-9.7	1.3	-3.6	-3.8	-3.3	-1.6	0.2	—
希腊	-14.0	-9.1	-3.7	-4.8	-7.4	-5.3	-3.2	-4.0	-7.8
冰岛	-3.3	-3.0	1.7	-2.6	—	4.9	6.3	5.4	-13.6
意大利	-11.4	-7.4	-0.9	-3.0	-3.6	-4.4	-3.3	-1.5	-2.7
日本	2.0	-4.7	-7.6	-8.0	-6.2	-6.7	-1.6	-2.5	-2.7
瑞典	-4.1	-7.3	3.7	-1.4	0.6	2.0	2.4	3.8	2.5
英国	-2.0	-5.8	3.7	-2.0	-3.6	-3.3	-2.7	-2.7	-5.3
美国	-4.3	-3.3	1.5	-4.0	-4.4	-3.3	-2.2	-2.8	-6.5
OECD 汇总	-2.4	-4.8	0.2	-3.3	-3.4	-2.7	-1.3	-1.3	-3.5
巴西	—	-5.3	-3.4	-4.4	-2.8	-3.4	-3.5	-2.8	-2.0
印度	—	-6.7	-8.9	-9.1	-7.5	-7.1	-5.6	-4.4	-7.3
南非	—	—	—	—	—	0.3	1.4	1.8	-1.0

资料来源:General Government Net Borrowing or Net Lending, *OECD Factbook 2010*,负为赤字,正为盈余。年指财政年度。

表 8-5　部分国家政府总债务占 GDP 的比重(%)

国别	1990 年	1995 年	2000 年	2002 年	2004 年	2006 年	2007 年	2008 年
澳大利亚	22.2	42.5	25.4	20.5	17.2	16.2	15.3	14.3
奥地利	57.2	69.5	71.1	73.2	70.8	66.4	62.2	66.2
比利时	125.8	135.4	113.8	108.4	98.5	91.6	88.1	93.5
加拿大	75.2	101.6	82.1	80.6	72.6	69.5	65.0	69.7
丹麦	66.4	79.3	57.1	55.4	50.1	38.3	31.6	39.8
芬兰	16.3	65.2	52.3	49.5	51.5	45.2	41.5	40.7
法国	38.6	62.7	65.6	67.3	73.9	70.9	69.9	75.7
德国	—	55.7	60.4	62.1	68.7	69.2	65.3	68.8
希腊	—	101.1	114.9	117.2	114.2	107.9	103.9	102.6
冰岛	—	—	72.9	72.0	64.5	57.5	53.6	96.3
意大利	97.6	122.5	121.0	119.4	117.3	117.1	112.5	114.4
日本	63.9	86.2	135.4	152.3	165.5	172.1	167.1	172.1
瑞典	46.3	81.0	64.7	60.8	60.1	53.6	47.9	47.1

（续表）

国别	1990 年	1995 年	2000 年	2002 年	2004 年	2006 年	2007 年	2008 年
英国	32.3	51.6	45.1	40.8	43.5	45.9	46.9	56.8
美国	63.0	70.6	54.4	56.7	61.1	60.8	61.8	70.0
OECD 汇总	56.2	69.6	68.3	70.5	74.3	74.6	73.1	78.4

资料来源：General Government Gross Financial Liabilities, *OECD Factbook 2010*。

表 8-6　部分国家外债占 GDP 的比重(%)

国家	2006 年 Q4	2007 年 Q4	2008 年 Q4	2009 年 Q1	2009 年 Q2	2009 年 Q3	2009 年 Q4
澳大利亚	77.0	79.1	94.0	94.4	96.2	93.7	88.0
巴西	16.8	15.3	19.2	21.0	18.0	16.5	14.2
加拿大	53.9	50.9	60.4	67.0	66.1	65.3	63.6
欧洲	99.5	109.1	119.2	121.9	118.9	116.4	116.2
法国	157.5	170.9	182.9	186.6	186.7	187.4	189.7
德国	135.6	141.7	150.8	154.7	152.8	148.5	146.5
印度	15.6	14.8	19.1	20.4	19.5	17.8	16.5
意大利	105.9	111.0	111.1	117.3	120.4	121.5	118.4
日本	34.8	38.8	43.3	41.3	43.7	43.8	40.2
南非	23.3	23.9	30.4	29.4	26.7	24.7	23.8
英国	356.3	387.7	404.8	429.3	428.4	405.7	397.0
美国	82.3	93.6	95.8	95.2	95.1	96.0	95.3

资料来源：Current Query: External Debt, Principal Global Indicators (PGI), IMF。

第五节　应对新一轮全球金融危机的扩张性财政政策

从 2007 年上半年开始，一场由美国次贷危机引发的国际金融危机席卷全球。在全球经济一体化背景下，新一轮金融危机使几乎所有国家置身其中，特别是发达国家经济受到严重影响：金融风险凸现，经济增长下滑，失业率上升，货币流动速度下降，通货紧缩或者通货膨胀。

此次全球性金融危机可以分为三个发展阶段：从 2007 年 4 月开始至 2008 年全年，是由美国次贷(信用)危机向全球性金融危机的衍化阶段；2009 年，则是从金融市场危机向货币危机的转化阶段；2009 年年底开始，又进入了全球性金融危机恢复期的主权债务风险阶段。

值得注意的是，面对这一全球性金融危机，各国纷纷出台扩张性财政和货币措施以稳定经济，行动之快、力度之大，在以往是不多见的。应该说，各国应对这场金融危机的宏观财政经济政策的效果也是有目共睹的。

一、全面实施扩张性财政政策

世界经济之所以没有陷入更大衰退，主要归功于各国推出的扩张性财政政策。具体措施按时间顺序主要有政府担保、出售国有资产筹资、政府注资、减税、出台经济刺激计划、增加政府支出(特别是投资支出)、扩大政府赤字规模、扩大政府债务规模。

（一）政府担保

全球性金融危机中首当其冲的是各国的金融机构，它们既面临着信任危机导致资金链条断裂的困境，又面临着存款挤兑的风险。因此很多国家为稳定金融机构，防止其破产对经济造成毁灭性影响，纷纷为金融机构的存款和债务提供担保，也有的国家对企业信贷提供担保。例如 2008 年 10 月 20 日，韩国推出了总额达 1 300 亿美元的金融救援计划，旨在帮助稳定本地银行体系和金融市场。根据这项计划，有 1 000 亿美元将用于对韩国银行及其海外分支机构 2009 年 6 月 30 日前到期或新借的外币债务提供担保，担保期限是三年。2008 年 11 月 3 日宣布经济提振计划的同时，韩国财政部表示，国家为金融机构的国外分支机构提供国家担保外币存款。对美元等外汇存款，也和韩元存款一样，各银行在平均每人 5 000 万韩元范围内保障本金和利息。

（二）政府注资甚至国有化

全球性金融危机中，多国的很多金融机构走向破产，当一国主要的大型金融机构也面临破产时，政府为稳定市场和人心只能伸出援手，甚至被迫暂时接管和收购这些企业。例如 2008 年 9 月 7 日，美国政府出资 2 000 亿美元接管陷入巨额亏损并濒临倒闭的房利美和房地美。世界金融风暴使冰岛的金融体系很快处于崩溃边缘，冰岛政府为稳定金融业，迫不得已地在 2008 年 9 月 30 日接管了全国第三大银行，10 月 7 日接管了全国第二大银行，10 月 9 日接管了全国最大的银行。

（三）减税

如果说政府担保和政府注资是迫于形势的对症治疗的话，减税则是经济危机中市场经济国家普遍愿意采用的政策措施，目的是通过减税增加市场活力，使经济走出困境。例如美国出台了多项减税法案：《2008 经济刺激法案》(*Economic Stimulus Act of 2008*)，涉及减税 1 600 多亿美元；《2008 促进能源发展与税收优惠政策延长法案》(*The Energy Improvement and Extension Act of 2008*)，在 2009—2013 年期间，涉及减税 70 亿美元；《2008 最低选择税与税收优惠延长法案》(*The Alternative Minimum Tax and Extenders Tax Relief Act of 2008*)，在 2009—2013 年期间，涉及减税 1 000 亿美元；《2009 美国复兴与再投资法案》(*American Recovery and Reinvestment Act of 2009*)，涉及减税 2 800 亿美元。

也有的国家由于财政状况的持续恶化，实施了结构性税收政策的调整，减轻企业和中低收入者的税收负担，增加了高收入者的税负和消费行为税，目的是尽量缩小政府赤字和债务。例如希腊政府在推出减轻企业和中低收入者税收负担的同时，于 2009 年 2 月 5 日，提高了香烟和除葡萄酒外的酒精饮料的征税幅度，预计可以增加 3.5 亿欧元财政收入；2009 年 11 月 3 日政府通过一项提案，一次性追加约 300 家 2008 年利润超过 500 万欧元的企业和拥有 60 万欧元以上地产、年薪超过 6 万欧元个人的赋税，预计此调整为政府带来约 16 亿欧元的税收所得，其中 8.7 亿欧元来自企业税收，其余来自个人地产和所得税。这些所得全部用于补助约 250 万失业和低收入人员。

为应对减税和经济刺激计划使各国财政状况恶化，部分国家在增加部分税种增加税收收入的同时也加强了税收征管和严查偷税漏税。例如英国财务大臣2010年3月24日在下议院公布2010—2011财政年度预算报告时提出，与“避税天堂”国家签署税务交换协议，打击逃税行为。

（四）经济刺激计划

随着全球性金融风暴影响到经济增长和就业，各国政府纷纷出台经济刺激计划，通过增加政府支出以及其产生的乘数效应来促进经济增长和创造更多的就业机会。例如澳大利亚政府迄今为止出台了三项经济刺激计划：第一个计划于2008年10月出台，规模较小，主要对低收入者派发现金和增加对首次购房者的补贴。到2008年12月8日政府共发放了总额104亿澳元的补贴。第二个计划于2009年2月推出，总额为420亿澳元（290亿美元），计划在未来4年内将这些资金用于公共项目建设和对中低收入者进行补贴，其中以为中低收入纳税者提供退税补贴为主。第三个计划是“国家建设与就业”计划，于2009年5月出台，总额220亿澳元，用于加强基础设施建设，包括道路与港口、新能源和全国宽带网建设以促进就业，并加大对高等教育的投入。澳大利亚总理陆克文2009年7月25日在《悉尼早报》上撰文指出，自全球金融危机爆发以来，澳大利亚政府为遏制经济进一步下滑，已拨出770亿澳元刺激经济。

经济刺激计划的支出重点包括：① 政府投资。各国一般都把重点放到基础设施建设这样的政府投资上，对就业、消费、企业经营都有很好的拉动作用，又能增加政府资产，改善生产和生活。例如2009年3月25日，希腊财政部下拨39.5亿欧元公共投资项目资金，占当年度“公共投资计划”的45%，其中基础设施项目总预算有32亿欧元。② 政府对个人和企业的补贴。各国补贴的对象是中低收入者、失业者、退休者和有还贷负担者，有的国家或者地区按人头发放消费券，如日本（人均12 000日元）和中国台湾地区，另外有的政府还对出口企业等特定的受影响的行业给予补贴。对特定人群补贴不但可以改善被补贴者的生活，还有助于增加消费，因为他们的边际消费倾向较高。③ 就业补助。例如2009年4月下旬，希腊政府宣布了总额为25亿欧元的就业补助计划，用于补助现有的工作岗位和公共部门的青年人就业，以及补助旅游业、建筑业和中小企业的就业。

各国对于政府行政性开支的态度有分歧，有的增加了行政开支，有的削减了行政开支，但增减变化都不是很显著。例如，印度政府增加政府机构对国产小轿车的订购，提高了公务员与政府雇员的薪金。而希腊对行政开支进行了削减。2009年3月，希腊总理卡拉曼利斯提出了削减政府开支的12点计划：① 立即开始关闭或合并国有机构和企业（当时超过1 000家），四个月内完成；② 各部将弹性开支压缩10%，削减经费5亿欧元；③ 实施公务员工资统一发放；④ 各部严格监督公共部门计划；⑤ 官僚开支压缩25%；⑥ 冻结公共部门的招聘，卫生和教育系统除外；⑦ 压缩10%的短期合同和项目合同的开支；⑧ 立法控制地方政府、医院和社保基金的开支；⑨ 全面实施公立医疗卫生系统的统一采购；⑩ 加快实施医生开处方的电脑化；⑪ 引入国有企事业单位一把手收入上限政策；⑫ 打击偷逃税。

（五）扩大政府赤字

由于大规模减税和经济刺激计划的推行，各国政府赤字都大幅增加。就连有严格赤字限制的欧盟各成员国也不断超过赤字占 GDP 3% 的规定。2009 年 11 月,欧盟委员会一份经济分析报告就警告欧盟各国财政部长,为拯救欧洲金融业、应对经济衰退而采取的紧急措施,已导致欧盟公共财政状况迅速恶化,其中有 5 个国家特别危险,希腊是其中之一。之后欧盟委员会对英国等 14 个成员国财政赤字发出警告,其中赤字最高的英国 2010 年赤字占 GDP 的比重从 2009 年的 6.9% 上升到 12.7%,2011 年也将达 12.1%。2010 年 3 月 24 日欧盟委员会再次警告,2011 年波兰等 11 个成员国(波兰、捷克、丹麦、匈牙利、立陶宛、卢森堡、拉脱维亚、马耳他、罗马尼亚、斯洛文尼亚)的财政赤字将大幅超过欧盟允许的 3% 的上限。

(六) 政府负债融资

财政赤字要依赖借款和发债等方式融资,不论哪种融资方式都必然增加政府新的债务。部分国家已经资不抵债或者陷入主权债务危机,如冰岛、迪拜、希腊。据美联社数据显示,冰岛金融业外债已超过 1 383 亿美元;另据美国彭博新闻社提供的数据显示,冰岛 3 家大银行(危机中被国有化)欠债共 610 亿美元。因此受金融机构的拖累,GDP 不足 194 亿美元的冰岛成为第一个被称为“国家破产”的国家。

(七) 稳定币值

危机中多国货币受到冲击,如冰岛克朗、俄罗斯卢布、印度卢比,等等。有的动用外汇储备稳定了币值,也有的如冰岛政府迫不得已改革汇率体制和调整汇率制度,导致克朗持续暴跌,数月内克朗对美元累计下跌 31%,对欧元一度下挫超过 35%。

二、注重财政政策与货币政策配合

(一) 采取扩张性货币政策

首先是降低利率。受次贷危机的影响,金融机构不仅因为投资次级抵押贷款等金融资产而损失严重,更为重要的是金融市场信任危机导致信贷日趋紧缩。为了缓解市场流动性紧张的压力,防止金融机构和企业因资金链条断裂而倒闭,各国纷纷采取了常规的降息手段,以增加货币的流动。例如 2007 年 9 月 18 日,美联储降息 50 个基点,将联邦基金利率由原来的 5.25% 降为 4.75%。2008 年,美联储连续 7 次下调联邦基金利率。2008 年 12 月 16 日,联邦基金利率已降至 0—0.25% 的低位。随着部分国家经济企稳回升以及通货膨胀的恶化,少数国家开始调高利率。最先调高利率的是以色列,之后是澳大利亚和印度等。印度于 2009 年 11 月、2010 年 1 月和 3 月三次上调利率收紧货币政策。

同时,全面增加货币供给。随着危机的深化,由于信任危机无法得到根本的解决,常规的下调利率手段已经难以解决市场流动性不足的问题,多国央行开始执行量化宽松的货币政策,直接向市场注入资金,改变市场主体对利率及价格水平的预期,以恢复市场信心,重振经济发展。例如 2009 年 3 月 18 日,美联储发布声明,在维持联邦基金利率 0—0.25% 水平不变的同时,还将采取下列信贷供应措施:① 在未来 6 个月内收购 3 000 亿美元长期国债,支持美国政府的救市计划;② 在年底前购买 1.25 万亿美元的抵押贷款支持证券和 2 000 亿美元的机构债券,为抵押贷款市场和房地产市场提供流动性支持。

（二）注重财政政策和货币政策的双松搭配

各国财政政策和货币政策对危机反应迅速，都是第一时间就推出了扩张的财政政策和扩张的货币政策。美国的特殊之处在于它是次贷危机爆发国，所以最先是在2007年下半年就开始密集出台扩张的货币政策，到2008年下半年由于陷入金融危机而且金融危机影响到实体经济和就业等，开始推出扩张的财政政策。而其他国家几乎同时出台财政政策和货币政策的双松搭配。

前面已经提到过，部分国家出现经济企稳回升和通货膨胀的恶化，已经开始收紧货币政策，如以色列、澳大利亚、印度。2009年8月以色列央行宣布将该国基准利率上调25个基点，至0.75%。由此以色列也成为2008年9月金融危机全面爆发以来首个加息的经济体。随后部分国家也开始实施和考虑财政政策退出的问题。例如2010年2月26日，印度财政部长慕克吉在公布2010财政年度预算报告时表示，由于印度经济已恢复到增长轨道，政府将部分退出刺激政策，调高消费税以及恢复成品油、原油关税。同时也指出财政政策退出的本质、节奏与顺序，都将取决于未来经济状况。

（三）财政政策和货币政策加强了重点领域的合作

1. 国债领域

央行在公开市场对国债进行操作。国债是央行投放货币的重要手段之一，央行通过公开市场操作购买国债，把货币投放出去，增加市场的货币供应，实施扩张货币政策。例如，2009年3月美联储公布将购买价值超过1万亿美元的政府担保债券。美联储在声明中表示，将购买至多3000亿美元的长期美国国债，还将购入至多7500亿美元的抵押贷款支持证券，以及1000亿美元的政府支持企业发行的长期债券，这是美联储首次购买政府长期债券。

大规模的减税计划和经济刺激计划扩大了政府赤字的规模，当年政府部分债务还有还本付息的压力，所以需要发行国债融资。而央行的降息降低了国债的付息成本。例如，2007年9月18日开始美国进入降息周期，一定程度上延缓了国债融资成本的上升。

扩张性财政政策要增加政府支出，必然要扩大国债的发行，会减少市场流通中的货币，不利于扩张性货币政策的推行。央行收购国债可以避免货币的减少，保障扩张性货币政策的执行。例如，2009年3月18日日本央行公布政策，声明维持0.1%的基准利率不变，同时增加政府公债购买额度近三成。日本央行决定，将一年间购买长期国债的总额从4.8万亿日元增加到21.6万亿日元，并从该月开始增加金融市场资金供应量以稳定市场。

2. 财政存款领域

财政资金在收支上是不可能完全匹配的，所以存在着库底资金，在实施扩张性财政政策时，也要考虑让这些库底资金发挥扩张的作用，因此财政和央行应协调配合，提高库底资金的管理水平，做到安全投放，达到财政存款余额和货币投放双扩张的效果。同时在确定货币投放量时要预先考虑财政资金投放量和库底资金释放的影响，适当减少货币供应量。

3. 外汇储备领域

在结汇制国家，贸易顺差形成的外汇储备必须通过投放本币来结汇，在增加国家外汇储备的同时向市场投放本币，起到增加货币供应的效果，但同时也缩减了其他货币扩张政策的空间。例如，日本通过发行国内债券这一融资方式结汇，增加了国家的债务总额，使其成为发达国家中债务负担最高的国家。

在全球金融危机中，部分国家利用外汇储备起到了稳定金融机构和稳定币值的作用。例如，2008 年 10 月韩国政府宣布将动用 2 400 亿美元的外汇储备，通过外汇市场向韩国的银行和企业提供 300 亿美元资金，以增加市场的外汇供给。

第六节　发达国家财政政策的特点及启示

一、在现代市场经济条件下，财政政策在政府宏观经济调控中发挥着越来越重要的作用

这既可以从财政支出占 GDP 比重普遍上升这一客观事实反映出来，也可以从西方国家不断调整公共支出结构和干预经济的方式等方面表现出来。自 20 世纪 30 年代以来，随着各国政府积极干预经济，积极、主动的宏观财政政策成为现代市场经济与自由市场经济的本质区别所在。宏观财政政策是公共财政实践的重要方面，积极、主动采用财政政策对宏观经济实行有效调控，成为各国政府理财、治国之道。几十年来，西方发达国家从其所面临的最迫切的经济问题出发，一直把促进经济稳定增长——既维持充分就业，又避免通货膨胀——作为政府公共政策的中心目标。各国政府通过灵活运用预算支出、政府投资、税收政策、财政补贴、公共债务等财政政策手段，并与货币政策相配合积极调控经济，对于战后以来西方经济的平稳发展发挥了重要作用。

二、现实社会经济问题的复杂性，决定了政府在具体运用财政政策过程中，必须从社会经济全局出发，通盘考虑，科学设计，精心搭配，适时调整

一个国家，一定时期，选择什么样的财政政策，长期政策与短期政策如何协调，各种政策工具、手段如何搭配，以及财政政策与货币政策怎样配合等，取决于决策者对政府干预经济的态度，取决于对国内外经济形势的估计和预测。尽管财政政策有“松”、“紧”之分，有“扩张性”、“紧缩性”之别，但它应该总是积极的，而不是消极被动的。采取扩张性还是紧缩性财政政策，如何协调长期政策与短期政府的矛盾，财政政策与货币政策怎样搭配，这些取决于政府对国际国内宏观经济景气的判断，以及政府公共政策的相机抉择。经济背景不同，以及政府宏观调控主要目标的不同选择，决定了不同时期、不同国家在具体财政政策上的区别。一定时期相对稳定的财政政策及其适时调整、灵活运用的统一，是充分发挥公共财政政策效应的重要方面。这是理解我国政府目前财政政策必要性的基础。

三、"紧缩"与"扩张"从来都是相对的，这是现代社会政府财政政策的两个基本作用形式

政府支出在整个经济中到底占多大规模为好，不是以主观的政府政策为标准，而是有其内在客观要求。比重太低，不利于政府职能作用的发挥，所以战后以来各国财政支出规模越来越大。但是，比重过高也未必就是好事。因为宏观财政政策以调节市场为目的，而过大的政府规模实际上已超出了"市场失灵"领域。西方国家普遍性的财政政策调整，正是这一客观要求的结果。一定时期内以"紧缩"为主还是以"扩张"为主，是各国政府宏观经济决策的基本内容，不存在优劣好坏。不过，西方国家新一轮的政策调整表明，扩张容易紧缩难。

四、财政政策与货币政策的密切配合，是实现宏观调控目标的保证

在现代市场经济中，政府宏观调控的两个基本工具——财政政策和货币政策——既有分工，又需要协调配合。二者在政策传递过程、政策调整时滞以及政策调节侧重点上各有所长。财政政策和货币政策作为不同的政策工具、操作目标，决定了其对经济运行产生政策效应的区别。实践证明，片面强调一种政策、忽视另一种政策都是不利于政府宏观调控全面目标的实现和经济的长期稳定的。

第九章　国家预算管理制度比较研究

预算管理是现代国家公共财政体制建设的基本内容，也是衡量一国财政管理现代化水平的重要标志之一。预算管理制度是规定一国预算的组成体系，处理各级预算的财政分配关系，确立各级预算的收支范围和管理权限的一项重要制度。预算管理制度是一个综合的概念，其中包括预算管理体制，预算编制的形式和方法、程序等内容，由于预算管理体制是第一篇的内容，在这里比较研究的重点是预算编制形式、方法、程序等内容。

英国是现代国家预算制度的发源地。英国的预算制度，从14世纪新兴资产阶级出现起，经过数百年的时间，到18世纪发展成为典型的资本主义政府预算。当资产阶级控制议会、国王控制政府时，资产阶级就要求政府的收入和支出须经议会批准。继英国开创现代国家预算制度以后，其他各国相继仿效实行。20世纪30年代全球性的经济大萧条之前，虽然各国的预算制度各有其特点，但在预算的组织形式及其编制、批准、执行与事后监督的程序等体制方面则大体相同，通常都采用单一的预算制度。30年代的经济大萧条之后，北欧的一些国家（主要是丹麦、瑞典）与美国率先进行了预算制度的改革，采用了复式预算制度。此后，美国的预算制度与方法不断翻新，先后实行过绩效预算、方案预算、设计—规则预算、目标管理、零基预算、多年预算制度等。因此，可以说，虽然现代国家的预算制度产生于英国，但在美国得到了多种形式的运用。本章主要介绍美国预算制度改革的历史背景，各种预算制度的特点、做法，一种预算制度被另一种预算制度取代的原因，以及世界各国仿效美国进行预算制度改革的情况，在此基础上，结合我国的实际，探求一些可供我国预算改革借鉴的经验教训。

第一节　美国国家预算管理制度的演变及理论发展

一、美国财政预算制度的演变

美国政府会计标准委员会把预算定义为是一份公共政策、财政控制和财政目的的说明书。“预算”这一术语过去被错误地定义为是由行政长官，例如总统、州和市长提出的政府财政计划。正因为如此，美国政府会计标准委员会强调，“预算”一词正确的定义应该是：预算是指经国会批准的政府财政计划。美国预算制度的演变过程直接体现其对预算定义的认识过程。

美国于1776年独立，在第一位美国总统乔治·华盛顿执政的第二年，即1790年便遇上了财政危机，国库空虚，国债达到7 500多万美元。当时的财政部长亚历山大·哈米尔顿为了解决财政危机不得不采取以下措施：① 设计一个完整的税收制度，为新政府筹资；② 创建新的银行货币制度，促进经济发展；③ 建立政府借钱的信用，以便为战争债务再筹资。哈米尔顿的工作是卓有成效和富有挑战性的，他说服国会让联邦政府承担各州在战争期间所发生的债务。

在1795年哈米尔顿离职时，美国的信用程度高于欧洲任何一个国家。由于人们在经济方面有足够的信心，股票和证券交易十分活跃，在曼哈顿南部悬铃木树下经常聚集的经纪人形成了他们自己的组织，该组织以后发展成为现在的纽约证券交易所。

美国与法国的海战，使美国付出了惨重的代价，战争债务几乎相当于1796—1800年间联邦政府预算的两倍，此后美国不得不向人民征收重税。1801年美国第三任总统托马斯·杰斐逊就职总统后，美国已经度过了与法国的危机，他顺应时势，削减陆军和海军的军费开支，减少预算，取消了一些不得人心的税收，并且拨出巨款，从而使美国的国债减少了1/3。

1836年年底，美国出现了空前繁荣和平的状态，但是不出三个月，1837年的经济危机就使这一泡沫经济破灭了。数以百计的银行和大批企业倒闭，失业现象日益严重。数以百万的投资者失去了土地，铁路和运河建设几乎停顿，出现了几个州暂时拒付债款的现象。在近五年的时间里，美国几乎被早期历史上这次最严重的经济萧条搞垮了。祖籍荷兰的第八位美国总统马丁·范布伦指出，这次经济危机是由于企业的不顾后果和信贷的无限制扩大而造成的，他努力保持政府的偿付能力，希望完全杜绝"金钱势力"动用联邦资金。他不但反对创办一家新的合众国银行，而且还反对将政府的资金投入州办银行。他大大削减了联邦预算，为建立一个能有效处理政府收支的独立财政制度而奋斗。

在20世纪以前，美国从联邦政府到地方政府都没有一个内在统一的预算体制，更谈不上有一个完整的预算了。其主要原因是当时政府支出的规模很小(1913年美国各级政府每年的费用只不过30亿美元)，在这种历史条件下，对预算支出进行综合了解的必要性不大，也不重视对支出进行逐项分析。当时各机构直接向国会提出用款要求，由国会不同的委员会和小组委员会把钱批给这些机构。由于认为预算是由行政长官提出的政府财政计划，直到1920年以前的历届美国总统都力图在财政制度上独树旗帜。例如，第十任总统约翰·泰勒亲自提出"独立的财政制度"，反对从合众国银行中提取存款。第11任总统詹姆斯·诺克斯·波尔克在刚刚宣誓就职后，便提出了包括降低关税、实行独立的财政制度在内的政府将采取的四大措施。

美国的预算制度是由知识精英们发明的。艾伦(Allen)、布鲁埃尔(Bruere)和克利夫兰(Cleveland)三人组成著名的"ABC"三人组以及1906年年初创立的纽约市政研究局，引领了美国最早的市政预算改革活动。这些知识精英们身处经济迅速转型、人口膨胀且多元的城市工业社会，面对政府事务日益复杂、政府活动边界日益模糊、人民日益远离政府的现实，带着对古老的代议民主的理想，立志于以一个单一的预算文件来详细界定政府的责任与职能，进而界定政府的边界，乃至重塑政府合法性的基础。于是，市政预算改革运动在他们的呼吁下，从纽约市走向纽约州，最终走向全国。1907年，纽约市政研究所发表了《制定一份市政预算》的报告，尽管该报告很粗糙，但效果却立竿见影，引起美国其他城市的兴趣，它们纷纷派人到纽约市政研究所举办的培训班学习。1912年6月，美国第27任总统威廉·霍华德·塔夫脱将《国家预算的必要性》报告提交给国会，并制定了

《1914会计年度的预算》①,但国会拒绝批准采用预算。直到第一次世界大战期间,美国政府支出急剧增加,比原计划出现了更大的赤字,当时的国债已超过240亿美元,这才突出地表明需要有一个预算。此后,美国大部分城市引入了现代预算体制。到1919年,美国已有44个州通过了预算法;1921年6月,美国国会通过了划时代的《预算及会计法案》。该法案规定总统应向国会提交年度联邦预算,并设立预算局来协助总统全面审议联邦预算和控制联邦支出。预算局最初设在财政部内,但该法案又规定预算局局长在总统的领导下开展工作并向总统负责。

20世纪30年代初,美国第32任总统富兰克林·德拉诺·罗斯福实施"新政",大规模扩大了美国政府的规模。与此相呼应,预算也变得越来越复杂,并增加了许多机构的具体开支和计划。1939年,预算局从美国财政部独立出来,划归总统所属机构,这时联邦预算的目的更趋于管理性和控制性。总统调整和充实预算是为了改善对政府执行部门的管理。政府各部门所有机构的一切活动都离不开预算资金,因此预算局在财政方面具有十分重要的地位,成为总统调节政府各项活动并提高工作效率的重要工具。

1947年第33任美国总统哈利·S.杜鲁门委任胡佛参加一个负责改组行政部门的工作委员会,后来这个委员会选举他当主席。第一届胡佛委员会(The First Hoover Commission, 1947—1949)成立的初衷是精简第二次世界大战后的美国政府。然而,该委员会却提出大幅度增加总统行政办公厅的管理能力。该委员会提出的绝大多数的建议都被采纳,并结合进了1950年的《预算会计程序法》中;建议还包括1949年《重组法》及1953年成立的卫生、教育与福利部。第二届胡佛行政改进委员会在1955年建议联邦政府采用《绩效预算法》,现在美国财政部仍有《政府绩效结果法》,预算管理委员会仍强调在政府预算中运用绩效衡量办法。该委员会还建议"尽可能在整个政府范围中"运用权责发生制会计。所以,在20世纪50年代会计改革风靡一时,政府会计赶超私营部门的商业会计。美国财政部有一套完整的权责发生会计制度,包括折旧、库存消耗等,制定有单位成本和生产力衡量标准,财政部也使用内部的、层层分割的以部门成本为基础的预算办法。所有的行政主管每月都会收到列出与预算有差异项目的支出报告。

20世纪60年代,美国联邦政府进一步扩大政府职能,更多地插手公共政策,如卫生、教育、福利、太空开发和制定各种管理规定,预算的目的也扩展到计划领域。1970年7月,联邦预算局改称为联邦管理和预算办公室,其主要职责是帮助总统监视联邦预算的编制,监督执法部门各机构的预算管理。为了帮助总统制订其支出计划,联邦管理和预算办公室要对各机构的项目、计划与程序的效果进行评估,要评价各机构之间的资金需求,以确定资金供给的优先次序。1975年,美国财政部发布了第一份财政年度合并财务报表的范本。1985年,美国财政部要求所有的机构编制年度损益计算书。这一年也是第一次用年度损益计算书来替代其他报表提交给财政部,各机构用电子格式报送年末标准的总分类账试算表,该试算表将用于编制合并的财务报表。1992年以来,预算管理委员会每年都公布一份联邦财政管理状况的报告和五年计划。对下一年度报告的设想、目标和联邦

① 陈媛:《国外预算立法的做法与启示》,《公共预算与政治治理》,中国研究发展基金会网站www.pbgchina.cn,2010年6月1日。

财政管理五年水平线都需不断进行修改和完善。1994 年的《政府管理改革法》要求，所有政府重要机构 1996 财政年度的报表都需要经过审计，1997 财政年度的合并报表也需要经过审计。

美国第 40 任总统罗纳德·里根执政的 8 年，美国财政赤字一直居高不下。里根政府制定了以供给学派理论为依据的财政政策，大幅度减税并简化税收制度。里根的减税政策使美国的财政赤字翻了几番，成为美国经济的一个"恶性肿瘤"。到继任者老布什离任时，美国联邦赤字竟高达 2 930 亿美元，创历史最高纪录。

1993 年比尔·克林顿总统上台伊始，决定采取与前任不同的紧缩性财政政策，实施以同时增加经济增长潜力与削弱非生产性支出为特征的结构性财政政策，大刀阔斧地展开以减少财政赤字为核心的经济振兴计划，将公共支出和私人开支的重点从消费转向投资，并支持以未来美国人的就业和收入进行投资的计划，同时增税节支，提高效率。克林顿签署的《削减赤字法案》规定，自法案生效的 5 年内削减赤字 4 960 亿美元，其中增税 2 410 亿美元。该项法案还规定，5 年内必须压缩 2 550 亿美元的财政支出。在减少财政开支的同时，政府增加对交通、通信为主的基础设施的投资，为私人资本投资创造了良好的投资环境，政府还加大对教育和技术的投入，推动经济转型。政府把提高美国的技术竞争力放到政府的议事日程上，并且出台了一系列措施，如增加科技研究和开发经费等。紧缩性的财政政策效果明显。1992 年美国财政赤字为最高纪录，达 2 900 亿美元，1997 年的财政赤字已经降至 23 年来的最低点，为 220 亿美元，1998 年美国出现了 29 年来的首次联邦财政盈余，约 630 亿美元。财政赤字的减少，增加了市场的资本供应量，促进了长期利率下降并保持较低水平，从而刺激了企业投资和生产的扩大。同时政府对高新技术产业的财政支持和税收优惠，对高新技术产业的发展起到了巨大的推动作用，促进了产业结构的升级，提高了劳动生产率，带动了经济持续增长，并使美国经济在发达国家中保持领先地位。①

克林顿政府经济政策的核心是：谨慎理财，控制财政赤字，推动经济增长。其理论基础是：政府财政状况良好，自然吸引大量债券买家，包括海外投资者；国库券畅销，自然将降低国库券利率；国库券利率下降，便可以带动市场利率向下。这样，消费者信贷、按揭利率、企业用资成本普遍下降，整体经济发展趋势稳定。结果，美国经济享受了 10 年的高速增长。

2001 年小布什担任总统职位以后，减税一直是他政策中的一个重要组成部分。在他上台执政不到 5 个月就提出了一个 10 年减少个人所得税 1.35 万亿美元的议案，这项为期 10 年的计划的重点是完全取消股票红利税，仅此一项减税额度就高达 3 000 亿美元。小布什称这是要取消"双重征税"的做法，因为现有的做法是对上市公司和股票持有人同时征税。此外，这项庞大的计划还将降低各阶层的所得税税率，减税措施也将惠及已婚夫妇以及有孩子的家庭。这是自 1981 年里根政府减税以来的最大减税方案，该方案获得通过，直接导致财政盈余迅速减少。小布什上台的第二年就出现了高达 1 570 亿美元的财政赤字。2008 年 10 月 7 日，美国国会预算局公布的数据显示，在截至 2008 年 9 月 30 日的

---

① 《美国的预算管理制度》，摘自财政部网站，2010 年 7 月 5 日。

2008 财政年度,美国联邦政府财政赤字高达 4 380 亿美元,创历史最高纪录。下一届美国总统在 2009 财政年度很可能将要面对超过 5 000 亿美元的财政赤字。

2009 年 2 月 17 日,贝拉克·奥巴马迎来了上任以来的第一个重大政治胜利:他在自己的"福地"丹佛签署了国会之前通过的 7 870 亿美元的创纪录的经济刺激计划。奥巴马坦言,这份史无前例的经济刺激计划是自美国次贷危机以来促使美国经济走向复苏的一个"重要里程碑",但是对美国经济到底有多大影响,对世界经济到底有多大影响,现在还很难判断。

总之,从 1921 年起发展到现在,美国联邦政府的预算已成为一本资料比较丰富的文件,它主要表明各政府部门及其机构如何使用经议会批准的款项及其使用效果,预算已成为整个联邦政府管理体系中的重要组成部分。

二、理论发展

在财政理论的研究方面,早期的资产阶级经济学者所探讨的财政问题基本上限于税收,对财政支出涉及较少,原因是受古典经济学派的影响,把政府部门看做是单纯的消费部门,提倡采取尽量限制财政支出的政策。凯恩斯是第一个系统提出运用政府机器进行反危机学说的资产阶级经济理论家。20 世纪 20 年代以后,凯恩斯发表了一些宣传国家干预经济的著作,1936 年凯恩斯出版了其代表作《就业、利息货币通论》。这本书系统地否定了以往资产阶级经济学说的传统思想,从理论上对国家干预经济的必要性和干预方式进行了系统的概括性解释,从而在西方经济学界掀起了一场"凯恩斯革命"。此后,各国资产阶级都把财政收支作为调节社会经济的一个重要杠杆,财政收支的增减对国民经济发展所产生的影响开始受到人们更多的关注。凯恩斯之后的一些资产阶级经济学家大多强调不能片面地探讨税收问题,而应当更重视财政支出的问题。例如,萨缪尔森在他的《经济学》中就这样说道:"现代政府的一个重要作用在于控制难以收拾的通货膨胀,避免长期失业和经济停滞。使用的主要武器有二:货币政策和财政政策。"①

如果凯恩斯是第一个系统提出运用政府机器进行反危机学说的资产阶级经济理论家,那么,罗斯福则是第一个设想利用国家政权全面执行反危机政策的资产阶级政治实务家。1929 年 10 月 21 日,美国爆发了有史以来最深刻、最持久的一次经济危机。从危机前的 1929 年到危机时生产最少年份的 1932 年,全国工业生产下降 46.3%,退回到了 1905—1906 年的水平。危机期间有 13 万家以上的企业倒闭,失业人数达 1 283 万人,占劳动人口的 1/4。千百万人流落街头,阶级矛盾空前激化,资本主义制度岌岌可危。1933 年,罗斯福就任美国总统。为了对付严重的经济困境和迫在眉睫的革命危机,罗斯福一上台就推行了"新政"(New Deal),连续公布了 70 多项新政法令。他首先采取清理银行、政府保障存款等措施,以遏止挤兑风潮。同时颁布了《全国产业复兴法》、《公平竞争法》、《农业调整法》等一系列法令,并通过财政拨款大量举办公共工程,如兴建田纳西水利发电工程,修建铁路、公路、码头等,用以工代赈的方式减少失业人数。1933—1937 年间共拨出 120 亿美元巨款,吸收了 200 万—260 万失业者,但还存在 1 000 多万人的失业大军。

① 萨缪尔森:《经济学》(上册),商务印书馆 1979 年版,第 215 页。

随着政府收入的不断膨胀，对政府收支的各种政策及其效果研究也随之盛行起来。20世纪初，美国各级政府的支出只有16亿美元，占国民生产总值的8%，1977年美国各级政府的支出已超过6 800亿美元，占国民生产总值的33%；1980年各级政府支出高达8 690亿美元，占国民生产总值的33.1%。政府支出急剧增长的原因主要在于：① 加强干预经济的措施。20世纪30年代大危机之后，罗斯福上台实行“新政”，用大量的国家投资大搞公共工程，增加就业，以此来带动整个国民经济的恢复和发展。② 加强军备。第二次世界大战后，由于在朝鲜、印度支那进行的侵略战争，加上美苏争霸，美国的国防和太空费用激增。③ 扩增社会福利事业。20世纪20年代以来，美国为了缓和激化的阶级矛盾，标榜“福利国家”，推行福利政策，国内社会福利开支迅速增加，这一时期美国的经济虽然也有所增长，但经济增长的速度远远赶不上各级政府支出的增长速度。因此，如何实现政府支出的最优化，即使政府预算不仅能反映出投入各项用途的支出金额，还要能反映出各项支出的经济和社会效果，已成为美国财政理论和政策实践的一个重要课题。

20世纪80年代初，美国政府为摆脱经济滞胀的局面，对经济政策作了重大调整。1981年，共和党人R. W. 里根就任美国总统，采纳了供给学派和货币主义的主张，提出了振兴美国经济的复兴计划，实施了一套不同于凯恩斯主义的经济政策。他一方面实行紧缩性货币政策，控制货币供应量，抵制通货膨胀，一方面实行膨胀性财政政策，降低利率，刺激私人投资，增加供给；把实现长期没有通货膨胀的经济增长作为政策目标。在他的两届任期内，通货膨胀率逐渐降低，1983—1987年，消费物价上涨率平均为3.1%，经济增长率自1982年年底以来持续7年上升。但是膨胀性财政政策和紧缩性货币政策，使财政赤字日趋严重，利率水平急剧上升。财政赤字自1980年的865亿美元上升到1985年的2 246亿美元；1981年贴现率急升到14%，优惠利率高达20.5%，此后利率水平虽逐年下降，但始终高于其他西方主要国家。严重的财政赤字和偏高的利率水平，使美元汇价大幅度上升，1985年升至第二次世界大战后的最高点。高汇价削弱了美国商品的竞争力，导致巨额贸易逆差，引起国内贸易保护主义抬头和国际金融市场动荡。因此，里根政府不得不开始适当收缩财政政策和放松货币政策，并同几个主要西方国家协调经济政策。1983年12月11日美国国会通过了1991年度实现预算的平衡法案，正式名称叫《平衡预算和紧急削减赤字控制法》，亦即《格拉姆-拉德曼平衡预算法》(*Gramm-Rudman-Hollings Act*)。根据这个法案，当时美国的2 000亿美元赤字到1987年要削减到1 440亿美元，然后逐渐削减360亿美元，到1991年实现预算平衡(但美国最高法院很快便宣布该法案违宪，此后该法案的预算赤字减少目标经过多次修订)。经过两年多的努力，到1987年，美元汇价被压至较低水平，财政赤字和贸易逆差开始收缩，但逐年加重的债务负担和失业率，并未给后任总统G. H. W. 布什政府以经济上的转机，这次的经济衰退直至1992年第三季度末才得以结束，使当时的经济增长率上升到4.8%，失业率下降7%，人均国民生产总值达到23 240美元。

20世纪80年代后兴起的“新公共管理”学派提出建立“效率政府”理念，绩效管理已经成为“政府再造”的核心内容，政府转变的有效起点就是开展以绩效管理为中心的预算改革。绩效管理以成果为导向，将追求最大绩效作为预算管理的根本目标，将实现既定绩效目标作为预算管理的根本要求，将财政资源配置的最终成果作为衡量预算管理活动的根本标准，贯穿于预算编制、执行、监督等各项管理活动中，预算分配着眼于资源配置后能够取得的绩效，从源头上控制没有绩效和低绩效的项目，预算执行着眼于减少成本，提高效率。

1993年年初入主白宫的克林顿，在其第一任期内即扭转劣势，大幅削减财政赤字。到1998年，财政状况由赤字转为盈余，实现"两低一高"，即低失业率、低通货膨胀率和高速经济增长。克林顿上台伊始，决定采取与前任不同的紧缩性财政政策，实施以增加经济增长潜力与削减非生产性支出同时并举为特征的结构性财政政策，并支持对未来美国人的就业和收入进行投资的计划，同时增税节支。此时的克林顿的财政政策并不是孤立的，他执政期间和格林斯潘配合默契。20世纪90年代以来，美联储一直以充分就业、价格稳定和适度的长期利率作为其货币政策的最终目标，使利率保持在较低水平上，不仅避免了利率大幅度波动对经济的过大冲击，而且有利于扩大私人投资，促进经济增长。比如，为减少紧缩的财政政策在短期内可能产生的消极影响，美联储及时降低利率以刺激企业投资，交替使用扩大货币供给量和控制货币量的措施，使美国经济在1994年成功地实现了软着陆。

克林顿就任总统后倡导重新创建政府，副总统阿尔·戈尔提出了国家绩效审查的行动计划。国家绩效审查旨在通过通讯和信息技术增强政府各级主管人员的职责，提高政府工作效率和降低成本，努力减少财政赤字。为了给有效减少财政赤字创造条件，克林顿政府形成了旨在通过周期性削减财政赤字以促进经济发展为目标的财政经济政策，基本内容如下：① 切实压缩财政赤字，以根本扭转私人投资不足的局面，带动美国经济全面增长。克林顿政府签署了《综合预算调整法令》，规定在1994—1998年的5年间削减财政赤字5 050亿美元。② 提高个人所得税税率、公司所得税税率，另外对烟草公司加征特种税，增加财政收入。③ 改革政府机构，争取完成90年代裁减30万名雇员的目标。④ 改革社会保障制度。社会保障开支过度膨胀，已经成为美国联邦政府财政赤字规模不断扩大的一个重要原因。⑤ 实行有利于增强美国经济竞争力的投资鼓励政策，通过制定税收优惠政策刺激私人增加对高科技和人力资源开发的投资，同时政府也适当增加了对公共教育、职业培训和与科学技术密切相关的基础设施建设的投资。虽然克林顿政府在削减联邦赤字的过程中不断遇到一些麻烦，但是总体效果是比较显著的。1998年联邦总预算已经出现了692亿元的盈余，其中，一般预算赤字299亿元，基金预算盈余991亿元，这是1969年以来美国第一个没有财政赤字的年份，尽管预算内仍有赤字，但也是近20年来最低的一年。这样，联邦政府提前3年完成了削减赤字为零的计划。

"克林顿政府削减赤字的政策之所以成功，主要有以下几方面的原因：① 注重高科技投资。80年代以来，特别是冷战结束后，国防开支占GDP的比重大幅度降低。联邦政府为了促进长期经济增长，开始把额外筹集的财政开支大部分用于扶持诸如微电子、生物工程、新材料、智能机器人、宇航等战略产业的发展，这样不仅有助于解决那些由于风险巨大、回收期长从而单靠私人投资难以满足要求的高科技产业发展的资金需求问题，同时也有助于充分发挥政府增加财政开支所产生的长期乘数效应的作用。② 货币政策的配合。随着政府财政赤字的扩大，必然造成公共债务规模持续膨胀，如果货币政策配合不好，高赤字极易引发高通货膨胀，继而严重影响国民经济的正常运行。80年代后期，美联储实行了一种严厉的货币数量目标政策替代了以往的利率目标政策，成功地截断了联邦财政赤字与通货膨胀的联系，创造了经济增长的基础环境，经济增长本身就有助于减少财政赤字。③ 政治上的支持。经过长时间的理论探讨与实践，民主党和共和党就预算平衡问题达成了共识，充分认识到无论政府财政赤字曾经发挥过怎样的积极作用，规模过大的财政赤字最终会降低政府经济发展的灵活性，并给国民经济发展带来更多的麻烦。因此，克林顿政府在大力削减财政赤字时就很少遇到政治上的阻力，从而提高了有关政策调整的成功率。④ 近年来，美国政府逐步形成一套利用全球市场、转嫁危机来避免本国经济周期性衰退的战略手段。”①

布什第一任任期内的经济成绩欠佳，美国的经济难以继续延续克林顿时期的高速发展，实际 GDP 虽在增长，但速度较慢，到 2004 年，年平均增长率为 2.5%，是自第二次世界大战以来，历届总统任期内表现最疲软的。这样的增长速度，影响了就业，而就业疲软又直接影响家庭财务收支。同布什上台时相比，非农就业人员最多时减少了 150 万人。这是美国历届总统任期内所未曾出现过的。

第二节　西方国家预算制度和编制方法

20 世纪 30 年代世界性经济大危机之前，西方各国的预算制度是比较简单的，通常是以一个收支对照表的形式在不同的程度上反映出政府占有和支配社会上一部分产品的状况。20 世纪 30 年代以后，预算制度日趋复杂，其主要原因有下列几个方面：第一，政府活动的范围和规模不断扩大，活动的性质也日益复杂。第二，财政收支经常不平衡，为了掩盖赤字，预算也变得多种多样。第三，资产阶级政府企图摆脱经济上剧烈的周期波动，进行所谓“经济计划化”的种种工作，相应地在预算制度上也采取了一些新的形式。例如，美国政府向国会提交的联邦预算，既包括按经济性质划分的功能预算，又包括部门预算，使预算资金的分配去向一目了然。按照经济性质划分的预算下面又分为强制性预算和可选择性预算两类。所谓强制性预算是指按法律规定或者客观实际必须安排的支出，一般具有刚性特点，如退伍军人补贴和公务员工资等；可选择性支出是指政府可以选择、可以控制的项目支出，政府和国会对这类支出的调整余地较大，如研制或购买军事武器支出等。

下面先从传统的单一预算着手，进而扼要介绍 20 世纪 30 年代以后的各种预算制度和编制方法，并进行一些比较。

一、传统的单一预算制度

单一预算制度（Single Budget 或 Unitary Budget）是西方国家传统的预算制度，其做法是在预算年度内将全部财政收入与支出汇集编入单一的总预算内。无论是租税课征的无偿收入，还是出售公共产品的有偿收入，均列入收入部分；对购买商品或劳务的消费性支出和单纯的补助金支出，一概列入支出部分。在单一预算中，对于资本支出虽然将原始的

① 《美国的预算管理制度》，摘自财政部网站，2010 年 7 月 5 日。

购买成本计入支出部分，但对以后的资本维持费，如折旧费、利息等，则不一定都列入预算。美国在20世纪30年代以前所采用的“分项排列预算”（Line-item Budget）就属于单一预算制度，其做法就是根据各个机构支出的对象加以分类。预算中的基本项目是：① 人员费；② 维护和业务活动的各类费用；③ 其他维护费；④ 部门总业务费。在四项支出之下再逐项列出许多细目。比如，在维护和业务活动的各种费用之下，列出旅费、办公费、印刷广告费、修理费、租金、电费等几十个细目。这样排列的目的是便于政府控制各个单位使用的经费，对于财政管理和监督有其可取之处，但由于分项排列预算通常分得很细，同时又是在政府内部使用，因此很难表明财政资金的使用情况。

单一预算制度的优点是符合预算的完整性原则，并且由于把全部的财政收入与支出分列于预算表上，统一汇集平衡，因此能从整体上反映年度财政收支情况，整体性强，便于立法机关审议批准和社会公众了解，起着一种监督和控制政府财政收支的作用。它的主要缺点是没有把全部的财政收入按经济性质分列和分别汇集平衡，不便于经济分析和有选择的宏观经济控制。直到第二次世界大战以前，世界上大多数国家都采用单一的预算制度，战后许多西方国家陆续改进或放弃了单一预算制度而采用复式预算制度。

二、复式预算制度

（一）复式预算产生的历史背景

在20世纪30年代的大危机之前，自由竞争、自由放任是资本主义社会奉行的基本经济原则，资产阶级经济学家大多主张政府不干预经济。与此相适应，在财政领域主张“廉价政府”和提倡“健全财政”的原则。单一预算制度在当时的历史条件下起着监督与控制政府财政收支的作用，目的在于防止政府支出的膨胀与征敛无度。20世纪30年代大危机之后，西方国家的财政收支受经济危机的影响，随着财政赤字的大量增加，每年的预算收支平衡已难以实现。凯恩斯学说的出笼，使越来越多的西方财政学者认识到，各国国民收入分配的变动与年度预算的规模以及支出结构关系极大。因此，主张在长期的经济计划中，必须首先将年度预算的内容作合理的安排，设想以此来影响经济循环和促进经济增长。他们认为，预算不仅具有监督和控制政府财政收支的消极作用，还应有更积极的使命，这就是预算应成为避免经济危机和实现充分就业的工具，而传统的单一制度不能担负这一历史使命，于是复式预算便应运而生，并被西方财政学者称为预算制度的重大革新。直到20世纪40年代末，美国的“绩效预算”出现以前，它都是西方国家提倡改革预算制度者们所建议采用的范本。

（二）复式预算制度的基本内容

对于复式预算制度的理解有两种：一种是从预算表式的结构着眼，认为复式预算是指将政府的全部财政收支，按其经济性质的不同，分别编入两个或两个以上的收支对照表，据以编成两个或两个以上的预算；另一种是从预算支出的分类着眼，把国家财政支出区分为经常性费用和资本性支出两类，从而将整个预算分成两部分，即经常预算（或经费预算）和资本预算加以编制（后者不一定要将预算编成两个或两个以上的预算表，可以在一个预算表内反映出经费预算和资本预算的内容）。由于理解的不同，在实践中也就扩大了复式预算的范围和种类，也引起了一些争论，这些在后面加以叙述。

复式预算的形式：① 资本预算和经费预算；② 正常预算和非正常预算；③ 循环预算和非循环预算。无论复式预算的形式如何不同，其实质内容都大体相同，即经费预算、正常预算和循环预算是一般行政上的经常收支，其支出经费的来源以税收为主，应以维持平衡为原则；资本预算、非正常预算和非循环预算一般包括公共工程、公营事业和战时或经济危机时期的临时性支出，其资金来源以募筹公债为主。这部分通常被认为是政府用来说明举债种种理由的根据。

复式预算的编制必须借助国民经济核算表。国民经济核算表一般包括国民生产总值、国民收入、国民支出（其中又分为消费与投资）和国民储蓄等部分，有过去若干年的数字，有现行年度的估计数字，也有未来若干年度的预测数字。编制复式预算，常以这些数字为参考资料，将各项预算指标分别同国民经济核算表的各个有关的项目进行对照，求得前者对后者的相应比例，据以判断财政收支的增减对国民经济所产生的影响，从中谋求财政预算政策与经济计划的相互配合。

（三）各国实行复式预算制度的具体形式、特点及经验

1. 丹麦

最早实行复式预算制度的国家是丹麦。丹麦在 1927 年将预算分为普通预算和资本或投资预算。用于固定资本的支出，有投资的性质，不论其能否获利，都列入资本预算中。公营事业或公共支出不能自行补偿的部分以及学校、医院的建筑等支出也列入资本预算。用遗产税、借款以及普通预算中转来的偿债基金或折旧基金之类的收入应付资本预算的支出。普通预算则把政府的经常性费用列入支出，以租税为其收入的来源。虽然丹麦是最早实行复式预算制度的国家，但因其资本预算的适应范围太广和经济政策的基础较为薄弱，从实践上看，成效不大。

2. 美国

1933 年美国罗斯福总统上台，为配合其“新政”的需要，罗斯福总统下令联邦政府从 1933 年 7 月 1 日起实行复式预算制度，将财政支出区分为“正常”和“非正常”支出两部分，相应的预算也分成两个。对于“正常”预算，要求继续执行紧缩和节约的方针，力求“正常”支出和“正常”收入（主要是税收）之间的平衡。对于“非正常”预算，则要求执行膨胀的政策，而资金必须依靠国家信用筹措。不难看出，这样做的目的，是以“正常”预算实现平衡的假象来掩盖不平衡的现实，以利于政府执行赤字财政政策。1935 年，美国经济度过了大萧条时期，开始进入复苏阶段。曾赞成实行“新政”的垄断资产阶级，此时从自身的利益出发，纷纷反对政府干预经济的做法。1935 年和 1936 年，美国最高法院宣布许多重要的“新政”立法为违宪。第二次世界大战爆发后，“新政”告终，复式预算也不了了之。从此以后，联邦政府未再采用过复式预算。虽然也曾有人建议在联邦政府预算中加上一个资本账户，但从未付诸行动，只是在预算咨文中对投资支出有专门的分析。与联邦政府不同，一些州政府至今还采用复式预算的方法编制经费预算和资本预算，原因之一是美国大部分的公共工程、公营事业的支出是由州和地方政府承担的。

值得注意的是，20 世纪末，美国国会对《联邦平衡预算修正案》（*Federal Balanced Budget Amendment*）几经讨论，多次投票表决，虽未能通过，但也引起了朝野各界人士的广

泛关注。一些财政专家又想起了“资本预算”,认为政府的许多长期投资项目可以通过举债来筹资。如杰弗·法克斯(Jeff Faux)在接受《国家时报》(*The National Times*)采访时就称:“如果我们有资本预算,这对于平衡经费预算将是一副良药。可以用资本预算为长期项目举债。但是我们现在没有资本预算,因此,难以摆脱头脑简单的与赤字有关的糊涂想法扭曲了我们对未来投资和稳定经济的能力”①。

3. 瑞典

瑞典是最早将预算编制方法有目的、有系统地与经济计划相互配合,并取得显著效果的国家。因此,瑞典的复式预算制度更多地受到西方国家的重视。20 世纪 30 年代初期,瑞典预算的惯例仍是遵循“健全财政”的原则,力求预算收支的逐年平衡。1937 年瑞典预算政策的重要修改,就是放弃预算逐年平衡,而采用在经济循环的整个周期中保持平衡的所谓周期预算平衡原则,并正式引用资本预算作为预算改革的一部分。1938 年瑞典政府开始实行复式预算制度,创立普通预算与资本预算。普通预算将一切非生产性的经费列入支出,以租税收入作为支出来源,维持收支平衡。将公营事业有偿还能力的支出列入资本预算,以募债来满足其支出。具体做法是:允许在经济衰退时期借债,在经济高潮时期有预算结余。在新的预算制度中,只有生产性的收入或可营利的投资被看做资产,无报酬的投资从经常预算中注销。资本预算主要是把作为政府事业与基金的投资编列成表,经常预算不再为其提供年度折旧提存,而由事业和基金的单独预算提供。

瑞典政府在制定经济政策与财政政策时,首先要求对当时的经济形势进行详细分析,并特别重视财政支出的变动、私人投资、消费支出水平以及外贸的情况,在这些分析和其他资料的基础上,编出“国民经济预算”,以此来对未来的国民收入与国民支出进行预测。财政部长必须根据“国民经济预算”所提供的各种资料及实际数字,提出政府预算及经济政策的建议。瑞典国会在审议预算案时,亦应依照“国民经济预算”作相应的修正。

从 1980—1981 年度的预算草案开始,瑞典政府废弃了采用了四十多年的复式预算制度,代之以将政府的全部财政收支体现在一个总预算内的单一预算制度。早期特有的投资基金由统一的资产负债表所取代。对企业和事业单位来说,资产负债表由该年的损益账户加以补充。废弃复式预算制度的主要原因是:政府的注意力已从政府资本净值转向宏观经济方面,从某种意义上说,资本核算仍在继续进行,但已不再作为一种政策工具了。

4. 印度

印度为了适应财政赤字逐年增加的形势,于 1946/1947 年度采用了资本预算。资本项目的独立,很容易使收入账户立即产生盈余。列入资本账户的项目是依据两个因素确定的,即资产的寿命和支出的规模。印度在实行资本预算后的几年之间,形成了一部案例法,作为确定复式预算所包括项目的指南。

5. 英国

英国没有正式的资本预算,只是在国民账户中,对“线上”与“线下”项目作了区分。前者主要包括经常支出(一般总是有盈余的),后者包括财政部有权用借款来满足的支出。由于缺乏统一的标准,常常使问题变得更加复杂。在提出 1948/1949 年预算时,财政

① 见《国家时报》专访,1995 年 10/11 月期。

大臣认识到某些资本项目已列入经常收入项目，而且出现赤字或盈余的定义很不明确，只是为了更好地理解财政状况，在年度预算后面附上了另一种分析报表形式的分类。同时，在预算表中仍存在着“线上”与“线下”的传统区别，目的是方便经济分析，而不是出于管理上的考虑。随着国民收入概念的演化，在1963年进行的广泛的会计制度改革中，英国开始认识到把注意力集中在能够解释一般经济发展的表格上，而不是注重经常支出与资本支出之间的逻辑区别上是更为可取的。于是，在20世纪60年代后期，英国修改了传统的“线上”和“线下”的预算划分，把预算分为统一国库基金预算和国家借贷基金预算。前者相当于经常预算，后者相当于资本预算。在统一国库基金预算中，税收约占收入的95%；支出包括每年需经下院批准的现行开支（议定支出或叫拨款支出项目）和不需再经下院批准的永久性支出（既定支出或叫统一基金支出项目）的统一基金，前者一般占90%左右，后者占10%左右，是依以往法案批准规定的支出，如王室支出、议会支出、国际组织费用支出等，这些项目不需再经审核批准，只需依法在预算中照例即可。在国家借贷基金预算中，收入包括统一国库基金的余额以及从统一国库基金预算转入的国债费、贷款利息收入和贷款的收回，支出包括对国营企业、公司及地方政府的贷款、国债费（利息及发行管理费）等。在统一国库基金的预算支出中，划分出永久性支出（既定支出）是英国国家预算的一个特点。

自1996年以来，英国预算管理体制开始重大改革，探索以管理企业的方式来管理政府部门，从而提高政府部门的运行效率，优化公共资源配置。经过十多年的探索，目前，英国已形成包括资源预算和资本预算在内的复式预算体制。政府公共支出分为经常性支出和资本性支出，相应地，财政分别建立资源预算和资本预算。资源预算的收入是税收，是对行政管理消耗性支出所需资金的预算，用来支付实施具体行政管理行为所产生的行政费用，如政府部门水电费等。资本预算是指形成资产的预算，如用于购建房屋、购买使用期限超过一年的办公设施设备等。资本预算的收入是资源预算结余和公共债务。各部门在编制预算时要严格区分资源性支出和资本性支出，不能相互混淆；执行预算时，在预算期内，最高管理层可在每一年度内对部门资源预算和资本预算资金数额进行调整，但下属部门不能自行调整。由于采取了一系列遏制各部门“重经常性支出、轻资本性支出”倾向的措施，财政支出中的净投资（即固定资产形成总值－资产折旧＋可用于再投资的资产出售收入）比重逐年增加。

6. 法国

法国的国家预算包括经常业务（无偿性收支）和临时业务（有偿性收支）两个部分。经常业务又叫固定项目，由总预算、国库专用收支和附属预算组成。总预算支出类项目包括税收和其他收入，总预算中扣除国家投资支出和军费开支中的军事工程支出就相当于经常预算。临时业务也叫临时项目，由专用收支、公债收支（包括经济和社会发展基金）和其他收支等项目组成。在业务上，临时项目的收支是作为国库专用账户对待的，共设有经济和社会发展基金、货币业务、对外国政府结算等六种账户。附属预算是指不具备法人资格进行经营的有关生产和服务事业，如印刷、造币、邮电等收支预算，收支相抵，盈余转入总预算收入，亏损列入总预算支出。附属预算是法国国家预算的一个特点。

7. 日本

日本实行复式预算制度，中央预算分为一般会计预算、特别会计预算和政府关联机构预算三大类。一般会计预算是管理中央政府的一般性财政收支的，它以税收、国债收入等为财源。为中央政府的行政管理、社会保障、教育、公共投资等活动提供财力保障。日本特别会计预算，是根据《财政法》规定设置的分类管理型事业预算，包括国家经营特定事业、建立和运用特定的基金、使用其他特定的收入安排特定的支出并有必要与一般收支加以区别、整理的项目。特别会计预算主要有五大类：① 事业特别会计预算；② 管理特别会计预算；③ 保险特别会计预算；④ 融资特别会计预算；⑤ 整理特别会计预算。政府关联机构预算是指依法设立、全部资本由政府投资、预算和决算必须受国会审议决定的机构预算，包括一些国营公司、公库（公营信贷机构）和两家银行（日本输入银行和开发银行）。政府关联机构是指依据特定法律设立的、中央政府提供全部资本金的法人，是经营事业尤其是融资性业务的机构，将其与中央政府机构区分开来设置的目的是能灵活运用企业经营规则，以提高效率。但是，为了保证其公共性，其预算与政府预算同样接受国会的监督。从资金运行的角度看，以上三种预算不是单纯并列的，而是相互交叉的。一方面，有一般会计预算对特别会计预算及政府关联机构预算的资金转移；另一方面，也存在特别会计预算及政府关联机构预算对一般会计预算的利润上交。

（四）复式预算制度的优缺点

1. 优点

西方国家的财政学者一般认为，复式预算制度具有下列优点：

（1）采用复式预算后，经费预算的平衡就是真实的平衡，而资本预算则具有伸缩性，可以用来维持国民经济的总体平衡，促使整个经济的长期繁荣。此外，经费与资本支出分立项目后，可以明确地知道每一经济单位财政的实际情况。

（2）复式预算是采用财务、会计的资产负债表与损益计算书等核算方法来处理政府预算的支出，资本支出有具体的计划。通过资本预算的编制，可以了解资本形成的资金来源和公共资本的积累动向，为充分利用国家的经济资源来促进经济复苏和医治经济危机创造某些条件。

（3）资本预算是用举债的方式扩大投资，增加生产力，这样做在同期内能够增加税收，不至于减少一般民众的购买力，可以减轻通货膨胀的压力。

（4）复式预算可以扩大政府支出的范围，提高就业水平，也便于使每年的预算与长期经济建设计划相配合，使预算成为调节国民经济总体平衡的杠杆。因为实行复式预算的意义在于政府对财政政策的运用不再受传统的预算平衡观念的束缚，资本预算作为预算的构成部分，一方面有助于投资资本的形成，同时又确定了长期的周期平衡的观念，有助于使预算成为经济发展的强有力杠杆。

2. 缺点

复式预算在执行中暴露出来的主要缺点是：

（1）政府的经常收入只能应付一般的行政支出；而资本支出的资金来源，则须依赖于举债。倘若对公债发行的数额控制不当，很容易导致通货膨胀、物价上涨，影响国民经济的稳定。

（2）由于有经费预算和资本预算的划分，政府往往可以利用资本支出的项目，来掩盖财政赤字与支出浪费的现象。

（3）采用复式预算，在技术水平与管理方面需要有较高的标准，否则难以收到实效。

3. 对经济落后国家采用资本预算的一些看法

资本预算是复式预算的一个构成内容，也是复式预算的核心所在。美国财政学者柯尔姆（Colin）和肖普（Shop）两人根据调查材料得出结论，认为资本预算在经济落后的国家实施有下列三大弊病：

（1）经济落后国家的主政者，往往为了炫耀其经济发展的进程，尽量加强资本支出，过分节省经常支出；重视物质的投资，而忽视教育卫生等项增进国民智力体力的投资。

（2）经济落后国家采用资本预算，如果尽量以公债收入从事投资，而以税收收入供应经常支出，势必会形成支出过度膨胀的现象，这并不是经济发展的福音。

（3）政府举办的公共工程，如果相当有规则性的话，在事实上不一定非依靠资本预算的采用。

针对以上的弊病，西方有些财政学者认为，在采用复式预算制度的经济落后国家，应该着重对资本预算加以适当的控制。资本预算的规模应有一定的限度，公债的发行不可过度，预算审议机关也应加强审议职能。对资本预算的编制，应根据国家的具体情况和各项方针政策作妥善的安排。

三、绩效预算

（一）绩效预算产生的历史背景

绩效预算理念萌芽于1907年纽约市政研究局提供的《改进管理控制计划》的报告中，该报告强调“通过对已批准项目的管理，提高资源使用效率”。绩效预算理念最早用于实践则开始于20世纪30年代，美国田纳西流域管理局和美国农业部采纳了绩效预算，在一定程度上提高了部门运作效率。

第二次世界大战以来，美国财政支出急剧增长，赤字大量增加，与此同时，立法机关控制政府预算的权力则明显地遭到削弱。因此，如何控制公共支出和恢复立法机关控制政府预算权的问题，引起了美国胡佛行政改进委员会的注意。该委员会提出了两个基本问题：① 在政府预算的主要项目方面，理想支出的最大数字应是多少？② 如何有效地和节约地执行被批准的项目？或者说，如何通过其他方式的安排或以较低的成本来完成等量工作？为了对这两个问题作出回答，胡佛行政改进委员会受到了当时美国一些大城市中盛行的和联邦政府某些部门偶尔试行的绩效预算技术的影响，于1949年建议在联邦政府中采用绩效预算。该委员会在1949年的报告中，完整地定义了绩效预算，从而定下了绩效预算改革的基调，此后，政府预算的“绩效、效率”观念开始深入人心。

胡佛行政改进委员会把政府活动分为职能、业务活动和项目三大类，从而给预算创造了一个新模式。新模式强调预算应组织成立一个对已完成的工作进行审查的机构。虽然该委员会的建议没有完全被采纳，但其对预算和会计程序法案却产生了很大的影响，1950年根据“绩效预算”的原理，编制了基于政府职能与活动的联邦政府预算，通过了按项目用途分类以及按筹集来源制定申请资金的建议。但是第一届胡佛行政改进委员会所提出的改革新模式存在着种种缺陷，其中主要的是组织结构与预算分类之间不协调，分类不是过宽就是过粗，无法据以说明重要的业务活动或提供有利于年度预算决策的概括性见解。此外，新模式对管理方面所应有的权利也未给予充分的重视。因此，1955 年第二届胡佛行政改进委员会在总结上届经验教训的基础上，再次提交了建立在职能、业务活动和项目分类基础上的预算，并建议下一步骤就是要使组织结构、预算分类和会计体系同步化。从那时起，这种支出分类方法一直延续下来，直到 20 世纪 60 年代又作了一些新的修改，进而形成了“方案预算”。

1995 年，美国副总统戈尔提出了国家绩效审查的构思，重新制定了联邦财政管理的总体战略设想。计划在不久的将来，政府所有预算资金的收支最终都采用电子形式控制，财政财务信息将成为各项经营活动正常的副产品。这类信息应是准确的、与项目绩效有关的，随时可以提供给各部门与行业的经理、财务人员和审计师，从而提高项目决策制定的质量。联邦政府将采用计算机和通信技术来监测各项目经理决策的经济责任，促使各位经理重视项目绩效，而不是项目的过程和书面工作。国家绩效审查的实施，有力地推动了整个联邦财务改进会计技术。在新的会计制度下，更加强调一致性和经过审计的财务报表。各机构要向国会和公众负责，确保资产安全、财务结果报告及时准确，并通过绩效考评和成本核算来衡量经济责任。

(二) 绩效预算的基本原则、做法与特点

1. 基本原则

根据美国第二届胡佛行政改进委员会的报告，一个现代的政府单位预算，应该至少能达到下列三个基本要求：① 在一定时期内，所要完成的计划项目及其程度；② 每一计划的单位成本、工作数量及尽可能低的单位成本；③ 明确负责完成每项计划的机构。基于这三个要求，第二届胡佛行政改进委员会提出实行绩效预算的基本原则是：统一规划，适当分类，协调配合，分级负责，弹性控制，正确衡量。

所谓统一规则，就是指年度总预算中的各项业务计划或工作计划，应根据政府总体的施政方针来编制，并要与长期的财经计划相一致。各项计划的支出应以本年度各机关各项工作计划的预定进度和工作数量为依据，不应完全以以往年度的支出数字为基础。年度计划应该包括全部工作计划所预计的必需费用，除非计划有变更、工作数量有增加，否则，不应办理追加预算。

所谓适当分类，就是指总预算中的支出预算应当按照政府职能、主管机关、各个业务计划这三个层次进行适当分类。同时，对各个机关单位预算，由于业务计划的不同、组织形式的不同以至于工作方法的不同，必须根据各个机关的实际需要再加以适当分类，也就是按照其业务计划及工作计划项目进行分类，并且要与负责单位相一致，最后是按照费用科目分类。

所谓协调配合，是指各项业务计划和工作计划，无论政府的整个计划，还是每一个业务单位的个别工作计划，都应该密切地协调配合。另外，对会计人员来说，应随时根据主管部门的政策，结合实际业务部门的需要，提供一切必需的资料。

所谓分级负责，是指在预算的编制及执行上，不仅应遵循分级负责的原则，而且更应注意各项工作计划进度和成果控制以及经费与成本的控制。换言之，就是每一项工作的权与责两个方面均应由其承办单位同时负责。

所谓弹性控制，是针对预算的执行而言的。因为从联邦预算的编制到预算的执行，中间有一年半的时间，于是在编制预算时就不可能十分准确地估计将来的计划和支出需要。正因为如此，各机关编制预算时，就必须考虑预算执行时的弹性。从科目分类来说，如果计划项目定得太笼统了，就难以将每个计划的轮廓及工作成果清楚地表达出来，也无法充分证明每个项目的经费需要是否正确。但是，如果计划项目定得太详细了，在将来执行时，难免会遇到许多与事实不符的困难，所以，在研究制定计划项目与科目分类时，应注意到将来执行中的弹性。此外，预算编制机关为了使自己的预算富有弹性，也可以在核定的预算内划出一部分列做准备金，有的计划还可以按季度分配预算。

所谓正确衡量，是指要采用工作衡量制度来对计划中的工作进度、数量以及完成此项工作所需的成本因素进行正确的估计。在预算执行时和执行后，要提供正确的工作绩效和成本报告，用以改善管理和控制成本。

2. 做法与特点

绩效预算的做法有以下几个方面：

（1）绩效预算控制的目的，在于保证所计划的工作或服务事项能够有效地完成。出于这个目的而设计的会计和报告制度，旨在提供预算执行期间所完成的工作及其相关费用的资料。对这些资料要加以分析，并与核定预算中预计的工作和费用相比较。如果在实际工作与预定工作、实际费用与预计费用之间发生了不可避免的偏差，须加以分析说明，并予以矫正。因此，会计和报告制定就是以核定预算中的工作和费用作为继续考评其绩效的手段。

（2）在绩效预算里，各项支出的用途都很明显地与计划的工作和服务事项相联系。也就是说，把某一款项的用途，如工资、差旅费、用品等，与工作或服务事项联系在一起。因为支出的用途是促使工作实施的手段，而工作的完成才是预算执行的更高目的。因此，绩效预算是行政部门计划其工作和实现计划目标的一种有效工具。

（3）绩效预算是政府先制订有关的事业计划和工程计划，再依据政府职能和施政计划选定执行计划的实施方案，并确定实施方案所需要的支出费用(包括经常支出费用和资本支出费用)来编制预算。其做法是首先进行绩效分类，把绩效分成职能、部门、计划、最终产品、成本和目的等类别，然后评估预算的绩效。具体步骤是先按政府职能，如经济、国防、教育、公共卫生等进行分类，再考虑不同的政府职能由不同的部门实施；而每一部门有其自己的事业计划和资本投资计划，因此就有经常支出费用与资本支出费用之分；对各项计划可以从最终产品成本及目的来衡量和评估其绩效。绩效预算的整个流程(以教育为例)可见表 9-1。

表 9-1　绩效预算的流程

政府职能	部门	支出费用最终产品的衡量与评估	成本与目的
国防			
教育	初等教育	经常支出——受教育人数	
		资本支出——校舍、教育设施	

（续表）

政府职能	部门	支出费用最终产品的衡量与评估	成本与目的
	中等教育	经常支出……	
		资本支出……	
	高等教育	：	
	职工技术教育	：	
经济			
公共卫生			
社会保险			
：			
：			
：			

从上述绩效预算的做法可以看出，用绩效预算的方法来编制的年度预算，必须反映出以下方面的内容：

（1）为实现主要政府职能范围内短期和长期目标所需要的经费；

（2）为完成各种政府职能目标的各个部门以及各部门内所包含的各项事业计划和资本投资计划；

（3）各项事业与资本投资计划中经常支出与资本支出所需的成本；

（4）各个部门及各项事业和资本投资计划所需的质与量的资料；

（5）必须表明负责执行事业与资本投资计划的机构单位；

（6）应当表明一切收入和一切支出的来源与数额。

（三）工作衡量

研究绩效预算一定要涉及工作衡量制度，因为绩效预算的编制要求表现政府各机构的工作计划与预算的密切配合，而各项工作必须借助工作衡量方法把数量表现出来，才能分析、研究、比较其成果，据以观察各机构的工作负荷与人力的配备是否相称。工作衡量技术的应用，首先要鉴定和选择工作衡量的层次；其次要选择衡量某一层次的适当单位，根据所确定的工作单位，登记编报每一层次的工作数量；最后要将工作数量与其所需的人员时间或与其包括人员时间在内的一切成本费用联系起来。

建立工作衡量制度的第一个基本步骤是，选择拟衡量的对象。选择拟衡量对象的原则是：

（1）易于建立工作的方法与程序，进而使工作效率标准化；

（2）易于确定适当的工作单位；

（3）能清楚地反映出工作方法的缺点；

（4）易于以单一的工作成果为单位。

但是，事实上，有时一个机构中的某些工作成果是无法衡量的。例如，某项工作所配备的人数，往往就不受工作数量的决定和影响，而是依法定的编制而定，如各部委的主管及其随从人员；有些工作，如行政管理工作，不与该机构工作中的某一特定部分相关，而是关系到全部工作；有些工作的结果，如某种形式的研究工作，不能预先断定。尽管存在这些情况，但绝大多数机关单位所用的人员，从事上述难以衡量工作的人毕竟是少数。说其工作难以衡量，也就是说其工作本身无法用与货币单位相对应的实数表示出来。

预算内的工作计划，哪些可以衡量？哪些不可以衡量？经过鉴定后，下一个步骤就是为每一种可以衡量的工作计划选择一个合适的衡量单位。在工作衡量制度内为每一工作计划选择工作单位是很重要的，因为一个正确的选择，直接影响到这个制度的功能，这是一项技术性较高的工作，须作出许多分析与努力才能完成。根据美国和其他国家在工作衡量上的经验，可以提供以下的选择标准：

(1) 工作单位必须是可计算的，同时必须表示其完成工作。换句话说，它必须可以用数量名词来表示，如道路的“里”，灌溉的“亩”，防疫的“人”，等等。

(2) 每一项工作计划所定的工作单位，通常是用以衡量工作结果的单位，而不是衡量工作数量或工作成就的单位。这三种衡量单位的不同之处在于：“工作数量的单位”指机构为获得所预期成果而采取的内部行为，例如，对于学校来说，工作数量衡量单位是指学校里所开设的班级数，而不是指在校学生人数；“工作结果的单位”是指一个机构已完成的工作，这些工作对达到所预期目标有直接的影响，例如，在学校里这种衡量单位是指在校的学生人数，而不是指学校所开设的班级数；至于“工作成就的单位”，它与机构的施政目标有关，例如，对学校来说，这种衡量单位是指提高公民的识字率、培养出来的学生的合格率。这三种形式的工作衡量单位，在预算表里均有适当的地位。例知，在预算内所需说明的工作计划的材料，就必须把完成工作结果所需的工作数量表示出来，而工作结果又与所预期的目标成果有联系。总之，通常是用衡量其所预期的工作结果的单位来作为工作计划的适当单位。

(3) 工作单位必须一致，也就是在整个机构内，以及从一个时期到另一个时期，工作单位必须具有同一意义，能够把同一机构某一时间的任何一部分工作结果与另一部分工作结果在形式上和时间上加以比较。在一段时间内，相同的工作要用同一工作单位来衡量，并采用相同的计算机方法和报告方法。

(4) 有时候，一个工作衡量单位并不适用于一项工作计划的各种具体工作。在这种情况下，必须采用一个以上的工作单位，但应尽可能地对每个具体的工作计划仅用一个工作衡量单位，并使其与申请经费的工作计划内所做的最重要的工作相联系。

(5) 工作单位必须用习惯使用的名词来表示。这些名词必须是负责报告的人与中央预算机关以及立法机关负责审查的人所熟悉的。

每个工作计划的工作衡量单位一经采用，就必然被确定为计算、记录和编制绩效报告的形式。绩效报告的繁简，应符合使用报告者的需要。通常有三种报告形式可供选择：

(1) 只用所选定的单位来表示整个工作的报告；

(2) 工作单位总量及其所耗人工时间的报告；

(3) 工作单位、时间和成本的报告。

(四) 对绩效预算编制方法的评价

按绩效方法编制的预算，从总体上看，与“分项排列预算”和复式预算的不同之处在于：“分项排列预算”和复式预算能反映投入各项用途的支出金额，但不能表现支出的经济效果，所以被称为“投入预算”（Input-budget）。而绩效预算则不然，它可以通过支出的计划执行反映可达到的预期效果，因此被称为“产出预算”（Output-budget）。绩效预算在实践中体现出的优缺点可概括如下：

1. 优点

第一，绩效预算与重视投入而忽视产出的“投入预算”不同。它重视对预算支出效益的考察，使得预算可以反映支出所产生的预计效益。

第二，“分项排列预算”和复式预算是按支出的具体用途分类，无法表示其计划完成的成本和目的，从而无法考核支出的效益；而绩效预算则是按政府职能用途着重于按最终产品进行分类，并根据最终产品的单位成本、目的和以往计划执行情况来评价支出是否符合经济效益要求。

第三，采用绩效预算，如果使用完善的衡量绩效的适当标准，也就是说，如果工作衡量制度是合理的，就能够在很大程度上提高政府财政管理的效率。它不仅对预算的绩效可以作出明确的衡量，而且对行政责任的考核也有具体的标准。

2. 缺点及局限性

第一，绩效预算推行的困难在于，虽然统计技术的进步使许多最终产品可以计量，但政府为实现国家职能所从事的各项活动，很多是不同于市场经济活动的，无从以数字表明其预期的经济效益。所谓的“绩效”也无从考核。比如，对国防支出的“绩效”就很难进行评估。

第二，作为考核“绩效”手段的会计和报告制度也随之复杂起来，其重心已向成本会计方面转移。但是，成本的计算无论怎么变化也不足以反映劳务方面的质量差别。

第三，绩效预算虽然可提出较好的工作衡量制度和数量根据，但却没有提出衡量决策制定是否合理有效的制度。事实上决策制定也需要考虑其质量方面的内容。

第四，在协调立法者和执法者之间存在的意见不一致时，同样会遇到许多困难。

总之，绩效预算与以往“投入预算”类型预算的实质性差别就在于能否反映支出效益。如果不能具体反映支出效益，不能对支出效益作出合理评估，这种产出预算也就与投入预算没有实质性的差别。

（五）其他国家实施绩效预算的情况

绩效预算出现以后，对西方各国的预算制度还是产生了较大的影响。在欧洲，英国、法国等也试行以计划为中心、以成本—效益（绩效）为评判标准的预算编制方法。例如，英国从20世纪60年代以来开始实行“功能成本”、“产出预算”和“计划分析与检查”的预算编制方法；在法国，实行的是“预算选择的合理化”；在瑞典，实行的是功能预算。在发展中国家，也有一些借鉴绩效预算的做法，如印度的“绩效预算”和坦桑尼亚的“计划预算”。甚至在联合国系统内部也实行了计划和绩效预算的编制方法。

1. 新加坡实施绩效预算的情况①

新加坡预算改革从1978年开始，到形成较为完善的绩效预算管理体系经历了近三十

---

① 《新加坡绩效预算管理情况》，2006年，摘自财政部网站。

年的时间。新加坡绩效预算管理的一个重要特点就是部门制订了详细、切实可行的中期工作计划,明确了要实现的中期工作目标,并且与部门的预算紧密结合起来。在预算过程中广泛地使用了绩效和结果信息,但其目的并不是要直接将资金分配与绩效和结果指标联系起来,而是向资源分配决策提供这些信息。新加坡财政部并不将具体的绩效和结果指标“强加”给各行业部门,而是开发出合理的框架,便于行业部门设定自己合适的指标。绩效与结果信息也是财政部和行业部门预算会议的一部分内容,各行业部门在使用预算时在其绩效和结果方面有自主性。

2006 年,新加坡新一届政府制定了政府综合战略图(Whole-of-Government Strategy Map),包括政府愿景、战略结果(Strategic Outcomes)。战略结果又分解成政府运营结果(Operational Outcomes),由不同政府部门完成。各部门在编制年度预算时,都要制定自己的预期结果(Desired Outcomes)和相应的关键绩效指标(KPI)。关键绩效指标要与政府综合战略相关,每个指标的年度目标值(Targets)由各个部门自己设定,财政部不加干预。关键绩效指标的设定要遵循以下原则:① 关键绩效指标每年都要进行审查以确保与国家战略的相关性;② 关键绩效指标个数要适量以保持其清晰性和针对性;③ 要制定长期的目标以便能够促使部门考虑长远;④ 每 3—5 年要对关键绩效指标进行分析,以便发现其发展趋势,比如失业率的趋势。

绩效评价是新加坡绩效预算的重要部分。首先由各部门利用财政部开发的部门报告卡(Ministry Report Card)进行部门绩效自我评价(Self-assessment),并将报告卡提交给财政部。财政部绩效与组织司(Performance & Organization Directorate)在部门报告卡的基础上,对政府整体绩效进行评价。部门报告卡是财政部开发的用于部门绩效自我评价的工具。它包括 5 个部分:第一部分讨论过去一年取得的绩效与成果以及业务重点。第二部分包括关键绩效指标,指标不能超过 10 个,要描述该指标的年度目标以及完成情况。各部门还要制定指标的下一年度的目标和一个 5 年目标。第三部分总结部门的资源管理,包括当年预算的支出比例和部门净经济价值(Net Economic Value)的变化。第四部分讨论部门未来 5 年的关键战略和措施,这是为了培养政府机构的前瞻性思考。第五部分总结部门的卓越表现和创新。

2. 法国的绩效预算①

2001 年,法国颁布了新《财政法组织法》,并规定从 2006 年 1 月 1 日起开始执行新方法编制的预算案。与 1959 年以来形成的旧的预算体制相比,新《财政法组织法》主要在以下几个方面进行了深刻变革:

(1) 引入绩效预算机制,确立国家预算新结构。在此之前的预算,是由议会按各部门支出项目的性质,逐项通过各部门的预算。新预算结构使公共政策更为明确,责任更加分明。新结构分为任务、项目、行动三级。“任务”是国家预算新结构的第一级,反映国家财政担负的主要公共政策。每一任务划分为若干项目。“项目”是执行有关公共政策的操作管理框架。“行动”是项目的具体体现。在 2006 年国家新预算中,共有 50 项任务、150 个项目(相当于以前的 850 个预算科目)。

---

① 《法国财政预算改革与监督管理新情况考察及借鉴》,摘自财政部网站。

（2）让各部门公共政策项目负责人拥有更大的自由度和承担更多的责任。新《财政法组织法》规定：在预算批复的项目内，在保证目标、效益的前提下，各部门公共政策项目负责人可自由调剂各项支出使用的预算额度，但对人员工资除外，不能增加人员支出，只有人员工资有节余时，才可用于其他项目支出。同时，建立新的部门监控管理体系，加强对公共支出全过程的监控管理和绩效监督，用绩效预算的原则来监督每个项目的执行情况，扩大部门内部审计职能的范围，让每个公共政策项目执行者承担更多的责任。

（3）采用权责发生制原则，确立政府新预算会计制度。为准确反映部门在执行公共政策中发生的实际费用，评价其管理绩效，完整地体现中央政府的财务状况，新《财政法组织法》改革了现行收付实现制会计制度，决定采用权责发生制会计制度，以更加全面及时地向议会提供预算执行情况。同时，确立了每年由审计法院对政府报表进行审计的制度，政府在提交给议会的报告中既要包含财务信息，也要包含公共政策业绩信息。

四、规划预算

（一）规划预算产生的历史背景及其内容

20世纪50年代后期，第二届胡佛行政改进委员会全面回顾了绩效预算的可取之处和存在的问题，并注意到绩效预算只有一些基本原理被各部门采用。为了配合联邦政府实现控制开支与平衡预算的需要，胡佛行政改进委员会提出了规划预算的概念。至于如何说明绩效预算与规划预算的根本区别，胡佛行政改进委员会认为这两个术语可以互换，所不同的是规划预算是体现绩效预算长期目标的一种预算，但又是必不可少的一步。因此，把规划预算看做是一种与绩效预算一样可接受的，但却更为实际的预算编制方法。规划预算是适应现代资产阶级政府职能在国民经济活动中的影响日益扩大的需要，要求政府预算制度发生相应的转变而产生的。它旨在通过预算功能的发挥，使政府各机关能以最低成本、最高效率提供最优服务，并以政府收支为手段，达到控制开支、平衡预算和稳定经济的目的。

20世纪60年代初，美国政府在编制联邦预算的工作中，开始采用“成本效益分析法”的原则来编制规划预算。所谓规划预算，就是将投入的金额与其产生的经济效益加以对比，作为决定是否应将某些支出项目列入预算，或开列的金额应为多少的依据。规划预算主要包括下列要素：

（1）强调达到目标而执行的规划，而不是强调投入物；

（2）对一系列可供选择的规划和要素加以比较；

（3）进行中、长期预测；

（4）对工作绩效的衡量；

（5）有关工作绩效的补充报告。

这种预算编制方法，利用规划预算的结构以及各种计量方法，对各项经济活动加以评估，目的在于在多种目标中进行选择。其原理是拟订各种达到目标的计划，运用最优的方法实现计划，然后衡量其绩效，最后决定各种目标的优先次序。

“规划预算”的具体编制过程大体如下：为了使预算中列举的支出项目能明确反映其成本与效益的关系，不再像过去那样直接将支出的明细项目列入预算，而是先制定有关的事业规划或工程规划，再选定实现规划的实施方案，最后再根据各种目标的优先次序，确定完成某一规划各个方案所需的支出总金额，并将其列入政府预算。按照这种做法，列入政府预算中的已不是各个部门或机构的明细支出项目，而是一个部门或几个部门共同负责执行的各个规划分别所需的预算总金额。

1961 年美国国防部采用了规划预算的原理，创造了一种被称为规划预算变种的预算编制方法。该方法有三个主要特征：① 与政策主要目标相联系的项目分类制度，可以被分类为能相互替代的一些要素，并使这些要素适用于各部门自由选择与组合的需要；② 允许把效果和效率的方法作为达到目标的项目分析方法；③ 分类和项目分析应成为完整的或部分的年度预算周期的一个内容。美国国防部在使用这种方法时强调：第一，该方法的重心是在数量标准的应用方面（成本—效益（效果）分析和系统分析）；第二，要把它发展成为便于中央决策的项目结构。美国国防部自认为它们提供了一种使经济管理和会计方法结合起来的结合体，并认为是把商业领域的方法运用到政府职能方面进行的重要尝试。与此同时，美国联邦政府的一些部门也逐渐推行规划预算，主要形式是采用各种方法来改进对生产能力的分析，但成效却十分有限。

（二）比较与评价

前面提到胡佛行政改进委员会认为规划预算和绩效预算这两个术语可以互换，但实际上在这两种预算编制方法之间仍有许多不同之处，归纳起来有以下三个方面：

（1）绩效预算虽然强调成本和有关的资料，但它却片面地强调只有在评估时（即工作衡量时）而不是在分配预算资金时使用那些资料；而规划预算则认为评估是分配决策中的重要一环，应对某一周期各年度之间的成本和有关的资料进行分类，以便在分配预算资金时使用这些资料。

（2）在某种意义上，绩效预算被认为是先前工作成绩的记录，因而是为过去的目标服务的；而规划预算是从未来的角度出发，把预算看做是“在有竞争的对预算资金要求权之间的一种分配过程”。因此，对先前工作成绩的衡量与评估应当成为分配权责的基础，而不能简单地为过去的目标服务。

（3）绩效预算被认为是一种比其他预算编制方法更强调控制和调整管理的方法，而规划预算则是更适合于综合预算计划的各项要求的一种计划方法。

当然，这两种预算编制方法的最大共同点则在于它们都属于产出预算，都讲究按政府职能来进行预算分类。而规划预算不同于绩效预算，它不仅强调管理方式的效率，而且也同样强调分配意义上的效果。而效果（目标和结果之间关系的表达方式）与效率（强调为实现结果所使用的资源）是有差别的。

规划预算被许多国家采用过，但效果并不理想。正如联合国的一份报告中所指出的：一般说来，采用规划预算仅意味着对预算作表面性的改变，而不是实质性的改变。在采用规划预算时，会遇到许多无法解决的问题，比如各项目标并不能明确确定，以至于无法排出目标的优先次序。比如建设一座水坝，有排灌、疏洪、发电、娱乐和开发落后地区等多项功能，实现这样一个项目的各个不同的方面的责任，将由政府的不同部门来承担，因此，不可能用一种方法将预算开支与规划和开支部门直接联系起来。此外，有些项目、住宅建设或公路等，虽然人们认为其可提供巨大的货币效益，但迄今也没有可靠的测量办法，因为它们的效益扩散得很广泛，而且有一部分是属于非经济性质的，因此不可能用成本效益法加以分析。因此，对于国防、太空研究、对外援助、警察保护、司法裁判等职能活动，其成本和效益的量不可能存在一个相应的实数，只能设想通过所谓“影子价格”、“消费者剩余”等一类抽象概念进行估算。这样的估算往往不仅带有主观臆断的性质，而且还会涉及系列的规范问题，如什么叫平等，各阶级的标准就相差甚远，特别是对非效率标准的看法，往往给政府部门公共经济的决策者留下较大的争论余地，其结果是使政府各机关设想的以最低成本、最高效率提供最优服务这一目标成为一纸空文。这一新的预算编制方法本身很快也就发展成为“瓶颈”，造成这种状况的原因，有些与概念（结构）有关，有些则与新出现的需要有关。

五、设计—规划预算（PPBS）

（一）设计—规划预算制度产生的历史背景

设计—规划预算制度（下面简称为 PPBS）起源于美国。早在第二次世界大战期间，负责制订资源计划的工作人员就有了这种想法。直到 1960 年希奇和麦克森两人合著的《核时代的国防经济学》一书出版之后，这一概念才被确定下来。书中探讨了国防经济的效率问题，并建议在军事设计上，应对各种可行方案的成本与效益进行比较。1961 年，麦克马拉曼任美国国防部部长，他首先建议在国防部试行 PPBS。他和副部长希奇带领一帮工作人员，经过半年的艰苦努力，完成了美国国防部的第一个用 PPBS 编制的美国国防预算。在这个预算中，首先把美国的国防活动分为战略报复、一般兵力、运输以及兵站（后勤）等 11 种主要计划。然后把这些主要计划看做是一个系统，而把陆海空三军的人员、装备及设施等作为构成该系统的子系统，再分为 1 100 个计划要素分别加以控制。例如，在称为战略报复的一项主要计划中，包括有 B52 型轰炸部队、北极星核潜艇部队以及民兵、洲际导弹部队等具有相互替代关系的计划要素。在此基础上，对各要素的研制费用、装备费用及实施费用进行估算，同时还对该计划要素的战略报复结果（即给敌方造成的损失）进行预测。从 1963 财政年度起，PPBS 在美国国防预算上正式实行，取得了显著效果。据报道，采用这种根据经费（投入）与效果（产出）分析的预算编制方法编制的国防预算，一年可节省几十亿美元。

鉴于美国国防部实行 PPBS 以来成效显著，美国总统约翰逊在 1965 年曾下令在其他政府机构中推行 PPBS。约翰逊总统把 PPBS 说成是一项“非常新的和非常革命的制度”，认为通过这种现代化管理工具，可以使每一个美国人以可能的最低成本，获得较优质的生活。在联邦政府机构中推行 PPBS，需要各部门聘请专家，运用现代化的方案分析来确定各部门未来的目标，这些目标一经确定，就需要寻找最有效、最简便的手段来实现。为了贯彻约翰逊总统全面推行 PPBS 的命令，美国管理预算局于同年 10 月颁布了 1966 年第 3 号公报，具体说明 PPBS 的实行办法。该公报指出，实行 PPBS 的目的在于，提供更多的有效资料与分析，以协助各单位的主管、部委的首长以及总统，研究供求关系，决定资源的使用，并对有竞争性的需求核定其资源的分配。除美国之外，在其他国家（如加拿大）也曾实行过 PPBS。

（二）PPBS 的基本内容及做法

PPBS 是将目标设计、规划制定与预算编制融为一体的一种预算编制制度。它是以设计为中心，利用成本效益方法协助增进政府预算执行的效果。所谓设计是指针对未来的环境研究其目标和可行的办法，并从中选择一种最佳的办法。此项设计多指长期性的计划，与传统上的只考虑一两年的成本及效益的短期计划有所不同，规划是指对实际想达到的目标拟订更具体的工作方案，而预算则是指将工作方案纳入正式合法的体系，并据以执行。一般说来，PPBS 的特征就是将各种形式的计划纳入一种设计体系，将预算过程与设计过程相结合，把计划预算纳入为实现某些既定目标的体系中。

PPBS 的基本要求是：明确组织的基本目标以及与一切业务有关的计划结构；重视多年计划，既考虑过去的计划决策，更要考虑现在正在设计的未来计划；编制多年财务方案，表示经常成本，研究发展成本和资本性投资以及可应用于五年计划预测的有关的收入；综合分析与比较计划的抉择，并兼用各种财务的、数学的与伦理的技术，尽可能地减少主观判断的程度。

PPBS 的主要内容包括：① 拟订方案的目标，也就是说，要实现预期的成果，应确定哪些目标；② 为达到所确定的目标，应采用哪些可供选择的政策；③ 某项政策拟定后，估计其“成本”；④ 建立各种数理模型来协助成本及效益的估计和各种政策与制度的选择；⑤ 建立各种目标及政策的优先次序的标准或社会贴现率来帮助选择“最佳”的可行政策。

推行 PPBS 要涉及三个管理层次的政府有关部门与机构，这三个管理层次及其具体事务是，政策管理层次：必要的识别，选择对象的分析，项目选择和资源分配；计划管理层次：确立基本支持系统，注意基本预算结构中的改进，财务管理实践；项目管理层次：政策的推行和相关的操作，会计报告制度和评估制度。

PPBS 实施的具体步骤是：① 根据国家现有的各种资源和国内外经济状况制定国家的社会经济发展目标，进而确定部门目标；② 根据所制定的目标，规划具有可行性的详细计划，即把部门计划分成项目计划，并为每个项目规定目标和指标以及考核衡量的标准；③ 在项目计划下面，还可以进一步分成几个工作方案，对每一个工作方案规定具体的工作量及所需的财源；④ 根据所拟订的计划和具体的工作量编制预算；⑤ 按照制订的方案实施，并控制财源的使用；⑥ 随时追踪考核，针对任务目标进行评估。

为了有效地推行 PPBS，计划的“成本”与“效益”是应着重考虑的一个重要因素。PPBS 中的成本不仅包括明确的成本，而且包括隐含的机会成本。因此，成本效益分析的基本标准，并非以获取最高的效益成本比率或边际效益成本率为目的。

在选择计划的标准时，应考虑以下几个因素：

第一，社会民众对政策所提供的货物的目前消费或未来消费的时间偏好；

第二，预算收入的限制；

第三，收益能否数量化或进行衡量。

由于公共投资计划的成本和效益并不是一两年后即可停止的，若干计划的收益甚至成本延续的时间较长，而目前的货币价值比 5 年、10 年或 20 年后的同额货币来说一般都较高，因此，未来的收益还须换算为现值才能正确反映投资计划收益的大小。在成本效益分析时，考虑时间因素，将使问题更趋于复杂化。

一般来说，计划的选择通常以效益成本率最高的计划为原则，而效益成本率低于1的任何计划（表示投资成本大于其效益）都应放弃。然而，成本效益分析的有效性也受许多因素的限制。成本效益分析并不能解决所有政府支出的决策问题，在计划的评估以及比较各种不同的计划时，成本效益分析也仅在几种有限的情况下才能适用，如防洪、电力生产、邮政、一些运输和娱乐设施等，即是说，大都适用于那些效益是经济性质的、有形的，可以测量的领域。另外，成本效益分析也无助于目标优先次序的决定，例如国防与教育，何种计划应为优先就很难通过成本效益分析来决定。因此，PPBS在实施方面就存在很大的局限性。

（三）PPBS的优缺点

1. 优点

（1）能较有效地配置资源，使政府对目标的选择及实现这种目标的政策更有科学依据。

（2）有助于对所得实行一定的再分配。例如，某一防洪计划根据报酬率显示的结果，应在某一地区实施，假如计划的财源来自所得税，而纳税人来自其他高收入的县市，则实施该计划的结果就会产生一定程度的收入再分配效果，将一部分高收入的实际所得转移到低收入的地区。

（3）有一定的促进经济稳定与增长的效果。

2. 缺点

（1）PPBS过于机械化，由于这项制度主要是由技术人员来管理，依靠计算机计算，无法将决策上的政治评价置于计算机的操作过程中，也无助于人际之间的交流，因此，有人讽刺PPBS是由电子计算机来作决定。

（2）PPBS的实施成本太高，设计的成本有时超过计划的效益。

（3）PPBS的推行会遇到许多资料收集与分析的困难，许多投入与产出无法量化。此外，管理人员和政府官员有可能按既定的目的控制PPBS的成本与效益的研究，用以实现其所追求的计划。

（4）社会贴现率及偏好标准不易确定，各机关计划支出所产生的效果有多重性，其所采用的社会贴现率也常有所不同。

（5）衡量社会产出效益与社会投入成本缺乏标准，不像军事工程计划那样可以明确具体地加以核算。

（6）PPBS在执行过程中无法根据形势的变动而作相应的调整。计划一旦定下来，并付诸行动时，如涉及各组织之间的某些必要的变动，必将遭到有关单位的坚决抵制。

（7）有些政府机构缺乏推行PPBS所需的分析人员，有些政府机构的办事人员无法胜任方案分析的工作，甚至有些官员抵制经济的分析工作。

（8）PPBS可以用做决策上的参考，但在决策最适于政府活动的一些基本问题上则很难运用。例如，在确定目标和建立目标的优先次序时，不免要涉及价值判断的问题，但各阶级的判断标准相差很远。此外，从替代途径来说，假设要解决少年犯罪的问题，可以有许多解决的途径，而要对所有这些替代途径都加以权衡是不可能的。

PPBS于1965年由美国政府正式开始实施，至1971年为止，美国联邦政府中有25个以上的机构采用过，在州政府中也有10个州采用过。美国联邦政府公布实行PPBS之后，一度引起了世界各国的注意，北欧及南美若干个国家也纷纷采用。但是，由于PPBS存在上述种种根本局限性和缺点，推行起来困难重重，因此推行PPBS的国家大多知难而退，美国自己也于1972年开始放弃PPBS。到20世纪80年代末，美国联邦政府除农业部仍采用PPBS外其他部门已不再采用。

（四）比较与评价

PPBS这种预算编制方法是以计划为中心、以项目效益为衡量比较标准来进行编制的，从这个意义上说，它与规划预算是相同的。PPBS与规划预算的不同之处，主要表现在：第一，规划预算中的计划所表现的某项职能往往是由几个部门共同承担的，因此，也有人将规划预算称作"功能预算"（Functional Budget），而PPBS的计划则是由各部门自己承担的；第二，在各种目标的确定和对将来的预测方面，PPBS比规划预算作得更加细致。

PPBS与绩效预算相比较，实施的范围和重点有所不同。具体表现在：绩效预算的基本构思是使政府的费用与其所担负的工作紧密结合，其绩效分类的重点在于显示用钱的原因，至于用钱的标准，则是根据以往的成本记录来衡量确定，因此，用绩效预算的编制方法来编制预算，可以使实际经费开支与所需的数额相符，有注重现实的特点。而PPBS则是以注重（瞻望）未来为其特点，表明政府对未来经济发展与社会政策的构想，并将这些构想变为具体可行的长期计划。这种长期计划不但打破了部与部之间的界限，而且打破了中央与地方的界限，范围相当广泛，计划所需完成的时间也比较长，影响较为深远。于是，必须就其长期成本与未来成果加以分析，才能针对该计划的价值作出评价。另外，绩效预算重视行政效率与绩效成本的衡量，适合于使用单位预算的机关，可以按其业务性质，根据以往经验，在各机关详细工作计划的范围内，设立评价与考核绩效的根据，对其成本与绩效进行直接控制。这样做有助于加强机关内部的管理。而PPBS的长期计划是一种含义广泛的计划，它以国家的政治经济发展趋势为总目标。为总目标服务的某一主要计划可以包括若干个分项计划，每一分项计划又再包括若干个较为具体详尽的计划，因此，一个主要计划的实施，可能分别由若干个机关办理。这种预算适合于中央总预算或省级预算，用以统筹解决全国或全省的资源分配。从这个角度看，采用PPBS有利于扩大决策者的眼界，发挥其选择合理分配资源计划的智慧。

六、目标管理预算

在PPBS停止使用后的几年里，美国预算管理的重点曾一度转向目标管理。目标管理在尼克松与福特执政期间的联邦政府机构中被广泛使用过。

（一）目标管理的产生及其特点

目标管理是美国著名企业管理专家彼得·德鲁克首先提出来的。1945年在《管理的实践》一书的"目标管理与自我控制"一章中，德鲁克以汽车公司联邦分权制的具体实例，说明了目标管理的概念。德鲁克的主张可以简单归纳为：首先要明确整个企业的目标，并根据这个整体目标对每个经营人员分别规定明确的目标，以此为前提，进行分目标管理与业务成绩评价。德鲁克的目标管理思想,在企业界产生了巨大的反响。当时正是第二次世界大战后西方经济由恢复转向迅速发展的时期,美国企业界急需采用一种新的管理方法,来激发员工的自觉性和主动性,以提高企业综合竞争能力,并克服自泰勒的科学管理以来过于严密、过于硬化的过程式管理造成的种种弊端,着重体现以人为本的基本管理原则。于是目标管理便应运而生。由于目标管理强调自我控制和自我调节,可以使个人利益和组织利益一体化,促进组织发展;尤其是目标体系的制定过程,需要上下协商与反复沟通,可以克服分工带来的冲突和差异,促进组织目标的整合,消除了目标的内在矛盾。此后,著名的经营顾问西勒在其《根据结果的管理》的著作中,又对德鲁克的理想进行了具体的探讨。因此,目标管理在美国产生了重大影响。2002 年美国总统布什向德鲁克先生授予"总统自由勋章",提到他的三大贡献之一就是创立了目标管理理论。

1960 年,美国麻省理工学院工业管理系教授麦克格勒戈在其《企业的人性问题》一书中,首创了 xy 的理论,其中 y 理论给目标管理提供了支持,其中心命题"组织与个人的统一原理"使目标管理理论进一步完善。

许多国家应用的实践表明,目标管理可以广泛应用于工业、财政金融与公用事业等行业,特别适用于对各级管理人员的管理,因而被称为是"管理中的管理"。目标管理除在美国流行以外,还很快为日本、西欧国家的企业所仿效,随即在世界管理界大行其道,成为世界上流行的一种方法。

目标管理是以作业为中心和以人为中心的综合管理方法。它强调目标的制定,以预定的最佳效果为目标,把目标逐级展开,层层落实,使企业的各项管理都围绕着目标的实现而统筹运动,以形成一种立体的、多维的管理形式。这就使各级组织、各个员工都明确其在实现总目标的主体活动中,在某一阶段担负何种任务、何时完成,使职责在时间、空间上明确化和具体化。从这个意义上看,它是一种新的责任体系,它使企业的总目标与个体的分目标紧密地结合起来,有利于开发和发挥每个人的智慧与力量。简言之,目标管理就是企业在一定时期,确定总目标、制定方针、分解目标、落实措施、安排进度、具体实施、争取效益、严格考核的组织内部自我控制,从而达到某种目的的一种管理方法。它的主要特点是:

(1) 它是综合计划和全面考核的管理。它能按照满足提高经济效益的要求,使企业中的任何计划都以总目标为依据,用总目标来衡量。因此,目标是制订计划的前提条件和成果考核的工具,也是奖励的标准。这样,目标管理不仅要求有客观而具体的标准、控制与协调的功能,而且还要求企业的目标和成绩的考核,以及各种意见的协调,也都要具体化和定量化。

(2) 它是一种重视自觉的管理。目标的制定是自上而下、自下而上地反复讨论决定的,设立者往往就是该目标的执行者。通过民主方式商定的目标,既按照实际能力,又把重点放在"提高能力"上,促使企业的高级管理层和员工加强责任感,以自我操作和自我控制的方式去完成所担负的责任。

(3) 它是一种整体性的管理。目标管理把企业的总目标逐级分解,各分目标都必须以总目标为依据。各部门、每个人只有加强了解,相互合作,共同努力,才能完成总体目标。而且,不同的层次有不同的重点,上层决策职能部门以提高效益水平为主,下级的员工阶层以提高能力为主，实行整体管理，共同完成整体目标。

(4) 它是通过检查考核、评比奖励方法来实现目标的。在目标管理过程中，为了实现既定的目标，要不断进行目标管理检查和统计考核，进行目标管理的评价。因此，要加强统计，健全报表制度，使上级对下级的目标实施情况有定量的了解，并定期、不定期地进行领导诊断，调查、了解、分析、解决重点部门目标管理过程中存在的问题，有效地保证整体目标的实现。

(二) 目标管理的基本内容

1. 目标结构

为了便于进行目标管理，企业的目标由上至下大体上可以分为整体目标、中层目标、基层目标和个人目标四部分。其组织形式和相互关系如图 9-2 所示。

2. 划定目标结构的原则

(1) 对于上下两级目标的关系，必须使上下两级的有关人员都能明确目标是如何确定的，为什么要这样确定，内容是什么；

(2) 下级目标必须是实现上级目标的必要条件；

(3) 各项目标要以简明扼要的方式叙述，尽量采用定量形式，使目标可以计量。

3. 逐级授权

制定目标是确定各个部门、每个员工的前进方向和应当达到的终点。目标制定以后，上级就要根据目标授予下级部门或个人以相应的用人、用钱、处理问题和对外交涉等权力，放手让他们去行使职权。

没有目标的授权，会因权力分散而失败。反之，有效的分权管理，必须以明确的目标为前提。从这种意义上说，既然制定了目标，就应当相信下级的能力，放手让下级去工作，防止事事干预、指手画脚，这是提高目标管理的关键。另一方面，接受权力的人，要时时牢记目标，充分行使上级授予的酌情处理问题的权限，自主管理，竭尽全力，努力达到目标。有权力的下放，就有报告的义务，下级要主动向上级报告各个方面的情况(见图 9-1)。

受委任的下级，如果在工作中发生错误，需要领导人员从长计议，鼓励他们在错误中吸取教训，自我教育，使其逐渐成熟起来。

4. 目标控制

在目标管理中，决策被看做是定向，分解是撒网，而控制则是收网。目标控制包括季、月目标的组织、指挥、衔接、协调、检查、考核和处理等主要职能。对目标控制来说，极为重要的是领导者要有强烈的时间观念和空间观念。忽略了这一点，不仅目标难以达到，而且领导者也将丧失领导威信，其后果是使目标管理变成一纸空文。

5. 成果评价

成果评价是目标管理的最后一个环节，也是下一个目标管理周期的开始。目标成果评价应该有助于促进员工努力和改进领导方法。其主要程序和内容如下：

(1) 自我评价。首先自己对照目标要求检查实际工作成绩和本人努力程度，并总结经验教训。

(2) 民主讨论。结合整体目标，以民主的方式集体评价目标完成情况，定量地表示出评价结果。

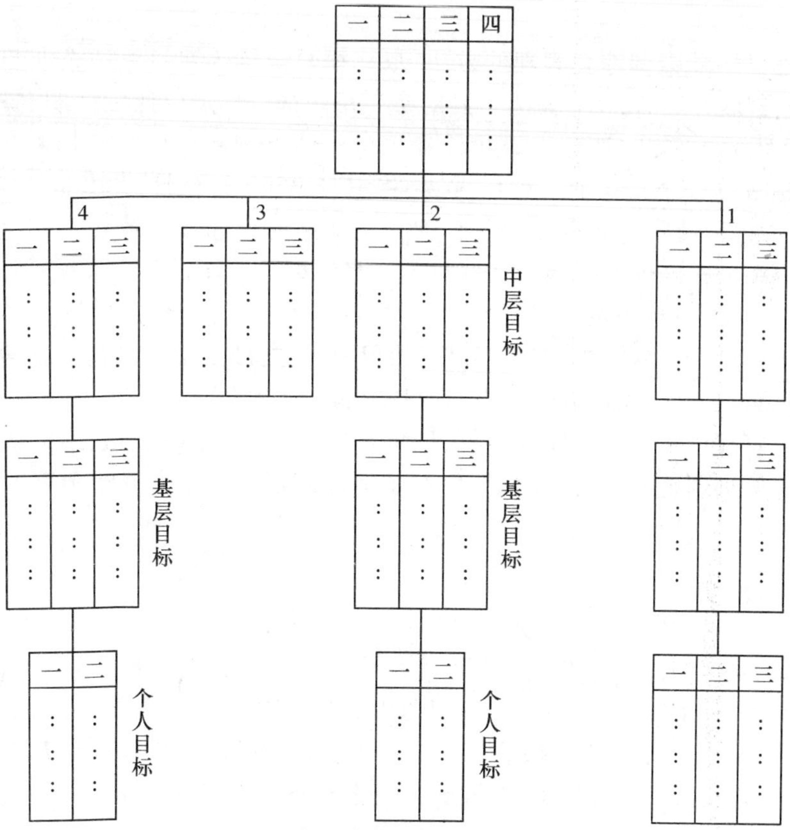

图 9-1　总目标(整体目标)

(3) 协商指导。这是上级对下级进行帮助指导、激励热情的最好时机。下级向上级说明成果评价情况,上下级共同分析研究,以目标的实现程度为主,考虑主观努力程度,协商成果评价意见。

(4) 成果评定。其指导思想应当是提高经济效益,建立重视成果的环境,上级职能部门以提高经营效果为主,下级则应力求提高能力。

整个目标管理模式可以用图 9-2 简单示意。

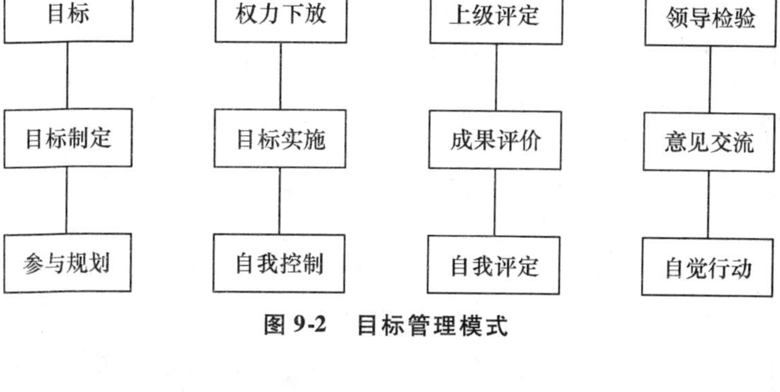

图 9-2　目标管理模式

（三）比较与评价

目标管理是一种强调综合管理的方法，尼克松总统执政期间曾把企业目标管理的原理和方法运用到联邦政府，使它成为一种对每一层级的目标加以详细说明、查明可能引起冲突的因素、为检查进度和评价结果的管理提供机会的制度。目标管理是继 PPBS 之后在联邦政府预算制度中采用的一种新方法，将它与 PPBS 相比较，其共同点是，对目标加以详细说明，以便使政府总体目标与各管理分支部门的目标相一致。不同之处是：① 目标管理的重点是放在管理方面，而 PPBS 则放在经济财务方面；② 目标管理所涉及的范围较窄（大多是纵向上下级关系，而横向的如何与各部门相互协调的关系则较少），而 PPBS 所涉及的范围较广，不仅打破了部与部之间的界限，还打破了中央与地方的界限；③ 目标管理不那么注重分配效率，而分配效率如何是 PPBS 的目的。

由于目标管理所涉及的范围较窄，有其局限性，所以不少人认为它不太适合作为一种综合性的预算管理制度。尽管如此，不少人还是认为它可以作为编制预算的一种有用的辅助工具。

七、零基预算

（一）零基预算法产生的历史背景和使用情况

零基预算（Zero-Based Budget，ZBB）起源于美国。1947 年，《邓氏评论》上发表了一篇莫瑞的文章——《零基预算法的棘手工作》，介绍了若干机构推行零基预算的经验。文章发表后，引起了各方面的重视。当时，美国正处于经济不景气的中期，许多企业、部门经理及主管正在寻求挽救利润下降的办法，零基预算便应运流传起来。1952 年，美国学者维恩·刘易斯在《预算编制理论新解》一文中提出了公共支出预算决策中的一个难题：根据什么标准或方法来确定将一定数额的资金分配给 A 部门，而不是 B 部门？并且提出了相应的解决办法，其内涵与后来的零基预算基本相同，因而他被认为是零基预算模式的创始人。

1962 年美国农业部曾用过零基预算这个概念来编制预算，要求对每一规划进行重新评估，并重新提出执行这些规划的理由，而不是把注意力放在已有开支的增减上，想以此来代替传统的增量预算法，但由于未获得成功而放弃使用。20 世纪 60 年代后期，德州仪器公司的职能部门和研究部门面临着预算削减的任务，但不知应如何分配现有的有限资源。当时作为公司职员总管的彼得·皮尔（Peter Pyhrr）根据上述需要，使用了“零基预算”这个名词，他在吸取各种预算方法优点的基础上，正式提出了“零基预算”这种预算制度。

1970 年，皮尔根据他在德州仪器公司服务的经验，撰写了《零基预算法》一文，发表在《哈佛工商评论》双月刊 11 及 12 月号上，引起了当时刚当选为佐治亚州州长的吉米·卡特的注意，他邀请皮尔参加州政府的工作，将零基预算用于佐治亚洲 1971 年度的州政府预算中，并获得了一定的成功，使当年佐治亚洲政府的行政经费预算比原申请所需的预算数额减少了 50%，并提高了州各政府部门的工作效率。此后零基预算便由一种最初用来控制各类职能机构与企业间接费用的技术，发展成为对计划、预算进行控制以及对业务各方面进行有效管理的技术方法。

1976 年美国众议院通过了《政府经济与支出改革法案》，决定对联邦政府机构的预算实行零基预算的编制方法。1977 年 2 月 14 日，卡特实现了他在竞选活动时承诺的要颁布一项在整个联邦政府建立零基预算制度法令的承诺。美国公共部门在 1978 年开始全面采用零基预算，卡特总统上任后，发布行政命令，要求政府各行政部门均要采取零基预算方式来编制 1979 年财政预算。到 20 世纪 70 年代末，在整个北美洲已有 500 多个公、私营部门使用了这种预算制度，其中包括工商企业、政府、银行、人寿保险公司、公共事业单位、学校及其他非营利组织。到 1982 年，美国已经大约有 18 个州采用了零基预算编制法，此后零基预算也对许多国家的预算改革产生了一定的影响。

在 20 世纪 80 年代初，零基预算编制法也传到了紧邻美国的加拿大，该国公共部门纷纷采用零基预算；进而又传入了英国、中国香港地区等地。1981 年秋季，英国管理会计的有关部门分别在伦敦和曼彻斯特举办有关零基预算的研讨会。香港地铁公司对长达 10 年（1986 年 5 月底才完工）、耗资 250 亿元港币的大型地铁工程也是采用零基预算来进行财务管理的，其结果是"三条地铁线路均能在预算计划规定的费用内提前完工，这在世界上的大型工程事务中是不多见的"①。可见，在 20 世纪 80 年代，零基预算的影响范围进一步扩大，已被越来越广泛地应用于公共部门和私营部门。

（二）零基预算的理论依据及其要点

西方经济学家认为，经济资源是有限的，而人们的需求又是无限的。一方面，人们要求政府谋求最大福利；另一方面，政府又不能过多地增加人民的负担。因此，每个预算年度政府可支配的预算资金总是有限的，也就是说，预算上限是客观存在的，并不是所有的建议开支项目或所有的开支水平都是有资金保证的。这就要求政府不断完善财政分配的职能，对一切现有的和建议中的计划和工程项目进行深入细致的审查、分析和论证，并按其轻重缓急进行权衡比较，决定取舍，使之与客观存在的预算上限相一致，努力提高资金的使用效果。

有人进行过如下的评价：绩效预算的重点在行政管理，PPBS 的重点在长期整体计划方面，而零基预算的重点则在于方案重新评估。因此，零基预算的创造人对零基预算下的定义是：零基预算是一种计划与预算的程序，它要求每个部门的主管在申请预算时，应从计划的起点开始（故名为"零基"），先将审核工作交给各位主管负责，由他们自己提出需要支出的根据。采取这一方法后，每一项业务均分别视为一个"决策案"，以系统化的分析予以评估，并按其重要程度一一评定各方案的优先次序。

由此可见，零基预算是一种编制预算的程序，预算中原有的各个项目不能一成不变，供作增量调整编列，而必须重新加以考虑，即任何一个单位提出年度概算要求时，都应从零点开始，无论旧有的或新增项目均应基于相同基础，详细评价其效益及必要性，对于已过时的或无效益的现行计划应予以删除，以期将资金分配于优先性较高、效益较大的新项目，使预算分配更合理和更具有弹性。零基预算是一种新的预算制度，其要点是：① 对现

① 《国际经济信息》周刊，第 22 期，1986 年 6 月 5 日，第 7 页。

行计划应视为首次提出，并详细审核其成果及效益；② 对资源分配，允许新计划在合理基础上与现行计划竞争；③ 对预算的决定，着重于每一决策单位决策方案的评估；④ 要使各阶层主管参与预算的编审工作，使计划需求与预算分配更密切配合起来。

零基预算要求每个单位的经理或主管做到：① 确定目标并征得同意；② 制订达到这些目标的各种替代方案；③ 将所选择的替代方案分解成各个不同的增量层次；④ 评估每一增量层次的成本和效益；⑤ 说明如果不采用这一方案，将会产生什么后果，然后将这些内容记录在决策案中。决策案的内容包括：① 目的或目标；② 工作说明（即做什么，如何做）；③ 成本与效益；④ 工作量及执行措施；⑤ 实现目标的各种实施方案；⑥ 不同的做法。其中实施方案的评估是关键，一般可分为两个步骤进行：第一，列出所有可行的方案加以比较，并选出最优方案；第二，对最优方案列出不同的做法及每种做法所需要的费用。若干做法即构成若干决策方案，因此一个决策单位可能有若干决策方案。决策单位的工作分析，由各单位的主管负责，因为他们对所管辖的工作最了解，并负有执行的任务，但他们的分析必须经过上级主管的检查，以便对选定的方案进行修正或重编。计划的主管人员应对所有的决策方案进行评估，然后将这些决策方案按其所能产生的效益大小来进行优先次序排列，目的在于使高层领导能对其有限的财力作合理分配，并把注意力集中在重要的政策和必不可少的支出方面。资源（人力、物力、财力）按优先次序使用，这样可以实现资源的最佳配置，使社会福利达到最大。即使情况发生了变化，例如，政策改变或资源增减时，只需按优先次序进行调整，不必重新编制。

总之，和传统的预算编制方法相比，零基预算更加重视对现有支出水平的论证。这种预算制度要求各级管理人员广泛参与，各预算单位经理们的主要责任是：发掘一切可能的潜在力量，提出尽可能多的方案组合，并进行最优选择。由于经理们广泛参与了这种将计划和预算统一起来的过程，他们从计划的起点开始（注意：所谓“零基”并不完全意味着一切从头开始的过程，“零基”只意味着对全部项目要认真评价，只有在对所选项目的业绩评价中，认为对一个原有项目需要重新考虑和重新安排时，才要求撇开一切，全部从头开始）。对整个目标体系和预算活动进行详细分析论证，可以大大增强他们的责任感和成本意识。

（三）零基预算的适用范围和推行条件

从实际推行的结果看，在具备一定的条件下，可以说零基预算适用于任何部门，但大多数人认为零基预算最适宜于公共部门和非营利组织。这种看法的根据是：在这类部门中，执行预算的中层管理人员普遍存在着这样一种观点，即认为凡是列入预算的计划和工程项目都会有资金保证。如果分配给自己的预算资金在本预算年度内使用不完，这笔钱便永远丢失了，因此他们一般是强调把钱全部花光。而在私营部门，财务计划和预算是与预期的收入水平、经营活动水平及利润水平相联系的，他们的目的是要保持最低成本和最大的利润。因此，两者比较，零基预算更适用于公共部门。因为零基预算强调一切从计划的起点开始，要毫不留情地向自己的工作效益提出挑战，要把本年度预算执行过程中花钱不当或方法不妥的地方统统暴露出来，并尽可能找到更好的、更节省的替代方法，使未来年度的预算从一开始就建立在一个更加科学、更合理的基础之上，避免不必要的浪费。

零基预算通常被认为不能用于加工和制造业，因为这些部门的预算一般是根据既定的标准成本和计划的生产水平制定出来的。

一般说来，零基预算是能适应不同的项目、业务和不同的组织机构需要的一种制度。但是，要推行该制度必须首先注意以下三个因素，这也是推行零基预算的外部条件或环境。

(1) 取得上层管理者的支持。从实践经验看，零基预算推行的首要障碍是缺乏上层管理者的支持。如果一个单位的主管经理不了解各项工作如何进行，不愿意亲自参加建立此项制度，也就不能在必要时果断地作出决定，就难以指望这项制度在执行中获得成功。实际上绝大多数的组织机构推行零基预算，都是由各级主管人编制决策案，指定专人负责。如果缺乏这个规定或条件，最后将导致无人承担责任的后果。

(2) 发挥管理人员的创造力。充分发挥管理人员的创造力，对于推行零基预算极为重要。因为这项制度的特点，是从设计符合组织需要的"决策案"表格开始，到对新制度进行有效的管理，都离不开管理人员的专业知识和努力程度。此外，业务的推行，也必须有新的创造性方法才能与原有的方法相比较。因此，在推行这项制度之前或初期，必须先着重检查了解管理人员在这方面的能力。只有管理人员都具有丰富的想象力和创造力以及必要的专业知识，推行这项制度才有成功的希望。

(3) 培养说服人的能力。如果一项新制度(包括零基预算)确定比原来的制度优越，那么，它是否能被采用和推行，在很大程度上取决于有关人员是否能够充分发挥其说服他人的能力。例如，采用合理有效的方法加以介绍说明，广泛征询他人的意见，争取他人的同意，学会如何与他人共处，等等。在大多数场合，光靠行政命令是行不通的。

(四) 零基预算的一些具体做法

零基预算要求每一推行的机构，对其所有的计划与活动加以系统的评估和检查。首先是强调决策管理，再据此产生数字运算，不断地加以分析。各机构推行零基预算的管理技巧各不相同，"决策案"的实际表格也可随各机构的使用情况和目的自行设计。但是，所采用的程序必须能符合每一使用组织的特定需要。例如，政府的某些特定支出，可能已受到法律的限制，推行时就很难有伸缩的余地。

尽管各部门的特定条件有所不同，但皮尔还是提出了他认为可以适用于所有机构的四个基本步骤：

1. 确定预算单位

预算单位可以是一个较为重大的工程项目，也可以是一个单个部门或一个机构中的某一级组织。

2. 完成决策案

每个预算单位的主管在对本单位所有项目和业务进行审查的基础上，提出各个计划项目，并按要求填好"决策案"，然后按照本单位的优先次序，将"决策案"排队(可将表示各种资源的层次分为"最低的"、"中间的"、"现时的"和"增加的"几个层次；或者也可以用"层次 1"、"层次 2"……的方法来表示。其中，"最低的"或"层次 1"表示一种最基本的需要，从这一层次开始，各层次依次增高，则所需的成本和所能获得的效益也依次增大。但在资源紧缩情况下，可以只执行"层次 1"，其余的各层次不妨搁置)。将所有决策案汇总，即为该单位所建议的总预算。

3. 排队和评价

由高层经理对所有各预算单位的“决策案”进行审查、分析和评价，按照各单位“决策案”所表明的作用、经济效益以及资金需要情况，将各单位的计划项目按优先次序，即对组织的效益递减程度顺序排队，并确定出一个可供资金的基点，在该基点之下的项目不拨给资金。

4. 核定及拨款

按照最高决策层所确定的预算水平及计划项目的优先次序分配资金，落实预算。

与传统的预算方法相比，零基预算对于这些工作内容的确定，需要更多的管理人员，花费更多的管理时间，其中包括目标确定、计划评估、决策分析与预算的制定。其目的在于寻找最佳的替代方案。在各部门广泛采用计算机的时代，如果管理人员具有必要的水平，采用零基预算无疑能改善计划和预算的管理工作。反之，在计算工具不足和管理人员的素质较低的情况下，采用这种复杂的程序是有一定困难的。

为了解决这一困难，美国弗吉尼亚州阿灵顿县委员会成员之一的约瑟夫·候雷(Jossph Wlloley)先生，根据他在阿灵顿县政府及华盛顿都市地区过境运输机构服务的经验，结合项目评估的方法，提出了一项简化的零基预算程序。他认为这种简化的零基预算程序与皮尔的程序相比，有两个优点：①“决策案”只在需要时才产生，无须详细地按优先次序编制排列表，这样可将表格化工作量减少到最低限度；② 由预算的增和减来揭示优先次序，并给予上层决策人以特定目标的个人抉择权，而把零基预算作为实现这些目标的重要手段。

候雷先生认为，决策者需要一种能弄清动用何种资源、能生产何种产品或开展何种业务，并带来何种预期效果的工具。在资源紧缺的情况下，利用这一工具，能使决策者知道应当减少或取消哪些不必要的计划和活动，并获得他们作出的预算选择会产生何种后果的信息。出于这样的目的，简化的零基预算程序与皮尔的程序相比，有两个明显的特征。

第一个特征是：要求各组织机构重新审查及调整现有的项目和业务，各单位的经理必须能分辨出他们单位中排序最低的项目和业务，即如果他们被迫削减10%或15%的预算，他们知道应当放弃哪些项目和业务，而不是简单地要求预算人员按目前的经营水平下拨资金。如果各单位的经理认为他们的预算无法再削减的话，也可以另写一份说明书，详细证明资金被削减会产生什么后果，作为附加的“决策案”。由于有这些资料，决策者就可以知道，如果按既定的预算水平提供资金，预期能完成哪些项目。

第二个特征是：在决策和各主要部门、单位的经理或主管人员之间进行面对面的交谈。由于缩减了准备审查的“决策案”的数量，就有可能使决策者、管理者和他们的工作人员一起探讨和研究一系列他们所共同关心的问题，例如减少或取消一个单位排序最低项目的后果；需要扩大的或新提议的排序较高项目的预期效益；就削减的比例和数额方面取得一致的意见，等等。通过对话，决策者也会知道哪些部门、单位的项目能完成，哪些则不能，应当采取什么措施和获取哪些有关的资料来保证任务的实现等。

(五) 零基预算的效益

艾伦·斯切克和班伯特·凯瑟曾进行调查研究，证明零基预算制度在州政府的预算中是卓有成效的，大部分使用这种预算制度的州都取得了成功。有一些私人公司和银行使用这种预算制度，效果也不错。美国许多单位采用零基预算这一制度所获得的效益可分为以下三大类：

1. 计划和预算管理工作有所改善

推行零基预算的直接收益表现在计划和预算管理工作一定程度的改善上。这是因为：

（1）零基预算综合了计划、预算及业务决策项目，使之成为一套综合的管理系统。过去，在许多单位，计划和预算程序是由财务会计人员处理的，只有高层经理参与制订计划和预算的分配方案，而零基预算要求各层次所有的管理人员广泛参与，充分发挥他们的创造性。因为较低层次的主管项目资金的实际支出者是各类业务的专家，由他们对自己的业务进行审查和衡量，提出减少或取消某些项目的方案，比上层经理在预算超编时采取平均主义的"一刀切"削减办法，更能符合实际情况。

（2）上层经理在分配资源和规定各组织间所允许的预算变动方面有较大的弹性，但往往缺乏合理分配和调整的客观标准。由于零基预算要求对所有的计划项目都根据优先顺序进行排队，使上层经理手中有一份较完整的单位计划项目排列表，他可以根据最高决策者制定的预算水平，对照既定的目标，对各决策案作出适当的取舍，就有可能提出资源最佳配置的方案。

（3）各部门、单位之间的重复项目可以在项目排列表中反映出来，而不像传统的方法那样，一个单位一旦成立、一项计划一旦开始执行，便要永远存在下去。通过比较和衡量，可以将重复的项目加以调整，集中由一个单位负责完成。例如，美国前总统卡特在佐治亚州推行这一制度时，曾利用计算机系统对决策案进行整理，从中发现：关于推行聋哑儿童的教育一项，竟有7个单位分头负责；关于水力资源的利用，负责单位竟达22个之多。

（4）在各预算单位编制预算的过程中，作为计划中较重要的部门和单位，对某支出水平规定有一个允许的变动幅度，这一变动幅度不能用来作为下年度要求增加预算拨款的理由。而不像传统的预算方法那样，预算支出数额一旦上去了，就不容易削减下来。

（5）由于各预算单位负责编制预算方案，按照本单位的优先次序将决策案安排好，上层经理就能够集中更多的时间来审查每一单位提出的优先次序，并建立各单位之间的优先次序，从而把较少的时间花费在审查单个项目上。这就可以使上层经理从具体的事务中解脱出来，而把精力放在研究整个组织的目标、方针和政策上。

2. 延续效益

在预算编制过程完成之后，各单位进入执行预算方案的年度，各单位的经理从中可以获得的几项延续效益是：

（1）管理人员养成一种持续详细评估他们的业务、效果和成本效率的习惯。尽管零基预算本身并不要求进行这种持续的评估，但在管理人员的头脑中，通过预算的编制，自然而然地会形成这种思维方式，以促使他们去研究和改进项目执行的方法。而且他们也知道，这种程序在下年度还会重复。这有助于训练管理人员继续沿着零基预算所要求的分析路子思考问题。

（2）可以根据各单位的经理在决策案和预算方案中写明的目标、成本、他们自己所保证的预期效益等来考核各位经理的实际业绩。这不仅为计划和预算管理部门提供了一种核查当年成本与效益的依据，而且也为上级机关发现人才，并使其施展才干提供了客观依据。

(3) 倘若在预算执行年度收入减少或发生资金不足，可以通过优先次序排列表迅速地调整预算。采用减少或取消一些排序较低项目的办法，以保证完成排序较高的重要项目，使预算具有弹性，适应各种情况。

3. 提高管理队伍的素质

零基预算同样是一种教育的程序，通过它的推行，可以提高整个管理队伍的整体观念。它一方面鼓励预算单位的经理组织本单位的人员参与业务评估，进行工作负担的测定和判断预期效益；另一方面又促使各部门和各单位之间相互协作，共同努力，而不是为了自身的利益去讨价还价，甚至不惜使用政治手腕去争预算，影响整个计划。在德州仪器公司推行零基预算后，该公司的职能部门和研究部门的管理人员中，就出现过为了保证向其他部门完成排序较高的重要项目提供资金，借以实现减少成本和增加利润的公司共同目标，而不惜削减自己部门预算水平的现象。这无疑会促进在各部门、单位之间形成良好的工作关系。

下面就用三个实例来说明零基预算的效益。

例一：1970 年，在美国前总统卡特出任佐治亚州州长时，遇到的第一个任务就是编制第二年的预算。当时各部门提出的预算申请堆积如山，申请的金额远远超出州政府可用的经费。但是，谁也不曾认真核实过每笔预算申请是否真有必要，谁也不曾研究过各预算案的优先次序。这时，卡特想到了皮尔的零基预算，他决定请皮尔来参加州政府的工作，建立零基预算制度。卡特利用零基预算分析方法对 65 个机构预算实行从 1% 到 15% 的不等幅度的削减。采取的一些具体做法是：

(1) 该州在推行零基预算以前，州政府的每一重要部门都有其本身的计算机系统。而在推行零基预算之后，将各部门的计算机系统加以集中，改设成为一个中央系统。

(2) 该州的大小机构原来都有本系统的印刷厂，推行零基预算后，将其中的 43 个印刷厂合并为一个大厂。

(3) 在该州的许多城市中，原来都分别设有 3—5 个无线电修理厂，为各地州政府的部门服务。几乎每一个厂都是人员过剩、工作量不足，甚至还有两个厂分设在相邻的建筑楼内的现象。推行零基预算后，对这些无线电修理厂同样进行了调整和改建。

(4) 另一个费用庞大的例子是佐治亚州的巡逻警察，他们都需要接受训练，领取制服，并需要给每人配备一辆巡逻车。但是，局里又常常因为办公室的人员不足而分派他们去担任办公室内的行政工作或收发电讯等工作。在推行零基预算后，将 100 多名巡逻员请出办公室，令他们承担公路巡逻工作。而办公室的工作则改由身体已恢复健康，并接受职业训练的那些原来认为不能再工作的残疾人员承担。

佐治亚州的这几项初步调整与改革，使 1971 年该州的行政经费削减了 50%。

例二：维吉尼亚州的阿灵顿县，在 1977 预算年度，县财政管理人提出的原本为无赤字的预算，但由于种种原因，仍有几万美元无法平衡。而维吉尼亚州的法律要求各地方政府的预算必须平衡。因此，县财政管理人要求县委员会以增加税收、提高税率来弥补赤字。约瑟夫·候雷先生考虑到阿灵顿县的实际情况，提出采用简化的零基预算制度。试行的结果，该县地方政府预算实现了5%（240万美元）的净削减，使1977预算年度的预算低于1976财政年度的水平。

例三：1978财政年度，华盛顿都市地区过境运输局（简称为METRO）的总经理提出了包括许多项目改进的一个业务预算。其中有：扩大汽车、火车运输的业务范围，开设已计划好的100英里长的地下铁道系统的两个新部门。虽然MERTO铁路系统的建设和购置新的公共汽车的费用主要是由联邦政府提供的补助金支付的，但业务成本的支出是来自运费和纳税人的补助金。因此，总经理要求比上年度增加4 100万美元（比上年增加98%）的地方补助金。而当地政府的官员表示，要他们增拨那么多的补助金是无法做到的。

约瑟夫·侯雷先生把他在阿灵顿县推行简化零基预算的经验直接应用于METRO的预算。通过预算审查，在与METRO的业务和工作人员办公室的主管反复磋商，并在征得他们同意的情况下，预算委员会对METRO总经理所申请的业务预算实现了10%（2 000万美元）的削减；在所申请的地方补助金中实现了30%（2 400万美元）的削减，使当地政府1978财政年度增拨给METRO的地方补助金上升幅度仅为40%，而不是总经理原先申请的98%。

（六）对零基预算的评价

零基预算的主要功能，是通过支出费用与获得效果的比较、分析，来研究如何以最少支出而获得最大成果，或在成果相同时实现支出最少。采用零基预算编制预算后，可以使预算数额的累积膨胀趋势得以缓和，公共部门的支出浪费现象受到约束，这有利于政府控制支出、平衡收支和提高效益；零基预算在统筹国家资源、配合施政目标，对工作项目加以评估，决定项目的优先次序方面，可以增强预算的弹性功能；而且，由于有关人员的参与，使决策与执行合二为一，上下意见容易沟通，消除隔阂，有利于提高工作效率。总之，零基预算的实际意义在于它彻底否定了以上年支出水平为基数来确定下年支出的传统做法，不受现行预算的束缚。它力求以当前的现实作为基础，充分发挥各级管理人员和广大工作人员的积极性和创造性，促使各单位精打细算，合理使用资金，提高资金使用效果。

当然，零基预算是一种计划和预算的管理技术，采用这种技术建立起来的零基预算制度，如同任何预算制度一样，不可能解决计划和预算中出现的所有问题。正如一位西方经济学家所概括的那样：它所能做的就是提供一种工具，有效地识别和评估业务，并及时发现问题，以便管理阶层能判定决策，采取行动来解决问题，并有效地分配和使用组织的资源。在20世纪70年代中期，当零基预算风靡全美时，也有不少反对推行零基预算制度的人，他们的理由大致如下：

（1）零基预算制度充其量是一种使之制度化的工作增量主义，存在着过量的文牍工作，而在预算的方向和规模方面很少有或完全没有变化。

（2）零基预算的特点是时间期限观念较强，以对一切项目重新评价这一点切断了“过去”遗留的各种约束。但是，也正是这一点，使预算往往不利于中长期计划和规划项目的考虑。因此，有的西方学者提出，应把零基预算看成是一个长期管理发展的程序，而不应把它看做是一个一年一度的万灵药。

（3）采用零基预算需要对每一决策案进行成本效益分析，确定工作量及执行措施等，由于政府的政务活动常常具有抽象价值，其效益也往往是无形的，因此，很难予以数量化表达，在评估时不易达到精确的程度，也增加了预算编制工作的负荷。

（4）对所有的计划项目需作成本效益分析，而分析所需的资料又很难得到，往往会影响分析的质量，使分析流于形式。

零基预算制度经美国前总统卡特引进美国联邦政府各部门并极力推行后，各州政府亦纷纷采用，或将零基预算部分编制的方式如决策案、优先次序的排列等纳入其预算编制过程。1981 年，里根任美国总统后，“零基预算”这一名词已不再在官方预算文件中出现，各种迹象表明，美国联邦政府已不再热衷于这一制度。美国预算专家劳斯在全面研究了美国各州的经验后发现，零基预算法之所以不成功，在于美国的大部分公共预算支出由于法律或政治原因属于不可控因素，所以预算管理者就会将那些不可控因素置于决策案排序的最后，而将那些个人偏好的项目提前，这样零基预算法的基础就被破坏了。但正如有些学者提出的那样：美国的舍弃并不表示对此制度价值的否定，有关零基预算的作业过程，如决策案的编制、优先次序的排列等技术与方法，仍值得深入研究与探讨。在现实工作和理论研究领域，与零基预算相关的作业过程，如决策方案的编制、项目优先次序的排列等技术和方法，仍受到广泛的重视和运用。

八、多年预算

（一）多年预算的产生

20 世纪 60 年代以来，随着作为国家管理和调节形式的计划工作在实行计划经济和非计划经济国家中的发展，一些国家开始在年度预算以外再编制不同形式的多年预算，或直接将原来的年度预算改造为多年预算。在一些国家，多年预算的编制方法被具体运用在多年财政计划工作中。如在联邦德国，从 20 世纪 60 年代后期开始编制五年中期财政计划，这种计划递推编制，每年都要审核。在法国，年度预算也包括有多年预算的因素，具体表现在年度预算中列明较大的、需要多年投资才能完成的建设项目的投资总额。在英国，每年一次以白皮书形式发表公共支出计划，计划中的前三年列出政府支出的预定额，后两年是估计数，而年度预算中的议定支出就是以此为基础编制的。其时间跨度为五年，各年的金额原则上按不变价计算，一般以所列第一个预算年度的价格为不变价。计划中所列项目包括中央和地方的一般行政费、特定的公司支出、预备费和公债利息等。

（二）各国的做法

1. 美国的做法

美国是将多年预算编制方法直接运用于具体预算编制的国家。在美国，现行联邦预算的时间跨度至少是三年：上一预算年度、当前的预算年度和新编制的预算所考虑的预算年度。例如，以美国 1985 预算年度的联邦预算为例，预算概要列出 1983 年、1984 年和 1985 年三个预算年度的有关项目，包括按来源划分的预算收入、按政府机构和政府职能划分的预算支出等。除列出 1983 预算年度的实际数外，还列了 1984—1989 六个预算年度的估计数。

以上是美国联邦一级多年预算编制方法的运用情况。至于美国的州政府，由于议会会期通常实行两年制，这也使得州预算必须覆盖两年。但是，即使预算款项是按两年期批准的，预算仍然是按每年的形式分列的。例如，1980—1982 预算年度的两年制预算中至少包括以下三个时间档：预算中有两个纵栏分别列出 1980—1982 预算年度两年制预算的请求审核批准的数额，另外两栏列出 1978—1980 预算年度有关项目已批准的预算数额，还有两栏则是列出 1976—1978 预算年度的数额。而在许多情况下除了这三个时间档外，还包括 1982—1984 和 1984—1986 预算年度的计划数（估计数）。

2. 英国的做法[①]

1997 年以前，英国的预算期限为一年，每年都要编制下一年度的预算。年度预算不利于跨年度项目预算资金的均衡安排和灵活调度，容易形成大量结余，导致年末大量花钱；不利于增强预算的预测性和稳定性，给政府中长期施政计划带来困难；每年编制预算时的部分重复劳动耗费大量的人、财、物。为解决这些问题，英国中央政府从 1997 年起开始实行中期预算，即将预算期限延长到三年，第一年 4 月份至第四年 3 月份为一个预算周期。预算提前三年编制，考虑得会比较充分，且编制期内可以不断调整，增加了预算的科学性和严谨性。

英国国家预算的编制由财政部负责，财政收入由财政大臣拟定概算，预算支出的编制是为期五年的政府公共支出计划，并以白皮书的形式公开发表。其具体过程是财政部向各部门发出编制概算的通知，各部门编制概算估计书后提交财政部，由财政部审核汇编出英国政府支出概算，然后与收入概算一起提请国会议决。对国家预算的审查主要由政府内阁进行，审查的内容是财政的指导方针和目标，其重点是支出的效益和有效性。

此外，英国政府严格控制各部门预算总额。财政部根据内阁要求和财力情况，利用以前年度预算评估审查结果，严格审核各部门的预算需求，逐项分析部门预算的必要性和合理性，认真核定各部门的预算限额，报经国会批准后下达各部门。对部门预算支出控制权限内的预算资金，各部门可自行使用。国会认可的部门预算限额不得随意改变，需要追加预算的部门要重新向国会说明情况。各部门在第三年预算期末如出现超支，该部门的部长要向财政部出具书面报告，汇报超支情况、原因以及解决方案等。

3. 澳大利亚的做法[②]

为了回应来自政坛和金融市场的批评，澳大利亚政府在 1993—1995 年预算中引入了跨年度预算，即多年预算，目的是通过制订中期的预算计划来控制政府的支出，表明本届政府消灭财政赤字的决心。中期计划详细阐述了政府未来的财务准则，也提供了在更为广阔的视线里观察政府预算数字的手段。该报告中逐项列出了政府计划削减的赤字额，并列出未来四年的具体减支项目，清晰地展现了政府总支出和各部门支出的目标。前澳大利亚总理保罗·基廷（Paul Keating）还承诺未来四年不改变上述财务政策，也不提高税收水平。虽然这种跨年度预算在澳大利亚历史上可谓是首例，也有助于控制政府未来支出，但是，这种措施加大了预算的刚性，限制了政府在剩余执政时间内的支出。因此，实际上执行的结果是，跨年度预算并没有同政府短期的预算相配合。一方面，为了显示其领导

① 张卫星、容军：《英国财政预算管理考察报告》，摘自财政部网站。

② 财政部预算司：《澳大利亚预算管理制度的演变》，摘自财政部网站。

的能力,赢得社会的支持,基廷政府宣布了一系列的发展经济、减少失业等的政策,这必然需要增加支出;另一方面,又限制政府支出。这样矛盾的政策反而使总理渐渐地背上了缺乏财务管理能力的恶名。在政府加强支出控制和部门效益监督的同时,国会为了加强对政府使用公共资金的监控,也实行了财务管理和审计程序的改革。

4. 瑞典的做法①

实现宏观政策目标往往需要几年,瑞典政府为了保证财政预算政策的延续性,采用了跨度三年的滚动预算管理方式,即年度预算草案会涉及前后三年的数据。例如,在编制2008年预算草案时,预算收入和支出都会同时列示2006年的预算执行结果、2007年的预算执行预测结果以及2008年的预算建议。

(三) 多年预算编制方法的优缺点

多年预算编制方法的特点是:预算中不仅列出预算年度的有关数据,还列出一个已过去的预算年度和若干个未来预算年度的一系列数据。这种预算编制方法的优点表现在:

(1) 有利于现在与过去、现在与将来的比较,反映了发展的趋势。

(2) 有利于编制预算的行政机构和审查批准预算的立法机构用长期发展的观点看问题,而不是仅仅局限于某一预算年度,可以减少因为眼前利益与长远利益的矛盾所导致的判断与决策的错误。

(3) 有利于财政基本收支计划与国民经济的多年计划相衔接,可以加强国家的计划工作。

(4) 针对财政上的"渐进主义"和政府支出的不可控制性,多年预算的编制方法在评判支出的增长和改进政府支出的不可控制性方面,提供了预算编制技术上的便利。

当然,在资本主义制度下,这些优点并不能得到充分的发挥。运用这种方法编制国家预算所带来的问题是:不仅私有制经济的无计划性难以得到根本性改变,而且多年预算按年分列的做法在形式上保留了预算的年度性,但在内容上却由于对本年度之后的财政收支作了事先的估计与规定,从而打破了预算的年度性,违背了预算的年度性原则。

总之,多年预算属于国家预算在时间范围上的扩大,是20世纪60年代以来西方国家作为调节和管理经济的手段发展的产物。

第三节　其他一些国家预算制度的改革与发展

(一) 新加坡政府预算改革历程②

新加坡的政府预算改革从线性预算(Line Budgeting)到项目预算(Program Budgeting),再到整体拨款预算(Block Vote Budgeting)、面向结果的预算(Budgeting for Results),直到目前的预算管理框架,已历经了三十多年的时间。在1978年之前,新加坡实行传统的线性预算,基于自下而上的方法编制预算,强调投入,对支出进行严格的控制,预算要经

① 《瑞典、英国财政企业预算管理与启示》,摘自财政部网站。

② 《新加坡绩效预算管理情况》,2006年,摘自财政部网站。

中央(即财政部)的批准,支出单位几乎没有任何自主权。自1978年开始,新加坡开始了迈向现代预算制度的改革历程,可以将它划分为以下四个阶段:

1. 1978—1989年:项目预算

项目预算侧重于资源配置体系,要在预算选择和竞争性政策之间进行权衡。对每个项目来说,灵活性更大了,但缺少中长期的规划。项目预算也选择自下而上的编制方法,但前提是财政部能够找到相应的资金。有人认为项目预算也是以绩效为基础的预算,这里的关键是如何定义项目的目标,是基于产出还是基于结果。

2. 1989—1996年:整体拨款预算

从1989年起,新加坡政府引入了整体拨款预算,这是对自上而下方法的根本性转变,这种预算的核心是:对总预算设定上限(基于GDP的固定比率),各部门预算有着清晰的重点领域。预算的灵活度更大了,允许项目间的资金转移,这使得各部门有能力更快地应对各种变化。但是,预算强调的仍然是投入,而不是产出和结果。

3. 1996—2000年:面向结果的预算

1996年新加坡开始实行面向结果的预算,在预算和人力资源方面给予各部门更大的自主权,实现目标或产出,会配以各种激励机制。在改革之初,仅仅是在各部门采用若干指标,过一两年之后,各部门自然会找到更适合的指标。但是,这期间的预算制度并不能确保结果的可持续性和结果能够实现。

4. 2000年至今:深化绩效预算管理

自2000年以来,新加坡继续深化绩效预算管理改革,形成了具有新加坡特色的预算管理框架,重视资源管理,利用资源会计、资源预算和经济价值管理等工具,强调实现结果,强调原则、政策和过程,强调监测和评估。

(二) 日本预算制度①

日本现行预算管理体制是第二次世界大战后建立的,在明确划分事权的基础上实行分税制,具有明显的地方自治与中央集权相结合的特点。日本政府预算有三种类型:一般账户预算、特殊账户预算和政府关联机构预算。几乎包含了政府所有的职能活动,使政府的职能活动与预算支出的职能统一起来。一般账户预算主要管理政府的一般性财政收支,以税收、国债收入等为财源,为中央政府的行政管理、社会保障、教育、公共投资等活动提供财力保障。特殊账户预算主要是按规定设置的分类管理的事业型预算,具体内容随着政府职能的变化而变化。政府关联机构预算是管理由中央政府提供全部资本金的一些融资性机构的预算,这些机构为一些特殊目的筹资。

总的来看,日本的政府预算包括政府的每一项支出或收入,具有预算编制的完整性,并且在某一特定年度发生的支出必须由本年度的收入予以补足。日本政府收入的来源包括税收收入和政府债券收入,因此每年的预算总是平衡的。日本的建设公债制度规定公债的发行只能用于《财政法》具体规定的支出项目筹资(合乎筹资标准的支出),例如与公共设施相关的支出。预算详细说明年度内建设公债的发行数额,在规定的标准支出数额

---

① 崔惠玉、郑亚敏:《日本预算管理体制的借鉴与思考》,《领导之友》,2003年第6期。

范围内决定债券融资的数量。在日本,当建设公债发行仍然弥补不了预算缺口时,就需要制定一项特别授权法,允许特别赤字公债的发行。为了维护财政纪律,年度特别赤字公债的发行都需要制定特别授权法,在预算中具体规定发行的额度,同时必须得到国会的同意。

日本的《预算法》规定了预算的构成。预算包括预算总则、收支预算、递延支出(多年度支出)、跨年度支出(允许结转下年的支出)以及负债许可等内容。预算总则除概括说明与财政收支有关的事项外,还需说明公债发行的最高限度、临时借款的最高限度及其他与预算执行有关的事项。这些规定构成了预算的基本框架。收入支出预算是预算的主要组成部分。收入部分表明了国民总收入的估计数,但这个数额并不意味着政府将征集到如此多的收入。支出部分则不同,在预算中列示的支出才可以支出,大概的支出数是根据每一类支出的上限决定的。递延支出是指政府需在几个年度分期支付才能完成的项目,一般最多为五年。这些支出一般是正在建设、正在生产或其他的一些项目。递延支出项目需提前经国会批准,国会具体规定了支出的总额度和每年支出的额度。但是,从近年来的情况看,递延支出仅仅用于驱逐舰和潜水艇等国防项目的建设。跨年度支出是指国会允许一部分支出可转入下一财政年度使用的预算支出。这一制度是针对预算支出中由于多种原因使支出项目在当前财政年度内没有支付完毕而设立的,跨年度支出必须经过国会的批准。负债许可制度允许政府承担在既定财政年度内必须承担的债务,以使一些项目的全部或一部分支出递延到以后财政年度。政府承担这项债务必须得到国会的批准。同时,政府必须在每年的支出预算中划拨出当年实际的费用。

此外,日本预算体系中还包括一项临时补充预算,即当实施政府法定契约性义务不可或缺的基金不足时,或者是在预算编制之后出现的突发事件使支出或负债无法弥补时,或者在预算编制之后出现了要修改预算的理由时,内阁可向国会提交一份临时预算,作为对正式预算的调整。

(三)加拿大联邦财政机构和预算程序①

加拿大联邦财政部作为一个宏观经济管理部门,主要负责制定并协调各项经济政策,在政府决策和预算编制过程中发挥主要作用。在经济事务方面,负责向政府提出国民经济运行分析和预测报告,国际经济、金融形势分析和对策建议,制定金融政策;财政事务方面,负责编制联邦政府预算,进行税收政策立法和制定关税政策,管理联邦政府债务,管理联邦政府对省和地区的转移支付,代表联邦政府定期向议会报告预算执行情况。

加拿大联邦政府财政部内设九个职能司:经济和财政政策司、经济发展和法人财务司、联邦—地方关系和社会政策司、金融部门政策司、国际贸易和财务司、税收政策司、国有企业服务司、咨询和通信司、法规司等。以上司局都向常务副部长办公室(Deputy Minister's Office)负责。

参与联邦预算制定的有三个方面的人员和机构:一是主要的参与者,包括总理、财政部长、内阁和内阁政策委员会以及特别委员会。二是一些重要的参与机构,包括财政部、

① 《加拿大政府预算管理》,摘自财政部网站。

枢密院办公室、国库委员会秘书处。其中枢密院办公室的职责是管理内阁日常事务，政府部门间协调，向总理和内阁提出建议以及对内阁的决定进行记录等；国库委员会秘书处的职责是监督各部门现有项目支出，建立运行制度，协调部门对议会的报告，管理内阁国库委员会。三是咨询机构，包括议会财政委员会及其他机构。

加拿大联邦政府预算编制过程中，枢密院会同财政部向总理提出预算战略要点建议，财政部最终制定预算，国库委员会协助进行预算编制并具体执行。加拿大财政年度是每年的4月1日至次年的3月31日。具体预算决策过程如下：

1. 3—6月：提出初步预算建议和部门预算准备阶段

每年3月开始编制下年预算。预算建立在对国民经济进行审慎预测的基础上，财政部依据本部门和咨询机构对下一年的经济增长率、通货膨胀率、利率、就业率等进行的分析预测，分析影响财政收入和支出的因素，提出新的收支政策和预算建议，并由国库委员会秘书处通知联邦各部门。根据财政部提出的预算建议，各部门制订本部门的预算计划，该计划为三年滚动计划，内容包括本部门的战略重点、优先项目、支出预算、项目风险及业绩考评指标等。部门提出的预算计划分别报送财政部和国库委员会秘书处，由国库委员会秘书处进行初步审查。从3月份开始至8月份，财政部还要对经济增长和财政收支作进一步的预测。

2. 8—9月：内阁对政府优先进行的重点工作进行审议

财政部长在内阁会议上提出财政经济预测结果及下年预算要点，与各部门负责人就预算安排进行具体磋商，在此基础上对部门初步的预算进行修改，形成经内阁磋商后的预算框架。

3. 10—12月：进入预算咨询过程

10月份，众议院财政委员会举行听证会，财政部长发表预算要点，介绍当前及未来一年的经济形势及其与政府预算目标的关系。听政会后，该委员会提出预算咨询报告，但不进行表决。

4. 12月至下一年1月：内阁对预算计划进行审议

财政部负责将议会磋商形成的预算建议反馈给内阁作进一步审议。

5. 1—2月：对预算进行最后的决策

财政部部长与总理根据内阁讨论结果和众议院财政委员会报告，确定最终的预算案。2月份，财政部部长代表政府向议会提交预算案，5月份，众议院财政委员会向众议院全体会议提交预算审查报告，并在议会上讨论通过。

（四）俄罗斯的国家预算制度①

1991年年底，苏联宣布解体。当时的中央政府完全失去了对全国经济、政治的控制力，国库极度空虚，以至于中央政府机构一连数月都发不出工资。1991年中央对地方失控所引发的“预算困境”乃至其严重后果无疑给俄罗斯总统叶利钦留下了深刻的印象。自俄联邦建立初期，叶利钦就把加强中央集权、理顺中央与地方财政关系作为财政工作的重

---

① 傅志华、刘微：《透视俄罗斯百年财政中的五次“预算困境”》，《俄罗斯中亚东欧研究》，2009年8月6日。

点，特别是针对转轨初期曾出现三十多个联邦主体截留联邦税款，有的地方政府甚至将该地区90%的税款截留的现象，以构建“预算联邦制”为主线，进行了多次改革和调整，主要措施包括：明确中央和地方的事权财权，实行分税制财政体制；根据中央与地方经济发展的状况，以调节收入的方式适时调整地区的税收留成；收回并不断强化中央政府的税收立法权，地方拥有一定的税收管理权限；通过转移支付和财政援助来平衡地方预算等。这些措施有力地维护和促进了俄罗斯的稳定和发展。

1998年《预算法典》和2000年《税法典》第二部分颁布后，预算外基金制度发生重大变化：一是规定把联邦、联邦主体预算外基金纳入联邦预算体系，基金的形成、支出、管理均受法典约束；联邦基金预算的批准以及决算的编制和批准由联邦预算过程的有关法规进行调节。二是把社会保障基金的缴纳形式改为统一社会税，国家（联邦）预算外基金执行纳入联邦国库体系：基金缴款由税收机关进行，基金的主要部分养老基金缴款（占所有基金的75%左右）首先划入联邦预算，然后再拨转养老基金，基金的“预算外”特征进一步削弱。三是取消了社会保障基金中的就业基金。这部分资金原来按劳动报酬的1.5%由企业主缴纳，专门用于落实国家居民就业政策和居民就业计划。这种以统一社会税收入作为国家预算外基金主要来源的方式，改变了原来各项预算外基金分别征收缴款的做法。四是降低统一社会税税率。

1999年12月31日普京出任俄罗斯代总统，并于2000年5月7日正式就任总统。在普京的第一任期内，俄罗斯实行的是平衡财政政策，目的是确保财政稳定，实现财政状况与企业运行的良性互动。在已取得财政稳定的基础上，在实施新战略构想的条件下，俄罗斯需要从中性财政转为实行积极财政政策。《俄罗斯2005—2008年社会经济发展中期纲要》指出，为了实现国内生产总值10年翻一番的战略目标，需要实行积极的财政政策。实际上，普京早就强调要提高国家预算这一重要经济政策手段的效力，以推动经济发展和经济结构的改造。

追求预算平衡是俄罗斯财政政策的基本目标，并已经写入《俄罗斯联邦预算法典》。但是在转轨初期，财政收支一直处于赤字状态。经过普京几年的努力和国际市场上石油价格一路上扬的“相助”，俄罗斯在2001年处于一个政权稳定、各项宏观指标都有所好转的时期，财政已经出现一次盈余（2000年）。2002年是俄财政部第一次编制有盈余的预算，引起杜马的格外关注也属意料之中，对预算的争议不再是政治权力角力的附属工具，而是明明白白地反映着对经济利益分配的直接关注。此时立法机构借预算发挥的空间并不大，显然对预算草案不会提出颠覆性的意见，所以杜马把注意力放在了对政府预算管理的精细化方面，要求所有收入的预算明确化。

为了保证财政稳定，俄罗斯还采取了“双方案”的预算编制方法。由于国家预算收入受国际市场石油价格的影响很大，政府决定编制与石油价格相关的双方案预算，即预算收入按预期的最高油价和最低油价制订两种方案，而预算支出只按预期的最低油价制订一种方案。这样便可以确保财政的平衡，而在国际市场行情有利的情况下则可实现财政盈余，盈余用做建立稳定基金。稳定基金用于保证非常年份国家义务的完成，也可用于偿还外债。双方案预算的实行和稳定基金的设立，体现了普京的务实精神和体制要符合俄罗斯国情的原则。今后俄罗斯政府将继续实行稳定财政的政策，以保持国家预算与企业的良性互动局面。

2009 年 3 月 10 日，俄罗斯副总理兼财政部长库德林表示，俄政府计划废止 2010 年、2011 年两年的联邦预算，俄财政部为调整预算制定了五项专项举措，以应对目前愈演愈烈的金融危机。①

第四节 我国预算管理制度的重大改革

一、我国预算管理制度改革的必要性

我国的预算管理制度始于 1951 年 8 月由政务院发布的《预算决算暂行条例》，该条例规定了国家预算的组织体系，各级人民政府的预算权，各级预算的编制、审查、核定与执行的程序，决算的编报与审定程序等。

由于我国长期实行计划经济，因此，多年来，我国各级财政部门编制年度预算，大部分采用"收支基数法"，即在编制新年度支出预算时，首先确定上年度支出的基数，然后在此基础上，考虑影响新年度各项支出的因素，确定新年度的支出预算。这种按基数法编制支出预算的方式简便易行，在财政收支规模不大，编制预算所需信息不足、手段落后、编制人员水平参差不齐的情况下，不失为一种可行的方法，它曾在促进国民经济和社会发展，保证国家政治稳定，改善人民生活，加强和改善宏观调控等方面发挥了应有的作用。②

20 世纪 90 年代以前，我国的国家预算一直采用单一预算编制方法，把全部财政收支汇编在一个统一的预算之中，预算结构比较简单，由收入类预算科目、支出类预算科目和平衡三部分组成。1992 年实行复式预算以前，这三部分内容按单一排列的旧形式综合反映在国家的预算收支总表内。国家预算收支总表主要项目结构见表 9-2。

表 9-2 国家预算收支表主要项目结构

项目	预算数	项目	预算数
一、收入		二、支出	
各项税收		基本建设拨款	
征集能源交通		企业挖潜改造资金和新产品试制费	
重点建设资金收入		支援农业支出和各项农业事业费	
发行国库券		文教科学卫生事业费	
国外借款		国防费	
其他收入		行政管理费	
减：企业计划外亏损		国库券还本付息支出	
补贴收入		总预备费	
合计		支出合计	
		三、盈余或赤字	

随着经济体制改革的深入发展，我国国民收入的分配格局发生了很大变化，投资体制也出现了多元化的局面，国家用于建设的资金投入，由国家财政拨款为主，变为财政、金

① 田冰：《俄罗斯拟废止明后两年国家预算应对金融危机》，中国新闻网，2009 年 3 月 11 日。

② 凌斐：《零基预算编制方法理论探析》，中国会计网，2005 年 8 月 24 日。

融、集资、举债等多渠道筹措;同时,财政收支结构也发生了巨大变化。在这种情况下,传统的单一预算已不能全面反映国家预算用于生产建设性的投入及其资金来源,不能明确划分各项财政收支的性质,不能如实地反映财政赤字形成的原因和债务收入用途,也不利于对财政收支进行科学的分析和管理。因此,改革我国国家预算管理制度势在必行。

二、我国实行复式预算的情况

早在1986年年底,一些全国人大代表就提出了实行复式预算的建议。我国财政学界开始研究复式预算在我国的可行性问题,对我国采用复式预算的优点进行了探讨。大致认为,采用复式预算后,可以把赤字摆在明处,引起各有关方面的重视;便于中央预算和地方预算分开管理,各自平衡,避免互相掩盖矛盾;有利于加强财政的宏观管理,等等。1988年年底,财政部向国务院报送了实行复式预算的初步方案。1989年年底,全国人大常委会提出了实行复式预算的意见。1991年,财政部再次向国务院报送修订过的复式预算方案。同年召开的第七届全国人大第四次会议通过的《国民经济和社会发展十年规划和第八个五年纲要》中明确规定,“八五”期间国家要实行复式预算。1991年9月国务院颁布的《国家预算管理条例》也规定从1992年起国家预算按复式预算编制。按照全国人大常委会和国务院的要求,1992年我国的国家预算、中央预算和部分省市预算即采取复式预算形式进行了编制,1993年起省级预算都按复式预算编列。1994年3月22日第八届全国人大第二次会议通过的《中华人民共和国预算法》第26条规定:“中央预算和各级政府预算按照复式预算编制。复式预算的编制办法和实施步骤,由国务院规定。”

(一)实行复式预算的重要意义

我国实行复式预算的重要意义和作用体现在以下几个方面:

(1)实行复式预算有利于正确发挥社会主义国家财政的双重职能,即社会管理职能和经济建设职能。社会主义国家财政的这种双重职能,一方面要为保证国家机器正常运转、发展各项社会事业、提高人民生活水平筹集和分配资金,另一方面又要直接参与经济建设并对国民经济活动进行必要的宏观调控。实行复式预算制度,把各项财政收支按不同的经济性质划分为经常性预算和建设性预算,两类预算的各项收支建立起比较稳定的对应关系,可以比较清楚地反映出财政的双重职能。经常性预算坚持收支平衡,并有一定的结余转入建设性预算;建设性预算要保持合理的规模,国家通过对建设性预算规模大小的控制,实现对建设规模和结构进行宏观调控,促进国民经济的持续稳定协调发展。

(2)实行复式预算能够比较全面地反映财政活动,增强财政分配的透明度。单一式预算的科目基本上是按部门设置的,只能反映财政资金向部门的流向和流量,不能全面反映资金的经济性质。实行复式预算可以使两方面的资金来源和运用情况都得到反映,具有较高的透明度。

(3)实行复式预算制度,对不同性质的财政资金实行不同的管理办法,有利于建立预算收支的约束机制,提高预算管理水平。经常性支出只能靠经常性收入来安排,有利于对经常性预算实行硬约束;建设性预算要改善投资结构,保持适当的规模和合理投向,讲求投资效益,有利于健全国家投资的效益机制。

(4)实行复式预算有利于推动其他方面的改革。财政是国民经济的综合反映,实行复式预算，涉及投资管理体制、企业内部管理机制、财税管理体制、国债管理和各种专项基金管理体制的配套改革。这种配套改革对各方面的改革起到了积极的推动作用。

（二）编制原则及内容

我国正处于经济快速增长时期，为保持经济长期稳定增长，从总体上说，应制定一种有利于经济又快又好地发展的宏观财政政策。以此为前提，预算平衡应该是动态的，根据经济发展的实际需要，在不同的年份分别采用扩张或紧缩的预算政策有效地发挥财政内在稳定器的作用，减小经济的周期性波动。因此，我国编制复式预算一般遵循以下几项原则：

（1）充分体现国家财政的社会管理和经济建设的双重职能。

（2）经常性预算要保持收支平衡，并有所节余，用于经济建设；建设性预算要坚持量力而行，保持合理的规模。

（3）国家复式预算要与国民经济和社会发展计划相适应，并充分体现国家有关的经济方针和政策，保持国民经济持续、稳定和协调发展。

我国的复式预算分为经常性预算和建设性预算两部分。经常性预算收入是指国家以社会管理者身份取得的各项税收收入和其他一般性收入；经常性预算支出是指国家预算中用于维持政府活动，保障国家安全和社会秩序，发展各项事业以及用于人民生活和社会保障等方面的支出。建设性预算收入是指国家以国有资产所有者身份取得的收入、各种专项建设基金和国家明确规定用于建设方面的收入；建设性预算支出是指国家预算中用于各项经济建设活动的支出。具体划分情况如下：

经常性预算收入，包括各项工商税收、关税、农牧业税、国营企业所得税，商业、粮食等企业的政策性亏损补贴，预算调节基金和其他收入等。

经常性预算支出，包括文教、科学、卫生和行政事业单位的基本建设支出、农业、林业、水利、文化、科学、教育、卫生事业费和工业、交通、商业部门事业费，抚恤和社会救济费，行政管理支出，各项价格补贴，公安、检察院、法院支出，武装警察部队经费，国防费，总预备费和其他支出等。

建设性预算收入，包括经常性预算结余，城市维护建设税，固定资产投资方向调节税，耕地占用税，国家征集能源交通重点建设资金收入，国营企业调节税，国营企业上缴利润，工业、农业等企业的政策性亏损补贴，基本建设贷款归还收入，建设性专项收入，国内外债务收入等。

建设性预算支出，包括工业、农业、商业基本建设支出，企业挖潜改造资金和新产品试制费，地质勘探费，科技三项费，城市维护建设支出，经济不发达地区发展资金，建设性专项支出，国内外债务还本付息支出，财政贴息支出和其他支出等。

（三）实行复式预算需解决的问题

复式预算在世界许多国家已经实行了多年，在我国实行的历史还不长。实行复式预算制对于加强我国财政管理、促进经济发展是有益的。但是，应该看到，实行复式预算制度只是预算管理形式上的变化，不能从根本上解决我国的财政困难。我国的国情和制度与西方国家不同，在实行复式预算制度的过程中，遇到了以下几个需解决的问题：

1. 经常性预算和建设性预算的关系

编制复式预算的原则之一是，经常性预算要收支平衡，并有结余转入建设性预算。国内有些专家提出，如果遇到特殊情况，经常性预算无法保持平衡时，能否通过压缩建设规模，从建设预算中抽出一部分资金用于弥补经常性预算赤字。这涉及两个预算的关系，即国家财政应首先保证经常性预算，还是保证建设性预算。

2. 如何保持建设性预算的合理规模和结构

复式预算的核心就是建设性预算。复式预算的产生至今已有半个世纪了，在这期间，世界各国的政治、经济和社会发展形势发生了很大变化。许多西方国家通过实践，认识到凯恩斯赤字财政政策的局限性，认识到利用赤字投资并非是一种长久的良策，从而逐渐转向要求财政平衡。例如，美国自1995年以来，《平衡预算修正案》几次被提交到美国参议院进行表决，虽被否决了，但也说明了年复一年的高赤字早已引起了美国各界人士对国家经济前途的忧虑和严重不满。克林顿政府在实现预算平衡方面取得了显著成就。美国许多州议会通过《宪法修正案》，坚持预算收支平衡政策。在日本，解决债务危机早已成为首相竞选的重要政策目标，也是对历届政府存亡的考验。

我国是一个以公有制为主体的社会主义国家，这一国情决定了我国进行经济建设所需的资金，除银行贷款和社会集资外，仍有很大的一部分要靠国家财政筹措。当国家财政安排的建设资金无法满足经济建设对资金的需求时，政府通过举债的办法集中社会闲置资金兴建一些重大工程项目是完全必要的，这也是国际惯例。但是，举债并不是无限度的，必须考虑社会的承受能力、债务的使用效益和今后财政的偿付能力，保持合理的规模和结构。因此，有关部门应进一步研究，每年发行的债务额占当年财政收入的比重和占国民生产总值的比重控制在多大为宜，避免陷入难以摆脱的债务危机之中。

3. 如何完善国家复式预算制度

针对这一问题，一些专家建议，为了更直观地在预算收支中体现政府的各项管理职能，复式预算应由政府公共预算、国有资产经营预算和社会保障预算组成，并且应尽快出台《编制国家复式预算实施办法》，对复式预算的编制、执行、调整、总会计核算以及收支科目划分等，作出明确的规定。提高预算的透明度，加强预算约束。在国务院各部委精简机构的改革中，针对财政部的职能和任务，明确提出：改进预算制度、强化预算约束，逐步建立起政府公共预算、国有资本金预算和社会保障预算制度。因此，如何进一步完善国家复式预算制度，是值得认真研究的问题。

三、我国实行零基预算的情况

零基预算作为一种新型的预算编制方法，与传统的方法相比，其突出特点之一，是更加重视对现有支出水平的具体分析论证。它要求各级管理人员的广泛参与。各个单位的主管或经理必须做好下列事项：确定目标并征得有关人员的同意；制订实现目标的各种可替代方案；将选定的替代方案分解为各个不同的增量层次；评估每一增量层次的成本和效益；说明不采用这些方案的后果；将上述内容记入决策案。决策案的内容应包括：目的或目标、工作详细说明、成本与效益、工作量及推行措施、实现目标的各种实施方案、不同的做法比较等。

从1994年开始，我国的一些地方政府，例如河南、河北、安徽、云南、湖南、湖北、海南、深圳等省、市，在省、市级预算或部分地市级预算编制中，开始采用零基预算制。这些省、市积极推行零基预算的主要动机：一是在财力紧张的情况下运用零基预算来解决资金分配方面所面临的各种问题；二是重新审查长期实行的“基数加增长”模式所形成的不合理“基数”；三是加强财政部门对各个部门的预算控制。1995年颁布的《中华人民共和国预算法实施条例》中被视为先进和高效方法的部门预算和零基预算就被提到重要位置，零基预算从那时开始得到推广。在《关于1998年中央和地方预算执行情况及1999年中央和地方预算草案的报告》中，财政部就明确提出：“要改革财政支出管理制度，加快推行零基预算制度和政府采购制度，从源头上、制度上堵塞漏洞。”2001年，财政部明确提出，今后我国财政体制改革的重点将从收入管理转向支出管理，并将财政预算编制等基础性管理制度的改革作为改革的重点。

（一）实施情况

零基预算的基本特征是不受以往预算安排和预算执行情况的影响，一切预算收支都建立在成本效益分析的基础上，根据需要和可能来编制预算。在零基预算体制下，政府部门每年的经费都从零开始计算，把政府一年所需要执行的所有工作划分为一个个的决策包，然后将其排序，政府资金就按照决策包的排序进行划分。那些在基数增长法情况下频频出现的为保证基数而重复申报、虚报人数、多报项目圈占财政资金的问题都将迎刃而解。

零基预算的基本做法：一是要掌握准确的信息资料，对单位的人员编制、人员结构、工资水平，以及工作性质、设备配备所需资金规模等都要了解清楚，在平时就要建立单位情况数据库，非经法定程序，不得随意变动。二是要确定各项开支定额，这是编制零基预算的基本要求。三是要根据事业需要和客观实际情况，对各个预算项目逐个分析，按照效益原则，分清轻重缓急，确定预算支出项目和数额。零基预算能克服我国长期沿用的“基数加增长”的预算编制方式中的不足，不受既成事实的影响，一切都从合理性和可能性出发。实行零基预算是细化预算、提前编制预算的前提。尽管一些省、市实施的零基预算不尽相同，但各地采用零基预算的基本方法和步骤却大致相似，主要是根据本地的具体条件，着重进行了以下几项工作：

（1）在试行零基预算之前，先核实行政事业单位的基本数字，有的省、市还界定了财政支出的供给范围，为顺利实行零基预算创造必要的外部条件。

（2）确定合理的人员和公用经费预算定额，根据定额和单位编制人数测算出各单位正常的人员经费和公用经费。

（3）清理专项经费，按照《预算法》中关于地方预算收支平衡的规定，逐项核实，坚持有多少钱办多少事的原则。

（4）根据核算出的正常经费，加上各单位的专项经费，确定省本级的全年财政支出预算。

（5）执行中如果收入超收，首先用于偿还历年欠账，然后再用于解决预算缺口和增加专项支出。

（6）根据每年的财力情况，对预算定额作出适当调整。

这些省、市采用零基预算以来，经过几年的实践，主要取得了以下成效：

(1) 增加了预算的透明度，使预算支出中的人头费和专项经费一目了然。初步改变了以往这些经费混在一起，经费安排年年使用基数加增长的办法。

(2) 初步改变了单位之间在经费安排上苦乐不均的不合理状况。

(3) 优化了财政支出结构，提高了资金使用效益。

(4) "粗放型"的预算编制方法有了初步的改变，预算编制得到细化。

(5) 促进了预算编制的规范化和预算约束意识的强化。

零基预算作为一种现代化的预算管理方法，要取得理想的成效，对主客观条件也提出许多较高的要求。从我国实行零基预算省、市的实践情况看，提出的迫切需要解决的配套条件主要有：按照事权明确划分各级财政的支出范围、完善预算外资金的管理办法、建立实行零基预算所必需的数据资料体系、领导决策层的重视等。这是实行初步的零基预算所必需的基本条件。

我国借鉴采用零基预算，重要的是立足于本国特别是本地区的实际，允许有一个由低到高的发展完善过程，不应急于求高求全；在推行零基预算的过程中，要重视调查和宣传工作，在不断认真总结实践经验的基础上，抓紧解决工作中的重点和难点，并努力争取领导和员工的理解和支持；在工作实践中，要十分重视管理层和员工的专业理论及科学文化水平的提高，这是不断完善零基预算工作的一个决定性条件。①

当然，零基预算在实施过程中，也受到一些人的批评，认为其存在下列缺点或局限性：

(1) 认为零基预算推行的是一种制度化的工作增量主义，存在着过量烦琐的文牍工作。

(2) 时间期限观念强，切断了与以往的联系，使预算工作不利于从规划项目上考虑问题。

(3) 要对每一决策案进行成本效益分析，据以确定工作量及执行措施，但政府活动的效益常常是无形的，影响了分析的准确性，也增加了预算编制工作的负荷。

(4) 对所有的计划项目需作成本效益分析，由于资料等方面的限制，这种分析往往达不到质量要求。

以下是几个省市实施零基预算的例子。

例一：江苏省是全国率先进行部门预算编制改革的省份之一。连云港市在实行零基预算的基础上，从1998年开始编制综合财政预算，坚持内外统筹安排，最大限度地发挥财政资金的整体效益。2002年，按照公共财政和依法理财的要求，在完成人员统计、档次划分、定额测定、技术调试等基础上，选择了5个单位开展部门预算编制试点，积累了有益的经验。

例二：据绍兴县财政局介绍，原先绍兴县县级机关部门开支是每年编制预算计划，再由财政拨付资金使用，结余部分依然在部门名下，新的一年不考虑上年结余而是重新安排预算，造成了部分财政资金的沉淀。实施零基预算后，凡部门人员经费、日常办公经费和其他专项工作经费结余，未指定专项用途的政策性资金结余，项目已完成、取消或暂停实

---

① 财政部预算司：《严格预算管理 实行零基预算》，《中国财经报》，1996年5月21日。

施的购建固定资产资金结余，以及上级没有具体要求的省市其他工作性补助经费结余，都将由县统一管理，结转并抵扣下一年度部门预算安排。而对已指定用途待结转的政策性资金结余，项目已实施但尚待结算的购建固定资产资金结余，指定具体专项用途的省市补助经费结余，指定专项用途的政府性基金结余，则仍允许继续结转使用。2008 年绍兴县把历年来县级机关部门预算支出结余的 2.7 亿元资金，除去暂允许结转的 1.26 亿元之外，余下的 1.44 亿元将全部用于民生计划，重点为农村老年居民基本生活保障提供资金。①

例三：

云南省曲靖市市本级财政零基预算编制暂行规定

（曲政发[1999]14 号 1999 年 1 月 4 日）

第一条　为适应社会主义市场经济体制的需要，规范财政预算分配，提高财政预算分配的科学性和透明度，加强财政预算管理，合理使用财政预算内外综合财力，提高资金使用效益，根据《曲靖市市本级财政预算管理暂行办法》，制定本暂行规定。

第二条　编制零基预算的基本原则。以当年国民经济和社会事业发展目标为依据，科学合理确定各项经费支出定额，努力实现财政预算收支平衡。

第三条　财政零基预算编制的基本程序

1. 各事业行政单位按照《曲靖市市级预算管理暂行办法》和《曲靖市市级预算外资金管理办法》、《实施细则》以及事业、行政单位“两则”和“两制”编制单位预算。

2. 市财政局以当年财政预算内外财力和各事业、行政单位预算内外财力为分配和核定基础，以当年社会经济和各项事业发展的实际需要为分配依据，以“零”为基数核定和分配各项支出，编制财政预算内外收支和事业、行政单位预算内外收支的综合财政预算草案。

3. 成立市级财政预算草案评议委员会。由分管财政的市长担任主任，副市长、市政府秘书长、副秘书长和财政局长担任委员。

财政预算草案评议委员会的职责是：提出预算草案编制的评议意见。评议市财政局上报的当年财力情况和财政预算草案；评议市级的专款项目和资金额度，事业、行政单位预算外收支核定数；评议年度预算追加和调整项目，向市政府常务会议提出支出预算草案评审意见。

第四条　财政零基预算的内容

市本级财政零基预算由收入预算和支出预算两部分组成。收入预算包括财政性收入预算，事业、行政单位的各项收入预算（财政拨入、事业收入、经营收入和其他各项收入）；支出预算包括正常经费、专项经费。

1. 正常经费预算是指用于个人开支（含事业、行政单位用预算外资金支付的个人开支）的以维持机构正常运转所必需的支出。具体包括人员经费预算、公用经费预算、教育经费预算（按生均定额计算的教学经费和人民助学金），公费医疗经费预算，社会保障经费预算，市政府驻外办事处经费预算。

2. 专项支出预算是当年确定的或以前年度确定仍需继续安排的，具有专项用途的经

① 《绍兴县实施“零基预算”用于改善民生》，中国城镇招商网，2008 年 2 月 18 日。

费。在年度执行中的一次性补助，列入专款预算，作为专款核定。

第五条　财政零基预算的基本编制方法

财政零基预算应根据当年的财政收入预测当年财力，确定具体的各项定额标准，自下而上进行逐级编制，具体是：

1. 收入预算的编制

(1) 财政性收入预算的编制。由市财政局根据当年税收收入情况，充分考虑到减收因素和增收潜力，进行认真测算，实事求是、科学合理地编制。

(2) 事业行政单位各项收入预算的编制，由事业、行政单位编制，财政部门汇总审核。首先是由财政部门确定编制的内容和要求，印制统一的预算表格下发各单位，各用款单位应在认真核实预测各项收入的基础上，填制市财政局统一制发的《收入预算表》并附简要编制说明报市财政局。

2. 正常经费支出预算的编制

正常经费预算的编制，采取"划分档次，确定定额，不留基数，逐年审核"的办法。市财政每年公布当年正常经费定额标准，各编制单位依照定额标准和有关数据编制，严格区分正常经费和专款，坚持正常经费按编制内实有人数和定额核定，不能纳入正常经费核定的项目一律纳入专款项目核定。

人员经费：指用于个人开支的经费，包括基本工资、职工福利费、工会经费、职工教育经费、住房公积金、其他用于个人开支的各项补贴。住房公积金按规定的比例核定。

公用经费：指机构正常运转所需的公务费、业务费、汽车燃修费、会议费。公用经费按市级确定的定额标准计算编制。

教育经费：人员经费部分据实核定，公用经费部分按生均定额标准，分档次核定预算定额。

公费医疗经费，按定额标准和国家确定应负担的比例核定该项预算。

社会保障预算，包括离退休人员的个人经费、公用经费。个人经费据实核定，公用经费按级别分档次定额核定，各事业、行政单位养老保险金按规定的比例和标准核定。

市政府驻外办事处经费，按定额标准核定。

3. 专项经费预算的编制

专项支出预算的编制应根据当年财力和社会经济发展需要并遵循"效益优先"的原则，坚持预算内外统筹安排，增量资金与存量资金统筹安排，在符合资金使用方向的前提下，首先安排使用预算外资金、部门掌握的资金、存量资金。

(1) 专款评审的依据及项目优选顺序：

一是与国家和省资金配套的项目；

二是国家和地方法律法规确定的支出项目；

三是市人民代表大会，市委、市政府决定的项目；

四是全市长远规划(计划)确定的项目(包括纳入全市长远规划有市场、有效益的续建项目)。

(2) 市级各事业、行政单位必须按照市财政制发的专项预算编制表格填报年度专款预算。按照本单位研究的意见，依项目的轻重缓急顺序排列，同时报送分项目的评估文件，简要实施计划，资金使用和分配意向，资金使用效益分析等情况说明。

(3) 市财政局对项目进行审核后重新排序，报市本级支出预算草案评议委员会。

4. 各事业、行政单位应先用预算外可用资金安排各项经费支出，再考虑安排财政预算内资金，在安排财政预算内支出项目时应将已在单位预算外安排的支出项目资金扣除后再进行安排。

市级事业、行政单位用预算外各项收入开支的正常经费和专项经费，按市政府确定的定额标准执行，并按规定的程序和方法编报收支预算。

第六条 财政零基预算的批复与执行

1. 财政性收支预算和事业、行政单位收支预算汇总后形成市级财政预算草案，上报市政府讨论同意并经市人民代表大会审议通过后，由市财政分别对行政、事业单位进行批复下达预算。

2. 各事业、行政单位按批复预算组织执行，执行中不得随意变更和调整预算。正常经费年末结余结转下年使用，不冲抵次年经费。

3. 财政部门应督促各单位执行好预算，特别要加强对专款的检查监督和跟踪问效。

第七条 财政"零基预算"的追加与调整

预算项目一经确定，不得随意变更，如有调整，需按预算编制程序审批。但遇特殊情况（救灾、国家有关政策变动等）确需追加预算的，经市财政提出意见后，报市政府批准，按《预算法》和《曲靖市市本级预算管理暂行办法》的有关规定办理。

次年预算的编制不再以上年数为依据，但可以作为参考。

第八条 本办法由市财政局负责解释。

第九条 本办法自 1999 年 1 月 1 日起实施。

(二) 零基预算制度实施的制约因素

2000 年以来，地方政府开始推行的零基预算并没有发展成为一种基本的预算框架。基本的预算框架是一种控制预算。在控制预算的框架内，零基预算主要被运用于专项经费的决策。由于财力紧张、政治体制的制约等因素，零基预算并没有改变预算过程和结果，只能影响预算支出中一部分支出的决策。零基预算主要变成了财政部门控制支出部门的工具，而不是一种改进资源配置效率的方式。[①]

在我国实施零基预算遇到的问题主要有：第一，我们的零基预算是割裂的，我国部门支出包括人员经费、公用经费和专项经费，现在仅有专项经费由零基预算来执行。这样人员经费和公用经费的预算管理中自然还会出现基数预算法所导致的那些问题，更为重要的是在财政紧张的省市专项经费常常会被人员、公用挤占，这样专项经费的预算管理也被基数化了。第二，预算控制数使零基预算成为变种的基数预算。财政部门在安排各部门预算时必然会设置一个限额，在这种情况下各部门将失去做预算的积极性，转而关心每一年的预算控制数。第三，中央部门的转移支付和强制支出对于地方政府来说是一个不确定的因素，而其中涉及地方政府配套资金的保证，为了各种目的地方政府必须使得预算留

① 马骏：《中国的零基预算改革——来自某财力紧张省份的调查》，《中山大学学报（社会科学版）》，2005 年第 1 期。

有余地，在零基制度下预算作假成了唯一的选择。第四，各种临时的指令性的首长指示使得预算的固定性成为难题。①

零基预算在我国地方政府的实施也面临着如下制约因素：

首先，对于纳入专项经费中的那一部分预算支出来说，虽然零基预算已经被确定为主要的预算决策方式，但是，由于地方政府的财力非常紧张，零基预算对于实际预算过程的影响是非常有限的。这是因为在财力非常紧张的情况下，如果严格实施零基预算的话，绝大部分的专项都可能无法得到资助，即使该项目在零基预算的优先顺序中排在很高的位置也是如此。一旦这种情况出现，要继续推进零基预算就会面临非常大的阻力。所以，财政部门最后只好放弃零基预算，转而采用传统的方式，即大多数的项目都能得到一点预算拨款。

其次，由于受财力制约，各个部门的预算内公用经费长期处于不足的状况，公用经费的不足同样严重地制约了零基预算的实施。因为，在公用经费不足的情况下，支出部门为了确保部门的正常运转，通常会采取这样一些策略：从专项经费中挪用经费来弥补公用经费的缺口，运用预算外收入来弥补公用经费的缺口等。这样，零基预算实际上就不能真正地做到对支出项目进行排序，进而就不能达到预期的效果。

再次，零基预算的实施还面临着一些政治和行政体制上的制约。其一，目前我国的某些地方政府在政府职能的转变上不是很成功，许多政府部门的职能非常复杂而且目标众多；其二，虽然经过了几年的部门预算改革，但是，预算分配权上的分散状况并没有得到彻底的改变，某些专项经费的分配权仍然掌握在财政部门之外的一些部门手里，仍然没有纳入部门预算改革的框架；其三，我国地方政府预算中领导人批条子、打招呼影响预算决策的现象仍然继续存在，各种非正式预算制度盛行，这种现象的存在意味着，政治权力的非正式安排将会干扰零基预算的排序过程和排序结果，从而使得零基预算无法真正进行科学的排序。

最后，一个与政治和行政体制有关的问题是，在现有的体制下，地方政府没有足够的预算自主权。地方政府预算自主权的缺乏同样也极大地制约着零基预算的实施。目前，中央政府的转移支付一般都需要下级政府提供一定数量的配套资金，但是，这些转移支付通常都是不确定的。在专项资金和配套条件不明确的情况下，为了争取转移支付，在年初编制预算时，地方政府通常只好先预留一部分的资金不分配。这一部分预留下来与中央政府的补助金配套的地方财政收入实际上是在年初的零基预算程序之外进行安排的。地方政府预算自主权的缺乏还体现在中央政府经常运用强制性支出，即中央政府制定了某项政策后强制性地要求地方政府执行，但是并不提供任何资金或者只提供一部分资金。这些强制性支出经常会干扰地方政府预算，进而妨碍了零基预算的实施。因为，即使地方政府在年初已经按照零基预算编制了当年的预算，强制性支出的存在意味着一旦中央政府要求地方政府执行某项政策而又不供给（或不完全供给）相应的资金，那么，地方政府就不得不调整预算，寻找新的资金来执行中央政府的政策，从而就会出现一笔没有按照零基预算程序与其他的支出相比较的新的支出。

---

① 《财政审计痼疾求解零基预算适度微调》，《21 世纪经济报道》，2008 年 8 月 29 日。

四、我国部门预算管理的改革

2000年我国试编部门预算的改革，标志着我国政府预算管理模式改革的正式开始。它对政府与市场的根本转型，以及我国的经济改革都具有深远的历史意义。推行的以部门预算改革为重点的财政改革，其总体目标是要建立与社会主义市场经济体制相适应的预算管理体系和公共财政框架，从而优化财政资源配置，提高理财水平，更好地促进我国社会主义现代化建设。但是在实践中还是存在以下的问题①：

（一）预算管理法律制度比较落后

现行编制政府预算的基本法规是《中华人民共和国预算法》及其实施条例。但与实行部门预算的实践要求相比，还存在着急需改进和完善的地方。

比较突出的问题是，虽然按照"两上两下"程序编制预算以及对收入、支出编制口径、批复时间等方面作出了相应规定，但大都是粗放型、伸缩型较大的一般规定，而且一些规定已经明显落后于现实需要。

我国财政年度与全国人民代表大会召开的日期是不一致的，财政年度从1月1日到12月31日，而全国人民代表大会一般在3月上旬召开，从而使预算执行出现了三四个月的预算空档。在我国预算改革后，虽然规定了国家发展和改革委员会年初预算可预留25%，在预算执行中先安排后上报，其他有预算分配权的部门预留的上报数不得超过3%，但这种规定是很粗略的，并没有同该财政年度实际的预算结合起来，具有较大的随意性。

此外《预算法》与《农业法》、《计划生育法》、《教育法》、《科技法》等之间的相互冲突问题相当突出，且农业、科技、计划生育、教育等方面的法律和卫生、环境保护、文化宣传等方面的规章，都对地方财政相应项目的支出作出了"法定支出"的要求。各级财政部门在编制预算时显得无所适从或顾此失彼，最终导致预算欠科学，降低了预算法案的权威性和约束力。

（二）未将绩效管理融入预算编制

20世纪80年代后兴起的"新公共管理"学派提出建立"效率政府"的理念，绩效管理已经成为"政府再造"的核心内容，政府转变的有效起点就是开展以绩效为中心的预算改革。绩效管理以成果为导向，将追求最大绩效作为预算管理的根本目标，将实现既定绩效目标作为预算管理的根本要求，将财政资源配置的最终成果作为衡量预算管理活动的根本标准，贯穿于预算编制、执行、监督等各项管理活动中，预算分配着眼于资源配置后能够取得的绩效，从源头上控制没有绩效和低绩效的项目，预算执行着眼于减少成本、提高效率。我国对绩效预算这一步的理念，还没有在预算编制中体现。部门预算、绩效预算、绩效评价应作为一个整体，相辅相成，撇开绩效预算来谈部门预算无异于无目标的预算。

我国实行部门预算改革以来，在项目支出绩效评价方面虽然已经进行了一些探索，但绩效预算管理仍处于起步阶段，在基础条件等方面仍有待完善，要在借鉴国际经验的基础

---

① 刘晓凤：《德国部门预算管理经验对我国的借鉴》，《安徽教育学院学报》，2007年9月第25卷第5期。

上，立足于我国公共财政建设和部门预算改革的实际情况，稳步推进试点，不断总结经验，探索建立适合我国国情的绩效预算管理模式。

（三）预算执行不严格

部门预算实施以来，预算执行的结果不是很理想，随意性较大，部门的项目经费仍通过大量的违规报告申请追加，一些未列支出预算的项目仍在开支，经费超支现象时有发生，使政策规定与实际支出脱节。主要是由于财政部门在人大批准预算和具体下达部门预算时，受传统预算安排思想和财政超收年初不确定性的影响，不是按照人大批准的预算年初一次下达到部门，而是由财政部门和其内部管理科室两次预算部门项目经费后，下达给预算执行部门，使人大批准的部门预算失去刚性约束。财政部门在预算执行中把一部分精力用在预算的追加上，所有被审计的部门几乎都得到过财政部门的追加预算。以2004年为例，被审计的31个预算执行部门年内共追加预算1 767万元，占年初下达预算的73.6%，使财政资金的使用客观上存在分配不公和追加预算不透明现象。部门预算缺乏刚性，导致部门在预算执行中考虑更多的是如何争取财政资金，而对加强内部财务管理、合理有效使用预算资金缺乏重视。

（四）预算活动缺乏公开性

我国预算的编制、审批、执行、决算长期以来因认识上、体制上的原因一直不向社会公开，因此也导致人们对预算公开没有强烈的诉求。随着公共财政理念的逐步确立，预算公开的必要性逐渐受到人们的重视。根据国际货币基金组织《财政透明度良好做法守则》，预算编制、执行和报告的公开是财政透明度的基本要求。因为具有法律权威的政府预算将能直接规范、约束与控制政府的具体活动，并将政府行为和财政行为纳入法治化的轨道。如果没有公开原则和制度做前提，就无法让民众对政府财政活动的监督权落到实处。我国《预算法》在公开性方面有待改进。首先，预算编制和审批不公开。人大在审议预算草案时，预算草案是秘密文件，在会后要收回。其次，预算执行不公开。预算支出和审批的支出是否一致，无法细致地核实。

（五）对预算支出缺乏监督

如前所述，预算编制的简单，给平调、挪用预算资金留下可趁之机，对预算支出监督不能有效进行。大量的公款消费、公款追加等不合法支出最终都以合法的名义支出，而人民代表却并不知道其真实用途，不能进行及时监督。财政有一个重要的职能，那就是管理好国家预算资金。对预算支出，财政部门应该有强有力的监督手段，确保每一笔财政资金都能按预算的要求得以落实。而目前我国在预算支出的管理和控制上，手段很弱，财政对支出预算的执行没有有力的制约手段，财政资金划到各部门之后，基本没有办法进行监督，而且即使监督，也存在严重的“四多四少”现象，即突击性专项检查多，日常监督少；集中性和非连续性的事后检查多，事前、事中监督少；对预算收入检查多，对预算执行监督少；对某一个单项一事检查多，对全方位监控资金使用的跟踪问效少。我国实行的会计委派制对象仅限于国有大中型企业，还是试点。

五、加强部门预算管理的对策

部门预算是公共财政框架的重要组成部分，对于实现公共资源特别是财政资金的优化配置，稳固财政基础，增强调控能力，具有重要的作用。因此，深化部门预算改革不仅是规范预算管理模式的要求，更是政府部门特别是财政部门认真落实“科学发展观”重要思想的具体体现。加强我国部门预算管理的对策如下：

（一）修改《预算法》和出台《部门预算实施条例》

在部门预算的改革进程中，要逐步解决以下预算法规建设滞后的问题：

（1）修订《预算法》及其实施细则。有些专家建议将预算编制的周期延长到一年，并制定严格的预算编制程序表，将人民代表大会批准预算的程序提前到每个财政年度开始之前，使全部预算的执行都在法律程序的控制之下。

（2）调整现有的会计制度和财务制度，与部门预算编报口径保持一致。

（3）修订与《预算法》及《预算法实施条例》直接相冲突的部门法律和规章。对国务院各主管部门以及各级地方政府出台的专门法规进行认真清理，凡涉及某一部门或行业的支出安排原则及方式等有关内容，应依照《预算法》重新修订。在此基础上，建议由国务院颁布《部门预算实施条例》，将原预算法规中没有明确界定部门预算的事项逐一陈列出来，完整、全面地规定部门预算的编制原则、方法、口径、政府收支分类、绩效评价等关键内容，为地方政府今后深层推进部门预算提供依法理财权威根据。

（二）细化预算编制

按照国家财务规章制度的规定和部门预算编制的有关要求，结合单位的收支情况，编制基本支出预算和项目支出预算。编制预算必须以党和国家的方针政策以及各项法律法规为依据，以本单位事业发展计划为基础，以“收支平衡、略有结余”为准则，根据年度的预算执行情况和本年度经济发展情况，综合考虑各方面的因素，对本单位本年度的总体目标进行预算编制。财务部门在编制部门预算时，一定要做好编制预算的准备工作，预算支出要细化到项目。预算管理领导小组根据单位事业发展规划，认真审核项目支出预算，根据项目发展的重要性、可行性和效益，分轻重缓急，合理安排项目资金，对政府安排的刚性支出项目必须保证，不留缺口。

（三）实行绩效考评，建立绩效预算

我国的部门预算编制尚存在一定的经验决策色彩，部门预算与部门战略规划之间的内在联系不够强，支出安排容易出现与部门总体规划不一致的情况。为此，应当彻底改变预算编制和管理方式，逐步由投入型预算变为绩效型预算。实行绩效考评制度是实行绩效型预算的重要前提和基础，需要做好以下几项工作：

（1）确立年度绩效计划。公共部门在编制年度预算时，根据部门的战略目标确立部门应提供的公共服务数量和水平，包括以结果为导向的绩效目标、实现这些目标应开展的详细的活动和需动用的资源，以及具体衡量指标和绩效标准等。这些年度绩效计划将作为对该部门或项目进行绩效评价的重要依据。

（2）提交绩效报告。公共部门不仅要编制年度绩效计划，而且要定期或不定期提交

绩效报告,通过绩效报告详细描述绩效目标的完成程度。

(3) 开展绩效评价。由于绩效报告由公共部门自己提供,很难保证评价结果的客观公正性,需由独立于部门外部的机构进行评价。同时,要根据公共部门及公共支出的性质和特点,建立规范、科学的绩效评价指标、标准和方法体系,以保证评价结果的客观公正性。绩效评价的指标主要包括投入指标、能量指标、产出指标、结果指标、效率和成本效益指标和生产力指标,绩效标准涉及质量、经济、效率、效果等方面。

(4) 应用评价结果。绩效评价结果应与预算分配密切相关,赋予部门更多的责任,提高财政支出管理的水平。

(四) 建立预算审批、执行公开的制度

我国应逐步实现预算内容定期、定例公布,增强预算的透明度。通过预算审批、执行的公开,保证公众有民主参与的机会,可以使政府的收支行为自始至终处于立法机关和社会公众的监督之下,防止财政支出中浪费和缺乏效率等情形。

预算审批、执行结果的公布,可以选择通过政府网站或公众惯常订阅的平面媒体,全面、详细、如实地公布审批和执行的报告,公布预算总指导原则,以使公众了解和研究讨论;公布细化到一定程度的部门预算,以便公众对照监督;公布历史数据和对比;要有面向纳税人的预算解释性文件,有预算执行的中期报告。所有此类文件应免费提供,也可在互联网上查询。对于政府来说,财政运营公开是一种社会压力,它使政府的各项经济活动处于舆论的广泛监督之下。这种压力促使政府强化财政管理,有效地运用取自公民的税收。有效的财政监察是以财政活动的公开为前提和基础的。

(五) 建立全方位、多层次的监督体系

从各个角度监督部门的预算活动,既有立法监督,又有行政监督以及司法监督。同时,实行多层次的监督,即立法机构监督、财政部门监督、审计机构监督,再辅以社会监督,适当扩大社会中介组织参与监督的范围,充分发挥社会舆论对政府机构和国家工作人员的监督作用。监督机构必须适应市场经济发展和建立公共财政体制框架的新形势,参与财政重大决策,对整个财政收、支、管等诸多方面的合法性进行监督,以监督管理为主,事前、事中、事后监督相结合。在对财政资金分配特别是重点专项资金分配上,监督检查机构要派员参与其中,实行跟踪监督,不仅要监督资金拨付项目的科学合理性、合法合规性,而且还要监控财政资金使用的效益。最终构建一套具有中国特色的全方位、多层次的部门预算监督体系。

(六) 完善违反预算的法律责任

我国《预算法》法律责任的规定很不完善,其中第 73 条规定"各级政府未经依法批准擅自变更预算,使经批准的收支平衡的预算的总支出超过总收入,或者使经批准的预算中举借债务的数额增加的,对负有直接责任的主管人员和其他直接责任人员追究行政责任"。这条规定存在严重不足,没有规定由哪个部门来追究责任。没有追究责任主管机关的法律责任是无法落实的,现实中预算的变更往往是单位领导决定的,追究责任的阻力就更大。因此,必须规定追究法律责任的执法机关,建议可以由人大对严重违反预算支出的主要责任人员给予罢免,对要给予行政处罚的主要人员可以由上一级人民政府追究责任。

第十章 社会保障制度比较研究

市场经济客观上需要一个健全的社会保障制度。当然,市场经济排斥自然经济条件下的小农平均主义和超经济强制的特权,只承认在市场竞争中的机会均等,而竞争的结果又往往是不均等的,这种机会均等和结果不均等是市场经济条件下激励社会成员劳动热情的一个重要的压力和动力。但是,与此同时,那些不能参与竞争以及在市场竞争中遭到失败的社会成员,在市场经济条件下,要求通过一定的社会保障制度给予生活上的基本保障,以维持社会劳动力的正常再生产,并随时为其新的发展需要提供必要的补偿劳动力。这在任何社会制度下都是客观必要的。因此,社会保障成为市场经济条件下社会产品分配的一个补充系统。在社会保障系统的分配中实行一定限度的“不等价交换”(如社会保障)和无偿支付(如社会救济),这既是市场经济的自我否定,又是市场经济的自我补充。

我国社会保障制度形成于20世纪50年代初期,后来几经修改并颁发了许多新的规定,在社会主义经济建设中作出过重大的贡献。最近十几年,我国社会保障制度进一步健全和完善,但是如何筹集和合理分配社会保障资金,如何协调效率与公平的矛盾,怎样消除社会保障实施中的严重浪费现象,如何解决社会保障费用分配的不合理状况等问题,迫切要求从理论上作出科学的解释,并在实践中尽快加以解决。

社会保障具有较长的历史,因此,进行社会保障制度改革时,有必要也有可能广泛研究并吸取和借鉴国外的经验教训,以利于结合我国具体情况和实践经验,进一步健全和完善社会保障制度。

为此,我们首先要广泛了解世界各国的社会保障活动的情况,并在比较中加以鉴别,为健全有中国特色的适应市场经济发展的社会保障制度提供参考。

第一节 社会保障的性质和范围

一、社会保障的性质

社会保障不仅是个经济范畴,它还涉及政治、伦理道德、人口等各方面的问题,与多种学科的研究都有密切关系。但社会保障本质上是个分配范畴,它是通过社会产品的初次分配和再分配来实现的。在社会主义条件下,它必然与财政发生密切关系,并要求在发挥其分配职能时解决好社会保障的问题。

关于社会保障的性质,国内外理论界还存在较多的争议。我国理论界的主要观点大致有三类:① 认为社会保障是一个广义的概念,泛指除工资制度以外,国家为提高公民物质文化生活水平所采取的一切措施,包括社会保障、社会福利和各单位举办的集体福利事业。② 认为社会保障是由政府对所有公民履行确保其最低经济生活的国家职能的一种制度。③ 认为社会保障是国家为公民提供的一系列基本生活保障。公民在年老、疾病、失业、灾害或丧失劳动能力等情况下享有从国家和社会获得物质帮助的权利。《中华人民共和国宪法》规定:“中华人民共和国公民在年老、疾病或者丧失劳动能力的情况下,有从国家和社会获得物质帮助的权利。”

西方理论界对社会保障的解释也不尽一致。一种主张认为,社会保障是对大多数老年人、遗属、残废者的保险;另一种主张认为,社会保障是政府提供的抚恤金、残废救济、失业津贴以及各种其他现金转移项目的统称。在日本,人们对社会保障的理解是,社会成员在生活中,由于疾病、失业和年老等,常会遇到生活上的困难,对这些困难,有时只靠个人的努力、家庭的互助是解决不了的。社会保障就是为了防备上述情况的发生,由国民事先负担保险费和税金,当生活发生困难时,接受治疗、社会福利和年金等的制度。美国1999年出版的《社会工作词典》将社会保障定义为:“一个社会对那些遇到了已经由法律作出定义的困难的公民,如年老、生病、年幼或失业的人提供的收入补助。”《新大不列颠百科全书》对社会保障的定义是:“社会保障是对病残、失业、作物失收、丧偶、妊娠、抚养子女或退休的人提供的现金待遇。”国际劳工局对社会保障的界定是:“社会保障即社会通过一系列的公共措施对其成员提供的保护,以防止他们由于疾病、妊娠、工伤、失业、残疾、年老及死亡而导致的收入中断或大大降低而遭受经济和社会困窘,对社会成员提供的医疗照顾以及对有儿童的家庭提供的补贴。”

苏联理论界对社会保障的解释基本上有两种:① 认为社会保障是为了给丧失劳动能力者(因年老、残废、患病、妊娠、分娩等)提供物质保证而组建和使用集中性货币基金的主要形式;② 认为社会保障是为形成和使用依靠社会来补充丧失劳动能力或因一定原因需要物质帮助的公民收入的基金而产生的分配关系体系。

从人类社会的历史发展看,可以发现社会保障是一个历史范畴。作为一种思想,社会保障有着悠久的历史。孔子就曾主张“老有所终,壮有所用,幼有所长,鳏寡孤独废已者,皆有所养”,孟子也认为:“老而无妻曰鳏,老而无夫曰寡,老而无子曰独,幼儿无父曰孤。此四者,天下之穷民而无告也,文王发政施仁必先思四者。”这些都可视为社会保障思想的萌芽。与此同时,零星的社会保障措施在历史上很早就曾实行过。如我国古代,有在灾荒时期放赈“社仓”和“义仓”救济灾民的史实,民间广泛流传着“养儿防老,积谷防饥”的俗语便道出了“社仓”、“义仓”的社会性质。在古埃及,修建金字塔的石匠曾自发组织互助会,用会员缴纳的会费支付会员死亡后的丧葬费用。在古巴比伦,据记载也有国王命令僧侣、官员及村长收取税款用做救济火灾损失的史实。这些历史事实证明,社会保障是客观存在的历史范畴,只是在一个很长的时期内,社会保障始终停留在救济天灾人祸、收养孤老幼弱的阶段。在当时,私人慈善活动不得不起主要的然而却是远远满足不了需要的作用,这是由当时的生产力水平和社会制度等条件决定的。然而在今天,私人慈善活动已远不及国家在社会保障方面的作用。

社会保障又是一个经济范畴。只有在生产力有了一定的发展、出现了剩余产品的条件下,社会保障的产生才有可能。剩余产品的多少是决定社会保障水平高低的基本因素。在奴隶社会和封建社会的漫长历史中,由于自给自足的自然经济占统治地位,生产力发展缓慢,剩余产品很少,加上由此决定的奴隶主和封建贵族专政的国家制度,当时的社会保障只能是低层次的、零星的、残缺不全的。人类社会发展到资本主义时期，生产社会化程度空前提高，生产力获得突飞猛进的发展，同时，大量的无产者也不断涌现。这时，一方面，众多的社会成员只有依靠社会的力量才能获得生活的起码保障，以维持劳动力的再生产；另一方面，资本主义商品经济的发展使得资本家财富的积累和无产者贫困的积累同时扩大，无产者生活的无保障是激化阶级矛盾的一个重要因素，它动摇着资产阶级的统治。资产阶级为了自身的利益，不得不从维护社会安定的角度进行一些局部的改良，以缓和阶级冲突。现代社会保障的主要形式——社会保险便应运而生。19 世纪 80 年代，德国首先实施强制性疾病保险、伤害保险、老年死亡保险；其他西方发达国家也先后实施了各种各样的社会保险。经过几十年的发展，到第二次世界大战结束时，各国都逐步建立起一套包括社会救济、社会保险、社会福利的所谓"从摇篮到坟墓"的社会保障体系。20 世纪 70 年代以来，福利开支的增加日益影响到资本积累的增加，引起人们对社会保障的指责和抨击。但是，经济发展的客观要求又使西方国家不能无限制地削减社会福利开支。

在社会主义条件下，实行社会保障是由社会主义基本经济规律决定的，是与社会主义的生产目的相一致的。按劳分配是社会主义个人消费品分配的主导原则，应该遵循不劳动者不得食的准则。但是，按劳分配又掩盖着事实上的不平等。实践证明，实行社会保障可以弥补按劳分配的不足，二者相辅相成，相互补充。

历史事实证明，社会保障是社会经济发展到一定阶段的必然产物。因为，第一，在任何社会形态下，自然灾害的发生会使一些社会成员的生活失去保障。第二，社会化大生产的发展使劳动的社会性增强，自给自足的自然经济解体，家庭的保障功能大大削弱，身体损伤、失业等现象几乎不可避免地会发生。这些情况一旦发生，有关的社会成员就失去了收入来源，造成生活无着落。同时，社会化大生产使职业培训和职业教育等也显得至关重要，这也属于社会保障的范围。第三，在任何社会制度下，人们的收入都会存在程度不同的差距。在阶级社会，私有制的剥削关系造成收入分配极不公平，广大劳动者经常入不敷出；在社会主义社会，实行按劳分配尽管是一个巨大的进步，但是，劳动者的身体状况、文化素质、技术知识、劳动技能等因素的差别仍客观存在，决定了收入水平的不同，同时，由于每个家庭需要抚养的人数不等，因此相同收入的劳动者负担不均。这些因素都会在一定程度上影响到人民群众的生活和社会安定。为了保证社会生产的顺利进行和政治上的稳定，客观上要求采取某些措施来解决生活、收入无保障的问题，适当缩小人们的收入差别。这些既是实行社会保障的原因，也是实行社会保障的目的。

关于社会保障的性质，在马克思的一些有关著作中作过许多重要的论述。如马克思在《哥达纲领批判》中阐述未来社会主义的分配原理时，针对拉萨尔倡导的"不折不扣的劳动所得"口号，就明确提出在进行个人消费品的分配之前，社会总产品应当首先进行一系列必要的扣除，其中第三项扣除是"用来应付不幸事故、自然灾害等的后备基金或保险基金"，第六项扣除是"为丧失劳动能力的人等等设立的基金，总之，就是现在属于官办济贫事业的部分"①。在《资本论》中，马克思指出：在未来社会，"除了为那些由于年龄关系还不能参加生产或者已经不能参加生产的人而从事的剩余劳动外，一切为养活不劳动的

① 《马克思恩格斯选集》(第三卷)，人民出版社 1974 年版，第 9、10 页。

人而从事的劳动都会消失"[①]。"如果我们再把剩余劳动和剩余产品,缩小到社会现有生产条件下,一方面为了形成保险基金和准备金,另一方面为了按社会需求所决定的程度来不断扩大再生产所必要的限度;最后,如果我们把那些有劳动能力的人必须为社会上还不能劳动或已经不能劳动的成员而不断进行的劳动,包括到1.必要劳动和2.剩余劳动中去,也就是说,如果我们把工资和剩余价值、必要劳动和剩余劳动的独特的资本主义性质去掉,那么,剩下的就不再是这几种形式,而只是作为一切社会生产方式所共有的基础。"[②]

从马克思的这些论述中可以看出,马克思的社会保障思想至少可以包括以下几个内容:① 社会保障是一个分配范畴,它体现着一种分配关系。因为,在社会产品和国民收入的分配和再分配过程中,社会保障通过社会保障资金的筹集和运用,必然牵涉不同部门之间、不同地区之间、不同企业之间、不同阶级之间,以致不同个人之间的利益关系。因此,从根本性质看,社会保障体现着人们之间的分配关系。② 社会保障存在于一切社会生产方式中,但在不同的历史阶段,它的发展程度不同,并且在不同的社会形态中体现着不同的阶级内容,具有不同的阶级性,因为它是由特定的生产方式的性质决定的。

根据上述认识,我们可以把社会保障的概念表述为:社会保障是一个客观的历史范畴,是社会经济发展到一定阶段的必然产物,是国家为达到确保社会成员基本生活水平的目的,依靠社会的力量,通过参与社会产品的分配和再分配而形成的一种分配关系。而社会保障制度则是在这种分配关系的基础上建立的一系列法令、制度、规章、措施等的统称。具体来说,社会保障是在社会成员暂时或永久丧失工作能力、失去工作机会或收入不足以维持基本生活水平时,主要由政府负责提供的基本生活保证。在人类消费所需的生存资料、享受资料和发展资料中,社会保障的目的主要是满足人们对生存资料的需要。

二、社会保障的范围

社会保障的范围是指社会保障的具体内容,不同国家在社会保障方面采取什么形式、设立哪些项目来达到确保基本生活水平的目标很不相同。下面是几个主要国家社会保障制度的简要情况。

英国是资本主义社会保障制度建立最早的国家,早在16世纪就采取了济贫措施,有关社会保障制度的思想在英国也提出得较早。霍布森、庇古是公认的福利经济学的创始人,英国费边派社会主义者对于社会保障理论也有所建树。20世纪30年代的经济大危机,使强调社会平等和社会改良的社会民主主义思潮在英国盛行,主张国家干预经济、实现充分就业的凯恩斯主义随之在英国诞生。同时,英国还是著名的"贝弗里奇计划"的发源地。1945年英国工党执政,以部分工业国有化、实现充分就业和社会保障为纲领,先后施行了社会保险、工业伤亡、家庭补助、社会保健四项社会保障法案。1948年,工党首相艾德礼宣称英国已建成"福利国家"。此后,工党和保守党交替执政,保障措施不时有所增改,但基本结构和内容没有变化,工党的主张一直保持下来。英国社会保障的实施在

---

① 马克思:《资本论》(第三卷),人民出版社1975年版,第958页。
② 同上书,第990页。

20 世纪 60 年代已经相当广泛，到 20 世纪 80 年代，已经形成一个十分庞大的保障体系。各种补贴多达 40 种以上，主要有社会保险、国民健康保险、个人生活社会照料等项目。英国已是一个典型的资本主义"福利国家"。

英国 1948 年起实行的"国民保险计划"，目的是使公民在遭遇不幸事故或困难时能获得基本生活的保障，但前提条件是公民须事前缴纳相当数量的保险费。凡因失业、疾病、育婴使收入蒙受损失时，给予一定的经济补贴；对退休、工伤、死亡、寡妇、儿童给予一定的经济照顾。这项计划强制地适用于 16 岁以上的社会成员。它由政府有关部门分布在各地的 500 多个办事机构负责实行。同时，英国于 1948 年开始实行全民医疗，这是一项综合性的医疗服务事业，其宗旨是"让每一个社会成员免费或低价享受医疗卫生"。公民在国家保健系统的医疗机构求诊、住院，一般是免费的。后来由于实践中的严重浪费现象，为减少开支，曾规定病人每次取药要交付医药费，但绝大多数药费仍由政府提供。另外，对于个人处理日常生活发生困难者，如老年人、残疾者、失去正常家庭照料的儿童和精神失常者，由政府地方当局拨款，组织所属机构或其他社会团体予以一定的照料。

法国的社会保障主要是在第二次世界大战后发展起来的，特别是以密特朗为首的社会党政府上台后，针对法国所面临的经济停滞、社会矛盾深化、贫富悬殊日益扩大的情况，想通过扩大社会保障来缓和这些矛盾。在其他资本主义国家相继削减福利开支的同时，法国却把强化社会保障措施和扩大国有化一起，作为振兴法国经济的两大杠杆加以运用。

法国当前的社会保障制度主要有失业救济、疾病与工伤保险、家庭津贴与住房补贴等。法国在 20 世纪初就建立了退休制度，以后又陆续颁布了许多新的规定，扩大了社会保险的范围，提高了保险待遇。第二次世界大战后，法国的失业救济措施有较大的发展，失业救济金比一般资本主义国家多。但由于生活费用指数不断上升，而失业救济金是按原工资的一定比例、采用支票的形式发给的，失业者拿到的救济金实际上打了折扣。法国开业的医生，80% 属于公共保健系统，并设有"疾病保险"。凡参加了社会保障的"疾病保险"者，患病后可享受疾病保险金，病员就诊支付的治疗、药品和住院费用，大部分可从社会保障机构得到补偿。法国工伤事故中的受害者，其治疗费、药费和住院费等全部由社会保障金库开支。法国自 20 世纪 70 年代以来，各种家庭津贴、补贴开支很大，相当于国内生产总值增长速度的两倍。对公务员的社会保障措施有休假、病假、工伤假、产假、哺育假、受教育假以及其他许多社会救济和实物福利。在住房方面，法国工人的居住条件甚差。由于战争的破坏，几百万居民得不到起码的住房，战后的住房建设远远满足不了需要，有些年轻夫妇由于缺少住房而不愿生育子女。住房已成为法国严重的社会问题。针对这种情况，法国政府曾下令慈善机构将政府的一部分低价住房转租给无家可归者，直到他们能在经济上恢复独立为止。同时，对已婚夫妇发放住房津贴。当然，在保持和巩固资本主义私有制的前提下，这些措施对各种社会尖锐矛盾的解决也只能起到一定的缓解作用。

德国 1883 年制定了世界上第一部疾病保险法，成为世界上最先实行疾病保险的国家。一年后通过了《全国工人赔偿法》，1889 年又实行了《老年与病残强制保险法》。第二次世界大战后，随着经济的恢复和发展，社会保障项目增多，已建立起老年退休、失业、病残、事故等方面的保险以及住房补贴、儿童补助金等项目的社会保障体系。在西方国家中，德国是一个实行广泛社会保障的国家，社会保障水平与“福利国家”瑞典不相上下。

德国的社会保障制度以维护资本主义经济稳定和均衡发展为宗旨，在政策主张中也包含所谓“公平”的内容，但更为强调“安全”，即强调社会保障应该使在剧烈竞争中失败者不致陷入绝境，并能获得重新参与竞争的机会，而对于那些由于失去劳动能力或遭意外不幸而不能参与竞争的人，则在基本生活上提供保障。在理论和政策上，强调政府不应把社会保障事业全部包下来，主要是负责进行必要的干预和调节。根据这种认识，德国建立了一套以“自助”为主的社会保障体系，称为“社会安全网”。其内容主要包括社会保险、社会照顾、社会救济三个方面。社会救济主要针对那些没有劳动能力的人；社会照顾则是对那些不是由于自己的原因而遭受了损失的人给予保障；社会保障资金来源于雇主和雇员的缴纳。另外，德国重视把社会保障措施同其他政治经济措施有机地统一起来，旨在构成一个保证经济稳定均衡发展、社会安定的有效政策体系。例如，强调把实施自助式社会保障同保持币值的长期稳定联系起来，为此采取一系列措施，防止消费和投资的过度膨胀等。

瑞典大约在一百年以前还是欧洲最穷的国家之一，它走上资本主义发展的道路比较晚。但是，由于瑞典得天独厚的自然条件，以及在两次世界大战中保持中立，没有直接受到战争的破坏，同时，在战争期间又以出售军火武器和各种战略原料攫取了巨额的财富，使其迅速成为世界上最富裕的国家之一。这也为瑞典社会保障的扩大提供了物质基础。

瑞典实施社会保障的历史也比较悠久。1932年社会民主党上台，大力推行社会福利政策，采取了一系列的社会保障措施，主要的如1934年实行失业保险，1935年和1937年两次修订养老金条例，1937年通过《保护母亲健康法》，1938年实行工资照发的休假制度和牙医公费治疗，1939年通过《就业妇女法》。瑞典社会保障制度目前主要有老年保险、医疗保险、工伤保险、抚恤金、寡妇补贴、贫困补贴、失业补贴、失业救济、对残疾人的社会援助、免费教育、家庭福利补贴（如孕妇产前检查、医院分娩免费等）、住房补贴、职业培训等许多项目，这些项目基本上包括了对社会成员“从摇篮到坟墓”的保障。瑞典被称为西方“社会福利的橱窗”，为许多西方国家称羡与仿效。

美国社会保障制度比其他资本主义国家建立得晚一些，它基本上是20世纪30年代经济危机的产物。在这以前，美国只实施过零零碎碎的社会保障制度。1934年，罗斯福任命经济保障委员会起草制定《社会保障法》。当时关键性的主张是：美国的社会保障制度不应该像西欧那样全部或部分由政府提供资金，而应该是“财务自理”，并独立于财政部和政府税收之外。理由是，由企业和职员出钱，它将反映在产品（劳务）成本和价格上，最终由购买者负担，这样可以多少受到些约束；在组织和实施社会保障及其项目设置上，主要决定权也交给企业主和各州地方政府，联邦政府只负责进行必要的补助和调节。1935年通过了《社会保障法》，包括失业保险、盲人保险、老年保险、儿童赡养补助等项目。随着经济的发展，在20世纪40年代，扩大了社会保障的实施范围；在60年代，美国追随和仿效西欧国家，使社会保障事业有了比较迅速而全面的发展；然而，70年代经济陷入长期停滞以来，许多人认为美国已经陷入“福利困境”。自尼克松以来的各届政府，总的倾向是削减社会福利开支。

目前，美国各级政府举办的社会保障措施有九十多项，主要分为社会保险和福利补助两大类。社会保险项目繁多,包括老年、遗属和残废保险,联邦政府文职人员退休保险,失业保险以及其他各种社会保险,如医疗保险、工伤事故保险等。福利补助又称公共援助,大致相当于社会救济和社会福利范围,它主要是指联邦、州和地方政府合办对低收入和官定贫困线以下的社会成员的救济补助金,包括医疗补助、补充保障收入、食品券补贴等项目。

日本对社会保障的理解比较广,认为社会保障是指对于残疾、分娩、负伤、死亡、失业、多子女及其他原因造成的贫困,从保险方法和直接的国家负担方面,寻求社会保险途径。对陷入生活困境者,通过国家援助办法,保障其最低限度的生活。同时,也较重视公共卫生和社会福利。

日本走上资本主义发展的道路比较晚,自 1868 年明治维新以后,经济发展迅速。第二次世界大战以后,在经济恢复发展的同时,社会保障事业也有较大的发展。日本社会保障制度主要有年金保险(包括每年支付的定期退休金、残废金和抚恤金)、就业保险(主要是失业救济)、工伤事故补偿保险和儿童津贴。此外,政府还举办对低收入家庭的社会救济。值得一提的是,日本社会保障制度中的养老金制度比其他资本主义国家规定得较为具体和完善,具有自己的特色。

在苏联,苏维埃政权建立后,立即废除沙皇时期的旧社会保障制度,逐步建立起新的社会主义社会保障制度,开辟了社会保障的新纪元。从 1917 年 11 月至 1922 年,列宁亲自审批和签署了一百多项关于劳动者社会保险和福利方面的法令。1918 年 4 月 26 日,人民委员会把国家救济人民委员会改名为社会保障人民委员会,以便同旧的施舍和慈善机构相区别。1918 年 10 月 31 日,俄罗斯联邦人民委员会批准了《劳动者社会保障条例》,使社会保障制度得到进一步的发展。1920 年第一次实行特别保证金,通过了一系列的改善红军残废战士及其家属的社会保障的重要法令。1924 年起开始逐步实行依据劳动贡献和残废的轻重及原因,按个人的实得工资计算领取残废金的办法。1928 年 1 月 5 日,劳动人民委员会下属的联盟社会保障理事会通过了一项养老金制度。从 1929 年 2 月 15 日开始对冶金、矿山开采、铁路、水路运输业工人,第二年又对印刷、化学、烟草、玻璃陶瓷业及其他许多工业部门的工人实行养老金待遇。1956 年通过了《国家保证金法》,自 1956 年 10 月 1 日起生效。在保证金及在此基础上所颁布的其他法令中,肯定了下述基本原则:扩大国家保证金的范围,规定保证金只从国家和社会经费中支付,增加了养老金、残废金和丧失赡养人抚恤金的数额,使保证金开始接近保证金领取者以前的实得工资。从 1964 年开始,对集体农庄庄员实行与职工统一的社会保障制度。从社会保障制度的发展中可以看出,苏联实行的是国家社会保险,其特点是:社会保险适用于所有职工及其家属;保险费用由企业和机关支付,不从工资中直接扣除;保险费用由社会总产品中扣除并由国家实施,建立统一的机构办理。

苏联社会保险制度主要有以下一些项目:退休养老保险制度;残废金、死亡及丧失赡养人抚恤金制度;公费医疗及疗养制度;普及中等义务教育,实行由社会负担费用的普及完全中等教育;住房补贴及其他补贴制度,国家对住房、粮食、肉类和其他基本食品实行补贴制度,使这些商品的基本价格多年未变,同期职工的收入却增加了一倍,这种补贴规模庞大,超过了官方公布的国防经费的水平。

从上述各个国家的社会保障制度看，其共同点是，世界各国社会保障都具有范围从小到大、标准从低到高、制度由单一到不断完善的发展过程。尽管各国社会保障、社会目的、政治任务以及具体项目不一致，但从各国社会保障事业的发展来看，却体现了这样一个共同的趋势。

从世界各国现行的社会保障具体形式看，大致可以划分为社会救济、社会保险、社会福利三个方面的内容，分别处于三个不同的层次，每一个层次都与社会劳动力在生产过程中遇到的生活无保障状况相关，并且都是从不同角度和在不同程度上以保证社会成员基本生活水平为宗旨。

（一）社会救济

这是较低层次的社会保障，它只是解决最基本的吃、穿、住问题。社会救济具体是指因自然灾害或其他政治原因，使社会成员无法维持最低生活水平，由国家有关部门给予的临时性资助。从历史上看，社会救济是政府提供的最早的社会保障形式。在我国古代很早就有了济贫制度，国外的情况也可追溯到远古。但当时数量有限，水平也比较低。随着经济的发展、社会的进步，数量逐渐增多，水平也逐渐提高。但是，无论如何，社会救济总是以保证社会成员低水平的生活消费为宗旨，以临时性的救济为主要形式。

（二）社会保险

社会保险又称劳动保险，是现代社会保障制度的核心内容。社会保险是指劳动者由于生、老、病、死、伤残、失业等原因丧失劳动能力或失去工作机会，由国家给予一定的物质帮助，以维持原有生活水平，减轻生活困难。社会保险的特点是国家从国民收入中扣除一部分作为专门基金，采取互助共济的形式，在全社会范围内调剂使用，以适应社会化大生产的要求。它由政府监督实施，旨在创造一种稳定的生活秩序，使劳动者的消费需要基本上能够得到满足，为劳动力的生存、发展和延续提供必要的条件。

（三）社会福利

这是第二次世界大战后各国广泛发展的一种社会保障形式，它与各国政府的收入再分配政策密切相关，目前已成为社会保障制度不可分割的有机组成部分。社会福利采取的主要形式是由国家直接提供生活照顾或生活方便。它的特点是主要由国家出资兴办，以低费或免费的形式向社会成员提供物质或劳务形式的帮助，使孤、老、残疾、幼和为社会作出过特殊贡献的人及其家属都能获得一定的经济需要和发展的利益，这也体现了社会保障机会均等的性质特点。

纵观当今世界各国，特别是主要发达国家的社会保障制度模式，虽然其具体做法有所不同，但在保障范围、筹资方式以及管理体制等方面，仍具有一些共同性的特征。

1. 建立了较为完备的社会保障体系

西方发达国家的社会保障一般起步较早，而且经过长时期的运行，并以其雄厚的经济基础做后盾，因此，社会保障体系较为完善。首先，社会保障的覆盖面具有相当的广泛性。所有劳动者都在社会保障范围内，基本上所有公民均有权享受社会保障。其次，保障项目齐全，从生、老、病、死、伤、残、子女的抚养（即家庭津贴）到各种收入保障和医疗服务项目，可谓达到无所不“保”、无所不“包”的程度。正如一些西方学者指出的，发达国家对每一个公民从娘胎到坟墓的一切,即从怀胎到死亡,从物质到精神,从个人到家庭,从衣食住行到工作学习,从正常生活到遭受意外事故的一切方面,都给予充分的考虑和安排。这固然有助于提高全体公民的社会保障水平,但无疑也加重了社会负担和财政负担。最后,社会保障制度法制化。西方国家大都有一套完善的法律体系做后盾,以确保社会保障的有效实施。

2. 由政府、雇主、个人共同负担社会保障开支

第二次世界大战后特别是20世纪70年代以来,受人口老龄化、通货膨胀以及社会福利消费需求增长等因素的影响,西方发达国家的社会保障支出负担日渐沉重。这类支出刚性较强。为此,不少国家通过发展补充性社会保障来缓解政府保障支出的压力。补充性社会保障大体上有两块:一块是由雇主缴纳的职业年金,一块是由个人参加的保险。在英国,补充性社会保障的支出占全国社会保障总支出的比重达到40%,在日本,社会保障资金体系中的保险费占到了57%,其中个人投保6.9%,雇主缴纳30.1%。在德国,社会保障资金来源结构大体是国家占30%,雇员占30%,雇主占40%。这两块补充性社会保障与政府保障汇到一起,被西方社会称为一国社会保障体系的三大支柱。

3. 注重发挥财政在社会保障管理中的作用

几乎所有建立社会保障制度的国家都离不开政府财政对社会保障的补助,即使在社保资金常有盈余的国家,也有一部分不能依靠收费维持而只能由政府财政拨款的社会保障项目,如社会救济等。因此,各国大都加强了财政对社会保障资金的管理,有的将社会保障资金收支纳入政府经常预算,有的将社会保障收支纳入政府专项预算,即通过财政预算管理手段确保社会保障资金的正确使用方向。另外,财政还特别注重加强对社会保障结余资金的管理,规定结余资金一般只能购买政府公债,以保证结余资金的保值增值,规避一般性投资的风险。如美国将社会保障资金转入财政信托基金账户,其中90%以上用以购买国债,再由政府用于公共投资。日本将社会保障结余资金转做大藏省的资金运用,以此作为政府投融资的重要来源。新加坡1990年公积金余额达390亿新元,其中320亿新元购买了政府公债,用于经济建设,还有一部分与解决人民住房需要结合起来使用。总之,在社会保障的发展过程中,财政通过参与分配和管理,发挥了重要作用。

社会保障的内容或范围并不是一成不变的。随着社会经济的发展,社会保障的内容会日益充实,范围会不断扩大,水平也会进一步提高。从我国和其他一些国家的实际情况看,在探讨社会保障的内容和分类时,为了明确社会保障的范围和内容,应该首先对几个相近的概念进行分析,划清社会保险和人身保险、社会福利和集体福利之间的界限。

社会保险和人身保险的区别在于:社会保险是由政府实施的,人身保险则一般是保险公司以商业经营的办法开展的保险业务。二者的区别主要体现在以下几个方面:第一,社会保险是以国家为主要组织者的非营利事业,而人身保险则是企业经营以营利为目的的活动;第二,社会保险在许多国家具有强制性,强制社会大多数有条件的成员参加,使他们能在生病、伤残等时得到基本的生活保障,而人身保险则一般强调自愿性,保险面不及社会保险普遍;第三,社会保险由政府设专项资金,以维持被保险者的基本生活为出发点,保险性较强,而人身保险则按“多投多保,少投少保”的原则经营,保险程度主要取决于被保险者缴纳保险金的多少和投保期的长短;第四,社会保险具有社会收入再分配的功能,在

缴纳保险费和享受待遇方面都体现对低收入者有利的特点，以此缩小社会收入悬殊的程度，在某种程度上有助于实现所谓"社会公平"，而人身保险则不具备这样的作用。总之，社会保险和人身保险各有其作用，社会保险在不同程度保障公民基本生活方面所起的作用是比较清楚可见的。当然，社会保险对公民所提供的帮助是有限度的，它只能维持基本生活。为了克服社会保险的这种局限性，可以利用人身保险加以补充。但是，人身保险只能在一定的范围、一定的时间和一部分人中起作用，它不能代替社会保险，也不能与社会保险相提并论。

对于社会福利与集体福利，有人将集体福利包括在社会福利的范围内，这从广义的社会福利概念看并不是不可以，但是，社会福利作为社会保障的一部分，它的外延应有严格的界定，不宜于作过分广泛的解释，它不仅仅限于满足人们的基本消费需要。二者的区别还在于主体不同，社会福利主要由政府兴办，社会成员共同受益，集中性强；而集体福利是企业、组织、团体通过举办集体福利设施、补贴费用等渠道来照顾职员生活，它是满足本企业、组织、团体职员某些带有共同性或者普遍性的消费需要，不仅仅限于个人的基本生活需要，并且集体福利的规模、水平高低与企业生产经营状况密切相关，因而会加大企业之间的苦乐不均。因此，社会福利和集体福利不是谁包含谁的关系，二者应该互有分工、互相补充，做到相得益彰，避免相互替代或相互混淆。

第二节　社会保障的资金来源

一、社会保障资金的增长

社会保障的任务是保证社会成员的基本生活需要，因此，作为一项社会事业，社会保障既需要保证人们生活方面的经常性支出，又需要修建各种社会福利设施的基本建设支出。这些都需要通过设立专门的基金来保证。社会保障基金是指通过国民收入的分配和再分配形成的确保社会成员基本生活水平的物资，一般都根据自己的用途筹集、运用和管理，并贯彻专款专用的原则。为了使社会保障基金占用合理，各国都强调从需要与可能出发，由政府统筹安排，有计划地进行集中分配。

从世界各国的实践情况看，社会保障支出近年来有不断上升的趋势。以欧洲九个国家为例，由于失业的大量增加以及人口老化等原因，社会保障支出的增长速度大大超过了国民经济的增长速度。

在许多国家，这种社会保障支出的增长快于国民经济发展的现象是带有普遍性的。出现这种现象的原因，反映了社会保障的刚性效应，即一般说来，保障待遇提高容易，下降困难，许多西方国家被迫实行社会保障待遇指数化的制度就是证明。鉴于这种事实，我国在完善社会保障制度时对此必须慎重考虑。按照把当前利益与长远利益相结合的原则，一定要坚持社会保障支出的增长速度与经济发展的速度保持合理的比例。这对作为发展中国家的中国来说尤有重要的现实意义。

二、社会保障资金的筹集方式

社会保障资金的筹集方式是社会保障制度中一个至关重要的组成部分。对世界各国社会保障筹资方式的发展趋势作些简要的考察和分析，对我国完善社会保障制度具有一定的参考价值。

目前，各国大都是采取三方出资的模式建立社会保障基金，即由政府、企业、个人各负担一部分社会保障费用。

从世界各国社会保障资金来源看，有些国家以政府财政负担为主，政府负担高达95%以上，例如，新西兰（1977年为95.8%）、捷克斯洛伐克（1977年为96.5%）。大多数国家则是以企业负担为主，最高的是日本（1977年为76.3%）、罗马尼亚（1977年为76.3%）。有的国家则以个人负担为主，具有代表性的是瑞士（1977年个人为48.2%，企业为24.5%，政府财政为21.8%）、荷兰（1977年个人为44.1%，企业为36.3%，政府财政为14.6%）。此外，还有些国家只有企业和政府两方出资，个人不负担，如苏联是以国家负担为主，罗马尼亚是以企业负担为主。从上述情况的比较中，可以得出如下的结论：三方出资负担社会保障费用是社会保障筹资最一般的形式，这不因社会制度的不同而不同，区别在于以哪一方为主，而这取决于不同国家的具体情况。

从总体上看，当今各国社会保障筹资方式已很不同于早期的社会保障筹资方式，其发展的三个主要趋势是：筹资方式更加力求适合经济运行的要求；筹资方式和技术与社会保障的作用和目的之间建立起更紧密的法律关系；社会保障捐款与一般税收制度更趋于一致。

（一）社会保障捐款与经济政策

对于大多数国家来说，把社会保障捐款作为影响经济和实现政策的一种手段，已不是一时的现象。早在第二次世界大战以前，苏联在确定企业社会保障捐款率时，就强调不仅要考虑工作风险和有毒、有害因素，而且强调要广泛与当时的经济政策和社会政策紧密地联系起来，如规定所有私人企业实行较高的捐款率，对基建项目降低正常的捐款率。为了稳定工作人员，避免人员盲目流动造成浪费，苏联于1983年开始实行企业工龄津贴。早在革命战争时期，苏联就对革命军人和多子女母亲在社会保障方面给予多方面的优待和照顾。为了刺激养老退休者继续工作以缓和劳动力资源的短缺，社会保障向继续工作的退休者提供了优惠待遇。

一些西方国家通过捐款政策对经济产生影响，最值得注意的是就业问题。如英国1946年的《不列颠法》允许根据“保持稳定的就业水平”的经济要求改变捐款率。在那些主要依靠雇主捐款建立社会保障的国家，一般都要求注意避免因企业过多承担社会保障费用而对就业产生不利的影响。有些国家为了缓和成本推动型的通货膨胀，使用公共基金替代企业的一部分社会费用，目的是保护企业业主的利益，同时也鼓励就业，提高企业在国际上的竞争能力，抑制物价上涨。出于经济政策的考虑，特别是考虑到劳动力成本，有些国家不再应用保险原则，改对企业主实行固定的捐款率，这是一个正在扩大的新趋势。

取消捐款限额也是社会保障筹资方式的一个新趋势。早期一些国家对捐款的收入计算基数确定一个最高限额，超过限额部分不征收捐款。在第二次世界大战后的数年中，许多国家的社会保障制度都规定了捐款限额。对此，有人认为取消限额可以增加捐款额，也能简化计算手续，有利于社会保障基金的筹集，并能加强社会保障的再分配作用。因此，越来越多的国家开始取消限额,按工资总额征收捐款。这首先在东欧多数国家和芬兰实行。这种制度在20世纪70年代得到进一步发展。实践证明,取消捐款限额也是鼓励就业的一个有效手段,因为限额的存在会促使企业延长工作时间,不愿意增加工人。目前,致力于消除传统捐款机制中这种消极作用的趋势正日益发展。

(二)筹集方式趋于讲求适合社会保障的作用和目的

这一点表现在各国立法方面出现了两种不同的趋势。第一种趋势是发展统一的社会保障筹资方式,苏联在20世纪20年代初首先采取这种方式。在统一的筹资制度中,一般根据各种收入的总和来筹集资金。这里的主要问题是如何按最佳比例分配资金,以利于根据某个时期财政、经济和社会的政策,保证社会保障最公平的分配。许多国家在立法上已部分或全部地统一了社会保障的筹资方式。但在很多国家,统一的筹资方式不适用于医疗补助和家庭津贴,因为它们由国家预算直接拨款。第二种趋势是实行英国贝弗里奇教授在1942年提出的原则,即收入性质必须符合支出性质。目前这已被越来越多的国家接受。这种制度下,旨在保证职业性收入的保障金,应通过对职业性收入的征收捐款来筹资(即传统的工薪税);旨在保障最低社会生活标准(基本养老金和家庭津贴)和医疗补助的保障金,应由国家预算出资。目前许多国家建立了法定的全民保障福利计划,如澳大利亚、加拿大、德国等国,政府为家庭津贴负担全部资金;奥地利、比利时、新西兰等国,为了保证老年人的最低收入,公共基金负担全民养老计划的全部或绝大部分的资金。

(三)社会保障捐款方式与税收制度更趋于一致

社会保障费用与税收在传统上一直是分离的,但这种情况目前正在发生根本性的变化,二者之间紧密协调的趋势正在进一步发展。首先,强制性费用在不断增加。无论是社会保障捐款还是所得税,尽管在技术上可以将捐款负担和税收负担区分开来,但对于经济计划的目的来说,这两种负担被视为是同一种"征收负担",并且从企业和个人的角度看,税收和捐款之间并无区别。其次,从社会保障管理决策机构方面看,一些国家出现了将税收和捐款的管理合并在一起的现象。例如,挪威议会同意将社会保障捐款率和税率合并,并纳入社会保障预算;法国1979年成立了社会保障审计委员会,负责向国会提供关于社会保障财务问题的信息。同时,也出现了社会保障捐款技术与税收技术趋于一致的明显趋势,特别是在捐款的依据和计算方面更为明显。

目前,许多国家常常提出这样的问题:在提高负担比例方面,或是在对经济影响的协调性方面,如何使社会保障筹资制度与税收制度更好地一致起来,这的确是值得探讨的问题。

从世界各国社会保障筹资方式发展趋势的比较中,可以得到以下几点启示:

第一,社会保障筹资方式必须法制化。社会保障筹资问题涉及政府、法人团体、个人三者的权利和义务,涉及对经济利益的权衡,各国在建立社会保障之初,就很重视以法律作保证,所有的社会保障计划及其筹资方式都以立法形式加以确定。我国不仅在《宪法》中应明文规定社会成员享受社会保障的权利,也应在专门的立法中确立政府、法人团体、个人在承担社会保障费用方面的义务。这有利于消除将社会保障筹资方式社会化看做是"平调"的错觉,也可避免资金筹集方面的乱摊派现象。

第二，坚持政府、企业、个人三方出资的原则。单一企业出资的一元化筹资方式起源于苏联，我国劳动保险的筹资方式也曾经实行这种制度。当前绝大多数国家都实行政府、企业、个人三方出资的方式。实践证明，三方出资是比较有效的方式，这也应是我国社会保障制度改革的方向。在我国，采取企业负担为主、国家负担为辅、个人适当缴纳的方式是较好的。以企业负担为主，是将现行社会保障制度中企业各自负担管理改为由统一的社会保障机构管理；以国家负担为辅，是指国家从财政预算中拨出一部分专款用于社会保障事业，这与目前国家财政每年向民政部门的拨款是一致的；个人适当缴税，有助于明确每个社会成员在社会保障中的权利和义务，有助于多种经济形式的发展和多种用工制度的完善，既可适当减轻国家财政的负担，又能促使人们对社会保障事业和保险费支出的关心，增强人们的养老保险观念，同时扭转一切由国家包下来的传统，还可以抑制对退休待遇标准的任意提高。在目前条件下，应注意个人负担不宜过高，要保持与个人收入水平相适应。

第三，社会保障筹资方式与税收制度协调一致也应是改革的方向。社会保障无论在筹资的计算依据和方法上，还是在社会费用的负担上，都类似于税收，尤其对个人出资来说，更接近于个人所得税，这已为越来越多的国家所认识。从我国要求精简机构、提高工作效率的现实情况来看，由税收部门负责征收社会保障税，看来是一条可行的改革措施。

第四，将社会保障筹资方式作为宏观经济管理的一个重要组成部分。由于社会保障筹资方式涉及收入政策、福利政策、就业政策等宏观经济政策，直接关系到企业的竞争能力等，因此，不能仅仅从社会保障收入和支出平衡的角度观察筹资方式。现代市场经济高度发展的复杂性，要求我们从宏观管理的角度重新认识和研究社会保障的筹资方式。

第三节　老年退休制度

退休养老保险是现代社会保险的核心内容。由于各国出现人口老龄化的普遍现象，因而老年退休保险制度引起了各国的广泛关注。完善老年退休制度也是我国社会保障制度改革的重要内容。本节简要介绍世界各主要国家退休保险制度的主要内容，并扼要总结其基本特点。

一、退休年龄

多数国家，例如前苏联、匈牙利、日本、意大利、阿根廷、秘鲁等，都规定男满60岁、女满55岁就可享受老年退休保险。我国的现行规定也是这样。英国、奥地利、波兰、澳大利亚、巴西、智利等国规定退休年龄为男满65岁、女满60岁。法国、埃及、菲律宾、新西兰等国规定男、女一律60岁，美国、加拿大、德国、瑞典、荷兰、墨西哥规定男、女一律65岁。丹麦退休年龄最高，规定男、女均为67岁。科威特最低，规定男、女一律为50岁。一些亚非国家，如印度、马来西亚、新加坡、印度尼西亚、尼日利亚、几内亚等国规定男、女55岁均可退休并享受养老金待遇。

关于退休年龄的规定，各国主要考虑本国民众的平均寿命及其劳动能力。随着经济的发展，人们的平均寿命也会相应延长，那时适当提高退休年龄有其合理性。在有些国家，由于劳动力资源缺乏，为了鼓励达到退休年龄的社会成员继续工作，政府在老年退休保险方面规定了许多优惠条件，如前苏联、罗马尼亚等国都有类似规定。

二、享受退休待遇的条件

对于老年退休后的待遇，世界各国主要有两种做法。第一种是年龄加工龄。我国与前苏联、东欧一些国家即实行这种办法，如前苏联规定男满60岁、工龄不少于25年，女满55岁、工龄不少于20年，可享受退休保险待遇。第二种做法是年龄加缴纳保险金的年数。美国、英国、法国、日本、德国等实行这种办法，如美国规定男、女年满65岁并缴纳10年保险金者可享受退休保险；法国规定男、女年满65岁并缴纳15年保险金者可享受退休保险；日本规定男、女年满65岁并缴纳20年以上保险金者可享受退休保险待遇。

三、退休金的计算和发放

从目前来看，各国退休金的计算和发放主要有以下五种办法：

(1) 根据工龄和投保时间的长短，按受保人原工资的百分比计发。如前南斯拉夫规定，参加保险15年者，按退休前10年平均收入的35%（男）或40%（女）计发；参加保险超过15年者，每超一年加发2%—3%，最高不得超过本人退休前10年平均收入的85%。

(2) 不管工龄长短和收入多少，按绝对数计发。在这种情况下，一般数量不多，带有保障最低生活的性质。实行普及年金的国家多采用这种办法。比如，加拿大规定，18岁后在加拿大国内居住10—40年者每月发放普及年金167加元。

(3) 退休金包括基本年金和附加年金。基本年金包括两部分：共同的基数乘以投保时间和本人工资乘以投保时间；附加年金是考虑受保人赡养人口的情况而加的一定数额的年金。例如，日本的私人企业规定：基本年金每月金额 = [（1 650日元 × 加入月数）+（月平均工资额 × 10% × 加入月数）] × 物价调整率；附加年金，有配偶者72 000日元，头两个孩子每人24 000日元，第三个孩子每人4 800日元。目前有相当多的国家采用这种办法。

(4) 退休金一次计发。采用这种办法的有新加坡、印度、印度尼西亚、尼日利亚、马来西亚等。做法是将受保人和雇主缴纳的全部保险金及按一定比例的利息一次支付给退休者。例如，新加坡规定，在一个受保人年满55岁，达到退休年龄时，一次性领回相当于1954年以后他本人和雇主缴纳的保险金，再加上6.5%的利息。

(5) 退休金按本人标准工资的一定百分比计发。前苏联、罗马尼亚等国实行这种办法。前苏联在确定退休金占标准工资的百分比时，要考虑标准工资的高低，退休者标准工资越高、百分比越小，标准工资越低、百分比越大。比如月工资100卢布以上者按50%计发，80—100卢布者按55%计发，60—80卢布者按65%计发，51—60卢布者按75%计发，35—50卢布者按85%计发，低于35卢布者按100%计发。这样做的目的，是适当拉平人们退休后的收入水平。另外还规定上有限制、下有保证的绝对金额，同时，有供养亲属的再加发一部分退休金。我国也按标准工资的一定百分比计发退休金，但会考虑参加工作的早晚和工作年限的长短，这样退休前后人们的收入水平差别往往依然存在，而且有所扩大。

在退休金计发方面，许多国家还规定在符合退休条件的前提下，提前退休减发退休金，延期退休增发退休金，以鼓励劳动者继续工作。例如，英国规定，延长退休者(男 65—70 岁，女 60—65 岁)每周增发 0.125% 的年龄补贴。法国规定，年龄超过 60 岁延期退休，每年增发 5% 的退休金。此外，有些国家，如意大利、瑞典、荷兰、加拿大、澳大利亚、秘鲁等国还明确规定，退休金随物价指数的变动而调整，以保证退休者的实际生活水平不会因物价上升而下降。

四、退休金的来源

退休金的资金来源，目前世界各国大致有以下几种方式：

(1) 企业按工资总额的一定比例提取，不足部分则由政府财政拨款给予补贴，职工个人不缴纳保险金。前苏联和东欧国家采取这种形式。例如前苏联规定，按不同产业提取工资总额的 4.4%—9% 作为保险金，国家补贴超支的部分；保加利亚规定企业提取工资总额的 20%，政府提供工资总额的 20% 并负担不足的部分。

(2) 大部分国家由受保人和雇主共同分担，国家按费用的百分比或一定数额补贴，并负担全部亏空额。大多数西方发达国家采用这种方法。

(3) 澳大利亚、新西兰、加拿大等少数几个国家，保险费用全由政府财政负担，个人、企业均不负担。

(4) 阿尔巴尼亚和几内亚等少数国家，退休金全由企业或雇主负担，个人不缴纳，政府也不负担。

从个人缴纳保险金的国家看，缴纳办法大致有两种：多数国家都采用累退制，即规定一个最高限额，收入中超过限额部分不缴纳保险金，收入越多，缴纳保险金的比率越低，退休金的支付也按收入中缴纳的保险金的部分计发，如尼日利亚缴纳保险金的最高限额为 67 奈拉。另一种办法是累进制，如匈牙利 1988 年以前规定，职工月收入 1 800 福林以下按 3% 缴纳保险金，月收入 1 801—2 300 福林按 4% 缴纳，2 301—3 000 福林按 5% 缴纳，3 000 福林以上每增加 1 000 福林增缴 1% 的保险金，但最多不超过月收入的 10%。

五、退休金的筹资模式

纵观世界各国的退休金的筹资模式，可分为现收现付式和基金式两大类。

(1) 现收现付式。现收现付式是指当期的缴费收入全部用于支付当期的养老金开支，不留或只留很少的储备基金。从资金角度看，现收现付式是一种靠后代养老的保险模式，上一代人并没有留下养老储备基金的积累，其养老金全部需要下一代人的缴费筹资，实际上这种保险靠的是代际之间的收入转移。

(2) 基金式。基金式又分为完全基金式和部分基金式两种。完全基金式是指其缴费收入全部用于为当期缴费的受保人建立养老储备基金，建立储备基金的目标应当是满足未来向全部受保人支付养老金的资金需要。部分基金式则是介于现收现付式和完全基金式之间的一种筹资模式，即期的缴费一部分用于应付当期的养老金开支，一部分用于为受保人建立养老储备基金。按照世界银行的标准，当一个非完全基金式的养老保险的储备基金可以满足两年以上的养老金支出需要时，则属于部分基金式。完全基金式是一种自我养老的保险模式,各代之间不存在收入转移,每一代人都是靠自己工作期间缴纳的保险费所积累起来的养老储备基金来维持老年生活;而部分基金式的养老保险则是自我养老和后代养老相结合的一种养老模式。

六、退休金的管理机构

世界各国的退休制度基本上由一个部门统一管理,并设有自上而下的管理机构。各国设置的管理机构名称不同。美国、英国、法国、瑞典、保加利亚、埃及等国由社会福利部(或社会保障部、社会事务部、健康与社会保障部等)管理,罗马尼亚、印度、墨西哥、新加坡等国由劳动部(或劳工部、劳动工资和社会事务部、劳工与社会福利部等)管理,前苏联、匈牙利由工会管理。此外,日本的退休制度规定,私营企业和船员的年金由厚生省管理。国家公务员、地方公务员、私立学校和各公共企业职员的年金保险则由各主管部门管理。

第十一章　监督财政制度比较研究

议会决定和监督财政（主要指税收和预算，下同）制度，在西方国家主要是指议会审查、批准和监督政府税收、预算、决算、债务和制定财政法律的基本制度。这是各国宪法赋予议会的基本权力，也是议会的基本特征。它既涉及政府行政和财政的大政方针，也涉及财政收支的具体活动。它不仅是一个财政和经济问题，首要的应该说是一个政治和法律问题。

财政的演进史表明，在代议制度、选举制度和政党制度等现代民主政治的三大支柱中，对公共财政制度具有直接和根本影响的是代议制度，代议制度是公共财政制度产生的制度基础。资本主义国家议会决定和监督财政制度，体现的是资产阶级的利益，也决定了它的局限性。但这是资产阶级民主政治发展的产物，也是人类对权力现象认识深化的重要文明成果。任何政府、任何人的财政权的行使必须受到制约和监督。政府预算超过了正当的需要，不仅是金钱的浪费，而且会成为一个大的政治罪恶和道德罪恶。因此，比较研究外国议会决定和监督财政制度，对于完善我国人民代表大会制度，加强人民当家做主和当家理财的民主和法制建设，深化财政经济体制改革，丰富社会主义财政理论，都具有重要的现实意义。

第一节　议会决定和监督财政制度的起源与发展

财政收入是现代国家和政府运行最基本的要素。由于各国历史环境、政治思想、政府结构、经济结构以及社会制度和政策的不同，各国获得财政收入并用来维持政府的方法相差很远。但是，所有现代政府的财政问题，即政府需要多少收入，用什么办法取得，并把它用在哪些政府活动上等，都必须接受议会的控制与监督。从社会和国家的发展史看，国家控制和监督财政的历史大体可分为任意时期与有控制时期两个阶段。

一、国家财政的任意时期

建立在自然经济基础之上的奴隶社会和封建社会，市场经济不发达，实行的是君主专制的政治制度，国家财政活动的主要目的是应付国王、军队和官吏等的开支。君主对财政的控制实际上是个人行为。一些国家采取了一些办法控制财政，如我国从公元前一千多年前的西周开始，就设有司会、御史大夫、尚书省、户部、礼部等官员和机构，监督皇室的财政开支。但是，从根本上说，这种控制与监督实际上是在皇权至上的基础上，处于没有约束的状态。

二、议会决定和监督财政制度的起源与演变

政治史表明,代议制是最适合现代社会并被普遍采用的宪政制度,议会是代议制的本质性机关,有无议会,是否由议会行使对国家重大事务的决定权、立法权、财政权和监督权,是区分代议制与非代议制的唯一标准。议会的财政权是伴随资本主义宪政制度的产生而开始的。从一定意义上说,议会制的形成、近代意义宪法的产生,都是从议会对国王或政府财政的决定和监督上发轫的。

英国议会被誉为"议会之母"。议会决定和监督财政制度发轫于英国。英国议会决定和监督财政的制度开始于13世纪。1215年6月,英国的诸侯和僧侣因不满国王约翰滥用财政权,联合进行武力反抗。在战争中失败的国王被迫签订了著名的《自由大宪章》,这个大宪章被誉为是英国"宪法的第一个成文文件"。该宪章第十二条明文限制了国王的财政权,规定除了征收用于赎回被俘的国王的赎金、册封皇太子为武士和公主出嫁等三项费用外,未经议会(贵族大会)许可,国王不得征收任何税金和贡金。这个大宪章虽然不是近代意义上的宪法,但是它初呈了议会决定和监督财政的端倪。

大宪章并没有完全确立议会的财政权,议会和国王为了争夺财政权进行了长期的斗争。直到17世纪,国王还在力争不经过议会而增加收入,特别是在詹姆士一世和查理一世时期,更是如此。查理一世在1649年被杀的主要原因便是他继续反抗议会。只是到了1688年的光荣革命,议会继1628年通过《权利请愿书》之后,又通过了《权利法案》,课税才不再是国王的一种特权,而成为议会的一种基本权力,议会对于政府预算支出也才有了充分的权力来批准或拒绝,并开始决定这些支出的用途,从而最终确立了议会决定和监督财政制度。以此为标志,开创了近代意义上的议会和宪政的新时期。

美国继承了英国议会决定和监督财政制度的宪政原则。在独立战争前就明确提出了"不出代议士(议员)不纳税"的口号。独立战争结束后,美国开国的制宪代表们,有鉴于英国议会与国王为财政权而起的斗争,在制定宪法时特将决定和监督财政权完全归于国会。总统虽有很大的权力,但在财政问题上确实是要依赖国会的。

法国在1789年大革命之前,多次召开过等级会议(相当于议会),但议会并没有掌握财政权,皇帝可以任意增加赋税,有时还以蛮横的方式征收。直到1789年的大革命和最后一次等级会议,法国议会才获得了决定和监督财政的权力。

社会主义国家议会对财政的控制与监督本质上不同于资本主义国家,但都高度重视人民代表大会对政府财政的决定和监督。列宁亲自起草的第一部社会主义类型的宪法即《1918年苏俄宪法》,以专篇规定了国家财政问题。在以后产生的社会主义国家的宪法中,都把议会决定和监督政府财政作为宪法的重要内容,不仅确立了由人民代表机关决定和监督政府财政的法律制度,还往往以较大篇幅规定了国家经济活动总的指导方针,为社会主义国家人民代表大会依法决定和监督财政确立了最高准则。

三、议会决定和监督财政制度的基本特征

如果以1295年英国召集的模范议会为开端,外国议会决定和监督财政制度的发展与完善,迄今已有七百多年,表现出以下几方面的共同特征:一是议会中心主义,即政府处理

财政的权限必须根据议会的决议和法律行使。凡是没有经过议会的许可，借口国王或某人的特权而征收赋税以及超出议会准许的时限或方式的，概为非法。预算支出或发行国债也必须根据议会决议或法律。国家预算支出的内容、用途、目的和最高限额等，都必须事先得到议会的审查和批准。二是税收法定主义，即新课赋税或变更现行税收，必须有法律依据，而且课税的范围、标准、税率、程序等都必须依法确定，任何超越于议会通过的税法规定的行政决定，都是不合法的。三是年度预算原则。主要指政府预算必须由议会每年确定和批准一次。这是议会的基本权力，从来没有改变。目前，几乎所有的国家都实行这一制度。四是财政预算和决算审计制度。政府的预算和决算，每年必须经审计机关审查后由议会批准。五是财政公开制度。20 世纪 60 年代以来，随着西方国家“政府再造”运动的兴起，政府信息特别是财政信息公开成为一种潮流，政府预算组织形式和政府会计制度不断完善，财政预算的公开性和透明度不断增强，财政公开制度日益完善。

第二节　议会决定和监督财政的主要内容

议会对政府的控制和监督一般体现在两个方面：一是通过对权力的合理配置实行内在的以权制权，二是通过法定各种职权行使的程序实行外在的程序控制。对于政府财政活动而言，具体表现为议会决定和监督政府财政决策及其执行以及决算等活动。

一、议会决定和监督政府财政决策

现代国家的基本财政决策主要是政府税收计划和预算的编制、审查、通过以及生效等活动。它集中体现了以国家为主体的政治、经济利益分配和社会等关系，也是国家组织或干预经济的重要手段。因此，各国宪法和法律对政府财政决策给予了高度重视，各国议会都视决定和监督政府财政决策为当然的权力和责任。

政府的财政活动是通过一系列的环节或程序来完成的。有效的政府财政决策一般包括财政预算的编制、议定、执行以及决算和审计四道程序，如果四者缺一，或者对某道程序控制不严，都会影响甚至失去议会决定和监督政府财政的效果。为此，各国议会对政府财政决策的不同环节采取了不同的决定和监督方式。下面以议会决定和监督政府预算决策为例，作些介绍。

（一）决定和监督预算案的编制

预算案的编制是指议会或政府编制预算草案并向议会提出的过程。这是预算活动开始的第一道程序。对这道程序的控制与监督，主要体现在政府预算案提案权的归属问题上，即谁有权提出预算案。对此，有两种模式：一是议会独任制，即议会垄断预算案的编制和提案权，并严格禁止政府提出有关预算方面的法案。美国在 1802 年至 1921 年间采用的是这种模式。二是政府独任制，即政府行使预算案的编制和提案权。目前大多数国家实行这种制度。值得注意的是，政府内部预算编制与执行适当分离正在成为一种趋势。例如，法国财政部预算局专司预算编制工作；美国财政部主要负责预算执行，联邦预算包括财政部自身的预算主要是由总统管理与预算局编制。

（二）审议并决定政府财政预算案

议会审议和通过预算草案，是近代民主宪政制度的一条通则。对此，议会决定和监督预算权主要有以下几个方面：

一是法定修正权。这主要指议会对预算草案有何种程度的修正权。对此，主要有三种方式：一是立法预算制，即议会拥有完全的修正预算案的权力，美国在1921年以前和法国在1926年以前都实行这种制度。二是行政预算制，即宪法严格限制议会对预算案的修正权，政府实际上是预算案的决定者。这是英国现行的体制。三是混合预算制，即议会和政府共同决定预算。这主要包括政府编制预算，政府组成人员有权列席议会会议并参加对预算草案的讨论并详细加以说明，同时，议会修正或通过预算草案不必像英国议会那样必须经内阁同意。这是目前较为普遍的一种做法。

二是法定议定内容。议会对预算的审议和决定本应包括收入与支出的全部，以达到事前决定和监督的目的。但是，因为预算案中所列类、款、项、目极为繁杂，其中有些是具有特殊或固定性质的，一般不便予以变动，例如英国皇室经费、美国总统薪资、公债的还本付息支出、跨年度事业经费以及特别建设事业费等，因此，对于预算收入与支出的审议和决定，有采用审议和决定全部收入与支出的，如法国，大多数国家议会只审议和决定财政收入和支出的一部分，如英国和美国等。此外，欧洲国家议会大都只有削减预算的权力，而没有增加预算的权限。据说，这体现了议会决定和监督财政的原意是为了减轻人民负担。但是，法国和美国的议会兼有增加和削减预算的权力。

三是法定议定程序。议会审议和决定预算通常有两大程序。第一道是审查程序。这大体可分为三种形式：一是全体议员审查制，如英国；二是专门委员会审查制；三是全体议员和专门委员会相结合的审查制度（两院制国家两院先后或同时审议），目前多数国家采用这种形式。第二道是决定或批准程序，即议会根据审议的意见进行表决，决定是否通过预算草案。对此，通行的做法有两种：一是对整个预算案进行一次性表决；二是对预算案进行分项讨论和分项表决，如意大利等国。

四是法定议定时期。预算关系着政府行政和财政的整个活动，审定预算的日期对于政府财政的正常运行十分重要。预算的议定时期少则两至三个月，如法国、德国和日本；多则半年以上，如美国。主要有施行期前和施行期后两种。法国、美国等多数国家都是在预算年度开始前议定预算。德国却从来没有在预算年度开始前成立预算的习惯，通常是在预算年度开始数月后审定预算。英国也很少在预算年度开始前决定预算支出法案。

五是对预算不成立的法律救济。预算的不成立是指预算年度开始后议会还没有决定预算法案。在这种情况下，政府的财政活动就失去了法律依据。对此，各国采取了相应的法律救济措施。具体有四种：一是信用准款，即议会依据对从预算年度开始到预算案通过这段期间所需支出的预计，通过一项信用准款案，等预算成立后，再从预算中扣除；二是法定依照上年度预算执行，如德国；三是动用预备金，暂应急需；四是议会通过一个临时预算。

（三）决定和监督政府财权的行使范围

除了决定和监督预算的编制和审议外，议会对政府财政决策权的行使还有一种总体制约，即宪法限定政府财政决策权的行使范围。在资产阶级早期的宪政实践中，由于预算的经济基础是自由市场经济，奉行着不管事的政府是最好的政府的信条，一般没有限制政府财政决策权的行使范围。随着历史的演进，特别是第二次世界大战后，财政的社会经济功能日益强化，一些国家开始重视积极的财政政策职能，与此同时，议会也开始探索决定和监督政府财政决策权的范围问题。如德国基本法规定政府财政收入和支出必须平衡。后来建立的一些民族主义国家在宪法中也规定了这一原则。值得注意的是，进入20世纪80年代后，一些发达的市场经济国家如美国、英国和欧盟成员国等都有加强对财政决策总体控制的趋势，如规定赤字和债务的最高限额，实现财政收支平衡等。

二、监督政府财政决策的执行

20世纪以来，各国财政的执行大都倾向于集权制，即将计划财政、经理财政、管理财政和清理财政四大任务完全归由政府或财政部门统一处理。有些国家如法国一度实行分权制，但不久又改行集权制。总的看来，不少国家都在积极探索但没有很好地解决议会监督政府财政决策执行的问题。

（一）法定准款程序

议会通过预算案后，就使政府执行预算有了法律根据。但是，各国一般都对政府的预算支出过程有一道准款程序的控制。有的国家规定在预算法案生效之后要完成拨款等活动仍须议会批准，如美国。大多数国家则认为，依照预算法案运用预算资金是政府固有的权力，不必再经议会批准。不过，多数国家都建立了严格的行政预算法律制度，由政府控制预算的准款。例如，法国预算款的拨付必须经财政经济部部长准许。

（二）法定预备费的设置及其运用

预备费是指在预算的法定总额以外，为政府应付不测事故的需要所安排的经费。对预备费的设置大致有三种方式：一是集中预备金制度，即在经费总预算之外，另行设置预备费；二是分散预备费制度，即各行政机关分别在其支出预算之外，另行设置预备费，动用时仅须行政首长批准即可，事后不必像前者那样补办追加预算手续；三是混合预备费制度，即在经费总预算与各机关预算之外均设预备费，多数国家采用这种办法。

（三）限定经费的流用

预算经费间的流用，如运用得当，有利于财政职能的充分发挥。但各项科目的预算经费各有其原定的用途，由于流用的许可，一定程度上会损害议会决定和监督财政制度，甚至可能使财政支出陷入紊乱状态。因此，各国对经费的流用都有严格的限制，有些国家甚至绝对禁止。

一些国家在下列情况下准许经费流用，即此项经费的不足是由于物价的上涨、业务上新的需要、临时发生的事故、预算估计的不足或其他不得已的情况，而他项经费的剩余则是来自支出的节约、计划的变更、业务的缓办或中止等。前者表示有流用的必要，后者表示有流用的可能，有这两种情形，才具备了流用的前提。

（四）决定预算的变更和追加

预算具有一定的预测性，经济运行也十分复杂，预算的变更或追加难以完全避免。对此，各国的普遍做法是，政府预算执行中凡是涉及预算收入来源、支出用途、收支规模，甚至收支时间变化的情形，都属于预算调整，一般应由议会决定，但都规定了与预算的审议和决定不尽相同的处理程序。例如，法国严格区分了预算的变更和追加，认为凡是议会不曾预料到的支出都可另立非常预算，即预算的变更。其中又分两种情况，一种是如果该事务的全部未曾预料到，因此而产生的预算变更必须经议会批准，政府不能先行开支；另一种是如果该事务的一部分未曾预料到，则政府可先开支，但事后必须报议会批准。追加预算也分两种情况：一种是原预算项目已经议会规定了最高限额，如想追加，必须事先得到议会的同意；另一种是原预算项目的数额仅是一种估计，而又未规定最高限额，则政府可先追加，事后报议会批准。

（五）审计和调查预算的执行

审计和调查预算的执行是各国比较普遍的监督财政的方法。例如，截至 20 世纪初，英国议会的立法机构相当简单，基本上只有全院委员会和全院大会两个议事机构，与此形成鲜明对照的是有关审计和监督财政的机构却特别发达。设立供应委员会负责审议开支法案，岁入委员会负责审议征税法案，审计委员会负责监督政府按照议会的规定使用公款，防止浪费。同时，配备审计长协助议会审计委员会的工作。19 世纪以来，美国众议院设立了许多委员会控制和监督政府执行预算的情况。如 1814 年众议院设立了公共支出委员会，1816 年又设立了六个有关财政的委员会。这些委员会的主要职责之一是调查政府各部门使用公款的情况，其中被调查得最严厉的要算海军、陆军和邮政三部。1861 年又增设了一个选任委员会，对军事费用支出作特别调查，这个委员会曾指责军部在支出方面有严重的滥权现象。法国设立了预算纪律法院，负责对预算支出决策者的调查、审计和审判，对其中触犯刑律的，移送刑事检察院处理。

（六）法定和监督政府借款行为

这是议会的一项基本权力。英国议会对国王借款举债的控制虽然步履维艰，但到 1680 年已完全实现。第一次世界大战以来，因为扩大内需、刺激经济发展等原因，一些国家的政府经常要求在预算执行中用借贷的办法筹款支出。但是，这种借款是一定要由议会批准的。例如，《美国宪法》第一条第八节规定，国会除有权征税外，也有权筹借款项。英国 1911 年的《议会法》规定，政府的预算外支出必须先向议会提出用款议案，由议会审查和批准。法国 1973 年的《银行法》规定，国家向国家银行借款必须经国会批准。《德国基本法》第 115 条规定，政府的信贷措施要经联邦立法的授权。《日本财政法》第一章第七条规定，在国家发生财政困难时，可以由大藏省发行证券或向日本银行临时借款，但其最高限额须在每个财政年度中由议会批准。

议会不仅批准借款的数额，有时还规定筹款的具体方法。这类办法大体上有两种：一种是向中央银行借款，或由中央银行先垫款收买政府债券再发售债券；另一种是直接向社会发售债券。政府证券的发行情况必须依法定期向议会报告，并接受社会监督。

三、审计决算制度

就历史渊源而言，决算制度的创立早于预算制度，但早期的决算制度与宪政时代的决算制度有本质区别。现代决算的作用,主要是表明预算执行的情况,公开财政活动的事实,表述政府的责任,防止公款的浪费,是议会监督政府财政的一种重要方式,是一种重要的事后监督。事实上,如果没有有效的方法来落实政府执行预算的责任,政府的财政活动就会失去必要的协调和控制,这是一种很危险而且会造成很大浪费的问题。对此,各国议会都建立了审计政府决算的制度。

审计决算制度一般有立法型、司法型和政治型三种。立法型的决算审计由议会专门委员会组织,对议会负责。司法型的决算审计起源于法国,由审计法院组织,不受议会和政府管辖,其报告由议会审查。政治型的决算审计由政府审计或调查机关组织,该机关对政府或执政党的中央机关负责,以原来的社会主义国家为多。

审计决算制度的基本职能主要是通过对决算的审计,明确执行预算的责任。它不仅审计预算执行的结果,还追究其原因;不仅审查不正当的记账法,还审查不正当的支出,揭发浪费和没有效能的支出,有时甚至加以处罚。

第三节 有关财政的立法:议会决定和监督财政的主要形式

有关财政的立法既是由议会制度的本质特征所决定的,也是由财政的固有属性决定的,是议会决定和监督财政的重要形式。现代税收本身就是渊源于税法的活动。审查和批准政府预算法案更是各国议会的基本权力。本节侧重于以有关预算的立法为例,对议会决定和监督财政的这种重要形式进行一些比较。

一、日益健全的财政法律制度

健全的财政法律制度是议会决定和监督财政制度的一个重要基础和前提。不断加强有关财政的立法是目前的一种普遍趋势。日益完善财政法律制度是各国健全议会决定和监督财政制度的重要途径。

从大陆法系的国家看,各国宪法几乎都有专章规定议会决定和监督财政问题。例如,日本、法国、意大利、瑞士等国的宪法和《德国基本法》都对财政预算、税收、国库、审计等作了规定。1979 年出版的《日本六法全书》中有关财政方面的法律达 20 项,有关税收的法律达 30 多项。

从英美法系的国家看,第二次世界大战以来,各国都制定了一系列成文的财政法律。东南亚国家联盟(东盟)各国都以宪法的形式确立了议会决定和监督财政制度。例如,1959 年《印度尼西亚共和国宪法》第八章、《马来西亚联邦宪法》第七章和《新加坡共和国宪法》第五篇等都专门规定了财政问题。

从前苏联和东欧国家看,各国都普遍制定了各种财政预算和税收法律。例如,1972 年颁布、1974 年修改的《罗马尼亚财政法》,可以说是当今世界上最大的综合性的财政法典;波兰、捷克和斯洛伐克、保加利亚、匈牙利等国都有专门的预算法;南斯拉夫制定了《财政法》。

二、法定税收和制定税法是议会最古老和最基本的权力

税收法定主义和罪刑法定主义是人类反抗封建专制统治的最主要成果。在封建社会,封建君主对人民及其财产拥有无限的权力,因此,反抗封建统治的斗争便以人民的人身自由和财产神圣不可侵犯为起点,议会最先争得和确立的便是制定税收和刑法等法律的立法权。

法定税收是议会决定和监督财政的起点与前提。英国议会的产生是从议会争夺税收立法权上发轫的。美国反抗英国殖民统治的独立战争也是渊源于"没有代议士不纳税"的宪政思想。财政收入是财政支出的前提,法定不了税收,制定不了税法,议会决定和监督财政也就无从谈起。因此,各国议会的权力虽然大小有别,但财政权确实是各国议会的基本权力。同样,各国议会的财政权虽然相差很大,但法定税收和制定税法的权力都是属于议会的。

除了法定税收外,税收法定主义还有两层意思:一是依法征税,二是依法纳税,二者不可偏废。各国都法定依法纳税是公民的义务,同时也法定政府应依法征税,不得任意侵犯公民和法人的财产权利。一般来说,都视依法征税为依法纳税的前提和基础。各国基本上既不存在不经议会立法而能征税的现象,也没有依据政府规定收税的问题。

三、有关财政的立法的基本特点

(一)健全的财政法律体系

目前,许多国家不仅在宪法中专篇或专章规定了议会决定和监督财政制度的主要内容,有些还依据宪法的规定制定了专门的财政法或预算法。这就从宪法和法律上保证了议会的决定和监督财政权。例如,《印度宪法》中有关财政方面的条款就有10条之多,详细规定了预算编制、预算审批及其程序、预算收支内容、预算追加追减以及预算执行的监督检查等内容。有的国家虽然没有单独的预算法,但年度预算一经国会批准,就具有法律效力,称为年度预算法案。

(二)明确划分政府间的事权和财权,各级预算相对独立

美国、德国和印度的各级政府都有法定的明确的职责分工,政府之间的事权划分也比较清楚。例如,《印度宪法》规定:联邦政府主要负责铁路、运输、邮电、国防和外资等方面的事务,邦政府的事权主要集中在教育、医疗卫生等社会服务方面。《德国宪法》规定:市镇一级主要负责城镇供水、排水、市镇级公路的维护和管理,以及市镇内的文化教育和社会福利设施等,州一级主要负责高等文化教育、医疗卫生、社会治安、州内交通道路的维护和管理等,联邦一级负责国防、外交、社会保障、国内主要交通干线建设、大型科研项目和州无力兴办的项目等。与此相适应,这些国家的财权财力也依据各级政府所负责任和事权的大小加以划分,以保证各项事业发展的资金需要。有些国家,如德国,还根据各州的人口分布、经济力量和税收收入差异等情况,实行州际平衡,以保持各州之间生活水平和财力的基本均衡。可以说,法定的明确的事权和财权划分,是议会决定和监督财政工作的重要条件及依据。

(三)规范的预算编制程序

许多国家预算的编制都有一套较为严密的程序,一般都是自上而下地进行,预算所包

含的内容和科目设置也较详细、具体，预算编制的过程较长。如美国联邦预算的编制动手较早，前后要经过 18 个月，先由各部门根据自己的实际需要提出资金需求，编制预算草案，再报总统预算办公室审查汇总，总统咨询委员会、财政部和总统预算办公室协商，取得一致意见后上报总统，由总统审定后送交国会审议。德国为便于议会监督，预算中对收支的反映特别详细，共有 1000 多个收入科目和 7000 多个支出科目，每个收支科目都要经过详细的计算和说明，并用 5 至 8 位的数字表明各个科目的重要程度和对经济影响的大小。德国联邦预算的准备时间为 15 个月。

此外，预算书表是各国预算编制的基本形式。这是用数字和文字表达组成的财政计划，其中将财政各项收支款项的数额、范围以及目的加以详细列明，从中可以观察财政收支的全貌及重点，是议会决定和监督财政的重要依据。

（四）严格按预算办事

预算一经议会审查通过后，就成为年度预算法案，政府各部门必须严格执行。如美国预算通过后，任何人想再改变预算，都必须经国会 2/3 以上的议员同意。美国国会还有专门的授权立法，其中规定政府部门在预算年度内的所有活动都须经国会授权。授权立法确立后，以此确定每项活动所需的资金，形成拨款法案。《美国宪法》规定，政府任何资金的使用都必须通过拨款来安排，不允许政府存在拨款以外的资金活动。德国、日本的情况也大体相同，在预算执行中，如需要追加支出，必须按立法程序办事。在预算项目之间，经常性支出与资本性支出之间都不能随意调整。预算执行过程如发生超支情况，必须及时向政府和国会报告。这些做法有效地强化预算执行的法律地位，有利于防止预算执行中乱开口子等现象。

（五）严格的政治和法律责任

议会决定和监督财政是依据宪法进行的活动，因此，建立与此相应的宪法责任制度，是议会有效决定和监督财政的基本保障。在财政问题上，国外的宪法责任一般有两种含义：一是政府阁员对自己所负责的财政事宜应对议会负政治责任，这就要求政府必须与议会多数保持一致，否则，政府就必须自动辞职，或解散议会，重新大选。正因为这一政治责任，才产生了议会政治制度。另一种是法律责任，即某种财政行为一经宣告为违法，其责任人就应负法律责任。其是以从事财政管理活动的政府工作人员的违法失职为前提的，这表明政府及其工作人员的财政活动受法律限制，而不是在法律之外。法律责任又表现为两类：一类是对行为人的法律追究，如免职、承担刑事责任等；另一类是撤销违反宪法或法律的错误决定等。实现以上两种责任，各国一般采取下列几种方式：一是质询，二是不信任投票，三是否决信任票，四是政府辞职或解散议会等。

第四节　议会决定和监督财政的机构

完备的机构是议会决定和监督政府财政的组织保障。由于国情的不同，各国议会决定和监督财政的机构各有特色。从总体上看，这些机构及其职能的专门化和日益强化是共同特点。

一、议员的监督

议会制的主要特点是公民通过选举产生代表（简称议员，下同）来代替自己行使国家权力。在议会制条件下，各国宪法或议会法都规定议员有财政等重大事项决定权、立法权和监督权，同时有些国家也限制议员个人提出财政提案。尽管如此，单个议员在决定和监督财政事务方面发挥着重要作用。例如，口头质询作为议员监督政府及其财政的日常措施，已成为兑现政府向议会负责并报告其财政等工作的重要制度。

二、议会的监督

议会决定和监督财政制度从来都是议会制度的基本组成部分，只不过传统的议会决定和监督财政制度的基本精神，着重于议会对政府财政的消极控制，以减少政府支出为目的。第二次世界大战以来，议会对财政的决定和监督开始向积极方面转变，它不仅防范和制裁政府的财政违法失职行为，更重要的是促进政府积极履行职能，充分实现财政的政治经济职能和对财政的宏观控制。因此，在监督方式上，议会不仅注意加强对政府预算和决算的审查，而且加强了对预算执行的经常性监督。国外监督政府预算执行的主体主要是议会而不是政府。议会监督财政的具体权力主要有了解权、质询权、调查权和投不信任票权等。

三、议会有关财政委员会的监督

财政权是议会的传统权力。几乎所有国家的议会都设立有与财政有关的委员会，如美国参众两院的拨款委员会和预算委员会、日本参众两院的预决算委员会等。这些委员会通常是议会权力较大和声望较高的委员会，如美国国会两院有关拨款的委员会，特别是其中的小组委员会，在决定用于特别项目如军事基地、水利工程等的经费方面，一般拥有决定性的权力。

一般来说，欧洲大陆国家和美国国会的委员会的监督财政职能强于英国以及受英国影响的国家。在欧洲大陆和美国，所有的财政议案都要先提交议会中与财政有关的委员会审议，委员会可以从技术角度对财政议案逐条逐项加以审议和修改，个别国家如美国和日本还可以提出增加或减少预算的修正案。财政等专门委员会的审查报告对议会审查和批准财政预算案有很大影响，往往可以左右议会全体会议的辩论。这些国家通常视这些有关财政的委员会为稳固的财政制度的保障。

在英国及受英国影响的国家，则不把预算法案和财政议案交由与财政有关的委员会，而是由全院委员会审议。其特点是议会两院都不能对财政议案进行大的修改，而只能将财政议案作为政府政策性文件，就其整体作出评估和有限的修改。

在很多国家，议会财政委员会并不是唯一的可以审查财政议案的委员会。法国、喀麦隆、摩纳哥和挪威等国议会的有关财政的委员会有权就财政议案向议会提出报告。以色列、德国、波兰等国议会中有关的委员会通常将意见提到财政委员会，由财政委员会加以吸收，写进自己的财政审查报告中。中非、黎巴嫩、利比亚和索马里等国规定，当财政议案只交付财政委员会审议时，对该议案的某些部分感兴趣的委员会可以派代表参加财政委员会会议并表明意见。

有些欧洲大陆国家议会中有关财政的专门委员会的作用比较突出,但其具体权力比较分散。例如,意大利的财政委员会有优先对预算案提出意见的权力,然后其他委员会才能分别审议与自己管辖范围有关的内容,并就实质性问题向议院提出报告。比利时议会的每个委员会都有权审议与自己管辖范围有关的财政议案,只有严格意义上的财政议案(如拨款、养老金和国债)才由财政委员会审议。荷兰、瑞典和土耳其也有类似情况。

四、审计机构的监督

审计的起源很早,但真正形成制度,特别是成为国家制度的一个组成部分,则是在英国资产阶级革命时期。当时,英国议会虽然控制了政府财政,但封建君主在财政方面仍然拥有很大的权力。英国资产阶级为了维护自身的利益,削弱和限制封建君主的权力,继1861年成立了议会审计委员会后,于1866年又设立了向议会负责的审计机构,对政府财政收支进行审计监督。经过一百多年的发展完善,各国审计政府财政制度逐渐在宪法上取得了其地位,得到了宪法保障,审计政府财政制度逐渐成为议会决定和监督财政制度的重要组成部分。

一个多世纪以来,各国不断强化审计监督政府财政的机构及其职能。一是审计财政机构日益专门化。例如,英国于1866年成立了审计署,审计长不是内阁成员,不随政党的进退而进退,直接对议会负责。1921年以来,美国的审计长独立于其他行政部门之外,由总统提名,国会任命。二是审计机构具有行政法院的属性。例如,法国、日本、罗马尼亚等国设立了专门的审计院,不仅负责预算等财政业务的事前、事中和事后审计,而且对财政官员的不法行为有提请法院依法惩处的权力。

审计机构的隶属关系大致有三种类型:一种是由议会领导,一种是由政府领导,一种是由财政部领导。不论其隶属关系如何,审计机构向议会直接或间接负责,并为议会决定和监督财政服务是其共同的特点。从国外的实践看,审计机构隶属于议会的比隶属于政府的显得更为全面有力,对财政的监督作用更大。

五、议会有关财政监督的助理机构和人员

议会决定和监督政府财政的效果如何,主要取决于议会对财政的了解程度。对于预算分析和审计这样极端重要、专业要求又极高的技术性工作,议员自己无力胜任,必须由议会的助理机构办理。因此,发达国家议会普遍设立了有关财政的专业助理机构或附属机构,协助议会履行决定和监督财政职能。例如,美国国会有总数达38 000多人的工作人员,其中从事研究、咨询的人员约占一半。他们使国会不仅能够质疑政府预算草案,而且能够提出自己的预算修正案。可以说,没有一支强有力的高效率的议会工作机构,议会是难以有效开展决定和监督财政工作的。

美国国会拥有强大的有关财政问题的助理机构,如国会预算局和国会审计署。美国国会预算局每年替国会逐项审查总统预算方案,一条一条地推敲其依据和材料等是否准确,并就是否接受政府预算案或如何修正向国会提出权威性的报告。可以说,没有国会预算局的报告,美国国会决定和监督财政的工作很难有效开展。同样,国会审计署每年替国

会逐个审计政府各部门对各笔经费的使用情况，向国会提交年度审计报告和专项审计报告，这些报告是国会监督政府财政的重要依据。

有些国家议会不独立决策，以前一般也没有辅助决定和监督财政的助理机构。但是，各国都逐渐认识到，议会必须有得心应手的助理机构的协助，才能有效地决定和监督政府财政。例如，不少国家都不约而同地割断了国家审计机关对政府的隶属关系，规定审计机关隶属议会或对议会负责，从而实际上将审计机关转变为议会的财政助理机构。

一些发达国家的议会还为议员配备了专职助手，协助议员做好财政等工作。有的国家如美国，国会每位议员有大约 20 名助手，其他发达国家议会每位议员一般都有 5 名助手。

六、地方议会的自我监督

各国地方议会一般都拥有对本级政府财政的决定权和监督权，尽管其监督的很多做法类似于国家议会，但都具有一定的相对独立性，是议会决定和监督财政制度的重要组成部分。

第五节　比较国外议会决定和监督财政制度的几点启示

一、公共财政问题主要是政治和法律问题

现代民主政治史表明，近代西方国家的民主政治和公共财政都是以争夺财政权为起点的，议会决定和监督财政制度与公共财政制度是一枚硬币的两面，是一个问题的两种表现形式。决定和监督政府财政从来是议会的一项基本权力。国家的税收制度，既体现了其财政经济功能，也反映了整个政治结构的力量。税收本身就是这种政治和经济力量的集中体现，非经议会决定和法定程序，税收关系不能产生和消亡。作为政府行政活动表现的政府预算，理论上应是用金钱反映的全体人民的意志，必须经过议会的审批和法定程序才能实现。可以说，财政关系本质上是不同阶级或阶层利益的分配关系，是一种政治关系和法律关系。

邓小平同志明确指出，预算数字中有政策，决定数字就是决定政策，这是一个政治性的问题。财政工作从来都体现着重大的政治目的。事实上，中央与地方的财政关系，从来是以中央政府和地方政府的事权划分为依托的；国家与企业和居民的分配关系，从来都不仅是作为经济问题，更多的是作为政治问题和法律问题加以处理的；国家财政的基本原则和主要目标，从来就是政治学的主要内容之一。

从议会决定和监督财政制度的演进看，公共财政制度是自然经济转向市场经济的过程，确实是与市场经济相适应的财政制度。但是，近年来，我们主要强调了公共财政与建立和完善社会主义市场经济的关系，在一定程度上忽视了财与政以及财政与政治和法律的紧密依存关系，在强调解决财政问题首先必须解决经济问题时，对从政治和法律方面考虑解决财政问题的根本意义认识不够，造成财政问题往往难以从根本上得以解决。同时，人民代表大会及其常委会关于财政、预算和税收等的审批决定、审议意见和建议，对一些

地方政府和单位往往成了一种呼吁。政府预算不完整,预算执行不规范,预算监督不严格,预算决算不公开透明等问题比较普遍。这些问题和现象表明,不依法不能办好财政;而不深化政治体制改革,不进一步完善人民代表制度,不能真正解决财政问题。

二、深化政治体制改革是完善决定和监督财政制度的根本保障

财政权是一种基本的国家权力,同其他权力一样,必须受到相应的制约。资产阶级在取得政权后,首先强化的是议会对政府财政的控制和监督。资产阶级的民主与法制虽然有其不可克服的局限性和虚伪性,但它确实是人类文明史上的一个巨大进步。资产阶级议会比较有效地发挥着决定和监督财政的职能,建立并发展了议会决定和监督财政的制度,这是人类文明发展史上的重大成果之一。

我国不实行三权分立的政治制度。我国人民代表大会制度是中国共产党领导人民创立的,它的发展和完善也是在共产党的领导下进行的。但是,人民代表大会及其常委会依法决定和监督政府财政,不仅是宪法赋予各级人民代表大会及其常委会的基本权力,是人民代表大会制度这个"有伟大功效的制度"的基本要求和主要特征,也是我国政治经济发展中深刻教训的总结,是健全及完善人民代表大会决定和监督财政制度的制度基础。

建立及健全有中国特色的社会主义的人民代表大会制度,一个重要方面是应当完善人民代表大会对财政等重大事项的决定权、立法权和监督权,尽快建立和完善人民代表大会决定和监督政府财政的政治及法律责任,切实保障和加强人民代表大会及其常委会对政府财政的宏观控制及监督。

三、严格决定和监督政府财政的政治及法律责任

任何法律对社会关系的调整都是以相应的法律责任制度为前提和保证的。顾名思义,议会决定和监督政府财政,不是约束一般企业和公民的,而是约束政府的,是对政府财政活动的监督,其目标是制约政府行为,使各级政府及其负责人依法办事。既然是约束性的,就必然要有相应的政治责任、法律责任和有效的处罚措施。

我国宪法地方组织法、预算法和监督法等规定了对包括财政失职在内的政府失职行为的相应的政治及法律责任。例如,宪法和地方组织法规定:人民代表大会有权罢免政府组成人员,人民代表大会及其常委会可以改变或者撤销同级政府与下一级人民代表大会所作的执行预算的不适当的决定等。当前的主要问题是如何采取具体措施,严格落实这种政治责任,特别是建立和健全相应的法律责任,保证人民代表大会及其常委会决定和监督财政制度能落到实处。

四、建立科学合理的决定和监督财政程序

社会主义民主政治从一定意义上说是程序政治,人民代表大会及其常委会决定和监督财政的问题也可以说是一个程序问题。如果缺少某道程序,或对某道程序控制不严,或失之过粗,人民代表大会决定和监督财政制度就必然失去效力,政府财政也难以发挥应有的作用。事实上,即使对人民代表大会决定和监督财政制度有了一些认识,明确了决定和监督财政的内容及方式,建立了相应的机构,并确立了相应的责任,还必须完善相应的程

序和内容，才能使人民代表大会决定和监督财政的制度程序化及法制化取得实效。当前，要尽快制定、修改和完善有关国家税收、预算、决算、国库、国债等财政问题的基本法律，增强预算编制的完整性、预算执行的规范性、预算监督的严肃性和财政预算的公开性，落实人民代表大会及其常委会的决定和监督财政权，保障人民代表大会及其常委会有效控制和监督政府财政。

总之，财政问题不仅仅是经济问题，更主要的应该说是一个政治问题和法律问题，是国家权力机关对政府财政的决定和监督问题。国家政权机关能否有效地决定和监督政府财政以及是否建立起较完整的决定和监督程序，直接体现着国家驾驭和管理财政经济的能力，也直接标志着国家的民主与法制建设的发展水平。

主要参考文献

1. 财政部财政制度国际比较课题组:《埃及财政制度》,中国财政经济出版社 1999 年版。
2. 财政部财政制度国际比较课题组:《俄罗斯联邦财政制度》,中国财政经济出版社 1998 年版。
3. 财政部财政制度国际比较课题组:《西方财政制度》,中国财政经济出版社 1999 年版。
4. 财政部财政制度国际比较课题组:《匈牙利财政制度》,中国财政经济出版社 1998 年版。
5. 财政部财政制度国际比较课题组:《印度财政制度》,中国财政经济出版社 1999 年版。
6. 财政部财政制度国际比较课题组:《英国联邦财政制度》,中国财政经济出版社 1998 年版。
7. 陈昕雨:《俄罗斯批准 11 家国有企业私有化》,《中国证券报》,2010 年 7 月 29 日。
8. 崔景华:《欧洲主要发达国家近期税制改革及其对中国的启示》,《经济与管理》,2007 年第 10 期。
9. 〔德〕魏伯乐、〔美〕奥兰·扬、〔瑞士〕马塞厄斯·芬格:《私有化的局限》,上海人民出版社 2006 年版。
10. 邓子基:《世界税制改革的动向与趋势》,《税务研究》,2006 年第 7 期。
11. 《俄国国有资产 20 年最大私有化拉开帷幕》,《第一财经日报》,2010 年 7 月 30 日。
12. 《俄罗斯明年将启动新一轮私有化》,《人民日报》,2010 年 7 月 29 日。
13. 《俄罗斯要搞新一轮私有化将售港口石油行业股票》,《中国青年报》,2009 年 10 月 18 日。
14. 《俄再次大规模出售国有资产加速"国退民进"》,新华网,2010 年 8 月 4 日。
15. 《俄政府通过 2010 年私有化计划》,新华网,2009 年 11 月 25 日。
16. 樊纲:《我国国有企业产权改革不能搞俄罗斯式的私有化》,《中华工商时报》,2004 年 10 月 13 日。
17. 高伟彦、张春霖:《国外管理国有企业的经验借鉴》,《经济日报》,2004 年 8 月 20 日。
18. 韩扬、郑斌:《对巴西联邦共和国税制的考察报告》,《涉外税务》,1990 年第 1 期。
19. 靳东升、孙红梅:《2008 年世界税收形势变动的十大特点》,《经济研究参考》,2009 年第 42 期。
20. 科利希那·古哈:《国有资产私有化的利弊》,(英国)《金融时报》,2005 年 5 月 5 日。
21. 李兆熙:《看法国如何进行国有企业管理》,《国企》,2007 年第 5 期。
22. 林先云:《我国的税制改革历程及基本经验》,《改革与发展》,2009 年第 11 期。
23. 马骏、郑康彬:《西方财政实践》,中国财政经济出版社 1997 年版。
24. 〔美〕斯蒂夫·H. 汉克:《私有化与发展》,中国社会科学出版社 1989 年版。
25. 《日本公布邮政私有化路线图将分成四家公司》,澳洲中文网财经频道,2006 年 8 月 15 日。
26. 《日本邮政公社正式开始私有化》,新华网,2007 年 10 月 2 日。
27. 王开轩:《俄罗斯私有化十年:历程和现状》,百度空间。
28. 吴海珊:《俄罗斯新一轮私有化阻力重重》,《经济观察报》,2011 年 6 月 18 日。
29. 伍伯麟、席春迎:《西方国有经济研究》,高等教育出版社 1997 年版。
30. 余炳雕、吴宇:《20 世纪 80 年代以来日本税制改革综述》,《现代日本经济》,2004 年第 1 期。
31. 中国国际税收研究会:《世界税收发展研究报告》(2008),中国税务出版社 2009 年版。

后　记

这是我在过八十八岁生日前几个月时，同领导商量承担完成《比较财政管理学》第二次修订的任务。当时我正在为2008级的研究生上课，空余的时间很少，又恐在下学期开课前出不了新书，误了上课的需要，因此对时间问题十分重视。在这种条件下，我除了利用暑假加速修订工作外，也得到来自各方面的热情帮助。首先是参编同志们的大力支持，他们绝大多数在工作十分繁忙的条件下，很快也很好地完成了修订初稿的写作任务；这一时期我的研究生王文静在资料搜集和整理方面也给了我很多帮助。其次，在暑假期间全书的修订初稿完成后，印刷厂的同志，特别是值班的小王同志非常热情地招聘优秀的打字员加班工作，及时地完成了打印任务。初稿打印完成后，学院的党总支副书记姜爱华副教授在工作任务十分繁重的条件下，抽出许多时间帮我与出版社商谈处理一些与出版有关的具体事项，根据出版社提出的一些修改意见，她利用假日帮我完成了部分修改任务。以上这些事例使我十分感动。另外，值得特别感谢的是北京大学出版社的贾米娜编辑，她对书稿提出了许多具体和可贵的修改意见，这种认真负责的工作作风，在一般出版单位是少见的，也是十分值得学习的。这里，我向她表示衷心的感谢。

姜维壮

2012年1月8日

教师反馈及教辅申请表

北京大学出版社以“教材优先、学术为本、创建一流”为目标，主要为广大高等院校师生服务。为更有针对性地为广大教师服务，提升教学质量，在您确认将本书作为指定教材后，请您填好以下表格并经系主任签字盖章后寄回，我们将免费向您提供相应教辅资料。

书号/书名/作者			
您的姓名			
校/院/系			
您所讲授的课程名称			
每学期学生人数	______ 人　　　_____年级	学时	
您准备何时用此书授课			
您的联系地址			
邮政编码		联系电话（必填）	
E-mail（必填）			
您对本书的建议：		系主任签字 盖章	

我们的联系方式：

北京大学出版社经济与管理图书事业部
北京市海淀区成府路 205 号，100871
联 系 人：徐　冰
电　　话：010-62767312 / 62757146
传　　真：010-62556201
电子邮件：xubingjn@yahoo.com.cn　em@pup.cn
网　　址：http://www.pup.cn